国家社会科学基金项目"江西苏区新闻事业研究"

江西省社会科学"十一五"规划重点项目"中央苏区革命文化传播研究"成果

江西苏区报刊研究

陈信凌◎著

中国社会科学出版社

图书在版编目(CIP)数据

江西苏区报刊研究/陈信凌 著.—北京:中国社会
科学出版社,2012.12
ISBN 978 - 7 - 5161 - 1930 - 3

Ⅰ.①江…　Ⅱ.①陈…　Ⅲ.①农村革命根据地—报刊
—研究—江西省—1927~1937　Ⅳ.①G219.296

中国版本图书馆 CIP 数据核字(2012)第 307987 号

出 版 人	赵剑英	
责任编辑	刘志兵	
责任校对	王兰馨	
责任印制	李　建	

出　　版	中国社会科学出版社	
社　　址	北京鼓楼西大街甲 158 号(邮编100720)	
网　　址	http://www.csspw.cn	
	中文域名:中国社科网　　010 - 64070619	
发 行 部	010 - 84083685	
门 市 部	010 - 84029450	
经　　销	新华书店及其他书店	

印　　刷	北京市大兴区新魏印刷厂	
装　　订	廊坊市广阳区广增装订厂	
版　　次	2012 年 12 月第 1 版	
印　　次	2012 年 12 月第 1 次印刷	

开　　本	880 × 1230　1/32	
印　　张	16.5	
插　　页	2	
字　　数	412 千字	
定　　价	49.00 元	

凡购买中国社会科学出版社图书,如有质量问题请与本社联系调换
电话:010 - 64009791

目　　录

绪　　论

一　本项研究的内涵与特点

（一）本项研究的内涵

本研究成果名为"江西苏区报刊研究"，旨在全面而深入地研讨今天江西省区域内苏区时期的报刊媒体。

1. 关于"江西苏区"

这里使用的"江西苏区"，是个约定俗成的说法。细究起来，这习闻惯见的四个字看似平易，而实际上其意义是具有弹性或者说歧义的，可以作不同的解读，因此需要进行必要的辨析。

与这里的"江西苏区"容易混淆的概念是江西省苏维埃政府辖区。由于江西省苏维埃政府曾经以不同的内涵与形态存在，所以江西省苏维埃政府辖区范围处于变化的状态中。1930年10月4日，红军第一方面军在工农群众的协助下，攻破了赣西重镇吉安。10月7日，在吉安城中山场召开了由工农群众和红军将士参加的声势浩大的"庆祝吉安暴动胜利大会"。毛泽东、朱德等人在会上发表了热情洋溢的讲话。在这次大会上正式宣布成立江西省苏维埃政府，曾三被推举为政府主席，所辖区域情况为："峡江、清江、新干、新喻（余）、分宜、吉水、永丰、安福、莲花、永新、遂川、泰和、万安、兴国、于都、信丰、安远、寻乌、南康等县，均同时占领着；其他宁

都、乐安、广昌、南丰、瑞金、石城，都曾占领一时期，整个
赣西南及赣东一部分都完全赤化。"① 随着形势的发展，江西
苏区很快就得到了扩大，开始拥有吉安、泰和等 31 个县，
"除去时常受敌人攻击而缩小或者恢复没有一定的外围数县以
外，经常能够有联系的受苏维埃政府统治的纵约四百里，自赣
县至永丰；横约三百里，由万安至瑞金"②。

1931 年 7 月，江西省苏维埃政府的辖区因为湘赣省的成
立，发生了显著的变化。根据中央的指示，江西省赣江以西各
县苏区划归新成立的湘赣省管辖，赣江以东的赣东南苏区归中
央苏区江西省管辖。1931 年 8 月 1 日，中共湘赣临时省委在
永新县城成立。同年 10 月，正式成立中共湘赣省委和省苏维
埃政府。如此一来，永新等赣江以西的县区就划出了江西省，
也不在中央苏区的版图之内。江西苏维埃政府管辖的县就变
为：瑞金、兴国、宁都、胜利、于都、赣县、南康、信丰
（南康、信丰两县后合并为信康县）、安远、寻乌、会昌、石
城、南广、乐安、永丰、万泰、公略等。

随后，在 1933 年又先后成立了闽赣省和粤赣省，江西省
苏维埃政府的管理区域又发生了两次削弱。不妨以粤赣省的设
立为例，了解当时区域调整的一些缘由。1933 年 8 月 16 日，
苏维埃临时中央政府人民委员会召开的第 48 次会议，认为
"江西省苏辖境太大，行动指挥上不便利；同时为着开展南方
战线上的战争，克服消灭与驱逐粤桂敌人，向西南发展苏区，
深入现有区域的阶级斗争，开发钨矿和发展出入口贸易，有单

---

① 赣西南特委：《赣西南的（综合）工作报告》，见《中央革命根据地史料
选编》上册，江西人民出版社 1982 年版，第 405 页。

② 《江西的中央苏区》，见《中央革命根据地史料选编》上册，江西人民出
版社 1982 年版，第 392—393 页。

独在南方成立一个省的必要"①。

现在可以对以上的内容进行简单的概括。本研究成果中的"江西苏区"与江西省苏维埃政府辖区相互关联，但是并不等同。首先，它们所包含县的名称就有差异；其次，二者所涵盖的区域也不尽相同，前者明显要大于后者，因为有不少属于江西省的县份，当时并没有列进江西省苏维埃政府的辖区范围。

那么，究竟应该如何理解这里的"江西苏区"呢？简单地说，它系指第二次国内革命战争时期在现在江西省境内的红色区域。这些区域分布在中华苏维埃共和国的江西、闽赣、粤赣、湘赣、湘粤赣和闽浙赣等省。具体的情形如下。

江西省苏维埃政府成立于 1930 年 10 月，省府先设兴国，后迁宁都。所管辖的各个县域，都在今天的江西省境内。其中有：宁都、兴国、石城、公略、赤水、太雷、胜利、龙冈、广昌、赣县、万泰、长胜、永丰、康都、新淦、宜黄、杨殷、崇仁、南丰、洛口、乐安。

湘赣省是在井冈山革命根据地的基础上形成的，它成立于 1931 年 8 月，永新是其省府所在地。其中属于今天江西省的县有：永新、宁冈、莲花、安福、吉安、泰和、万安、遂川、分宜、萍乡、新余、峡江、吉水、崇义、信丰、宜春、大余、上犹。

湘鄂赣省成立于 1931 年 9 月，其省府先设平江，后移至万载。其中的万载、铜鼓、修水、宜丰、武宁、上高，以及宜春、奉新、高安、萍乡、瑞昌的一部分属于今天的江西省。

---

① 《人民委员会第四十八次会议》，《红色中华》第 106 期，1933 年 8 月 31 日。

闽浙赣省的前身是赣东北省，成立于 1932 年 12 月，省府驻地为横峰。因为地处江西、浙江、福建、安徽四省交界地区，又被称为闽浙皖赣革命根据地。其中属于今天江西省的地方有：横峰、弋阳、上饶、德兴、乐平、万年、玉山、广丰、浮梁（含景德镇）、余江、余干、铅山、贵溪、都昌、湖口、波阳、彭泽、东乡、资溪、婺源（当时属于安徽省）。

闽赣省成立于 1933 年 4 月，其省府驻地先设黎川，后移至建宁。其中属于今天江西省的县有：黎川、金溪、资溪、铅山、东方等。

粤赣省成立于 1933 年 8 月，省府驻地为会昌。其中的于都、会昌、寻乌、安远、信康（后改为登贤）、西门、门岭等属于今天的江西省。

另外，1931 年 11 月，第一次苏维埃代表大会结束后，瑞金成为中华苏维埃共和国的红色首都，瑞金县也被划为临时中央政府的直属县。1934 年夏，中央直属县又增加了三个，分别是：西江、长胜、太雷。这四个直属县都在今天的江西省境内。

不难发现，上面所提及的区域划界不甚严密，存在重复与交错的现象。这是因为这些苏维埃中央政府下的省和直属县成立时间不一样，而各个县的归属一直处在动态的变化过程之中。尽管如此，我们还是可以由此了解到本项研究中"江西苏区"地域范围的大致情形。

2. 关于江西苏区"报刊"

江西苏区"报刊"在地域上的含义，上文已经有了很详尽的说明。在时间上，主要是指中华苏维埃共和国成立前后的四五年。报刊的数量达 200 多种。据统计，在中央革命根据地内江西各县出版的报刊，一共有 106 种。其中，中央一级的报刊 66 种，省级报刊 26 种，特委一级报刊 1 种，中心县委一级报刊 5 种，县级报刊 8 种。在湘鄂赣革命根据地内江西各县出版的报刊，一共有 37 种。其中省级报刊 22 种，特委一级报刊 4 种，中心县委一级报刊 1 种，县级报刊 10 种。在湘赣革命根据地内江西各县出版的报刊，一共有 33 种。其中省级报刊 16 种，特委一级报刊 15 种，中心县委一级报刊 1 种。县级报刊 1 种。在闽浙赣革命根据地内江西各县出版的报刊，一共有 27 种。其中省级报刊 20 种，特委一级报刊 6 种，县级报刊 1 种。统计这里的数据，江西苏区报刊合计 203 种，其中中央一级报刊 66 种，省级报刊 84 种，特委一级报刊 26 种，中心县委一级报刊 7 种，县级报刊 20 种。

在有限的地域与时间里，竟然涌现了 200 多种报刊，这是与苏区当时的特殊形势紧密相关的。一个崭新的苏维埃共和国诞生在僻远的地区，它的基本支持力量是从前生活在社会最底层的工农劳苦大众。显而易见，这一切都是基于一种新鲜的思想，先进的理论。当新生的苏维埃共和国在酝酿的过程中，以及建立之后，这些新鲜的思想和先进的理论就需要有平台广泛地传播。另外，在大敌环伺的苏区，接二连三的"围剿"与反"围剿"的战争，在极大地考验着新生政权的生存能力，也需要大量的传播渠道承担起积聚力量、鼓舞斗志的重任。

最后，还要说明一下，本项研究的对象是"报刊"，但是，也把红色中华新闻社与红色中华新闻台纳入进来了。这是因为它们与《红色中华》报共属于一个机构，密不可分，可称是红色中华系列媒体。在具体的框架上，没有把它们与《红色中华》报合并在一起，而是专列一章，这是为了保证研究的深入与细致。

（二）本项研究的特点

1. 报刊大多湮灭流失，资料收集非常困难

从时间上看，苏区鼎盛时期离现在并不久远，但是，苏区报刊较为普遍地出现湮灭与流失的现象。这与国民党政府当初有意识的摧残与毁灭行动密切相关。红军长征以后，国民党政府在江西推行了所谓"新江西模式"，它的第一个举措是组织"壮丁队"和"铲共义勇队"，对苏区的青壮年实行全面、严格的管制，并且清除红军和共产党在苏区的任何存留痕迹。少量的报刊能够比较完好地保全下来，与其发行量较大有关，因为这使它们在当初就流传到了苏区以外的地方。大部分报刊本身持续时间短暂，发行量又小，在目的性非常明确的清扫运动中，其境况就不难想见了。很显然，那些有幸保存下来的报刊对于研究者来说至关重要，可是它们往往分散在各地不同层次的档案馆、纪念馆，以及一些收藏者手中，要想查阅除了空间上的距离之外，还有其他种种的不便。

2. 报刊存留状况相差悬殊，研究框架不易保持均衡

首先，苏区的报刊持续的时间就差异很大。经过多位学者的持续努力，我们现在仅能知道江西苏区 46 种报刊的创办与停刊时间。其中，从创刊至终刊时间在 1 年以内的报刊有 20 种；1—2 年的报刊有 18 种；2—3 年的报刊有 5 种；3—4 年的报刊有 3 种。可以看出，江西苏区报刊的生存时间原本就比较有限，缺乏足够的纵深度。在有限的时间里各自的生存还有明显的距离，有的寿命不到 1 个月，有的则能在红军主力撤离中央苏区以后还在坚持。

其次，从苏区报刊实际存留的状况看，相差就更为悬殊。江西苏区已知的报刊共有 200 余种，但是能够基本保存下来的只有寥寥几种，绝大多数或者是残缺不全，或者只余下三张两

页，乃至一鳞半爪，还有不少更是只留下了报刊的名称，而根本见不到报刊的踪影。

因而，在对江西苏区报刊进行整体研究的时候，不同的报刊能够给出的研究材料相差巨大。若是从实际情况出发，就应该以较多的篇幅对少量保全较好的报刊展开重点研究，但是这势必就要面临着一个问题：研究框架无法均衡地对待不同的报刊。所以，现存苏区新闻传播研究成果中，有的是把报刊与图书出版乃至发行统合在一起，进行研究；单纯以苏区新闻史为研究对象的成果，也没有对保全较为完好的报刊展开系统而全面的探讨。这样的选择与处理，可能也有保持研究框架相对均衡的考虑。

3. 报刊的稳定性和规范性不强，厘清其发展脉络有特别的难度

江西苏区的报刊发展持续的时间不长，发展缺乏纵深度。并且，在有限的时间内，与报刊相关的各种因素又发生了密集的变化，这些变化往往给梳理与考辨带来特别的困难。刊名的更改是其中的变化形式之一。中国工农红军第一方面军政治部主办的《火光》，1933 年 9 月更名为《铁拳》；中共苏区中央局机关主办的《战斗》，1932 年 2 月更名为《实话》；湘赣省苏维埃政府主办的《红报》，1933 年 6 月更名为《红色湘赣》。有些报刊的更名还不止一次。如江西省苏维埃政府裁判部主办的《司法汇刊》，第 2 期就更名为《裁判汇刊》，第 7 期又更名为《江西省裁判部半月刊》；湘鄂赣省苏维埃政府主办的《战斗报》，1932 年 4 月更名为《战斗日报》，同年 9 月又改回原名《战斗报》。

报刊在发展的过程中，常会重新排列期数，这种刊期的调整是苏区报刊另一种常见的变化。如《革命与战争》、《苏区工人》、《红星》、《列宁青年》、《布尔塞维克》、《省委通讯》、

《列宁青年通讯》、《政治工作》、《红星画报》等报刊，都出现过这种情况。

一些苏区的报刊在停刊以后，常常复刊，这也是报刊发展过程中出现的变化。如《青年实话》由于第三次反"围剿"战争而暂时停刊，反"围剿"胜利后复刊。停刊后复刊的还有《列宁青年》、《苏区工人》等。

上面所列举苏区报刊的三种变化，在常规状态下即便会发生，也不会像这样的密集而普遍。它们的出现，显然是外部的环境与条件造成的。当时苏区处于战争频仍的状态之中，一切都要围绕着战争这个中心工作展开。开办报刊的机构、任务、人员、条件、经费都处在一种变动的状态之中，所以，报刊自然也会随之发生种种的变化。

二　本项研究的既有成果及其评析

从整体上看，关于江西苏区报刊研究的成果并不多。根据研究对象的特征，下面把相关的研究划分为整体性研究、局部与个别研究两类。

（一）整体性研究

整体性研究是指在较大程度上将江西苏区的报刊作为一个整体对象来研究，意在从整体上揭示江西苏区新闻事业的状貌及其性质与特征。

严帆的《中央革命根据地新闻出版史》一书"以历史文献资料和苏区的革命报刊、书籍为依据，对根据地新闻出版事业从萌芽到发展兴旺的历史过程作了初步的研究与探讨"①。

---

① 严帆：《中央革命根据地新闻出版史》，江西省高校出版社1991年版，第3页。

该书虽然研究的范围是中央革命根据地，研究对象也包含了书籍的出版与发行，但是它与江西苏区报刊有较大的重叠。其中提及了中央革命根据地的 130 余种报刊，还介绍了红色中华报社、红色中华新闻台、青年实话报社、红星报社、苏区工人报社 5 家主要的新闻媒体，同时对中央苏区的文化教育与新闻出版事业的方针政策进行了简要的梳理。可以说，该书初步勾勒出了江西苏区报刊业的整体状况，为后来的同类研究奠定了一定的基础。

《红色号角——中央苏区新闻出版印刷发行工作》① 出版于 1993 年 10 月，是一本与中央苏区的新闻出版相关的文献材料汇编。其内容分文献、资料和回忆与研究三个部分。文献部分收集了中共中央与中央政府的通告、决议、训令，江西和福建省不同层级的党组织、苏维埃政府与群众团体的指示信函、通知、工作报告等各类公文。其内容或详或略，都与新闻出版和文化宣传相关。资料部分都出之于苏区的报刊，其中有办刊宣言、发刊词、投稿要则、订阅须知、编后话，以及关于本报、本刊的纪念性与总结性文章。回忆与研究部分收集的是一些回忆与研究文章。简言之，本书材料丰富，可以为江西苏区报刊的研究提供可靠的线索和有效的参考。

程沄 1994 年主编并出版的《江西苏区新闻史》②，全书共15 万字，基本勾勒出了江西苏区新闻的发展进程，还梳理了苏区新闻媒体的机构设置、业务建设与宣传艺术，并且分析了江西苏区新闻事业的性质和作用。尤其值得肯定的是，该书最

---

① 洪荣华主编：《红色号角——中央苏区新闻出版印刷发行工作》，福建人民出版社 1993 年版。
② 程沄主编：《江西苏区新闻史》，江西人民出版社 1994 年版。

后附有《江西苏区报刊表》，收录报刊185种，尽可能注明出版时间、出版地点、主办机关，以及刊期、板式、印刷等信息，可以给随后的研究者提供许多切实的便利。

此外，近期出版的两部论著也值得关注。一是严帆的《中央苏区新闻出版印刷发行史》①，它是在作者《中央革命根据地新闻出版史》一书的基础上撰就的。比较起来，后者关照面更加宽广，支撑的材料更加丰富，篇幅也更加宏大。另一本是傅柒生与李贞刚的《红色回忆——中央苏区报刊图史》②，其主要特点是书中穿插了不少与苏区报刊相关的图片，图文并茂，比较直观、形象地介绍了中央苏区报刊的概貌。

（二）局部与个别研究

所谓局部与个别，相对于全貌与整体而言，是指对江西苏区报刊发展的某些方面与特定媒体展开的研究。这个部分的成果总量虽然不多，研究的触角却并不甚集中。大致来说，以下四个方面出现了一些值得重视的成果。

第一，关于江西苏区新闻事业的一些侧面或者环节的研究。杨敏《江西苏区报刊通讯员网的建设》一文，发现苏区的报刊大多建立了较完备的通讯员网络。究其原因，首先是各级党组织重视和支持报刊通讯员队伍的建设；其次，各级报刊编辑部也重视通讯员网的建设，设有专人或专门机构负责，采取措施培养通讯员。③ 帅雨发的《中央苏区新闻出版工作的启示与思考》，对苏区新闻出版工作进行了总结与思考，认为其留传下来的经验是：明确的方针与任务、依靠群众办报、精简

---

① 严帆：《中央苏区新闻出版印刷发行史》，中国社会科学出版社2009年版。

② 傅柒生、李贞刚：《红色回忆——中央苏区报刊图史》，解放军出版社2011年版。

③ 参见杨敏《江西苏区报刊通讯员网的建设》，《党史文苑》1994年第6期。

的新闻出版体制与经营机制、体现市场经济特点的经营方
式①。邓春玉、龙小玲的论文《江西苏区报刊变化探讨》②，
则是分析苏区报刊在发展过程中所发生的一些变化。文章的内
容看似碎屑，但是对于厘清江西苏区报刊的发展脉络，弥足
珍贵。

　　第二，关于《红色中华》报的研究。《〈红色中华〉报始
末》③ 一文，分三个阶段系统地梳理了该报的发展过程，对不
同时期的报纸的板式、出报周期，以及报纸的负责人和传播的
主要内容等，都有所描述。由于该文发表的时间较早，作者任
质斌曾负责过《红色中华》的编委工作，所以成了不少人在
这个领域展开研究的起点。《论瞿秋白对〈红色中华〉的贡
献》一文，讨论的是瞿秋白与《红色中华》的关系，指出瞿
秋白早在上海期间便对其新闻业务的方针和方法，提出了指导
性的意见。到达苏区以后，负责《红色中华》报的编务工作，
使该报目标性更强，办报方针更明确，新闻业务方面也取得了
较大的进步。④ 黄艳林的《论〈红色中华〉报编辑特点》⑤ 一
文，则从显著的新闻性、广泛的群众性和尖锐的批评性三个方
面入手，论述《红色中华》报的编辑特点。

　　第三，关于《红星》报的研究。金耀云的《谈谈〈红星〉
报的宣传特色》一文，从三个方面讨论了《红星》报的宣传
特色。一是反映红军生活，指导军队建设；二是内容丰富，版

---

　　①　参见帅雨发《中央苏区新闻出版工作的启示与思考》，《出版发行研究》
1999 年第 10 期。

　　②　邓春玉、龙小玲：《江西苏区报刊变化探讨》，《江西图书馆学刊》2008
年第 4 期。

　　③　任质斌：《〈红色中华〉报始末》，《新闻与传播研究》1986 年第 3 期。

　　④　参见唐群《论瞿秋白对〈红色中华〉的贡献》，《党史文苑》2010 年第 4 期。

　　⑤　黄艳林：《论〈红色中华〉报编辑特点》，《福州大学学报》2003 年第 4 期。

面活跃，图文并茂；三是精干的编辑部，广大的通讯员。① 郝
先中的《〈红星报〉及其历史评价》一文认为，《红星》宣传
党的路线方针和红军的战略战术，对于根据地建设、红军的成
长和长征的胜利都起了积极的作用，创造了我党我军新闻出版
史上的奇迹②。《邓小平主持〈红星报〉纪事》③ 和《关于邓
小平与〈红星报〉的三个问题》④ 等文章，则是着重描述邓小
平主编《红星》报的背景、过程及其状况。

　　第四，关于红中社与红色中华新闻台的研究。蒋齐生、于
继华在《新华社的由来及诞生年月》⑤ 一文中，对红中社的诞
生背景以及演变过程进行了细致的梳理，并且对其历史地位给
予恰如其分的评价。《苏区时期的人民广播事业》⑥ 一文转述
相关研究者的意见指出，红色中华新闻台是中央人民广播电台
的前身，它开播于 1931 年 11 月 7 日，而江西瑞金是中国人民
广播的发源地。作者进而推断，这一认定，把中国人民广播事
业的历史推前了 9 年。对于该文的意见，《关于人民广播事业
发源于江西苏区说之商榷》⑦ 提出了不同的看法。该文认为，
判断红色中华新闻台是否为中央人民广播电台的前身，关键看

---

① 参见金耀云《谈谈〈红星〉报的宣传特色》，《新闻与传播研究》1983
年第 3 期。

② 参见郝先中《〈红星报〉及其历史评价》，《六安师专学报》1997 年第 1 期。

③ 陈其明：《邓小平主持〈红星报〉纪事》，《党史文苑》1995 年第 4 期。

④ 肖娅曼：《关于邓小平与〈红星报〉的三个问题》，《毛泽东思想研究》
1997 年第 5 期。

⑤ 蒋齐生、于继华：《新华社的由来及诞生年月》，《新闻与传播研究》
1980 年第 2 期。

⑥ 刘卫国、刘照龙：《苏区时期的人民广播事业》，《中国广播》2005 年第
12 期。

⑦ 庞亮：《关于人民广播事业发源于江西苏区说之商榷》，《中国广播》
2008 年第 5 期。

它是不是媒介意义上的广播电台。红色中华新闻台是红中社用
以抄收和拍发文字新闻广播的无线电台,而不是一座口语广播
电台。所以,"发源地"与"前身"的说法不能成立。

江西苏区新闻事业的研究一直是个比较冷清和寂寞的领
域,对这场关于红色中华新闻台的切磋与争议,我们应该给予
正面的评价。

(三)既有研究成果的不足之处

江西苏区报刊的既有研究成果值得肯定的地方,前文已经
多所涉及。概括起来,其不足之处主要表现在以下三个方面。

第一,介绍与描述的成分过多,深度的分析与论证不够。
在既有的研究中,有为数不少的成果表现为对苏区报刊的状
貌、内容、存佚情况的简单介绍与描述,这势必影响研究的深
度。当然,在新闻史的研究过程中,以明晰晓畅的文字呈现出
过往报刊的样貌,这也是一种研究方式,或者说是一种初步的
研究样式。至于那些不辞辛劳,奔赴各地档案馆、纪念馆查寻
那些因为年代的因素至今形迹幽昧的报刊的信息,然后描述查
寻结果的举动,则更是一种非常有价值的研究。在这里,我们
的立论是建立在这样的判断之上的:如果将描述与介绍作为研
究的唯一或者主要手段,就会影响苏区报刊研究向深度推进。
另外,一些论著以描述为主要研究手段的不当之处,更表现在
以下两点:一是其所展开的描述是零散和漫无目的的,给人的
印象是材料的机械堆积;二是一些早已有文章介绍的报刊,又
被重新描述,内容大致相同。

第二,从新闻传播学的角度展开的系统与全面的研究不
多。江西苏区的报刊共有200余种,其中有的只存其名,不见
其物;有的留下了一张半页,只能依稀感受其大致样貌。这些
报刊给我们留下的研究空间不大,而且采用的只能是历史学或

者文献学的研究方法。真正保留得比较完整的苏区报刊，只有少量的几种，如《红色中华》、《青年实话》、《红星》、《斗争》等。可以说现在立足于新闻传播学的立场，在细读全部报刊文本的基础上，对它们进行全面而深入研究的成果，极难看到。

第三，有些研究在方法上不甚严谨，有先设立场，图解概念的倾向。有的学者以自己的观念和现实的需要为导向，对苏区的新闻事业进行讨论。先设研究立场，乃至结论。本是一种常见并且也是可接受的研究路径，过去就有"大胆假设"的说法。但是，"大胆假设"是在与"小心求证"相配合时，才有可行性。可是，这里的情况则不然，一些学者过于放纵自己的研究意图，轻看了学术研究的原则与规范，使研究简单地变为寻找材料以维护与证明先设立场和结论的过程，脱离了材料所处的特定环境与语境。

三　本成果的主要内容与创新之处

（一）本成果的主要内容

本成果在相关研究的基础上，旨在对第二次国内革命战争时期江西苏区的报刊发展状况进行系统而深入的探讨。如前文所述，江西苏区的报刊共有 200 多种，但是，其流传状况非常不理想，能基本保存全貌的寥寥可数。因而，本项研究根据现存可资利用的相关资料，力求尽可能全面地展现江西苏区报刊的整体风貌与发展脉络；在一个宽广的视野里，对其存在的价值与意义进行剖析与论证。并且，根据报刊的流传状况与实际影响，对《红色中华》（含红色中华社与红色新闻台）、《青年实话》、《红星》3 种媒体展开全面而深入的透视与研究，对《斗争》、《苏区工人》、《湘赣红旗》、《瑞金红旗》 等 12 种代表性报刊进行梳理与总结。

简言之，本研究框架的构建力求做到两点：第一，尽可能用足现存的资料。第二，反映出报刊的实际影响程度。

本成果的具体结构如下。

第一章，概述江西苏区报刊的发展与格局。苏维埃临时中央政府成立之前，江西省境内就出现了一批红色媒体，就是江西苏区的早期报刊。它们主要分布于湘鄂赣、闽浙赣、湘赣等不同的根据地，为苏区早期的红色运动作出了积极的贡献。苏维埃中央政府成立以后，江西苏区报刊的发展进入到了一个井喷时期，集中涌现的报刊更具备系统性和层次感。从纵向看，可分为中央、省、中心县和普通县等不同层次的报刊；就横向而言，则有党委、苏维埃政府、军队和群众团体等不同性质的媒体。纵横交错，共同构建了江西苏区一个鲜活而丰富的报刊格局。

在这个格局中，《斗争》、《苏区工人》、《湘赣红旗》、《瑞金红旗》等报刊，在不同层级的报刊中比较具有代表性，值得进一步梳理与总结。

第二章，对《红色中华》展开全面而深入的研究。《红色中华》诞生以后，经由了草创与摸索、成型与规范、突变与坚持三个发展阶段。在其第一个阶段，办报明显处在摸索过程，前3期则基本没有章法。第二阶段，报纸的模样大致成型，其中还不乏新意。第三个阶段，报纸变得更加随性、多变，新闻的严谨性有所放松，取而代之的是文学的自如与奔放。

作为苏维埃政府的机关报，《红色中华》通过发布各类公文、开展工作指导、进行工作总结等途径，履行了政府管理工作平台的职责；作为一个新闻媒体，《红色中华》在宣传红军的战斗事迹、反映苏区的社会状况、介绍国内国际形势等方面，向读者提供了丰富的信息与观念。虽然不甚专业与规范，但是限于当时的条件，其种种的努力是值得充分肯定的。

《红色中华》还展开了一种尺度宽广、力道强劲的舆论监督，并且表现出有错必究、不留情面、直插要害、酣畅淋漓等特点。也能维持监督者与被监督者拥有对等话语权，让争议在积极与诚恳的气氛里展开。还须指出，其中支撑舆论监督的一些观念具有明显的相对性，有的还受到了党内"左"倾思想的影响。

第三章，对《青年实话》展开全面而深入的研究。《青年实话》的定位，最简洁的表达就是：青年群众的组织者、教育者、宣传者和鼓动者，因而对团组织工作的研究与指导是其核心内容之一。其研究与指导的方式表现为三个方面：青年工作的理论探讨、实际工作的组织与指导和工作经验的梳理与总结。

在新闻宣传方面，它以动态报道反映苏区各个方面新近的变化，以事件报道记录苏区运动历史进程中的关键性情景与细节，以人物报道表现苏区社会的各类先进典型。虽然新闻采写的技能显得不甚专业，甚至连遣词造句也难免滞涩生硬，但它们可以依靠没有文饰的朴实与率真赢得读者。

《青年实话》也注意开展新闻批评，批评对象的选择和批评局面的掌控，都颇见原则和法度。而且，其批评与监督和政府行政监督部门有紧密的关联，常被纳入工农检察机关工作框架之中；该报还有明晰的发行与推广意识，能够做到以发行的观念贯穿办报过程、以多样化的手段提高发行效果和以延伸性的关怀巩固发行渠道。为了接近目标读者，采编者力求使报纸体现三个特点，即：体现青年的意识、满足青年的趣味和营造

"青年化"的风格。

第四章，对《红星》展开全面而深入的研究。最大限度地彰显其所代表的机关的形象，这是《红星》报的一个显著的特点。编者甚至还时常淡化《红星》报的存在，让其隐藏在红军总政治部的后面；与此相适应，该报非常注重对思政工作的研究。而且还在列宁室的建设与新变、晚会的设计与运用和发挥军民两地书的激励功能等方面，推动红军思政工作的方法创新。

在新闻报道方面，军事题材是其选择的主要内容。在这其中，又可分为战事动态报道与关键战役的重点报道。前者一般为战事的动态消息，篇幅短小。后者可称为大通讯、大特写，呈现完整的过程或场景。典型人物与集体的宣传报道也基本都与军事相关，报道的是前线中浴血拼杀、义无反顾的个人与集体。此外，还有一些一般性的动态消息。

为了提高红军的战斗力，《红星》积极传播军事知识与卫生知识。在传播军事知识方面，除了直接刊登介绍军事知识和掌握军事技能的方法外，还以问题征答的方式，激发战士们学习的兴趣。介绍卫生知识与观念，则能够结合战地的环境、时令的特点和出现的病例，进行通俗而贴近的讲解。

第五章，是对红色中华通讯社与红色中华新闻台的全面而深入的研究。没有把这个内容插入在本成果关于《红色中华》报研究的部分（第二章）而单列专章，是要表示对其重要性与影响力的认可。

《红色中华》报、红色中华通讯社与红色中华新闻台的关系，简言之，它们共生于一个机构之内，是一个整体。深入一步分析可知，《红色中华》报与红色中华社"报"、"社"合一，两块牌子，一套人马。红色中华新闻台则相对独立，当时新闻台的人员主要是从事无线电机务与报务工作的技术人员，容易在红色中华的整体架构中区分开来。

红色中华通讯社可以说是应运而生。限于当时的环境与条件，通讯社功能的发挥是不甚充分的。其常规工作就是编印《无线电日讯》和用无线电明码播发新闻。红色中华新闻台出现的时间，向来也多异议。经过对相关材料的梳理和分析可以认定，作为实体性的红色中华新闻台成立于 1933 年 5 月，作为概念上或者实际传播中的红色中华新闻台，则在 1933 年 5 月之前就已出现。

第六章，是对江西苏区报刊的历史地位的分析。江西苏区的报刊是国内第一次在人民政权下创办的崭新事业，其所作出的贡献是历史性的。其历史贡献可从新闻界外和新闻界内两个方面来探讨。

在新闻界外，首先，它提高了苏区群众的政治意识和文化水准。江西苏区报刊一般都有直接组织或者引导组织读报活动的计划。在读报活动中，报刊本身都成了群众学习的教材。群众的思想和文化水平因此而获得显著的提高。其次，它掀起了苏区共克时艰的运动浪潮。苏区报刊在宣传扩红运动、推动节省经济、退还公债运动等方面，作出艰苦卓绝的努力，成为反"围剿"的一支不可或缺的力量。

在新闻界内，其贡献首先是为我党积累了系统管理传媒的经验。江西苏区不同层级与性质的报刊共同搭建了一个立体的媒体版图，可称是新中国传媒布局的雏形和媒体建设的预演。此外，在媒体管理方面，江西苏区留下了成功的案例，在今天仍旧具有参考价值。其次，形成了一些延续至今的新闻理念。新闻为中心工作、全党办报与群众办报、新闻批评等，都是党的新闻理论体系中的重要组成部分，它们在苏区时期就有比较成熟的理论陈述和实践运用。

（二）本成果的创新之处

本成果的创新之处，主要表现在以下几个方面。

第一，对《红色中华》报、《青年实话》、《红星》报进行了全面而深入的研究。在这个过程中，没有依从现在研究报刊的一般思路进行选择性的研究，而是紧贴三个报刊的实在样态，尤其是各自的核心取向，设定研究框架，因而触及的问题是较为新颖的，得出的结论也是贴近研究对象的。如：对《红色中华》报作为政府管理的工作平台的功能，对《青年实话》关于青年工作的探究与指导，对《红星》报以军民两地书激励士气的设计等诸如此类命题的发掘与剖析，莫不如此。

第二，对《红色中华》与《青年实话》之间发生的一场正面纠纷进行了细致的梳理和严谨的评判。作为中央苏区两大最具影响的报刊，《红色中华》与《青年实话》在1933年发生了一场正面的冲突。本成果对这场冲突的过程与双方的是非曲直展开了评析，并对冲突产生的深层原因进行了探讨。

第三，通过对江西苏区报刊新闻批评与舆论监督的实施路径精细的考察与研究，认为在中央苏区存在着一种行政监督与舆论监督联动的工作机制。《红色中华》与《青年实话》分别设置了批评性栏目"铁锤"与"轻骑队"，又分别领导与联系着铁锤队与轻骑队，而铁锤队与轻骑队虽然是群众性监督组织，但是它们与工农检察机关在"组织上"与"工作上"有着"密切联系"。因而，《红色中华》与《青年实话》的舆论监督工作，常被纳入工农检察机关工作框架之中。

第四，对《红色中华》报、红色中华通讯社与红色中华新闻台的关系，进行了全面的梳理和论证，并且对学术界在这个问题上产生的异议歧见展开了分析。另外，还通过对材料的比勘甄别、绅绎研窾，对尚存疑义的问题，如红色中华新闻台成立的时间，关于红色新闻台的评价等，提出了自己的看法。

第五，从新闻界外与新闻界内两个方面，论证了江西苏区报刊的历史贡献。在新闻界外，江西苏区报刊发挥了宣传者、教育者和组织者的功能，提高了群众的政治意识与文化水准，掀起了苏区共克时艰的运动浪潮。为报刊直接介入社会，积极服务于现实大局，进行了极有借鉴性的探索。在新闻界内，积累了系统的管理传媒的经验，形成了延续至今的新闻理念。为中国共产党新闻理论的形成，打下了坚实的基础。为新中国传媒的布局和管理，进行了成功的预演。

四　本项研究的主要方法

针对苏区报刊的实际状况，本项研究采取的研究方法主要有以下三种。

（一）史实钩沉与文本阐发相结合

江西苏区在其鼎盛的三四年时间里，出现了报刊发展空前繁荣的状况，报刊的分布密集而普遍。可以说，在这个时期的江西苏区，单位面积内报刊的保有量几乎可说罕有其匹。但是到了今天，这些报刊大多已经湮灭流失，研究资料收集非常困难。这就是摆在我们面前的现实。

为了尽可能勾勒出江西苏区报刊的全貌，本项研究采取的方法是，全面地收集学术界已有的研究成果，对其进行整体甄别后再确定自己的研究基点。然后将可以找到的所有历史材料进行研判、吸纳，进而呈现出这类报刊更真实更全面的样貌。当然，由于历史材料的残缺，在这里，我们无法追求周全与完整，只希望将史实钩沉的工作向前推进一点，让关于苏区报刊的可信信息最大限度地反映出来。

　　另一方面，对于那些幸存下来的报刊，本项研究在对其全部文本细读的基础上，使用新闻学、传播学等理论进行剖析和评论。由于处于战争的环境中，苏区的报刊有其特殊的责任，苏区的报刊业务工作就围绕着这样的责任而展开，所以在采编的专业性和规范性上别具面目。在这方面，我们很强调尊重特定的历史情境。也就是说，在对其文本进行阐发的时候，绝对不能脱离当时的历史情境，完全用现代的传播理念来衡量它们的价值与意义。

　　（二）面的显现与点的聚焦相结合

　　由于江西苏区时期报刊的发展缺乏纵深度，为了研究的方便，不妨大略把它的存在看成一个阔大的横截面。一方面，本项研究注意对江西苏区报刊进行整体的梳理、描述、概括与分析，以达到对江西苏区报刊整体的走势、特征、价值与意义的认识与把握，这就是所谓面的显现。点的聚焦是指对一些保存比较完好的报刊，进行系统和深入的研究。面的显现与点的聚焦相结合，实际上体现了本项研究框架构成的一个特点。

　　大致而言，本研究的对象是江西苏区的报刊，本成果把它们分为三种类型进行不同的处理，划分的标准是报刊的留存状况和影响。对于留存状况与影响最差的部分，将其安排在本成果第一章的前面两节，都只是一般谈及，少量的稍加介绍；对于留存状况与影响一般的报刊，则作为江西苏区的代表性报刊安排在第一章的第三节中，除了描述性的介绍以外，还尽可能地对其内容与形式进行了总结与论证；对于少量保存基本完好而且影响也很大的报刊，如《红色中华》、《红星》、《青年实话》等，则在专章中展开全面和深入的研究。红色中华社与红色新闻台虽然不属于报刊，但是因为它们与《红色中华》报密不可分，归属于同一个机构，考虑到它们在当时的影响，所以也以专章的形式进行研究。

综上所述，第一章的内容意在描述江西苏区报刊的整体概貌，第一类和第二类报刊在这里谈及，共同构成"面的呈现"；第三类报刊被列为重点研究对象，每一个报刊就占用独立一章的篇幅，正属于"点的聚焦"。需要在这里特别说明的是，这样的框架设置，在形式上虽不甚均衡、整饬，但完全是为了适应研究对象的特殊性。

（三）历史同情与当代视角相结合

江西苏区报刊生存的时代，正处于中国共产党的一个非常特殊的发展阶段。一方面，共产党领导工农群众在中央苏区建立了中华苏维埃共和国，成就了惊天动地的伟业；另一方面，党又一度在指导思想上存在着严重的"左"倾错误，给红色政权带来极大的损伤。苏区的报刊都是党组织、苏维埃政府以及各类群众团体的机关媒体，党内的这种特殊而复杂的状况会不同程度地在报刊上反映出来。实际的情形正是如此。一方面，在非常紧急与艰困的环境中，苏区的报刊淋漓尽致地发挥了新闻传播与宣传的效能，充分地表现了其凝聚人心、提振士气、壮大声势、协调行动的作用，这可以说是我党的一笔宝贵的精神财富。另一方面，苏区的媒体又不幸成了党内一些人"左"倾思想的传声筒，使"左"倾错误得以迅速地在更大的范围里蔓延。以党的机关报《斗争》为例，当时就刊登了一系列体现"左"倾思想的文章，如：《什么是罗明同志的机会主义路线》、《粉碎反党的机会主义为党的路线而斗争》、《反对向困难投降的右倾机会主义》、《罗明路线在江西》，等等。对待苏区媒体的这种状况，我们认为首先应该联系当时特殊的历史情境，给以"同情性的理解"，然后要站在今天的立场上，以现在的眼光，对它进行旗帜鲜明的批判。

第一章

江西苏区报刊概述

在江西苏区,具有大众传播性质的新闻媒体主要是报刊。除此之外,还有红色中华社与红色中华新闻台,二者分别是通讯社与电台。实际上,它们都不是单独成立与存在的,而是与《红色中华》报同属一个机构,密不可分。不过,为了技术上的便利,我们将红色新闻社和红色新闻台放置在第五章进行专题性的研讨,本章就不予涉及。

第一节 江西苏区早期的报刊

中央苏维埃政府正式成立之前,在国内的一些革命根据地就已经建立起党、团组织和苏区政府机构,一批红色报刊也随之出现。本节要讨论的是在中华苏维埃共和国诞生之前,江西苏区报刊的发展状况。

一 湘鄂赣苏区的江西早期报刊

湘鄂赣革命根据地位于湖南、湖北、江西三省边界地区,包括湖南的平江、浏阳,湖北的大冶、阳新,江西的万载、修水、铜鼓等20余县。1928年7月,彭德怀、滕代远、黄公略在当地党组织和游击队的配合下，发动平江起义，建立了工农红军第五军，彭德怀任军长，滕代远任党代表，由此开辟了湘鄂赣革命根据地。1928年10月，中共湘鄂赣特委成立，滕代远任书记。1928年11月，红五军主力向井冈山转移后，重组特委，王首道任湘鄂赣边境特委书记，黄公略任中国工农红军湘鄂赣边支队队长，坚持湘鄂赣地区的斗争。1929年7月、1930年3月，彭德怀、滕代远先后两次率红五军返回湘鄂赣根据地，开展斗争。

1929年9月，红五军党领导成立"湘鄂赣边革命委员会"，革命委员会宣传部出版了《工农兵》报。该报创办于今天的江西万载县，不定期出刊，4开2版，单面石印。常设的新闻类栏目有"国内要闻"、"斗争消息"等，报道的内容多为国内形势、红军战争以及工农革命斗争。另有"特载"栏目刊登党政军等机构颁发的布告、政纲、宣言；"工农兵论坛"栏目发表工农兵群众的言论、意见；"红色艺林"栏目刊登诗歌、歌曲、漫画。

关于自身的定位，该报的发刊词进行了比较详尽的表述。它指出，在国民党统治下，"工农兵在政治上均无集会、结社、言论出版自由，在经济上都受尽饥寒交迫的困难颠连"，工农兵唯一的出路，"只有一致站在斧头镰刀红旗的下面"，努力完成三大任务："推翻帝国主义在华统治；铲除封建势力，彻底解决土地问题；推翻国民党统治，建立工农兵代表会议（苏维埃）政府！"为此，"本刊的使命"就是"加紧团结工农兵的力量，正确地认识革命的前途，尽情的暴露统治阶级的罪恶"。

在《工农兵》报开始出版的两期，分别刊登了《中国共产党的十大政纲》和《中国共产党土地纲领》，直接向群众宣传了中国共产党的方针路线和政策主张。其中的评论文章《国民党统治下的中国》，揭露了国民党背叛革命、出卖工农、实行反动统治的罪行。《红军原来这样好》等文章，则记载了红五军各路纵队转战浏阳、万载、修水、铜鼓，击溃地主武装和国民党军队的一次次战绩，使工农群众看到了红军是一支军纪严明、为工农艰苦奋战的人民军队。①

　　除《工农兵》报以外，1929年12月至1930年6月，中共湘鄂赣边境特委宣传部于万载山区编辑出版了政治理论刊物《布尔什维克之路》。1930年，特委还创办两个刊物，即《特委通讯》和《党的生活》。中共万载县委创办的报刊有《新闻壁报》、《画报》和《晨钟》等。《新闻壁报》开办的时间大约为1929年12月，为半月刊，石印。《画报》创办的精确时间，已不可考，不定期刊，油印。《晨钟》创办于1930年5月。在湘鄂赣苏区的江西各县，以万载县办报早、办报多，影响也比较大。1930年1月，中共湘鄂赣边特委在一份报告中指出，各县宣传工作在文字方面以万载为最有成绩。经常对外的宣传鼓动刊物有《新闻壁报》，系石印的半月刊，已出版至3期。不定期画报，油印，已出版至8期。在铜鼓县，有中共铜鼓县委机关报刊《赤潮》于1930年初创刊，至同年6月共发行2万份以上，在湘鄂赣边区有比较广泛的影响。

　　此外，在这个时期修水县出版的报刊也具有一定的影响。其中有《红日》和《修江潮》。《红日》为少共修水县委于1931年创办的机关报，周刊。现存第5期，1931年4月29日

---

　　① 参见黄河、张之华《中国人民军队报刊史》，解放军出版社1986年版，第20页。

出版。4 开 2 版，单面油印。该期在湘鄂赣苏区第二次反"围剿"斗争中出版，刊登有社论《请看反动派进攻苏区的罪恶》，续登评论文章《纪念"三一八"应有的认识与任务》。"三一八"即 3 月 18 日，是巴黎公社成立纪念日。此外，该期还刊载《少共修水县委员会完成第一次冲锋计划》。《修江潮》创刊于 1930 年，中共修水县委主办。

二　闽浙赣苏区的江西早期报刊

闽浙赣苏区是由信江及赣东北苏区发展而来的。1928 年 1 月，以方志敏为书记，黄道、邵式平等为委员的中共江西省弋阳、横峰、贵溪、铅山、上饶五县地方工作委员会，在赣东北弋阳、横峰地区领导农民举行起义，组成工农革命军（当时称土地革命军），就地开展游击战争。5 月，弋阳、横峰分别建立了县苏维埃政府。1929 年 3 月，中共信江特委成立，建立了以弋阳、横峰北部山区为中心的苏区。10 月，信江苏维埃政府成立，方志敏任主席。此后，弋阳、横峰、德兴的大部地区和上饶小部分区域成为较巩固的苏区，并同新开辟的贵溪、余江、万年苏区连成一片。1928 年 10 月，福建崇安县农民起义组成的游击队，开始创建闽北苏区。其游击区逐渐扩展到浦城、建阳等县，同信江苏区和红军的斗争遥相呼应。1930 年 7 月，中共信江特委改称中共赣东北特委，并组成红军第十军，周建屏任军长，胡庭诠代政治委员（后邵式平任政治委员）。8 月，信江苏区改称赣东北苏区，闽北苏区划归赣东北苏区。1931 年 3 月，成立赣东北省苏维埃政府，方志敏任主席。9 月，成立中共赣东北省委。1932 年 11 月，赣东北根据地的区域进一步扩大，中共赣东北省委和省苏维埃政府就开始改称中共闽浙赣省委和闽浙赣省苏维埃政府。

中共信江特委组成以后，赣东北苏区报刊事业就开始起步了。赣东北苏区最早出版的刊物是《红旗》，1929 年 3 月创刊于弋阳九区。它是中共信江特委的机关刊物。16 开本，油印。先为旬刊，后改周刊。1930 年 6 月 8 日，在信江特委给中央的一份报告中，提到了《红旗》。其中说："宣传部工作，过去党对宣传与组织工作，一样注意到除了政治通告以及各期间的宣传中心通告（青黄不接通告、红色五月通告）外，经常有信江《红旗》报出版，每十天一小册子。"① 到 1930 年 7月，其每期发行量达到了 2500 册。也就是在同一个月，中共信江特委与赣东北特委合并，在苏区成立直属党中央的新的赣东北特委，《红旗》也改由赣东北特委宣传部主办，每周出版一期。主要内容是分析政治形势，解释各个时期中心口号，指导实际工作，每期发行约 3000 份。

1930 年 8 月，赣东北省苏维埃政府在横峰创办了《工农报》。原定周刊，时有脱期，后一度改为 3 日刊。规格 8 开单面，每期出报少则 2 版，多则 12 版。1932 年底，改由闽浙赣省苏维埃政府出版。

1929 年，少共信江特委在江西弋阳县创办《青年生活》，为周刊，单面油印，在 1930 年 7 月曾发行 3000 份。1930 年 8月，赣东北省苏维埃政府在弋阳县创办了《工农报》。该报起初为周刊，后来一度改为 2 日刊。1930 年，少共赣东北特委在横峰县葛源创办了《团的建设》和《列宁青年》。《团的建设》为单面油印，1931 年改由少共赣东北省委组织部主管。

---

① 《中共信江特委关于党和红军情况的报告》，1930 年 6 月 8 日，江西省档案馆藏。

《列宁青年》起初不定期出版，稍后相对固定为月刊，再后来又转成周刊。4 开单面，油印，后改为石印。1931 年出版的第 3 期至第 5 期，每期发行量达 4000 份。就在这一年，《列宁青年》改由少共赣东北省委编辑出版。

三 湘赣苏区的江西早期报刊

湘赣苏区是在井冈山革命根据地的基础上发展起来的。1929 年 1 月，红军第四军主力离开井冈山向赣南、闽西挺进后，留在当地的部分红军和各县赤卫队，在中共湘赣边特委领导下，同转至湘赣地区的红四军第五纵队一起，经过艰苦斗争，巩固和扩大了根据地，根据地中心由井冈山转到永新。1930 年 2 月，中共湘赣边特委和赣西、赣南特委合并组成赣西南特委，原湘赣边苏区各县分属湘东特委和赣西南特委西路行委领导。1931 年 7 月，中共湘东南特委（由湘东特委改组）、湘南特委和赣西南特委的西路、南路、北路三个分委所辖的赣江以西地区合并为湘赣省。10 月 8 日，正式成立中共湘赣省委和湘赣省苏维埃政府。

中共赣西南特委成立以后，就开始重视宣传工作。在其《宣传工作报告》中写道："宣传应该要有计划的切实的精密的去做宣传鼓动工作，使党的政治主张扩大的深入到群众中去。一、特委本身已打破了过去忽视宣传工作的观念，有相当积极改造的精神；二、宣传品有充分的《赤报》、《政治简报》、《红旗》能够按期出版，技术上也比以前精良；三、开办了宣传训练班，造就了相当的宣传干部；四、扩大了兵运宣传，找到了兵运的线索。扩大拥护全国第一次工农兵贫民苏维埃大会的宣传，深入拥护赣西南第二次贫民苏维埃的宣传。"此外，文中还对出版物的工作作出了规定："a、赣西南《红旗》代表党对外的政治主张。b、《赤报》传达赤色政治，交换斗争经验。c、《政治简报》记载政治消息，分析政治现象。"①

　　赣西南特委的这份工作报告，谈到要改变轻视宣传工作的观念，并且陈述了做好宣传工作的路径。尤其是提及了特委的三个报刊，即《赤报》、《政治简报》、《红旗》，介绍了它们主要的传播内容。在今天看来，这是非常珍贵的史料。需要略作补充的是，《红旗》隶属赣西南特委组织部，《赤报》、《政治简报》是赣西南特委宣传部的刊物，它们都创刊于 1930 年。

　　除此之外，赣西南特委在这个时期还创办了《红旗日报》、《前敌日报》、《政治通讯》。赣西南特委组织部创办了《党的生活》、《组织通讯》，赣西南特委宣传部创办了《宣传通讯》等报刊。特委下辖的东路行委创办了《东路红旗》，南路行委创办了《通讯》。二者创办的时间均为 1930 年，《东路红旗》出版的地点在乐安，《通讯》则在信丰。一些共青团组织在稍后的时间也建立了自己的媒体。《团内生活》是少共赣西南特委西路分委的机关报，创办于 1931 年 5 月；《宣传通讯》（与赣西南特委宣传部的刊物同名）由少共赣西南特委西路分委宣传部编印，这两家报刊编辑部都设在吉安永阳。

　　与此同时，赣西南地区出现了一些县级报刊。1930 年 3 月，兴国县苏维埃政府成立后，很快就创办了机关报《剑锋》。现存第 24 期，是 1930 年 12 月 22 日出版的。4 开 4 版，

---

　　①　赣西南特委：《中国赣西南特委宣传工作报告》，见江西省文化厅革命文化史料征集办公室、福建省文化厅革命文化史料征集办公室编《中央苏区革命文化史料汇编》，江西人民出版社 1994 年版，第 126 页。

单面石印。设有"社说"、"纪事"、"余兴"等专栏。"社说"
栏续载长篇评论《目前武汉形势与一方面军及江西共党的任
务》，高度评价红军攻克吉安之举。"纪事"栏刊登兴国县苏
维埃政府为纠正一些区、乡筹款的错误做法的布告。"余兴"
栏刊载一首童谣，向国民党军队士兵做宣传。此外，1930 年 9
月，寻乌县总工会宣传部创办了《寻乌工人旬刊》，油印，出
版地点设在该县河角乡。

第二节　江西苏区报刊系统的格局

1931 年 11 月 7 日至 11 月 20 日，中华苏维埃第一次全国
代表大会在江西瑞金召开，这标志着中华苏维埃共和国的诞
生。与此相适应，不同层级的部门与机构也相应成立。在这样
的背景下，一大批报刊在苏区各地随之涌现。自此之后，苏区
的新闻事业开始正式跨入到鼎盛的发展时期。与先前的报刊相
比，这个时期的苏区报刊更具备系统性和层次感。苏区报刊的
整体由不同层级的报刊系统所组成，具体可以分为：中央级报
刊系统、省级报刊系统、中心县委和县级报刊系统。县以下的
区、乡限于客观条件，主要是出版墙报或翻印上级部门出版的
报刊，在当地发行。

需要说明一下，在下面叙述的过程中，势必会涉及大量具
体的报刊。由于有些报刊将会在此后的章节进行专题的论述与
研究，在本节中便着墨不多了。

一　中央级报刊系统

江西瑞金是中华苏维埃共和国的首都，中央苏区最高层级
报刊的编辑部基本设在那里。为了叙述的方便，下面把中央层

级的报刊分为四类，即中共中央与中共苏区中央局创办的报刊、中央苏维埃政府创办的报刊、中央革命军事委员会及直属部队创办的报刊和群众团体的中央机构创办的报刊。

（一）中共中央与中共苏区中央局所属报刊

《战斗》是中共苏区中央局最早的一份机关报，于 1931 年 7 月 1 日创刊于江西宁都。虽然创办时间在苏维埃共和国正式成立之前，但它与稍后出现的《实话》和《斗争》存有渊源关系，所以将它列为这个系统的第一家报刊介绍。该刊为铅印，16 开本，周刊。刊登的主要内容是苏区中央局的文件，其创刊号的重要文章就是《苏区中央局关于召集全国苏维埃第一次代表大会的决议》。1932 年 2 月 14 日，改为《实话》。

《实话》依旧是苏区中央局的机关刊物，1932 年 2 月 14 日在江西瑞金创刊。不定期出版，铅印，16 开。其主要的任务是：在江西苏区广大农村传播马列主义真理，刊登中共中央及中共苏区中央局重要决议、指示、宣言等公文，阐述国内外的形势和党的路线、政策，提出当前任务，指导基层组织开展革命工作，巩固红色政权。

1932 年 6 月 5 日，苏区中央局组织部创办了《党的建设》，铅印，32 开本，也是不定期出版。在其创刊号上，它就对自身的定位进行了描述："根据国际和中央路线，站在自我批评与两条路线斗争的基础上，经常来检阅苏区关于党的建设方面的一切工作，介绍党的组织理论，开展党内生活的讨论，帮助党在实际工作中的转变。"1933 年 2 月 4 日，根据中央的意见，《党的建设》与《实话》合并，更名为《斗争》。

《布尔什维克》是中共中央理论机关报。1932 年 7 月以前，它在上海出版。中共临时中央政治局于 1933 年 1 月从上海迁瑞金后，由于实际工作的需要，就在 1934 年 7 月间又开始出版，仍沿用《布尔什维克》的报名，但是从第 1 期开始，重新排列期数。新出版的第 1 期为铅印，32 开本。封面标有"共产党中央理论机关报"，封底有"中共中央局出版、中央发行部发行、中央印刷厂印刷"等字样。其上共刊有 5 篇文章，具体为：《共产国际执委会主席团给中国共产党的信》、《论党——斯大林同志在十七次代表大会上的报告之第三部分》、《曼努意斯基在共产国际执委第十三次全会上的演说——资本主义的危机与共产主义的任务》、《中国民族的问题》和《中国苏维埃区域的经济政策》。

（二）中央苏维埃政府所属报刊

在中央苏区临时中央政府创办的报刊当中，《红色中华》是典型的代表。《红色中华》报在 1931 年 12 月创刊。在该报的第 49 期 4 版，刊登了一个由少共苏区中央局、中华苏维埃中央政府、全总苏区执行局联合发布的一个《特别通知》，其中提到"改《红色中华》为党团政府与工会合办的机关报"。也就是说，在名义上，《红色中华》从这时开始已经变成了党、团、政府和工会的联合机关报。但是实际上，它在很大程度上还是以政府的机关报出现的。后来，在《红色中华》报的基础上，又编辑出版了《工农报》和《无线电材料》。《工农报》是瞿秋白倡导创办的。1933 年，在上海的瞿秋白十分关注江西苏区报刊事业，撰写了《关于〈红色中华〉报的意见》一文，交给在上海秘密出版的中共中央机关刊物《斗争》第 50 期发表，署名狄康。此文肯定《红色中华》的显著成绩，同时提出六点建议。其中之一是，除《红色中华》外，还应由中央局出版一种真正通俗易懂并且能普及识字很少的工农群众的《工农报》。后来，瞿秋白到了江西苏区，并担任红中社社长。在他的努力下，《工农报》于 1934 年 3 月初创刊。该报 4 开 4 版，铅印，旬刊，以中央通讯协会筹委会机关报名义出版，该筹委会接受《红色中华》报编委会领导。《工农报》反映苏区工农群众斗争，宣传红军捷报，介绍苏维埃建设成就，报道工农群众生活状况，并适当反映白区群众斗争情形。辟有"新闻"、"通讯"、"短评"、"连环画"、"山歌"、"故事"、"笑话"、"小常识"等栏目，是一份既通俗易懂又生动活泼的报纸。《红色中华》报编辑出版的《无线电材料》，后来又称《每日电讯》，属油印刊物。每期送中央领导同志参阅。

中央政府系列的报刊还有：中央人民委员部编辑出版的《苏维埃文化》、《教育通讯》，中央土地人民委员部的《春耕运动画报》，中央政府俱乐部的《突击》，中华苏维埃共和国邮政总局的《赤邮通讯》，等等。此外，为进行重要会议的宣传，当时还出版了配合性的短期报刊。如：第一次全国苏维埃代表大会秘书处日报股编辑出版的《中国工农兵苏维埃第一次全国代表大会日刊》，第二次中华苏维埃全国代表大会筹委会的《选举运动周报》和《选举运动画刊》。

简言之，中央政府及其各个部门所创办的报刊，一般都是刊登政府法令条例、决议通告，总结和交流苏维埃政权建设的工作经验，报道各级苏维埃政府工作的成绩，披露工作中存在的问题，具有显著的指导性。这类报刊各具面目，形态不一。有涵盖面较广的综合性报刊，也有针对性很强的专业性报刊；有平易浅近以工农群众为接受对象的通俗画报，也有面向各级政府干部以思想传播和工作指导为重点的研究性刊物。

（三）中央革命军事委员会及直属部队所属报刊

在这个类型的报刊当中，持续时间最长并且最具影响力的是《红星》报，它由工农红军总政治部编辑出版。《红星画报》、《红色战场》等，也是当时红军中比较重要的报刊。《红星画报》由红星社编辑出版，与《红星》报同属一个机构。该画报原定为半月刊，但因为战事频仍，实际上无法保证如期出版。封面多采用红黑和红蓝套印，32 开版面，绘图石印本。其《发刊词》表达了办刊的宗旨："要成为启发教育红军战士的良好材料，要成为宣传苏维埃一切策略主张的喇叭。"它开设了"马列理论及党的方针政策"、"战况报道"、"国际共运"、"军事技术"、"生活小常识"等栏目。现在，军事博物馆保留了其中的第 1 期至第 7 期。《红色战场》是中国工农红军第一方面军总司令部出版的期刊，创办的精确时间不详，大约在 1933 年初。该刊发表的文章，大多能以通俗浅显的语言阐述军事战术和军事技术知识。尤其是能够从根据地的军事斗争实际出发，大量地介绍行之有效的作战方法和技巧，具有很强的针对性。从现存的资料看，该刊得到了朱德密切的关心与指导，有一些文章就出自他的手笔。1934 年 5 月，中国工农红军学校将《红色战场》刊发过的文章收集成册，供红军指战员参考学习。

　　此外，在这个时期，中央革命军事委员会及其直属部队创办的报刊还有：中国工农红军总政治部主办的《革命与战争》、《政治工作》、《战士》，中国工农红军第一方面军的《铁拳》，中国工农红军学校的《红军战士》，等等。

　　苏区军事类的报刊在形式上品类繁多，各有特色。其中，有一些属于军事理论刊物，如《红色战场》；另有一些是专门指导红军政治工作的读物，如《党的工作》、《革命与战争》；还有一些是介绍军事医护和生活健康的知识性报刊，如《红色医报》、《健康报》、《红色卫生》；更多的是向部队进行政治和军事教育的通俗小报。无论哪一种类型，只要是办得好并且受到指战员欢迎的报刊，都具有短小精悍、生动活泼、联系实际、不尚空谈的特点。

（四）群众团体的中央机构所属报刊

在中央苏区的中心区域，一些群众团体也纷纷创办了自己的报刊。其中，《青年实话》、《少年先锋》、《时刻准备着》、《儿童战线》和《列宁青年》，是少共中央局在瑞金出版的报刊。此外，中华全国总工会苏区执行局创办了《苏区工人》，报道苏区和全国工人运动消息，刊登工作经验报告和指导性的论文，指导各级工会工作。《反帝战线》和《反帝拥苏通讯》分别是中央苏区反帝大同盟与中央苏区反帝拥苏总同盟的机关刊物。前者创刊于1932年8月1日，铅印，8开4版，半月刊，1933年停刊。其创刊号描述了本刊的性质和任务："它是在中央苏区团结广大劳苦工农群众与红军战士，在中国共产党领导下，参加中国革命运动和民族战争，从根本上推翻帝国主义国民党在华统治。是正在向前开展的反帝运动场的一面旗帜，它将担负起动员、号召、指导群众反帝斗争的伟大任务。"《反帝拥苏通讯》创刊于1933年七、八月间，16开，油印。在1933年扩大红军运动中和第二次全国苏维埃代表大会选举运动中，它都积极地配合党政军报刊开展宣传工作。

此外，中央苏区儿童局出版的《加紧准备大检阅画报》，中央苏区互济会总会筹备委员会的《互济画报》等，也是这个时期比较活跃的报刊。

群众团体创办的报刊，能够根据自己目标读者的特点，进行有针对性的宣传教育；尤其能够做到开门办报、群众办报，经常依靠各部门领导人写稿和通讯员供稿。儿童团组织创办的刊物《时刻准备着》，聘请了二三十个特约通讯员、特约撰稿者、特约绘画者。其中有何凯丰、胡耀邦、陈丕显、农尚智，有专门作画的黄亚光，有当时活跃在文艺战线上的沙可夫、李伯钊、刘英、刘月华、胡底、阿伪等人。群众团体的中央机构创办的报刊，经常刊登诗歌、散文、小故事、活报剧、图画识字、常识测验、游戏活动、体育运动、有奖猜谜，既做到了体裁多样、形式活泼，又寓指导性于文化娱乐形式之中。

二　省级报刊系统

这个层级的报刊也可以分为四个部分，即各省委创办的报刊、各省苏维埃政府创办的报刊、各省军区与主力部队创办的报刊，以及省一级群众团体与机构创办的报刊。

（一）各省委所属报刊

从省委系统来说，中共江西省委创办的报刊有《省委通讯》、《省委通讯副刊》、《通讯》等。《省委通讯》早就存在，后来因故停办，1933 年 6 月 3 日开始复刊。其宗旨是：介绍各级党部的工作经验和指导各地工作。1934 年七、八月间，由于形势不断恶化，被迫停刊。《省委通讯副刊》创办于 1933 年 12 月，油印，32 开小册子，不定期出版。办刊的主要目的是指导各县在 1933 年底开展的扩大红军运动，与《省委通讯》同时停刊。《通讯》由江西省委宣传部编辑出版，职责是指导各县宣传部门的工作。这些报刊在加强指导本省各项工作和运动方面，作了很大的努力。

中共赣东北省委成立于 1931 年 9 月，到 1932 年 11 月改称为闽浙赣省委，省委机关仍设在现江西省横峰县葛源镇。1933 年，闽浙赣省委创办的报刊有《突击》、《支部生活》、《红旗》等。《突击》是月刊，铅印，32 开本，"与课本差不多大，厚度有三本课本那么厚。主要刊登中央和省里的工作报告、文件，介绍前线、地方以及白区的工作"①。该刊的印刷由省铅印局负责，所用的纸张是靠自办的造纸厂生产出来的雪白的"尚光纸"，所需的油墨，开始要穿过敌人封锁线从白区购买，后来省内试制成功。

中共湘鄂赣省委在万载小源先后创办一批机关刊物，其中有《红旗》旬刊、《转变》月刊、《斗争》不定期刊等。《斗争》大约创刊于 1933 年 9 月。在此之前，根据中共苏区中央局决定，湘鄂赣省委实行改组，改组后的省委创办了《斗争》。该刊现存第 6 期，1934 年 4 月 20 日出版。油印，16 开本，10 页左右。第 6 期出版的时候，湘鄂赣苏区正处于第五次反"围剿"的激战状态。当时省委机关已从万载小源向修水、铜鼓、宜丰、奉新四县边境的龙门山区转移。在省委机关转移期间，《斗争》坚持出版。第 6 期发表了文章《悼念黄廷厚和许多殉难烈士》，黄廷厚是省委常委、省苏党团书记，在万载被捕殉难。上面还刊登了《在目前环境下我们的工作精神与工作方法》，它联系当时的斗争实际，指出在湘鄂赣根据地分散为大小不同的 15 块苏区的情况下，不仅要认识这种情形所带来的许多困难，而且要看到它的有利条件。文章强调要发扬顽强抵抗和勇于进取的精神，讲究工作方法，特别是工作人员的军事化和保证后方机关的轻便与灵动。从《斗争》第 6 期看，它具有理论联系实际，注重党内思想教育的特点。

中共湘赣省委创办的机关报刊有《湘赣红旗》和《湘赣斗争》，都在现在的江西省永新县出版。《湘赣红旗》为半月刊，创办于 1931 年 11 月下旬，由湘赣省委党报委员会负责编

---

① 汪泉源、饶秋香：《闽浙赣省铅印局》，见《回忆闽浙皖赣苏区》，江西人民出版社 1983 年版，第 406 页。

辑出版，甘泗淇、王首道、林瑞望、张启龙、易心平等参与编务工作。1933 年 7 月，湘赣省委将《湘赣红旗》和少共湘赣省委机关报《列宁青年》合并，出版了湘赣省委与少共湘赣省委的联合机关报《湘赣斗争》。新出《湘赣斗争》为旬刊，毛边纸石印，1934 年 8 月停刊。

1933 年 11 月，中共粤赣省委在会昌县创办了《粤赣省委通讯》，16 开，单面油印。中央档案馆存有该刊的第 3 期、第 7 期和第 8 期，其出版时间依次为 1933 年 12 月 5 日、1933 年 12 月 28 日和 1934 年 1 月 6 日。

各省委创办的报刊，刊登党中央和省委的重要指示、通知、决议、报告等公文，宣传党的中心工作，报道各项运动在全省开展情况，总结经验教训，开展批评与表扬。它们是全省党员必读的材料，加强党的建设的锐利武器，也是扩大党在群众中影响的有力工具。

（二）各省苏维埃政府所属报刊

在江西省苏维埃政府出版的报刊中，有《红的江西》、《红色江西》和《司法汇刊》等。1932 年 6 月 21 日创刊的《红的江西》，是江西省苏维埃政府的机关报，周刊，16 开，每期 2—4 版，石印。设立了"社论"、"地方要闻"、"苏区要闻"、"国内要闻"、"国外要闻"、"专电"、"捷报"、"苏维埃工作指导"、"巡视记载与见闻"等栏目，以刊登新闻和评论为主，着重报道江西省动态，指导江西省属各级苏维埃政府的工作。1934 年五、六月间停刊。《红色江西》是《红的江西》停刊以后，江西省苏维埃政府新出版的政府机关报。创办于 1934 年 6 月 11 日，16 开 2 版，石印。江西省档案馆藏有其 1、5、6、8、9、14、15、16 各期。《司法汇刊》创刊于 1933 年 6 月 16 日，由江西省苏维埃政府裁判部编辑出版。油印，8 开，不定期出版，1933 年 7 月 9 日出版第 2 期，并更名为《裁判汇刊》。1933 年 11 月 11 日出版第 7 期，又更名为《江西省裁判部半月刊》。其主要内容是裁判工作经验总结、工作计划、法令条例和有关消息。

湘鄂赣省苏维埃政府出版的报刊，有《战斗报》和《工农战斗画报》等。省苏维埃政府机关报《战斗报》，原名《战斗周报》、《战斗日报》，1932 年 5 月在万载小源创刊，刊登新闻电讯和中央工农民主政府与湘鄂赣省苏维埃政府的各项工作指示。《工农战斗画报》于 1933 年创刊，每月出版 4 期。

湘赣省苏维埃政府出版的报刊有《红报》、《红色湘赣》和《红色湘赣副刊》。《红报》是省苏维埃政府第一个机关报，3 日刊。现存第 28 期，1933 年 8 月 28 日在永新县出版。8 开 2 版，单面石印。该期设有"社论"、"国内外要闻"、"苏区消息"、"列宁室"、"社会琐闻"等专栏。"社论"栏刊载汤铭写的文章《怎样防止与救济流行的瘟疫》。"国内外要闻"栏刊载 3 条新闻，分别是：《日本帝国主义又来瓜分热河》、《辽西义勇军猛烈进攻日军》、《湘粤闽军阀来赣送枪》。"苏区消息"栏刊登《红军新独立师快出世了》一文，其内容标题已经有所透露，这是一条喜讯。"列宁室"一栏报道省级各机关列宁室举行工作竞赛的消息。"社会琐闻"栏载文批评个别地方在中元节那天烧纸钱，搞封建迷信活动。从该期看，《红报》的报道面较广，新闻标题醒目，版面活泼。《红色湘赣》是省苏维埃政府第二个机关报，1933 年创刊。《红色湘赣副刊》创办于 1934 年 1 月 3 日。8 开 2 版，石印。每份售铜元一枚，单独出版发行。当时中共湘赣省委决定从 1 月 1 日至 1 月 21 日开展扩大红军突击运动，为了做好宣传报道工作，《红色湘赣》报在这个期间内，每 3 天出版副刊《扩大红军专号》1张。第3期的内容，除刊登省苏维埃政府关于扩大红军突击运动的训令以外，还刊载多篇消息，报道党团员、干部和各群众团体都动员起来了，人们踊跃报名参加红军；同时又报道湘赣苏区前线红军作战胜利的消息，以鼓舞人心，推动扩红运动的发展。

　　总体而言，省级苏维埃政府出版的报刊，一般都登载省苏维埃政府发布的训令、法令、通告，反映各项运动在省内开展情况，发表各种统计数字与各县工作报告，发表评论以指导下级苏维埃政府的工作，同时又重视报道国内外要闻、苏区消息和红军捷报，新闻信息量较大。它们对各省苏维埃政权建设和经济、文教事业的发展，起到有力的推动作用。

　　（三）各省军区与主力部队所属报刊

　　在各省军区与主力部队出版的报刊中，有《瞄准画报》、《红军实话》、《湘赣红星》、《红色射手》、《拂晓报》等。《瞄准画报》由湘鄂赣省军区政治部宣传部编辑出版，1932年创刊。从1932年5月29日出版的第2期来看，该报报头绘图是一位红军战士正端着步枪瞄准前面狼狈逃跑的敌人。第1版刊登一幅巨大的图画，题为《庆祝红四军团在鄂豫皖空前伟大胜利》，画着大批群众手持标语，向着红四军团营房前面列队的红军欢呼。第2版刊登3幅图画，其中之一是《加紧识字运动》，图中一名战士手指黑板上写的"红军"两个字，王在教另一名战士识字。从该期画报看，画意鲜明，画面生动。《红军实话》由工农红军第十六军政治部编辑出版，1932年在万载小源创刊。《湘赣红星》由湘赣省军区政治部编辑出版。1933年创刊，石印小报。《红色射手》由工农红军闽赣军区政治部编辑出版，1933年4月创办，16开油印。辟有多个栏目，如"消息"、"评论"、"扩红播音台"、"党的生活"、"本报号召"、"最后消息"、"学会刺枪"、"学会放哨"、"学会瞄准"、"卫生常识"、"红板"、"给你一个铁锤"和"猜猜看"等，又常有插图或连环画，重视版面美化。时任闽赣省委书记的邵式平经常为它写稿。《拂晓报》由江西省军区政治部编辑出版，单面竖排石印，16开小报。版面活泼，文章短小通俗，比较注意文章标题的艺术性和战斗性。

总体而言，省级军区与主力部队出版的报刊，大多为油印或石印，有相当一部分是32开本的刊物，便于行军时携带。但也有一部分是4开或8开的报纸型，它们多数是供给部队战士看的通俗报刊，以加强军队建设为目的，以报道部队战斗生活为主要内容，经常刊登形势分析和政治工作方面的评论文章，以及介绍军事技术和军事卫生知识的短文以及各种文娱材料。它们的宣传贴近广大战士，成为战士们愿意接近的文化读物。

（四）省一级群众团体与机构所属报刊

1932年，像苏区其他性质的媒体一样，群众团体的报刊进入到了一个喷发期。在湘赣省，1932年3月，少共湘赣省省委创办了《列宁青年》，1933年3月一度中断，1934年复刊，期数重新排列。到3月25日出版第12期后，最终停刊；湘赣省儿童局创办了《红孩儿》，8开2—6版，石印。刊载的内容一般有时事短文、歌曲、童谣、谜语、故事和插画。1932年3月，少共湘赣省委创办《团的建设》。《列宁青年》、《红孩儿》和《团的建设》的出版地点，均在江西永新县。

在1932年的湘鄂赣省，湘鄂赣省赤色总工会宣传部创办了《工人斗争》，湘鄂赣省赤色总工会组织部创办了《工人生活》，湘鄂赣省赤色职工会创办了《斗争报》，少共湘鄂赣临时省委创办了《列宁小报》、《列宁青年》，少共湘鄂赣临时省委儿童局创办了《儿童童话》，少年先锋队湘鄂赣省总队创办了《少年先锋》，湘鄂赣省反帝大同盟总部创办了《反帝旬刊》，等等。这些报刊的出版地点都在江西万载县。

同样在这一年，赣东北省也涌现了一批群众团体的报刊，而且出版地点都在江西横峰县。它们中有：少共赣东北省委宣传部的《劳动青年周报》、《画报》，赣东北省反帝大同盟的《反帝特刊》，赣东北省总工会的《工人报》，赣东北省妇委的《劳动妇女》，中国共产儿童团赣东北总团部的《共产儿童》，赣东北省秋运筹委会的《运动导报》。

此外，1933 年 5 月，少共中央局决定在江西省、福建省、闽赣省组建由少先队员、共青团员组成的红军少共国际师。为了做好宣传动员工作，这年 6 月 10 日，少共江西省委创办了《少共国际师通讯》。该刊规格为 32 开，油印，每册约 5 页，刊头有图，绘一个大五角星，左上端有飞机在飞翔。在创刊号上，刊登了少共省委创办《少共国际师通讯》的通知，说明该刊主要反映江西苏区创建少共国际师的工作情况，交流工作经验，促进国际师的组建。这期上还发表了《给今年国际青年节的赠品少共国际师》、《创造少共国际师的组织动员工作》、《宣传部应做的工作》等言论文章。另外，还刊登消息报道，介绍少共博生县委召开会议，组织突击队下乡宣传动员，准备组建博生团和解决博生团粮食问题的经验。同时报道瑞金九堡、黄安两区团组织热烈响应少共中央局号召，在 6 月 2 日每区动员一排模范少队加入少共国际师的情形。同年 8 月 5 日，少共国际师成立，这个刊物也完成了它宣传报道的使命。

除了上面涉及的各种性质的机关报以外，在省一级报刊中也出现了综合性的机关报，即同时服务于多个组织与机构。

《红色东北》创刊于 1933 年，1934 年停刊，它就是中共闽浙赣省委、省苏维埃政府、省军区、省总工会的联合机关报。

大致来说，群众团体的省级机构出版的报刊，文体多样，插图丰富，力求通俗化，有群众性。它们在广泛动员群众参加各项运动，发展革命战争方面起了积极的作用。

三 中心县委与县委一级报刊系统

（一）中心县委一级报刊

该系统由中共各中心县委出版的报刊和共青团各中心县委出版的报刊两部分组成。在临时中央政府、中共各省委和各省苏维埃政府成立后，在一些省的边远地区，设有中共中心县委，为省委派出机构，代表省委管理相邻的若干县委的工作，起上传下达的作用。

在中共各中心县委出版的报刊中，有中共宁都中心县委机关刊物《赣东战线》、中共广昌中心县委机关刊物《突击》。《赣东战线》创办于 1932 年 7 月 1 日，16 开 2 版，单面油印，旬刊。多刊载理论与评论文章，不登消息报道。1932 年 8 月出至第 5、6 期合刊后，因宁都中心县委撤销而停刊。《突击》创办于 1934 年 2 月，16 开本，油印。同年 2 月 16 日出版第 2 期，该期刊登 5 篇文章和消息。主要文章有《对康都南丰两县工作的检查》、《巡视长桥工作经过》与《加紧镇压阶级敌人》。消息有《购买公债的模范》、《城市扩大红军目的已达到》等。

共青团各中心县委出版的报刊，包括《创立少共国际师通讯》、《北路青年》等。《创立少共国际师通讯》由共青团会昌中心县委主办，创刊于 1933 年。该刊以各县、区的实际材料，配合共青团江西省委主办的《少共国际师通讯》进行宣传鼓动。现存的第 3 号，1933 年 7 月 17 日出版，16 开单张，油印。刊登了 1 篇报道，介绍门岭、罗田两区团干部在会上一致要求加入少共国际师的热烈气氛。《北路青年》由共青团分宜中心县委编辑出版，约于 1932 年 5 月创办，半月刊。它注重团组织建设的宣传和地方武装战绩的报道。现存的第 9 期，1932 年 9 月 10 日出版。32 开本，油印。当时湘赣省委所辖江西的新余、分宜、清江、峡江、宜春等县均属北路，故名。该刊登载评论、消息、歌曲及其他文艺小品，辟有"自我批评"和"轻骑队"等栏目。

中心县委一级的报刊，多为 16 开单张，也有 32 开本，篇幅不大。一般都刊登新闻和评论，以评论为主，有些报刊还刊载文艺作品。它们宣传中央及省委指示精神，论述形势与任务，反映各项运动在所辖各县开展情况，总结与交流工作经验，进行批评与表扬，以加强基层党团组织的建设。

（二）县委一级报刊

这里说的县委，只是为了与前面的中心县委相对应，泛指中心县委下一层级的组织与机构。所以，所谓县委一级报刊，不仅指中共各县委主办的报刊，还包括各县苏维埃政府、县赤卫军、共青团县委机关和其他群众团体县级机构主办的报刊。

中共县委机关主办的报刊，有《党报》和《艰苦斗争》等。《党报》系中共安福县委机关刊物，1931 年创刊。现存 1931 年 11 月 19 日出版的第 2 期，刊登了县委关于驱逐地主豪绅反动家属出苏维埃区域的决议，以及言论《怎样创造铁的地方武装红色警卫营》等。《艰苦斗争》为中共公略县委机关报，1932 年 8 月创刊。现存的第 2 期，1932 年 8 月 20 日出版，16 开 2 版，石印，报头右侧绘有一位苏维埃干部读报的图画，还刊登有《配合红军夺取吉安、南昌》、《东古区扩大红军的光荣》等文章和报道。

县苏维埃政府主办的报刊，有修水县苏维埃政府的机关报《工农报》。它创办于1932年，3日刊，4开2版，单面油印。

据现有资料统计，江西苏区的县级报刊约有20种，大多是油印或石印，还有一部分是画报。它们注重报道本县的新闻和指导本县实际工作，努力宣传党中央和省委部署的各项运动，使各项运动和工作任务在全县内广泛推进。

以上所述的是江西苏区报刊的系统及其组成部分，以这样的一个框架进行描述，是为了使展示更加眉目清晰，容易辨识。需要再作说明的是，这其中有少量报刊的归属并不是单一的，也就是说不是由某一个机关独自管理，而是由几个单位联合出版。例如《每五日宣传纲要》，由中共苏区中央局宣传部与中国工农红军总政治部共同出版。《红的江西》创刊时虽为省苏维埃政府机关报，但从1933年第16期起，改为省苏维埃政府与军区共同出版。《红色东北》为中共闽浙赣省委、省苏维埃政府、省军区政治部、省总工会的联合机关报。以上这些报刊在报头下标明了是几个单位共同出版或是几个单位联合机关报。但是，也有一些报刊没有这样标明，而只在报头下印有省一级机关报或县一级机关报的字样。出现这两种情况，有两个主要原因。一是该报的宣传任务增加了，需要充实宣传报道内容和扩大发行，这就要由几个单位协同出版。像《每五日宣传纲要》由中共苏区中央局宣传部负责编辑，而由工农红军总政治部向它提供军队政治宣传工作情况的材料，并协助它发行到红军政治部负责宣传工作的同志手中。二是为了集中人力、物力、财力，办好一张报纸，以适应战时状态。像《红色江西》，它在1934年6月创刊，报头下印有省一级机关报的字样。当时正值第五次反"围剿"最紧张的时候,江西省的大多数报刊都已停刊,因而该报实际上已经承担了党政军联合机关报的任务。

第三节   江西苏区的代表性报刊

一   中央级代表性报刊

（一）《斗争》

《斗争》的知名度与影响力与《红色中华》、《青年实话》、《红星》相当,同列为中央苏区的四大红色报刊。它是中国共产党苏区中央局机关报,1933年2月4日,在江西瑞金创刊。该刊的出现,并不是凭空而起,而是在已有的两个刊物的基础上,经过整合与革新后形成的。在其创刊号上刊登的《党报委员会的通知》便透露了此中消息:"过去苏区党中央局曾经出版《实话》与《党的建设》两种刊物,但均不能按期出版,致不能完成党的机关报的领导作用,现在党中央局决定把这两种刊物并为一种,改名为《斗争》,在内容方面亦力求改良。希望全党同志给予这一刊物以各种帮助。"①

在创办初期为旬刊,刊头下标明是中国共产党苏区中央局机关报。从1933年8月15日出版的第22期起,改为周刊,但有时脱期。由中央印刷厂铅印出版,16开本。每期一般为16页,少则12页,多则32页。第24期达到了32页,这是非常罕见的。从1933年2月4日创办到1934年9月30日停刊,一共出版73期。其内容主要包括以下四个方面。

第一,传播马克思主义思想。作为苏区中央局的机关报,

①　《党报委员会的通知》,《斗争》第1期,1933年2月4日。

《斗争》非常注重向读者介绍马克思、恩格斯、列宁、斯大林等人的理论与思想。其采用的方法主要有两种，一是直接刊登他们的文章。在第 68 期就刊发了马克思的《中国革命与欧洲革命》和恩格斯的《波斯与中国》。《中国革命与欧洲革命》见于《纽约每日论坛》1853 年第 3 期，出版时间为同年 6 月 14 日。《波斯与中国》的来源也是《纽约每日论坛》，刊出时间为 1887 年 6 月 6 日。列宁的文章刊登得更为频繁，其中第 17 期有《新的任务与新的力量》、第 25 期有《革命军队的任务》、第 31 期有《列宁论共产主义的教育——1920 年 10 月 2 日在俄国共产青年团第三次全俄代表大会上的演说》、第 45 期有《怎样组织竞赛》等。斯大林的文章有《列宁和联合中农问题》（第 13 期和第 15 期）、《应当使集体农民变成小康者——在第一次全苏联集体农场突击队员大会上的演说》（第 35 期）等。这些文章都有一定的理论深度，而且讨论的问题或者在时间上比较久远，或者在地域上有相当的距离。所以，注定了其阅读者局限于一个非常小的范围，其意义主要在标示苏区的理论渊源与思想倾向。

　　传播马克思主义思想的第二个方法是，刊登与马克思主义理论相关的阐述与介绍文章。在这个方面，杨尚昆的《马克思逝世五十周年纪念》是典型的代表。该文用通俗晓畅的文字，向读者比较系统地介绍了马克思和马克思主义。文章开篇就说："马克思是全世界无产阶级革命的导师，是科学社会主义理论的鼻祖，是第一国际的创造人。他号召全世界无产阶级，坚决一致的向资本主义作残酷的阶级斗争，指示了人类最后解放大道——共产主义社会。"①

----

① 杨尚昆：《马克思逝世五十周年纪念》，《斗争》第 4 期，1933 年 3 月 5 日。

下文又介绍说："列宁是马克思主义的继承者和向前开展者。列宁主义是帝国主义和无产阶级革命时代的马克思主义。更确切地说，列宁主义是无产阶级革命的理论和策略。"可以看出，作者的阐述与介绍简洁、准确，只有对马克思主义进行比较系统的学习与研究以后，才能做到如此深入浅出，举重若轻。

第二，发布党组织的决议与指令等各种公文。作为一个机关报，特别是在苏区当时信息交流不甚便捷的情况下，《斗争》经常要承担工作平台的功能。具体来说，就是要刊登机关大量的行政公告与公文。在这些文稿中，最令人注意的是各种类型的决议。《关于在粉碎敌人四次"围剿"的决战前面党的紧急任务》一文，是中共中央局 1933 年 2 月 8 日形成的一个决议。其出现的背景是敌人大军压境，为了对苏区的力量进行充分的调动，中央局以决议的方式向苏区的党组织下达了八大任务。其中有：最大限度扩大与巩固主力红军、号召所有工农劳苦群众武装起来、集中一切经济力量为了战争、提早春耕运动增加土地生产力，等等。最后，文中还特别强调"党必须用一切方法，来领导与监督这一决议的每一条文的实现"①。这种决议的必要性与重要性是显而易见的。此后，为了组织第五次反"围剿"，《斗争》又在其第 21 期刊登了《中共中央关于帝国主义国民党第五次"围剿"与我党的任务的决议》。其他的决议还有：第 8 期的《会寻安三县党积极份子会议决议》、第 9 期的《关于扩大红军的决议》、第 50 期《五中全会关于白色区域中经济斗争与工会工作的决议》等。

---

① 《关于在粉碎敌人四次"围剿"的决战前面党的紧急任务》，《斗争》第 2 期，1933 年 2 月 14 日。

与决议较为接近的公文是决定。在 1933 年 "五一" 劳动节之前，苏区中央局就在《斗争》上刊出了《关于五一劳动节的决定》，内容是布置苏区的党组织庆祝 "五一" 的具体任务。其中有组织以区为单位的武装示威、工会与苏维埃的机关必须进行劳动法执行程度的检查、赤色工会组织应该在这个时期广泛地开展征收新会员的运动，等等。在这个决议下面，编者还加了一个说明："关于五一准备工作，中央局宣传部、组织部还有单独的具体指示，各级党部应该根据这些具体指示来迅速的准备五一工作，使今年五一节的示威能够得到极大的成功。"① 可以看出，在诸多的庆祝活动中，群众武装是其中的重头戏。此外，出现在《斗争》中的决定还有不少，如：《中央局关于闽粤赣省委的决定》（第 3 期）、《中央关于突击月总结的决定》（第 43 期）、《关于优待红军家属的决定》（第 43 期）、《关于召集共产国际第七次世界大会的决定》（第 55 期）、《关于国际十三次全会提纲的决定》（第 56 期）等。

通知也是《斗争》上易见的公文。第 47 期刊登的《中国共产党中央政治局通知》，文字不多，内容如下：

中央委员会第五次全体会议，一九三四年一月在瑞金开会。到会的除中央委员及候补委员外并有各省委的代表参加。

五中全会讨论了以下三个问题。

1、目前的形势与党的任务（博古同志报告）；

2、国民党区域中的工人经济斗争与工会工作（陈云同志报告）；

3、中国苏维埃运动与他（它）的任务（洛甫同志

---

① 《关于五一劳动节的决定》，《斗争》第 9 期，1933 年 4 月 25 日。

报告）。

全会补选了中央委员及候补委员，改选了政治局并选举了中央党务委员会。

全会决议均一致通过。

与这个通知一起，公布全会的决议与报告。

中央政治局　二、十、

本通知的功能与现在的通告相同，意在将刚刚召开的党的中央委员会的信息通告全党，让广大党员与群众都了解会议的精神，所以，它强调这份通知与会议的决议一同公布。

除上面提及的以外，《斗争》还常常刊登宣言、指令，如《中国共产党苏区中央局为"五三十"八周年纪念宣言》（第13期）、《五中全会给二次全苏大会党团的指令》（第47期）；还有不同形式的公开信，如《为拥护苏联及反对帝国主义国民党的新的挑战告全党同志和一切劳苦群众书》（第16期）、《中央给满洲各级党部及全体党员的信——论满洲的状况和我们党的任务》（第18期、第19期、第20期）、《中国共产党中央委员会为"八一反帝战争"与红军纪念日告全体红色战士》（第19期）、《为建立反对法西斯蒂的统一战线告全国工人》（第22期），等等。

第三，进行工作研究与指导。在这个方面，首先表现在对工作方式的介绍与研究上。张闻天在新的领导方式问题上进行了比较系统的探讨，在《斗争》上以《关于新的领导方式》为题，连续发表了多篇文章。在其第二篇中，作者认为旧的领导方式表现为包办主义、命令主义和实务主义，所以可以看到领导者继续不断地背诵着党的任务，而始终没有告诉下面的同志如何去执行这些任务，给下面的同志执行这些任务带来许多的困难。解决的方法是使空洞的领导变为具体的切实的领导。"具体领导的工作计划是如何动员群众去执行党的紧急任务的计划。这种计划的执行，即能保证党的任务的实现。党必须经常检查党的决定的执行程度，并且必须为决议的每一条文而斗争。比如关于扩大红军的工作计划，不是把一些数目字给各级党部分配一下就算完事，这里我们所需要的是如何动员各级领导机关，一直到支部同志，如何派出巡视员、工作团，如何召集县委或支书联席会议与积极分子会议，具体详尽的同他们讨论扩大红军，动员群众的方法，经常检阅工作的执行程度。"①

在工作方法宣传方面，还注意介绍苏联的经验。在《斗争》第4期上，全文转载了《真理报》上的一篇文章《布尔塞维克的工作方法》。在该文的后面，编者加了一段按语："《真理报》这篇论文可为我们一切组织的工作之指南。我们希望全党同志，首先是负领导工作的同志仔细研究这篇文章，把苏联布尔塞维克的工作方式，领导方式，适当的应用到我们的斗争环境中来，以执行中央早已提出的关于具体领导和转变一切工作的决定，来开展和转变我们的工作，完成摆在我们面前的任务。"从这段话中，可以看出编者转载的思路与用心。

除了涉及工作方法本身以外，还有一些文章直接对具体的工作提出指导性意见。粮食一直是困扰苏区生存与发展的一个重要因素，刊登在苏区报刊上的与粮食相关的文章，大多是关于其耕种环节的，刊登在第20期上的《关于收集粮食运动中的任务与动员工作》一文，则是涉及粮食的征收环节。该文篇幅很长，落款是"中共中央组织局"，对苏区即将到来的粮食征收工作进行了细致而全面的布置。其中涉及对外贸易局的

---

① 张闻天：《关于新的领导方式》（二），《斗争》第5期，1933年3月15日。

部分，写道："对外贸易局的工作，应该很迅速的建立起来，在苏区各地建立采办或代办处，建立出口的运输站与谷仓，以便利于粮食与生产品的输出。同时，应该更多地去寻找商人的线索与关系，经过他们来高价的输出我们的生产品，廉价输入白区的日用必需品，对外贸易局同各地消费合作社应有密切的联系，将买来的日用品分配给他们，经过他们传到群众中去，或者从他们那里去购买苏区的生产品来输出，造成这种可能使合作社以后将买来的货集中来的粮食与生产品，交给对外贸易局代卖。"在这里，中央组织局把这项工作的每一个环节都交代得非常清楚。同时，我们还可以发现粮食在苏区的特殊性：一方面苏区自身粮食的供应是比较紧张的，而另一方面又不得不将粮食卖出去，以换回苏区所需要的生活用品。

　　苏区常常会被人与农村联系在一起，苏区的工厂自然就容易被忽略，而刘少奇的《论国家工厂的管理》则是直接面对苏区工厂的状况。在这篇文章里，作者对苏区工厂的管理工作提出了自己的意见。从整体上说，作者对苏区工厂的管理现状是非常不满意的，他觉得经济机关的官僚主义，竟达到令人吃惊的程度。子弹造了几万发却打不响，刺刀做了几百把却不能用，棉衣制了几万套却不好穿。出现这些现象的原因是工厂中还没有建立真正的工厂制度，没有科学地去组织生产。

　　要改变这些现象，作者认为必须把工厂中的完全的个人负责制建立起来。厂长对于全厂的生产与行政，负有绝对的责任，因此他有权利来决定和支配全厂的一切问题。在不违反劳动法的范围内，关于工资、工作时间、生产数量，以及调动、处分和开除工人职员等，厂长有完全的权利决定与执行。工厂中各科的科长与各生产部门的主任，也必须清楚规定他们的责任与权利。各部门必须设置负完全责任的工头、副工头。有几班工作的必须有领班，工头负责该部门全部的责任，领班负一班人的责任，他们对厂长或科长负责。① 很显然，这里提出的意见很超前很新颖，与许多年以后出现的厂长负责制、生产责任制的理念基本相同。

第四，开展形势分析与社会研究。形势分析的重要性就在于建立大局观，观察局势走向，研究宏观问题，这是做大事业不可或缺的一环。张闻天在《斗争》上刊登多篇这种性质的文章，《苏维埃经济发展的前途》就是其中之一。

> 正是因为中国苏维埃政权所统治的区域，是在经济上比较落后的区域，而且在土地革命之后，地主经济的完全消灭于广大中农贫农雇农等的分得土地，所以苏区经济的主要特点之一是农民的小生产的商品经济占绝对的优势。同样的，在工业方面、小手工业的生产者占着主要的地位，私人的资本主义的经济则比较不重要，小生产者私人的集体的合作经济，正在向前发展中间获得更为重要的意义。苏维埃的国营企业，则还限制于苏维埃政府必要的军事工业，造币厂与印刷厂方面，国家资本主义的企业可以说还没有。

> 此外，我们一方面是处在敌人经济封锁的情形之下，另一方面，我们处在长期的革命战争的环境中间。我们党的任务是在集中苏区的一切经济力量，帮助革命战争，争取革命战争的胜利，在这中间巩固工农在经济上的联合，在经济上保证无产阶级的领导，造成非资本主义（即社

---

① 参见刘少奇《论国家工厂的管理》，《斗争》第53期，1934年3月31日。

会主义）发展的前提和优势。①

　　该文紧扣苏区的特殊环境，分析苏区各种性质的经济因素的构成，以及未来的发展方向。张闻天发表在《斗争》上的形势分析文章还有不少，如《热河失守与蒋介石的北上》（第5期）、《中国的民族危机与他的出路》（第13期）、《论帝国主义瓜分中国与国民党的五次"围剿"》（第25期），等等。

　　如果说开展形势分析最不能缺少的是开阔的视野，那么，进行社会调查最需要的是沉潜的心态。《斗争》上发表了毛泽东在1933年11月写的两篇著名的调查报告。其中的第一篇《兴国长冈乡的苏维埃工作》，在1934年1月12日、1月19日、1月26日分别出版的第42期、第43期、第44期的《斗争》上连载。在这个长篇调查报告中，作者从长冈乡的政治区划、代表会议，乡苏维埃政府下面的委员会、群众生活、农业生产、合作社运动、文化运动、卫生运动、革命竞赛等二十个方面，详尽地介绍了该乡的苏维埃工作经验，称赞他们的工作为乡苏工作的模范。作者认为，因为该乡苏维埃与群众的关系十分密切，所以他们的工作收到了很大的成效。同年2月2日、2月9日、2月23日分别出版的第45期、第46期、第48期的《斗争》上，又连载作者的另一篇社会调查文章《上杭才溪乡苏维埃工作》。毛泽东撰写的这篇调查报告，从"行政区划"、"才溪乡的代表会议"、"此次选举"、"乡苏下的委员会"、"扩大红军"、"经济生活"、"文化教育"七个方面，具体介绍了该乡苏维埃政府的模范事例。中央工农民主政府主席毛泽东深入苏区基层进行调查，总结先进经验，在报刊上郑重

---

　　①　张闻天：《苏维埃经济发展的前途》，《斗争》第11期，1933年5月10日。

介绍这些经验，这为倡导调查研究、理论联系实际的工作作风做出了榜样，对苏区的苏维埃政权建设起了重要的指导作用。

除了上面所提及的四个方面的内容以外，《斗争》还刊登了两篇关于新闻宣传工作的重要论文。第 2 期刊登的《转变我们的宣传鼓动工作》，作者署名"尚昆"。该文对党八股的文风展开了批评，作者认为每一种宣传品，都必须有时间性、地方性和充分的鼓动力量。第 38 期刊登张闻天写的《关于我们的报纸》，它是关于苏区报纸工作的一篇重要论文。该文肯定苏区报纸工作的进步，但是认为报纸上还存在着空发议论、缺乏具体记载甚至浮夸的现象，要求报纸如实而具体地反映苏区实际斗争。

最后，不可回避的是，由于《斗争》是中国共产党苏区中央局的机关报，它在宣传党内的"左"倾路线与思想方面，表现得非常突出。其中像《拥护党的布尔什维克的进攻路线》（第 3 期）、《什么是罗明同志的机会主义路线》（第 3 期）、《罗明路线在江西》（第 8 期）、《无情的去对付我们的阶级敌人》（第 49 期）等文章，对苏区的生存与发展产生极大的消极影响。

（二）《苏区工人》

《苏区工人》报是中华全国总工会苏区执行局和中华全国总工会苏区中央执行局的机关报。这两个机构名称基本相同，但是性质是不尽一致的。它们的关系是前后承接，《苏区工人》在不同的时期承担它们机关报的职责。由于定位清晰，对象性很强，《苏区工人》可称是苏区的一份特色鲜明的重要报刊。

《苏区工人》的出现，自然是与苏区执行局密切相连的。1930 年底，中华全国总工会为了加强对苏区工会工作的领导，派蔡树藩、陈佑生从上海进入中央苏区，筹建全国总工会苏区执行局。次年春，原全国五金职工工会委员长梁广也来到中央苏区。1931 年 2 月到 3 月之间，中华全国总工会苏区执行局便在吉安县富田成立了，由梁广任主任，陈佑生任组织部长，蔡树藩任社会部长，倪志侠任宣传部长兼秘书长。1931 年 7 月，全总苏区执行局迁驻瑞金叶坪村。1932 年 3 月，全总苏区执行局领导成员作了调整：主任陈寿昌，宣传部部长倪志侠，组织部部长陈友生，青工部部长杨七双，社会经济部部长蔡树藩，秘书长倪志侠（兼）。1932 年 5 月，全总苏区执行局机关报《苏区工人》创刊了。《苏区工人》为 8 开 4 版，石印，起初是半月刊，后来变成不定期刊出。报名系隶体字，在头版的右侧。其每版的边侧常用醒目的宣传口号，其中有："全世界无产阶级联合起来呵"，"广大阶级工会的组织，以胜利的全线总进攻粉碎帝国主义国民党四次'围剿'"，等等。在这个阶段，《苏区工人》编务的负责人主要是倪志侠，共出版发行 15 期，1933 年 1 月停刊。

　　也就是在 1933 年 1 月，中华全国总工会从上海转移到了中央苏区，此后便与全总苏区执行局合并，更名为中华全国总工会苏区中央执行局。既领导苏区的工人运动，又领导全国的工运工作。刘少奇为委员长，陈云为副委员长兼党团书记，王子刚任秘书长兼文化部部长，梁广任组织部部长，王秀为青工部部长，倪志侠为社会经济部部长，马文任国家企业部部长。同年 6 月，在瑞金重新出版《苏区工人》报。新出的《苏区工人》开始仍为半月刊，但是刊期重编。改为 16 开本，报名也改用魏体字，刊头还时常改变。由于处在战争的环境中，受到了经济的封锁，办报所需的物质条件常不敷使用，《苏区工人》便无法保证定期出版。有时一个月常能保证出版三期报纸，有时候两期报刊的出版竟要相隔五个月之久。

在《红色中华》第 194 期第 1、第 4 版的中缝，可以看到《苏区工人》的一份文告，题目是《苏区工人大革新》，意在宣告今后在办报业务上进行大调整大转变，《红色中华》该期报纸出版时间为 1934 年 5 月 28 日。自此之后，《苏区工人》在采编业务上确有明显变化。其版式变成 8 开 4 版，字体以新 5 号为主，并且直排横排交错并行。报头也变化明显，用了一些装饰性的图案。偶尔还会出版副刊。

1934 年 8 月，因为战争形势所迫，全国总工会执行局常务会决定停办《苏区工人》报，其停刊启事在《红色中华》上公开刊发。[1] 自 1933 年复刊到最后停办，《苏区工人》共出版报纸 26 期。

1931 年 12 月 21 日，中共中央形成了《关于苏区赤色工会的任务和目前的工作决议》，第八部分的内容是扩大宣传教育工作，其中说："创办工会报纸，发行画报，小册子，壁报，宣传拥护苏维埃政权，反对帝国主义国民党进攻苏区，富农老板一切反动派破坏苏区的阴谋。告诉工人无产阶级在土地革命与工农民主专政中的使命，加紧工人的国际教育。建立工会的宣传队，俱乐部，各种文化教育的组织。扮演新剧，化装演讲，以扩大宣传。"[2]

这个决议提到了要宣传苏维埃政权，反对帝国主义国民党进攻苏区，以及告诉工人无产阶级在土地革命与工农民主专政中的使命等内容，虽然不是专门就"工会报纸"而言的，但

---

① 参见《苏区工人报停刊启事》，《红色中华》第 231 期，1934 年 9 月 8 日。
② 《关于苏区赤色工会的任务和目前的工作决议》，见《中国共产党宣传工作文献选编》（1915—1937），学习出版社 1996 年版，第 838 页。

其中也提到了画报、小册子、壁报，完全可以把这些内容看做是中央对苏区工会报纸的要求。

《苏区工人》开办以后，可以说完全是围绕着这个办报方向努力的。它设置了"苏区工人斗争"、"苏区职工运动"、"扩大红军"、"革命竞赛"、"工会会员问题"、"反对贪污腐化"、"发展经济斗争"、"社会保险问题"、"职工运动指导"和"职工运动通讯"等栏目。在这些栏目刊登的文章，能够做到及时发布中共中央和全国总工会形成的决议、指示、宣言以及其他文告，广泛宣传中央苏区和其他根据地的工人群众在革命战争与政权建设、经济生产中所作出的贡献，深刻揭露国民党统治区域工人受尽剥削、压迫的遭遇。

具体来说，《苏区工人》主要包括以下三个方面的内容。

第一，对工人斗争的分析与指导。《苏区工人》是工会组织的机关报，而机关报最主要的一个特点就是指导性。针对苏区一些地方的劳动部门在解决苏区失业工人就业问题时的不正确做法，刘少奇撰写了《停止"强迫介绍"与救济失业工人》一文，发表在1933年7月15日出版的《苏区工人》第3期上。该文批评了有些地方采用强迫雇主安排失业工人就业的办法，由于这些工厂、店铺不需要这么多的工人，结果只好选择关门停业。这种"挖肉医疮"的办法，不仅不能解决工人失业的问题，而且会使失业工人越来越多。文章要求在停止强迫介绍失业工人就业后，一方面要从资本家、地主手里筹款救济失业工人，另一方面要动员失业工人参加合作社和工人师，为失业工人广找出路。这样既解决了工人失业问题，又促进了革命事业的发展。

苏区通过阶级斗争的手段来开展工人运动，这是苏维埃运动的方向。但是，在具体实施的过程中很容易出现超越特定历史阶段和现实环境的盲目冒进。刘少奇注意到了这个问题，并且旗帜鲜明地提出了自己的意见。他在文章中说："我们现在要在两条战线的斗争中，来改订合同。我们要纠正工人中某些过高的要求、狭隘的习惯和行会的偏见，同时要反对牺牲工人阶级利益的右倾机会主义，最大限度地保护增进工人群众的利益。"他批评了那些提出使企业非倒闭不可的要求，过早消灭私人资本，以及在订立合同时没有理由就逮捕资本家等做法，指出"这些'左'的错误，是必须纠正的"。①

陈云也注意到了苏区工人运动"左"的倾向，他还进一步思考如何纠正的问题。他在《在纠正工人经济斗争"左"的倾向中我们所作的错误》一文中，深有感触地写道："纠正'左'的倾向，不是三言两语可以解决的，不是容易的事。如果没有耐心的说服工作，没有充分准备工作，没有去解除工人实际上所遭遇的困难，一切企图用'命令'的方式通过一切，这实际上丝毫不能解决'左'倾的错误，而且在工人中间，可以发生更坏的不满意工会领导的情绪。"②

刘少奇与陈云的文章，表明了他们能够在急风暴雨的运动潮流中，依旧保持着清醒的头脑，非常难得。

第二，对工人运动的关注与报道。在苏区，虽然已经建立了工农政权，但是，社会结构并没有发生完全而彻底的变化，开展工人运动的必要性依然存在。《苏区工人》对这个方面予以充分的关注，能够维护工人群众的切身利益，表达群众的呼声。南广有一家豆腐铺的老板谢庆仲故意违反劳动合同，不执

---

① 刘少奇：《在两条战线斗争中来改订合同》，《苏区工人》第2期，1933年6月30日。
② 陈云：《在纠正工人经济斗争"左"的倾向中我们所作的错误》，《苏区工人》第3期，1933年7月15日。

行劳动法，使用欺骗手法无故开除工人，县职工会为维护和保障工人的根本利益，除了要求该老板给工人发放工资外，还给他以严厉的处罚，并将他列为反动典型，让他戴高帽游街示众。1932 年 8 月 25 日，《苏区工人》在第 7 期《反对老板破坏合同！实行劳动法！南广豆腐铺老板受处罚》一文中，对此事进行了报道。其中的浓烈情绪，以及这种浓烈情绪所反映出来的情感倾向，在这个标题中已经显露无遗。《苏区工人》对南广的工人运动还保持持续的关注，在 10 月 16 日出版的第 10 期上，又刊登了邓振询的文章《南广县城市工人斗争胜利》。类似的报道还有：《反对老板开除工友！新泉市学徒斗争胜利！》（第 10 期）、《瑞金缝业女工斗争获得胜利》（第 7 期）、《汀州瑞金向资本家老板示威！罢工！》（第 15 期），等等。

第三，对工人的阶级觉悟的肯定与鼓励。红色区域之内，有其自身的逻辑与秩序。但是在红色区域之外，一直是大敌当前，重兵环伺。所以，准备战争与投入战争是苏区的主要生存状态。苏区的工会组织自然不能置身事外。1933 年 3 月 2 日，中华全国总工会苏区执行局召开全体委员紧急会议，号召全体工人行动起来，加入红军，参加革命战争，为保卫中央苏区，保卫苏维埃政权，作出贡献。

《苏区工人》对此进行积极的跟进，大量报道了苏区工人武装上前线，为保卫苏维埃而斗争的消息。在第 14 期就刊登这样一些消息："瑞金县壬田区桥岭乡雇农支部共有会员 27 人，有 25 人参加红军"；"胜利县于十一月份工人雇农扩大红军到前方去，共有 367 名"；"兴国县扩大红军十一月共有 1795 人，内有工人雇农 615 人……这一继续伟大的光荣成绩，充分证明了工人雇农参加红军的积极性，真正成为苏区工人参加红军的模范"; "赣县十天扩大红军 580 余人"。而且,《苏区工人》在第 17 期上,更是使用了一个罕见的通栏标题:"同志们!时间是紧迫了,迟缓等于犯罪,我们不应该动摇不应该观望与等待别人,立刻放下我们的犁耙、工具,武装上前线,用我们的热血和头颅争取我们的胜利致敌人的死命。"其中报道了"长汀三洲区总支部全体工人加入红军","瑞金在最近的短短的半个月中间,全县有 277 名工人加入红军","汀州市工人赤少队动员工人模范连全连(76 人)赴前线加入红军"等消息。这些报道中,《苏区工人》充分肯定了苏区的工人挺身而出、勇于承担的可贵品质,这种肯定对于当时的广大读者也是一种推动与激励。

总体而言,《苏区工人》内容丰富多样,篇幅短小精悍,文字通俗易懂。尤其是在版面设计上不拘一格,富于变化,注意使用插图和其他装饰性图案配合内容的传达,文图并茂。所以,很适合苏区文化水平较低的工人读者阅读。

(三)《时刻准备着》

《时刻准备着》是苏区中央儿童局的机关刊物,其前身是《青年实话》的一个"儿童栏"。该栏目最早出现在《青年实话》的第 20 期上,一度改为"皮安尼儿",这是俄语少先队的音译。随着儿童运动的不断发展,读者的需求也不断增加,单一的栏目已经不敷使用,苏区中央儿童局便决定另外开办一个针对儿童的刊物。于是,《时刻准备着》便于 1933 年 10 月 5 日在瑞金创刊了。该刊每半月出版一期,封面三套色彩印,为文起初为石印,后来改为铅印,32 开本,每期少则 20 页,多则近 30 页。由瑞金青年实话总发行所和各地青年实话分发行所负责发行,一般每期发行 4000 份,发行量最高时达到了 9000 份。其主要的读者在中央苏区,但也行销闽赣、湘鄂等红色根据地。对其设定的目标读者非常重视并且照顾，一般每份报价零售铜元一枚，订半年减收两期报费，订一年减收五期报费，儿童团员给予半价优惠，订购一册只收半个铜元。从创刊开始，一直坚持到1934年7月25日才停刊，总共出版刊物18期。

　　关于其主编，相关的研究材料大多没有触及，有的还径称"《时刻准备着》的主编及编辑人员目前还未考证查实"①。据秦晓鹰一篇文章的叙述，胡耀邦的长子胡德平曾明确告诉他，《时刻准备着》的主编就是胡耀邦。其原文是这样的："他（胡德平）告诉我，当年耀邦在中央苏区担任团中央儿童局刊物主编时，那份刊物就叫《时刻准备着》。有趣的是，胡耀邦在即将付印这份刊物时忽然发现封面不够饱满，显得空空荡荡。于是，他灵机一动，决定在封面上搞个名人名字的猜谜游戏。第一个谜语是抬耳向上，第二个是精通往事，第三个是谁是雇农。谜底呢？分别是张闻天、博古、何长工。"② 由于这个意见是胡耀邦最亲近的人说出来的；而且从刊物的一些内容看，胡耀邦确实与《时刻准备着》关系非同一般，所以这个说法应该是可以接受的。

　　在《时刻准备着》的创刊号上，发表了少共苏区中央局书记凯丰写的《发刊词》，全文如下：

　　　　第一个共产主义儿童的刊物在苏维埃的领土上出现，这是我们苏区儿童的最喜欢的事情！我们不但喜欢而且爱

---

　　① 严帆：《中央苏区新闻出版印刷发行史》，中国社会科学出版社2009年版，第208页。

　　② 秦晓鹰：《时刻准备着》，《新民晚报》2010年6月2日。

护他！我们知道在国民党统治之下的千百万的劳动儿童正在受着残酷的压迫、饥饿、死亡！在我们这里能够出版共产主义儿童的刊物，因为我们这里是苏维埃的中国。在国民党统治下，在资本主义国家内，一切给儿童读的看的革命的刊物，都被封闭了。在德国最后存在的一个儿童看的革命画报，也被德国的法西斯蒂封闭了。在我们这里出版共产主义儿童的读物，我们应该把这个刊物，发展起来，散布到各个乡村中，使每个儿童都看到，这个刊物的种子将产生无数的儿童刊物，如像苏联的儿童所享受的一样，有成千成万的儿童刊物！

苏区的报刊通常都会在《发刊词》中，透露出本刊的许多信息。但是上面的文字更多的是在庆贺刊物的诞生，以及希望它得到广泛的传播，而没有具体涉及刊物的性质和内容。在创刊号上还刊登了胡耀邦的一首诗歌。该诗是与一幅画相配合的，画面是一个充满生气的男孩，右手拿着一把锤子扛在肩上，正在跑步前进，路边有个乌龟在爬行。诗歌的内容是这样的：

> 你们是勤苦工农的小弟妹，
> 我们是从小做工的苦姐哥；
> 我们都是皮安尼儿，
> 我们要时刻准备着。
> 喂！你吹打打嘀嘀的号，
> 来，我们齐唱啦啦啦的歌！
> 先努力把这些怪物打掉，
> 再携手向鲜红的苏维埃乐园走！

　　大家准备好了吗？

　　时刻准备着！

　　很显然，这首诗歌倒是以一种儿童容易接受的方式，很含蓄而巧妙地体现了刊物的主旨、气韵和追求。

　　具体而言，《时刻准备着》主要传播的内容表现在以下几个方面。

　　第一，鼓励苏区儿童勉力向学，不断提高文化与思想水平。苏区对儿童的教育问题一直非常重视，1931 年 11 月，在《中华苏维埃共和国第一次全国工农兵代表大会宣言》中，就宣布："一切工农劳苦群众及其子弟，有享受国家免费教育之权。"在 1933 年 10 月召开的苏区文化教育大会所通过的《目前教育工作的任务决议案》中，又明确规定："苏维埃教育制度的基本原则是为着实现对一切男女儿童免费的义务教育到十七岁止，但是估计着我们在战争的情况下，特别是实际的环境对于我们的需要，大会同意把义务教育缩短为五年。"① 即使在第五次反"围剿"最紧张的日子里，还要保证儿童的五年义务教育，其对儿童教育的重视程度于此可见一斑。鼓励儿童努力学习的文章，《时刻准备着》几乎每期都有。陈丕显在《猛烈地进行读书活动》一文中说：春季开学期到了，我们马上要来一个大大的动员，动员我们最多数的皮安尼儿（少先队员）来读书。为此，"积极读书的儿童，去宣传不来读书的儿童到校读书，向阻止儿女读书的父母作宣传解释工作，要使每个儿童的父母变为督促儿女读书最得力的人"② 。还要在读

————————

① 《目前教育工作的任务决议案》，《红色中华》第 126 期，1933 年 11 月 17 日。

② 陈丕显：《猛烈地进行读书活动》，《时刻准备着》第 10 期，1934 年 3 月 5 日。

书的儿童中发动读书比赛活动，要做好学校的娱乐体育工作，使学校生活非常活泼有味。文章最后要求各级儿童局经常检查讨论列宁学校工作，让教育工作猛烈开展起来。

胡底还写了一首《消灭文盲歌》，用以开导儿童好好读书。

> 红色的儿童，快快进学堂。
> 多读些书呵！少浪费时光。
> 提高了认识，学会了打仗。
> 等我们长大，都象列宁一般样。
> 红色的儿童，快快进学堂。
> 识不到字呀！瞎子一般样！

为了便于儿童读者掌握字词，《时刻准备着》经常使用儿歌的形式演绎其含义。在创刊号上，为了向儿童讲授"狗"字，胡耀邦写了首儿歌："狗儿汪汪叫，见了主人跳两跳。国民党也象一只狗，见了帝国主义就把尾巴摇一摇。"在第 7 期，为了让儿童学好"田"字，胡耀邦配写的儿歌为："苏区农民分了田，快乐如神仙。白区农民冒饭吃，大佃哭涟涟，哭涟涟，只有革命才得出头天。"可以说，儿歌在这里重点不是为了解释字义，而更在于延伸性的示例。通过这种示例，很自然地传播了革命的道理。

第二，宣传英雄典型，树立身边榜样，以激发儿童健康成长。首先，《时刻准备着》很注意用先辈的事迹教育读者，感染儿童。下面是《彭湃县的起源》一文中的内容：

> 从前有个同志，名字叫做彭湃。他是广东人，很早就

做农民运动。农民和他很亲爱，选举他当广东农会的领袖。南昌暴动的时候，他是指导者之一。暴动失败后，他继续在海陆丰地方活动，建立了中国最初的苏维埃。1929年的秋天，他在上海做工作，被国民党捕去。国民党狗官作威作福地审问他，他大骂道："象你这些狗官，我在海陆丰不知杀了多少呢！"他在监狱里，没有一分钟忘记革命，经常向士兵宣传，士兵觉得很有道理，感动得流眼泪。直到最后，他写信给同志说："我在最后一秒钟也要为着革命呵！"彭湃同志的牺牲奋斗、忠于党的精神，是值得大家永久纪念的。所以中央政府决定以福建宁化县的安远市为中心，成立一个县份，叫做彭湃县。①

文章的标题是介绍彭湃县，其重心变成了对彭湃本人的宣传与描述。从此可以看出对儿童进行教育与培养，已经成了《时刻准备着》办刊的核心理念，只要有机会就会自然而然地体现出来。此外，还需指出的是，该文的文字是颇有讲究的。与同时期报刊的绝大多数文章相比，更显得轻快明晰，自如流畅。

当然，《时刻准备着》更注意在苏区儿童的身边树立榜样，用各种不同的形式介绍和表扬儿童的不凡事迹与可贵精神。第5期上《寻邬共产儿童流血的故事》一文，报道的是寻邬、南丰苏区儿童团员刘泮林和刘炳青的事迹。他们两人在反"围剿"的战斗中，一个高举红旗，一个吹着战号跟随赤卫队和少先队向敌人冲锋，表现非常勇敢。负了伤以后，刘泮林还自豪地说："同敌人打仗，死也不怕，带花有什么相干！"

---

① 《彭湃县的起源》，《时刻准备着》第2期，1933年10月20日。

文章最后说："后来这两个勇敢的共产儿童在县儿童局工作，去年英勇地加入红军去了，这是何等光荣的模范呵！我愿大家学习他俩的英勇精神。时刻准备着！"

在"模范的皮安尼儿"栏目出现的介绍优秀典型的文章，就更加儿童化，可以让儿童读者赏心悦目的同时，受到潜移默化的教育。在1933年11月5日出版的第3期上，该栏目以诗画配合的形式刊登了《苏流明》，其诗歌部分为："小同志苏流明，做了一件大事情，监视地主的行动，查出三罐银。大家学他的样，做个拥护苏维埃的小尖兵。"形式非常简洁，既可看，又易学易记。

《时刻准备着》还会以刊登公开信的方式，直接对优秀的儿童团员进行肯定。第9期上发表了中央儿童局表彰儿童团员叶开基的信函，其中说："对你忠实于革命，在这次拖回来两枝短枪的英勇行动，给予光荣的奖励，你是皮安尼儿中顶呱呱的模范，中央儿童局更望你继续这种精神，积极参加革命斗争，准备着。"不难发现，在这里对儿童的表扬，也注意使用具有儿童特质的语言。这样的公文性质的文章，儿童接受起来当然就不会有太多的隔膜。

第三，引导儿童参与苏区的各项运动，为保卫苏维埃作出力所能及的贡献。苏区的中心工作是展开战争与应对战争，一般来说，战场上的直接拼杀与儿童无关。但是，战争是一种综合性的事件，其背后需要方方面面的支持与参与。《时刻准备着》在引导和激励苏区儿童支援与协助战争方面，开展了一系列卓有成效的工作。在第7期上，刊登了一首题为《扩大红军》的儿歌："争取战争胜利，创造百万红军。军委下达的动员令，皮安尼儿记在心。回家先把哥爸叫，赶快报名当红军。爸爸哥哥当红军，皮安尼儿欢送一大群。临别恭恭敬敬一个皮安尼儿礼。笑欣欣一句：爸爸哥哥多捉几个狗师长送我们。"在这里，作者用一种乐观的笔调告诉儿童团员们，回家催促家人积极参加红军，以壮大红军队伍。

《我们儿童团踊跃参加收集粮食突击》是刊登在第9期上的一篇文章。文中说，中央政府为了充实战争经费，决定举行收集土地税和粮食、推销公债的突击。那么，儿童团员们应该做到："第一，要做宣传。用游戏、演讲、唱山歌等，积极去鼓动群众用谷子缴土地税，多买公债。第二，要每个儿童负责宣传、督促家里首先缴土地税，多买公债。第三，要检查监视（富农地主和反动分子）造谣捣乱。"①

除此之外，《时刻准备着》还着力报道苏区儿童在战争外围所做的工作。在第7期上有一篇介绍光泽地区儿童团捉白军侦探的事迹。文章中写道，该地区的儿童团员为了麻痹敌人，站岗放哨的时候故意不插红旗，也不固定在一个地方，反而是围集在一起做游戏。这样一来，路人都不知道他们是放哨的。等到他们走近了，才突然上前盘问。若发现是敌人侦探，便可以立即实施抓捕。站岗放哨是儿童团的常规性工作，这里透露出来的新意是，儿童团员们已经学会使用有效的计谋了。

在第17期上刊登了《破铜旧铁立刻变成杀敌枪弹》一文，其中报道："瑞京（今瑞金）下州乡在儿童团大会后，不上两点钟，收集子弹壳一百四十多粒，铜器七八斤；还有区乡，收集到洋造的机关枪子弹和步枪驳壳枪子弹。"中革军委总供给部决定收集子弹壳制造子弹，结果在中央苏区形成了一个捡拾战场上遗留子弹与子弹壳的运动。发动儿童团员参与其

---

① 陈丕显：《我们儿童团踊跃参加收集粮食突击》，《时刻准备着》第9期，1934年2月10日。

中，这显然是非常值得宣传与推广的事情。

总体而言，《时刻准备着》的内容非常丰富、新鲜，还要特别补充的是，其形式轻松自如，活泼有趣。其中使用了大量的插图、漫画，还有笑话、谜语、歌谣、游戏、小魔术、图画识字、悬赏征答、小辞典、小常识，等等，为刊物增添了许多的童趣与情趣。这都是编者费尽心力，勇于尝试的收获。这里形成的许多经验对于今天儿童刊物的采编，仍旧具有借鉴的意义。

二　省级代表性报刊

（一）《湘赣红旗》

《湘赣红旗》是中共湘赣苏区省委机关报刊，约于1931年11月创刊。1931年10月8日至15日召开的中共湘赣省第一次代表大会，选举产生了中共湘赣省委，王首道任书记，甘泗淇为省委常委、宣传部长。省委成立后，即创办了《湘赣红旗》。该刊用的是毛边纸，单面石印，32开本，每期约有8页，零售铜元两枚，半月刊。到1933年6月停刊为止，大约一共出版33期。

自创刊以后，甘泗淇、王首道、林瑞望、张启龙、易心平等参与编务工作。1931年12月30日出版了第3期，该期首载省委常委、宣传部长甘泗淇写的评论，题为《波尔雪维克的年关结账》。文章提出每个党员、各级党部都要把今年工作"清算"一下，这个结账不能隐瞒不报，更不能虚报。除言论外，第3期还辟有"时事简讯"、"工农词典"等栏目。"工农词典"一栏通俗解释"买办"、"民族资产阶级"、"国民党"、"改组派"等名词，帮助工农群众和党员读报。该期还刊登中共苏区中央局于1931年10月20日发布的《中央苏区冲破敌

人三次"围剿"捷报》全文。通过这期报纸,湘赣省委以
《本报启事》向各级组织提出两点要求:第一点是要求各级党
部把自己的斗争经验写成文章投稿,并且发动其他工农群众参
加该报的通讯。第二点是要求详细地看《湘赣红旗》,重视
它。因为"以后党并不发各种普通的通知了,省委是以党报
代替通知"。所以,该报上发表的一切指示,"各级党部都应
详细讨论执行,并且当作支部与小组会讨论的材料"。

《湘赣红旗》尤其注重宣传马列主义知识与理论。1932 年
1 月 15 日出版的第 4 期,刊载了王首道写的《今年的列宁、
李卢纪念》一文,介绍了列宁组织领导第三国际的革命活动,
要求党团员和广大群众学习列宁,扩大革命武装,巩固与扩大
苏区。《湘赣红旗》除辟有"时事简讯"、"工农词典"等专
栏外,还刊载了许多比较通俗具体的评论,以加强对全省党的
工作的指导。

(二)《红色湘赣》

《红色湘赣》是湘赣省苏维埃政府机关报,约于 1933 年 6
月创刊。初为不定期刊,后改为半月刊。规格为 4 开,各期出
纸一张或两张,一张 4 版。但因所用毛边纸纸质好坏不一,所
以有时单面石印,有时双面石印。

《红色湘赣》除了刊登中共中央及苏区中央局、中央工农
民主政府的命令和省委、省苏维埃政府的决定以外,还迅速及
时地传播中央红军、红四方面军和湘赣红军的捷报。1933 年 9
月 8 日出版的第 6 期,在通栏标题《粉碎敌人五次"围剿"
声中雪片飞来的各方捷报》的下面,刊登红军捷报 11 条和白
军投诚消息 2 条,合计 13 条短讯。其中有"中央电"1 条,
"红色中华社电"5 条,这一期第 1、第 4 版中缝位置以《一
片慰劳红军声》为标题,刊登全省各地募集慰劳品的统计数

字，把募集到的草鞋、布鞋、毛巾、大洋等一一列项公布，十分具体。湘赣苏区消息在《红色湘赣》报上占有相当大的篇幅，它广泛报道了湘赣省的扩大红军运动、反"围剿"斗争、查田运动、经济建设，以及文化教育等各方面的工作情况。1934年2月10日，《红色湘赣》出版"经济动员专号"，除刊登《省经济动员突击大会上各县竞赛条约》外，又刊登省军区、分宜中心县委、吉安县苏、萍乡县苏、永新石陂乡工会的来稿，报道当地群众、干部、部队战士热烈响应省苏号召购买二期革命公债的消息。《红色湘赣》既重视刊登消息，也重视发表评论。省委书记任弼时、省苏维埃政府主席谭余保等人都为它撰写过评论文章。省苏维埃政府为了使《红色湘赣》成为群众的报纸，指示所属各级苏维埃政府都要抓好动员大家购买《红色湘赣》的工作，各列宁室、夜校都要订购《红色湘赣》报，各机关购买该报的费用，从机关经费中开支。同时要健全通讯网，专人负责，教育部长等人要抓好这方面的工作。在艰苦的战争环境中，《红色湘赣》出版了两年，以鲜明的时代特点和地区特点，受到广大读者的欢迎。

（三）《列宁青年》

少共湘赣苏区省委机关报刊《列宁青年》于1932年3月创刊。32开本，每期30页左右。石印，有时为油印。也曾改为8开2版油印小报型。创刊初为半月刊，从第24期以后改为每20天出一期，但因印刷和其他方面的情况，往往不能按期出版。承印该刊的单位是湘赣省赤色石印局。1932年8月10日，湘赣列宁青年总发行所在永新成立，并在各县设立分发行所。每期售价铜元三片，红军战士减为铜元两片。从1933年6月20日开始，期数另起。同年7月1日，与《湘赣红旗》合并，改出《湘赣斗争》。1934年复刊，期数又重新排列，至 1934 年 5 月 25 日出版了第 12 期后，因经费不足而宣告停刊。

这个刊物面向全省工农青年、团的干部和红军中的青年战士。它的内容广泛，体裁多样。辟有"评论"、"消息"、"通讯"、"自我批评"、"轻骑队"、"儿童生活"、"少队"、"诗歌"、"识字猜谜"、"有奖游戏"等栏目。也刊登各种图画，常有单独的画页，有时占去两三页。还有插图、刊头画、组字画等。《列宁青年》紧紧围绕着革命战争这个中心，大力宣传省委提出的各项主要工作，报道工农青年群众、少先队、儿童团的活动。在动员青少年参战、推销革命公债以及生产建设等方面，它的宣传报道所占的篇幅尤多。

当时湘赣省委和少共省委的负责人王首道、甘泗淇、胡耀邦、冯文彬、王恩茂等人也经常为《列宁青年》撰稿。在 1932 年 9 月 15 日出版的第 14 期报纸上，就刊登了胡耀邦的文章《目前团在儿童运动中的一件中心工作》，强调团组织要在帮助儿童文化学习上有所作为。胡耀邦当时任湘赣省儿童局书记。

(四)《战斗报》

约于 1932 年 5 月，《战斗报》在江西万载县小源创刊。作为湘鄂赣省苏维埃政府机关报，《战斗报》在万载出版了 100 多期。它原名《战斗日报》，当时为江西苏区出版的唯一的日报，后改 3 日刊。

1932 年 6 月中旬，湖南浏阳县苏维埃政府出版的《前进报》，在第 4 版"书报介绍"栏中载文介绍《战斗报》说："《战斗日报》是省苏的机关报，消息灵通，尤其是有无线电得来的各种新闻，以及中央政府和省苏关于工作的指示，更多半在该报发表。凡革命同志，不可不看。现该报力求增加数量，欢迎私人定阅，报费每月铜元一串二百文，半年柒串贰百文，凡需订阅该报者，可将报费并详细通讯处写明，直接投函战斗日报社发行科，当即按日寄报不误，特此介绍。"1933年2月7日，《战斗报》出版第114号。在此之后还持续多长时间，现在还不能推断。

（五）《工农报》

1930年8月，方志敏亲手创办此报于弋阳芳家墩，并题写报名，后迁至横峰葛源出版。它相继为赣东北革命委员会、赣东北省苏维埃政府、闽浙赣省苏维埃政府机关报。8开单面印刷，每期出纸1—6张（2—12版）不等。石印，印刷精美，也一度改为铅印。原定每7天出版1次，但因纸张供应及印刷的困难，时断时续。1932年后情况改善，得以经常出版。1932年11月20日，涂振农撰写了一个呈交中央的报告，意在汇报赣东北苏区当时的政治社会状况和各项工作。其中谈到在赣东北苏区，苏维埃有工农报，工会有工人报，红军有红军报，团有青年报，妇女有劳动妇女报，反帝大同盟有反帝特刊，都能经常出版。但是从报刊的内容与采编的水平来说，《工农报》和《列宁青年》比较好，它们都是石印，而且印得很漂亮，每星期出版，发行都能达到三五千份。可以看出，涂振农写报告的时候，《工农报》作为省苏维埃政府的机关报，是当时赣东北省办得最好的报刊之一。在1933年4月出版的第76期《工农报》的报头下，注明每3天出版1次。由于处在艰苦的战争环境中，实际上仍不能完全做到如期出版。

《工农报》职能多样，既要登载省苏维埃政府文件，反映群众的意见与建议，也会对苏维埃工作人员的消极行为展开批评，对模范人物进行表彰。除了转载《红色中华》等报刊的社论和消息外，它自身也设立了多个栏目，其中有"专电"、

"国内要闻"、"苏区要闻"、"红军捷报"、"工农通讯"、"省会新闻"、"社论"、"读者言论"、"突击队"、"红板"、"苏维埃文件"、"苏维埃法庭"等，内容丰富，指导性强。方志敏对该报非常关心，不仅亲自为它建立起报馆，帮助解决办报过程中的其他难题，而且还为它撰写评论文章，使报纸质量和编辑水平能够不断提高。1933年3月，闽浙赣省第二次工农兵代表大会决议中指出，《工农报》"在群众中已取得相当的信仰，今后更应用更大力量改善该报的内容，使该报成为苏维埃与工农群众政治的、斗争的、工作的，尤其是反帝国主义民族革命战争与国内阶级革命战争的鼓动者与指导者"①。同年6月，为了争取更多的读者，《工农报》制订了使报纸发行量达到1万份、固定读者达到10万人的计划。可是，因为形势变化，作为闽浙赣省出版时间最长、发行最多、影响最大报纸的《工农报》，约于该年内停刊。

（六）《红色东北》

《红色东北》是中共闽浙赣省委、闽浙赣省苏维埃政府、省军区、省总工会联合机关报，约于1933年6月在横峰葛源创刊。该刊4开2版，石印，周刊，还附出不定期的画刊。它宣传党和苏维埃的斗争任务与策略，反映党的建设和苏维埃工作，报道闽浙赣苏区工农群众斗争和红军前线的消息。除了自己采编稿件以外，还会转载《斗争》、《红色中华》等报刊的社论、重要文章和前线战报。头版头条常以大字标题刊登"红色中华社电"，报道红军战绩。它还突出地报道红十军用各种地雷消灭不少敌人的出色战斗。当时，方志敏广泛发动群

---

① 参见杨子耀《闽浙赣苏区的出版事业概述》，《中国共产党江西出版史料》1990年第3期。

众动脑筋想办法，制造了各种各样的地雷，并且亲自训练地雷队，布置地雷阵。方志敏自己也会为该报撰写社论，加强报纸宣传的政论色彩。《红色东北》辟有"社论"、"消息"、"通讯"、"特载"、"红板"、"铁拳"等专栏，对于一些特别的题材，还常会采用连环画的形式，加以呈现与传播。《红色东北》发表的许多评论、经验总结文章和消息报道，反映了闽浙赣苏区军事、政治、经济、文化建设方面的独特创造。它每期发行五六千份，通讯员遍布全省各地。现在已经发现的《红色东北》，有 1933 年 8 月 5 日出版的第 6 期和 1933 年 9 月18 日出版的第 18 期。

（七）《省委通讯》

1927 年，江西省委在南昌创办了《省委通讯》，当时它是中共江西省委指导工作的内部刊物。江西省委迁往中央苏区的时候，该刊也随之进入苏区，后来一度停刊。1933 年 6 月 3日，《省委通讯》作为中共江西省委机关刊物在宁都复刊，并重新编排期号。

重新出版的《省委通讯》为油印，16 开本。通常为 3 日刊，有时也会隔 6 天乃至 9 天出一期。每期 4—8 页不等。省委创办该刊，是为了交流各级党部的工作经验，加强对各县实际工作的指导。它以刊登各方面的理论文章为主，也刊载新闻通讯报道，其中发表了有关红军建设方面的文章和通讯达 90余篇，主要内容是扩大红军运动中各县竞赛情况、创立少共国际师与工人师的情况、扩红经验介绍与工作总结，等等。刊登在 59 期上的《六十多岁的老人是扩大红军的模范》一文，报道的就是兴国高兴圩的一位老人除了鼓励三个儿子去当红军外，还在两天内动员了十多人参加红军的光荣事迹。

《省委通讯》关于苏区经济建设方面的公文、论文与报道的数量也非常可观。主要是反映与指导农业生产、粮食突击运动、劳动互助运动、推销经济建设公债等活动，展现了江西苏区人民在苏区党组织和苏维埃政府的领导下，努力发展经济，抓紧粮食生产，支援前线红军的行动。

它还大量刊登各县工作经验介绍与总结的文章，以及各地的情况通报和省委给各县委的工作指示。如：第 9 期的《在新边区突击队工作的经验》，第 12 期的《永丰改造区委的总结》，第 26 期的《省委给各县工委的指示信》，第 35 期的《给长胜、博生县委的批评》，等等。它们有助于加强各地信息的流通，发挥机关报的指导功能，进而推动全省工作。

1934 年七八月间，《省委通讯》迫于形势而最终停刊。从复刊到停刊历时一年零一个月，《省委通讯》一共出版了 102 期，是研究江西苏区党史和新闻史的重要资料。

三　县级代表性报刊

（一）《瑞金红旗》

中共瑞金县委创办的《瑞金红旗》于 1931 年 10 月 25 日创刊，4 开 2 版，单面油印，使用红色油墨，报头装饰有五角星和红旗图案，5 日刊。1932 年 5 月，改为中共瑞金县委、共青团瑞金县委联合机关报，旬刊，版式未变，但报头改为红军行军作战和少先队操练的图画，文字由竖排改为横排。每期零售铜元一枚，每月定价铜元五枚。在各区委支部设有分售处。当时担任中共瑞金县委书记的邓小平很关心该报的出版发行，并常为它撰稿。

该报对当时主要工作及时发表评论，加以指导。1931 年 12 月 30 日出版的第 12 期，以头版头条位置刊登评论，题为《积极准备苏区少队代表大会的工作》。文章要求每乡组织 5—

7 人的宣传队，经常到群众中去做宣传工作。第 14 期刊登了王盛荣《少先队的任务》，对苏区少先队的工作提出了指导性的意见。《瑞金红旗》刊登的新闻报道也不少，这是它的另一个特点。第 12 期"内外新闻"栏目刊登了《帝国主义都来下手瓜分中国》、《国民党又变出好多把戏》、《各地学生大打国民党》三组新闻稿，一共发表 16 条消息，传播国内外时事。它另辟有"扩大红军"、"铁锤"栏目，及时反映和指导瑞金县的扩大红军运动，并对当时出现的一些消极现象展开批评。

（二）《剑锋》

兴国县苏维埃政府机关报《剑锋》，约于 1930 年 3 月创刊。该报 4 开 2 版，单面石印，印刷精美，大约每周出版一次。是江西苏区早期出版的一张县报。

兴国县苏维埃政府于 1930 年 3 月中旬成立。当时，毛泽东由吉安来到兴国，在他指导下召开的兴国县第一次工农兵代表大会，选举产生了兴国县苏维埃政府。为了更好地指导和开展工作，县苏创办了《剑锋》。

该报辟有"社说"、"纪事"、"余兴"等栏目。"社说"栏刊登长篇和短篇的社论，"纪事"栏刊登新闻类作品和县苏的布告，"余兴"栏刊登诗歌等文艺作品。

在版面设计上，它力求齐整和美观。报名"剑锋"两字为隶书。刊有报头画，在报名之上画有光芒四射的太阳和五角星及镰刀斧头。各栏目都以图画作底，镶上栏目名称。1930年 12 月 22 日出版的第 24 期，"纪事"栏画着一个通讯员执笔写稿，窗侧墙上挂着一个日历牌，上镶"纪事"两字，书桌旁有一只鸡在觅食。版面左右两侧都刊有战斗口号，左边是："实行阶级决战！接受总前委一切指示！"右边是："实行阶级决战！肃清红旗下一切内奸！"口号中提到的总前委即 1930 年

8 月 23 日组成的红一方面军总前敌委员会，毛泽东任书记。该报停刊时间不详。

最后，必须要阐明一个征象。在江西苏区出现的报刊虽然有级别之分，区域之分，但是，它们作为一个整体存在的特性更加显著。在中央、省和县三级报刊之间，明显地存在着互补作用与呼应效用。具体来说，表现于以下四点：

第一，中央级报刊为省级和县级报刊提供宣传报道内容。省一级的《工农报》、《红色东北》经常转载《斗争》、《红色中华》报的重要评论文章和红军作战胜利消息，而中共苏区中央局宣传部编辑出版的《每周宣传纲要》，刊登的每周国内外重要消息和宣传要点，更是为省报和县报所参用。

第二，在专栏设置、版面编排等方面，中央级报刊为县级和省级报刊提供样板。《青年实话》设有刊登批评稿件的栏目"轻骑队"，这几乎成了各省团组织的机关报学习的模板；《红星》报文章短小通俗，图文并茂，专栏多，版面生动活泼，这些特点对红军各部队出版的报刊都有明显的影响。

第三，县级和省级报刊为中央级报刊提供实际材料，有助于中央级报刊充实内容，加强指导性。例如《斗争》第 48 期便转载了江西《省委通讯》刊登的评论《肃清"无用的文件"》。《实话》也选载了不少省委机关报刊上的重要文章。县级报刊还为一些省级报刊提供了工作动态报道和论文。

第四，县级报刊为省级报刊或中央级报刊的发行做宣传，省级报刊为中央级报刊的发行做宣传。湘鄂赣省的县报《前进报》，就曾为省报《战斗日报》的扩大发行做宣传介绍。又如 1932 年 8 月，湘赣《列宁青年》报刊登启事说，《青年实话》是苏区劳苦青年群众的指南针，差不多人手一册，得到青年群众的爱护，已寄来多份，希望读者到《列宁青年》报社总发行所踊跃购买。

　　总的说来，中央、省、县三级报刊之间的这种互补作用与呼应效用，加强了江西苏区报刊整体的宣传效果。

第二章

中国苏维埃运动的喉舌：
《红色中华》报

在办报一周年之际，《红色中华》曾自喻为"中国苏维埃运动的喉舌"，由此可见它的非同寻常。在中央苏区，《红色中华》报创办时间不算最早，但它是一份影响最大的报纸。虽然它主要在苏区发行，但是，其发行量最多时达到四五万份，超过了当时国民党统治区内许多著名的报刊。

第一节　诞生与发展演变

一　草创与摸索

1931 年 12 月 11 日，《红色中华》报在江西瑞金创刊。开办之初为周报，从第 50 期开始为 3 日刊，第 148 期又改为每周 3 期。创刊号仅出版 4 开 2 版，第 2 期变为 4 开 4 版，以后大多每期 6 版。稿件多时有出 2 张 8 版或者 2.5 张 10 版，乃至出 3 张 12 版。刚成立时，设有编委会，其中包括编辑部、通讯部和发行科。编辑部设在瑞金叶坪的一所民房里。作为中华苏维埃共和国临时中央政府的机关报，其首任主笔是周以栗。在《中华苏维埃共和国中央执行委员会委任政府人员》

中，就有"委任周以栗为临时中央政府机关报《红色中华》
主笔"① 的字样。周以栗当时是临时中央政府内务人民委员。
由政府内务部负责人兼理政府机关报的编务工作，是比较合理
的人事布局。《红色中华》的报名即为周以栗所写，而且此后
被长期沿用，直到 1934 年 8 月 1 日，才改用黄亚光艺术字体
的报名。因为身体的原因，周以栗主持编务的时间不长。据
《红色中华》第 7 期上的《中央人民委员会第五次常会》一文
介绍，在 1932 年 1 月 27 日召开的中央人民委员会第五次常会
议决的诸多事项中，有一条是"议决在目前内务人民委员周
同志因病请假期间内，其部暂由工农检查人民委员何叔衡同志
兼理"。这里说的"周同志"指的就是周以栗，他的内务人民
委员由何叔衡代理，《红色中华》的工作则由项英直接兼管。

项英兼管《红色中华》，是因为他是临时中央政府的实际
负责人。当时担任中央执行委员会主席和中央人民委员会主席
的是毛泽东，但是他当时的一些意见与苏区中央局的一些人不
合，被批评为"典型的右倾机会主义"。由于这个原因，以及
其他的一些相关因素，导致毛泽东当时的处境越来越困难。于
是，他在 1932 年 1 月下旬，"只好向苏区中央局请病假休养，
中央局同意了他的请求，并决定由项英暂时负责苏维埃中央政
府的工作"②。当时，担任中央执行委员会副主席和中央人民
委员会副主席的，除了项英以外，还有张国焘，但张国焘在鄂
豫皖苏区担负领导工作，一直不在中央苏区任职。

很显然，项英并不只是名义上兼管《红色中华》报，他

① 《中华苏维埃共和国中央执行委员会委任政府人员》，《红色中华》第 2
期，1931 年 12 月 18 日。
② 余伯流、凌步机：《中央苏区史》，江西人民出版社 2001 年版，第 393 页。

还会直接介入《红色中华》的采编业务中。作为临时中央政府的负责人,他有意识地利用报纸为政务服务。首先,他为《红色中华》撰写了一批社论和社论性质的文章。在《红色中华》36 期以前刊发的社论和重要言论中,除了周恩来写过一篇,王观澜写过两篇外,绝大多数都是项英所写。像《地方苏维埃建设问题》(第 2 期)、《反对帝国主义瓜分中国和推翻国民党统治》(第 3 期)、《一九三一年的总结和一九三二年的开始》(第 4 期)、《大家起来做防疫的卫生运动》(第 5 期)、《纪念列李卢庆祝苏区共产青年团与少先队的代表大会》(第 6 期)、《苏区群众和红军大大地向外发展积极的进行革命战争》(第 7 期)、《反对帝国主义瓜分中国的大战夺取赣州吉安》(第 9 期)、《发展生产,节俭经济来帮助红军发展革命战争》(第 10 期)、《实行工作的检查》(第 11 期)、《反对贪污,严惩浪费》(第 12 期)、《反对对于革命战争的消极》(第 13 期)、《强固城乡苏维埃的组织工作》(第 16 期)、《怎样配合红军的胜利去争取江西首先胜利》(第 31 期)、《今年纪念国际青年节的战斗任务》(第 32 期)和《猛烈扩大红军反对对于扩大红军的消极》(第 33 期)等,都出自项英的手笔。它们都体现了中央政府的整体关切和舆论导向,其中有的不免反映出当时临时中央"左"倾错误观念。

其次,项英直接参与《红色中华》报的编审事务,利用《红色中华》报推动特定而具体的工作。刊登法律方面公文的栏目"苏维埃法庭",在其首期发表的第一个公文是《中央执行委员会对于临时最高法庭审理 AB 团改组派军事犯等要犯的判决书的决议案》。这个《决议案》的前面有一篇不短的说明文字,题目为《写在前面的话》,其作者就是项英。"苏维埃建设"是《红色中华》报的另一个重点栏目,其定位偏向工作研究。在第 7 期，该栏目登载了陈毅的一篇长文《江西全省选举运动中各地的错误及如何纠正》。涉及省选的错误，作者的意见大略如下：

第一、是不曾联系到发动群众的阶级斗争。到现在省选的空气在各地非常沉寂，群众还不晓得有这么一回事，还没有动员起来把分土地、分谷物、打土豪等斗争与省选联在一起，群众还不懂得从这些斗争中物色自己应该选的人，以及自己怎样从斗争中争取自己在选举中的地位。

第二、错误表现在无领导状态。省苏到现在没有接到一张关于省选进行的报告，万泰寄来一张县选委员的名单算是独一无二了。

第三、苏维埃担负重要责任的同志并不曾亲身去群众中做各种报告和工作意见，热烈地发动群众讨论，传播全苏大会及中央政府的决议，领导反官僚腐化的斗争。

第四、各地党部与群众团体没有把省选当成一个中心工作，大家都注意到分土地、武装、肃反、财政。这固然是重要的，但如忽略了省选或不联系到省选，我以为也是错误的。

接着，作者还就如何纠正错误提出了自己的详细意见。在刊发了陈毅的这篇长文之后，项英加上了一个署名的按语：

陈同志对于江西选举中所发生之错误，以及指示目前应做的工作，一般说是对的。不过，对于城乡一级选举的重要说得太少，因为城乡的选举，是基本的选举，是广大工农群众直接参加选举的地方，若是这一级选举做得不

好，区、县、省三级的选举，是收不到完满的功效。因此
城乡一级的选举运动是目前选举中最基本最重要的中心工
作。要使城乡一级选举完满成功，主要的是动员广大工农
群众积极来参加，深入阶级斗争是动员群众最主要办法。
因此，省、县、区等级政府，要以最大力量去进行和指导
这一中心工作，不应以省选为中心，这是我要补充的几句
话。英。①

　　撰写报纸的按语，一般是报社编辑部人员的责任，在这里
项英自己直接操刀，说明他之于《红色中华》报，不只是一般
的分管与负责，而是亲身介入。另外，给稿件加按语，一般是
为了进行突出和强调，但是项英加的这个按语比较特别，其目
的是补充陈毅文稿中忽略的意见，这正反映了他介入的深度。

　　此外，项英还直接针对苏区出现的一些有问题的人与事，
撰写了不少批评性的短文，发表在"突击队"栏目中。其中
有：《无奇不有的兴国国家商店和合作社》、《威权无上的区苏
秘书》、《好阔气的江西政治保卫分局》、《好个石城县主席的
迁家大喜》、《沿用当铺惯例的闽西工农银行》，等等。这些文
章，仅从标题上就可以感知其命意所在，锋芒所向。

　　王观澜也参与了《红色中华》的创办工作，而且是实际
的业务主编。在这个草创时期，办报的条件简陋，人手紧张，
主要的编辑人员就只有王观澜、李伯钊等两三个人。他们组
稿、写稿、校对等什么都干。并且编稿之外，个人还分别抓一
区一乡的工作。除了编辑部内部人手紧张外，当时也没有建立
相对固定的通讯员队伍，因而导致屡屡发生不能按时出报的情

---

① 《红色中华》第 7 期，1934 年 1 月 27 日。

况。第 16 期第 6 版刊登了这样一则启事："阅读本报的同志
们：本期因编辑与材料的关系，以致出版日期延迟了一星期，
此后尽量按时出版，特此声明！本报编辑部启。"这里只是延
迟了一个星期，还有延迟的时间更长的。第 20 期第 8 版向读
者解释说："阅读本报的同志：本报与你们三个星期没有见面
了，主要的原因是编辑与材料上的关系，以致误期，特此申
明。编辑部启。"

　　从新闻的业务上看，当时办报的方向比较明确。在创刊号
的《发刊词》中就清晰提出报社的"任务是要发挥中央政府
对于中国苏维埃运动的积极领导作用，达到建立巩固而广大的
苏维埃根据地，创造大规模的红军，组织大规模的革命战争，
以推翻帝国主义国民党的统治，使革命在一省或几省首先胜
利"。并指出目前的工作主要有三项，具体为：第一，组织苏
区广大工农劳苦群众积极参加苏维埃政权；第二，指导各级苏
维埃实际工作；第三，揭破帝国主义、国民党军阀及一切反动
派进攻革命、欺骗工农的阴谋，使工农劳苦群众懂得国际、国
内形势与必要的斗争方法。

　　就办报技巧而言，前面 3 期报纸明显是在摸索，基本上没
有章法，不分栏目，只是简单地把不同的稿件拼凑在一起。第
4 期只设置了一个"专电"栏目。不过，到了第 5 期就比较完
备了。那些常规性的栏目，诸如"社论"、"中央苏区消息"、
"苏维埃建设"、"要闻"、"临时中央政府文告"和"来件"
等，就整体性推出了。只是刊登批评文稿的"突击队"稍晚
一些，直到第 13 期才出现。

　　1932 年 7 月 29 日出版的第 29 期报纸的"专电"栏，登
载了两则有关国民党飞机轰炸苏区的消息，一则题为《蒋介
石大调飞机　轰炸苏区之布置》，另一则题为《国民党军阀

筹备扩充空军　榨取工农血汗来进攻苏维埃和红军》，其内容很简单："上海二十四日电：国民党政府财政虽极端恐慌，最近，又决定加紧榨取工农血汗，拟以一千一百万元为发展空军经费，来进攻苏维埃和红军。"不料，这两则消息成了主编王观澜的罪状。刚从白区进入苏区的几位坚持教条和宗派主义错误的同志，以此作凭证向王观澜发难，指责他为敌人吹喇叭，吓唬根据地人民。并且还连带指出他在莫斯科反对王明为首的支部局问题，说他有"托派嫌疑"。中共中央局有人主张开除王观澜的党籍，并把他关进了中央政治保卫局。《红色中华》因此被迫停刊，在第 35 期（1932 年 9 月 27 日出版）和第 36 期（1932 年 10 月 16 日出版）之间，共有三个星期没有出报。后来，虽然因没有事实根据及各个支部的反对，王观澜从中央政治保卫局放了出来，但《红色中华》主编的职务在无形中被免除了。而且，他的党籍问题，还是在毛泽东的据理力争下，才在数月后得以恢复。[①] 关于这件事，王观澜在 1981 年 8 月 17 日，中共中央党史资料征集委员会召开的关于"莫斯科中大王明教条宗派问题调查会"的会议发言中说："在江西中央苏区瑞金时，我主编《红色中华》报，因为登了一条国民党大搞飞机捐款的消息，题为榨取工农血汗，轰炸工农，他们硬说是吓唬群众，凭空抓我的辫子，强行在支部会上斗争。由于我据理力争，一哄而开除我的党籍。还将我隔离审查。因为有地方支部和土地部支部不同意，上书中央，为我申辩。"[②]

---

① 参见徐明清《毛泽东对王观澜的教导和关怀》，载《缅怀毛泽东》下，中央文献出版社 1993 年版。
② 转引自刘廷竹《王观澜与〈红色中华〉》，《中国农业大学学报》（社会科学版）2003 年第 1 期。

据王观澜《红中社的创立》一文的描述，他于 1932 年 8 月就离开了《红色中华》报，后来调到土地部担任秘书。[①] 离开以后，他仍旧以一个作者的身份与报社保持着联系。在人民出版社 1982 年出版的影印本《红色中华》中，从 1933 年 3 月到红军长征之前一年多时间里，王观澜就发表了署名作品 20 多篇。文章的形式有时评、论文、新闻报道，还有连载数期的长篇社会调查，涉及非常广泛。此外还有多篇未署名的文章，仅在《王观澜文集》中就收录了 10 多篇。那时候，关于苏区查田运动和中央土地部的许多文件都由王观澜直接送到《红色中华》报刊发。

二　成型与规范

1932 年 10 月 16 日，李一氓进入《红色中华》编辑部。他从第 36 期开始接手主编职务，一直到 1933 年 1 月底，共约三个半月时间。李一氓初到中央苏区的时候，在工作分配上，有人要他到前方任总政治部宣传部部长，也有意见要留他在瑞金编辑《红色中华》报。而他自己因为参加过上海的特科工作，更愿意到国家保卫局去。最后组织决定他到国家保卫局工作，但是有一个条件，要暂时兼做《红色中华》的编辑工作。

当时编辑部专职人员很少，除了李一氓以外，只有李伯钊协助做些具体的编辑、校对等工作。在《红色中华》报百期纪念的时候，李一氓写了一篇《论目前〈红中〉的任务》，其中说道："《红色中华》变成日刊了的时候，还是一个总编辑

---

① 参见王观澜《红中社的创立》，载新华社新闻研究所、社史编写组《土地革命时期的新华社》，2004 年 5 月，第 1 页。

兼内勤记者兼外勤记者吗？不可能的了。"① 一个总编辑兼内
勤记者兼外勤记者，说的正是他自己。那时李一氓住在瑞金城
中的国家保卫局，他作为报人的工作状态是这样的：每星期六
下午，从瑞金骑马到城东北的编辑部，两处相距约十里路程。
晚上，临时找个住处过夜。第二天还要做半天工作，吃了午饭
发了稿，才能骑马返回瑞金。在多年后的李一氓的感觉里，这
份工作并不算太困难。"由无线电抄收国民党中央社的新闻，
这是后来的事。我那时，国内外的消息来源都是从白区报纸剪
下来的。那时白区和福建汀州的邮政关系，从未断绝过，上海
的《申报》、《新闻报》从汀州收到，不过慢一点罢了。要公
布的中央政府文件则是现成的。也还有些地方通讯和军事行动
的消息，都是有同志事先准备好了的。我的责任只是加以选
择，先发表重要的，拿红墨水笔涂去一些不关大体的语句，有
些新闻该合并的合并，该分开的分开，然后根据八个版面加以
安排，加上标题和副标题。最后看新闻情况，选择题目，写篇
社论。"遇到疑难要解决，"总是报告项英就行了。当时他住
在叶坪的中央政府里，主管政府工作的日常工作"。②

　　李一氓非常重视报纸的社论部分，他自己撰写的社论有：
《执行命令》（第 36 期）、《在新的胜利面前——财政经济问
题》（第 37 期）、《以宣传鼓动革命竞赛来推销公债》（第 38
期）、《政治动员工作》（第 40 期）、《在新的胜利的面前——
地方武装积极的进攻行动》（第 41 期）、《反对对于敌人大举
进攻的一切错误认识》（第 42 期）、《今年纪念广州暴动与宁

---

① 氓：《论目前〈红中〉的任务》，《红色中华》第 100 期，1933 年 8 月 10 日。
② 李一氓：《红中社的工作回忆》，见新华社新闻研究所、社史编写组《土
地革命时期的新华社》，2004 年 5 月，第 23 页。

都兵暴的任务》（第 44 期）、《战争紧急动员与反对官僚主义的斗争》（第 45 期）、《开展民族革命战争，反对日本帝国主义，推翻出卖中国民族利益的国民党统治》（第 48 期）等。这些社论都没有署名，只有第 48 期的那篇在文末署了"氓"。

在这个时期，《红色中华》虽然人手依旧紧张，但报纸的模样大致成型。社论日趋稳定，基本上能保证每期都有一篇。编排在很大程度上实现了栏目化，栏目的设置也显得更加的丰富与合理。主要的栏目有："社论"、"特载"、"前方捷电"、"重要消息"、"特约工农电讯"、"中央文件"、"专论"、"突击队"、"苏维埃法庭"等。其中有的是沿用先前的，有的是对以前栏目稍作调整而后形成的，还有的是新开设的。在这些栏目中，"本期要目"和"特约工农电讯"尤其值得注意，它们显示了编者在专业上的超前意识。"本期要目"最早出现在第 38 期，一直保留到第 49 期，它将当期的重要内容以目录的形式集纳在一起，刊登在第 1 版的显眼位置，让读者未翻阅报纸之前，对本期报纸的重要内容就了然于心。现今这样的办报技巧已经习闻惯见，但在当时确实有一种掩抑不住的新意。

"特约工农电讯"最早出现在第 37 期。此前曾有个"工农通讯"栏目，但这个栏目办得比较随意，例如：第 34 期的"工农通讯"只刊发了《东韶工作令人莫解？》一文，而通常这种工作研究性质的文章应该是放在"苏维埃建设"栏中的。新开办的"特约工农电讯"栏目，显然是李一氓精心设计的，办得比较严谨与专业。它具有信息总汇性质，是一个新闻的集装箱。新闻依照时间先后排列，同一天的放置在同一个单元里。以第 40 期"特约工农电讯"栏目为例，"十月二十六日上海电"的有 3 条，"廿八日上海电"的有 4 条，"卅一日上海电"的有 3 条，也就是说这一期一共发表了 10 条消息。它们的内容都是苏区以外的国内与国际新闻，而这期报纸出版的时间为 1932 年 11 月 14 日。概而言之，这一组新闻除了时效性不强之外，没有可挑剔的地方。而时效性不强在当时无法解决，这些电讯稿其实是先发表在白区的报纸上，《红色中华》的编辑再利用这些报纸提供的材料，经过修改和整理编发出自己的新闻。

关于《红色中华》报对苏区以外区域新闻的重视，《红色中华》的老报人任质斌的分析是：由于这个时期帝国主义各国正面临着资本主义总危机，在我国国内也刚刚发生了九一八事变，全国人民的抗日反蒋情绪很高，国民党内部动荡不定，所以《红色中华》报每期都用了很多版面登载国内国际的时事消息。① 而在李一氓看来，自己当时设置出"特约工农电讯"栏目，实出无奈。"初到苏区，对于编这个刊物的环境还不太习惯，因此新闻取材和篇幅比例上，外国新闻、白区新闻占了相当的比重。虽然有些是苏联消息，揭露帝国主义的消息，表现白区阶级斗争的消息，但和苏区当时武装斗争的现实，却有很大的距离。后来我逐渐感觉到有改变的必要，要增加苏区各方面的新闻，但通讯员，即义务记者的组织工作跟不上。一文化低，二交通不便，还是没有搞好。"② 也就是说，他其实是想多刊登一些有关苏区动态的新闻，但是人力和条件都不够，无法实现自己的办报理念。

在办报一周年的时候，《红色中华》发表了一篇长文，满怀感情地对一年来的工作进行回顾和自我评估。其中说：

---

① 参见任质斌《〈红色中华〉报始末》，《新闻与传播研究》1986 年第 3 期。

② 李一氓：《红中社的工作回忆》，见新华社新闻研究所、社史编写组《土地革命时期的新华社》，2004 年 5 月，第 23 页。

　　本报是苏维埃临时中央政府的机关报，在苏维埃运动的作用是极大的——是中国苏维埃运动的喉舌。我们说苏维埃政权是中国工农劳苦群众自己的政权，那么，《红色中华》便是中国工农劳苦群众自己的报纸。他（它），红色中华，虽然还不能同苏联中央政府的机关报《新闻报》（日刊）相比较，虽然还是一星期出一次的周刊，虽然每周还不过两小张，虽然纸张印字都不硬朗，虽然不仅形式上是不好，就是内容也嫌迟钝、乱杂，没有力量。但是，这一共四十四期，八十几小张的一年来的斗争，他（它）已经在全苏维埃中，深深的发挥了宣传组织的作用，成为临时中央政府和全体劳苦群众（公民）之间的不可少的联系者。《红色中华》的这种政治意义所在，这里是无须乎多说的了。只有在恰当这一周年纪念的今天，我们诚恳的希望全体苏区工农劳苦群众一致以"为苏维埃政权斗争到底"的精神，来爱护《红色中华》，尤其是在质量上的推进，和数量上的推销。这样才能在广大工农劳苦群众间，甚至于白区的，都把他（它）当做一盏光芒万丈明灯，直指向中华民族解放，中国社会解放的苏维埃大道。①

　　接下去，该文又具体谈到了办报以来的不足与努力的方向，比如：没有创造出"工农阶级的报纸"，还应该扩大报道面，把社论文章进一步做好，开办"读者通信"栏目，并且力争在办报两周年纪念的时候，以日报的形式和全国苏区工农

①　《本报一周年的自我批评》，《红色中华》第 44 期，1932 年 12 月 11 日。

群众见面。

在第48期的"通讯"栏，刊登了两封读者来信，其中一封是曾三的，他对《红色中华》报"特约工农电讯"栏进行了点评，体现了非常好的专业眼光。其内容如下：

> 记者同志：
>
> 　　我对《红色中华》的编辑，有些意见，请你考虑吧。
>
> 　　一、首先我要说"特约工农电讯"每次十余条。虽然都是重要消息，但如果不分眉目，不知从何谈起，并且有的是在另一栏重复的。所以我主张把"特约工农通讯"分门别类的登载出来。"一只牛用小砂罐煨吃了"，不是可惜吗？
>
> 　　二、在排列方面，我主张分栏。第一个新闻是红军消息，第二个是苏联，第三个又是红军……这就不能供读者有系统的有文序的去看。如果是特别重要的，当然特别提前，也是必要。
>
> 　　三、校对同志，应与编辑同志心行意合，校对同志也要学习些编辑方法，如四十七期的三个电报的衔接特别成一行，像小题目一样。
>
> 　　布礼！
>
> 曾三

李一氓主编《红色中华》报的最后一期是第49期，在该期报纸的第4版，刊登了一个由"中少共苏区中央局、中华苏维埃中央政府、全总苏区执行局"联合发布的《特别通知》，其主旨是对办报思路与定位进行重大调整。其中强调"为着适应目前日益开展的革命战争的需要，为着加紧对全国苏维埃运动的指导，尤其是在粉碎敌人的四次'围剿'与大举进攻的紧急动员中，为着更扩大与深入政治动员，我们认为健全我们的机关报《红色中华》是极端必要的"。调整的主要内容有三项：第一，改《红色中华》为党团政府与工会合办的机关报；第二，改《红色中华》为3日刊；第三，改善《红色中华》的内容与形式。

根据这份《特别通知》的意见，从此以后《红色中华》就成了中国共产党苏区中央局、少共苏区中央局、中华苏维埃临时中央政府、全国总工会苏区执行局的联合机关报。除了定位上的变更外，它还强调了另一个意思："除《红色中华》本身内部的改造外，必须建立良好的通讯网与发行网，因此，首先我们责成省与县一级的地方党团政府与工会及红军总政治部与各军区政治部，各规定一个同志为红色中华的通讯员。"该通知还规定了通讯员的具体任务：

一、搜集各种实际工作材料与消息（如战争胜利、扩大红军、揭发官僚主义、苏维埃建设、工人运动等等）。

二、经常把搜得材料消息做成通讯稿寄来。

三、组织与教育在他（它）领导下的工农通讯员，发展通讯网到下层群众中去。

四、帮助报纸的推销，建立代派处与推销处。

五、建立读报小组，争取广大的读者。

在这里，《红色中华》是"责成"各省县不同的组织机构设置通讯员，可以看出报社在当时的特殊地位。需要补充的是，这份《特别通知》还有一个副标题："关于红色中华的通讯员问题"，显示了编辑部对建立通讯员队伍的高度重视。从整体上完全可以判断，这份《特别通知》酝酿并推导着一次全面而深刻的办报思路大更新。

　　还有一点需要在此特别说明，人们很容易根据这份《特别通知》作出一个明确推断：从此以后，《红色中华》报就不再只是苏维埃政府的机关报，而是中央苏区的党组织、团组织、政府和工会四个机构共同的机关报。但是，实际的情况并不完全如此。一个微妙的现象是，通知强调"改《红色中华》为党团政府与工会合办的机关报"，但是其最后署名单位却只有三个，分别是少共苏区中央局（即共青团苏区中央局）、中华苏维埃中央政府、全总苏区执行局，也就是说，其中没有出现中共苏区中央局，这是应该予以充分注意的细节。可以肯定的是，它绝对不会是无意的遗漏，如果是这样，依照《红色中华》报的惯例，它一定会有更正的说明，而这样的更正说明并没有在第49期以后出现。因此可以说，《红色中华》作为苏区党、团、政府和工会共同机关报的性质，具有不确定性的特点。

　　1933年，瞿秋白在上海看了《红色中华》第72期以前的大部分报纸以后，对其作为多个组织机关报的性质也产生了质疑。他在《关于〈红色中华〉报的意见》中说："在最后的二十几期已经声明改组为苏维埃临时中央政府，苏区党的中央局和全国总工会的中央局的联合机关报，但是，报上所反映的党部在一切政策和群众之中的领导作用是非常之模糊的。党的建设——各级党部在苏维埃地方政府之中的作用，各级党部的发展，各级党部的优点和错误等等——必须反映在这个报纸上。照现在的几期看来，只有苏维埃建设，而没有党的建设。同样，工会的作用更看不见。"[1] 瞿秋白在这里只提到了《红色

　　① 狄康（瞿秋白）：《关于〈红色中华〉报的意见》，《斗争》第50期，1933年8月7日。

中华》"改组为苏维埃临时中央政府，苏区党的中央局和全国总工会的中央局的联合机关报"，他又把少共苏区中央局遗漏了。所以，在指出《红色中华》没有刊登党建工作和工会工作文稿的时候，也就没有责备该报不曾涉及苏区共青团的活动。

张闻天是当时中共中央局的宣传部长，同时还兼任中央党报委员会的书记，他对《红色中华》机关报的特征不明晰也提出了批评。他在《关于我们的报纸》中写道："《红色中华》一直到现在名义上虽是中央政府的机关报，但是实际上没有达到中央政府机关报的目的。这不能简单的责备《红色中华》，中央政府也要负很大责任的。"① 在这里，张闻天作为党的宣传部门的负责人，对《红色中华》乃至中央政府提出了公开的批评，而且在这里他只说《红色中华》是中央政府的机关报，并没有提及"党团政府与工会合办的机关报"的说法。

三　突变与坚持

从第 50 期开始，沙可夫接替李一氓负责《红色中华》。沙可夫主要担任的是中央教育人民委员会副部长兼艺术局局长。刚开始的时候，编辑部仍旧只有两三人，因而工作很紧张，非常需要通讯员的帮助。但是，要求各地选派通讯员的事情并没有得到很快的响应。《红色中华》第 56 期第 4 版上发表了《各级机关的同志太忙了》一文，直接发泄了对此的抱怨。其中说到中央局、中央政府与全总执行局决定集中力量充实《红色中华》后，曾规定各级机关要指定一个同志为《红色中华》写稿。可是通知已经发出一个月了，除了总政治部

---

① 张闻天:《关于我们的报纸》，《斗争》第 38 期，1933 年 12 月 20 日。

与红军学校以外，别的机关竟毫无回音。同志们的工作固然很忙，但是从百忙中抽出一些时间为《红色中华》写稿，这是帮助革命战争所必须做的工作的一部分。"所以，我们希望各地同志热烈的迅速的寄稿来，为《红色中华》建立起普遍的通讯网！"在刊发这篇文章的同一版面，还登载了《告红色中华通讯员》一文，内容是向通讯员们讲述通讯写作的基本知识。

随后，《红色中华》成立了编委会，陆续引进了一些人。其中有谢然之、任质斌、徐名正、贺坚。沙可夫是位诗人、戏剧家。自他主持编务之后，"《红色中华》的内容与形式"确实发生了明显的变化。总的趋向是，报纸在形式上变得更加随性、多变，在内容表达上更加直抒胸臆、直奔主题。或者说，新闻的严谨性有所放松，取而代之的是文学的自如与奔放。最明显的表现是，李一氓时期采用的清晰而简洁地标明报纸内容的"本期要目"被取消了，更重要的是报纸变得几乎没有什么固定栏目，频繁地使用口号作为通栏标题。如：第51期第2版就用"以布尔什维克的速度完成战争的紧急动员！"作为通栏标题，刊发了各类相关的文章。

在这一时期，《红色中华》先后推出了少量的新栏目，先前刊登批评性文章的"突击队"栏目不见了，取而代之的是相继出现的"铁棍"、"铁锤"。编者着意较多的栏目是"从火线上来"与"在田野里"，它们充分体现了这一时期新闻报道的特色。第66期"从火线上来"栏目的末尾有一段编辑直接推介这两个栏目的文字：

    编者告通讯员与读者同志们：从六十二期起本报所载"从火线上来"与"在田野里"的通讯文字，是最好的国内战争生活的报告文字，这是目前我们所需要的大众文艺的作品。我们希望，在火线上的赤色战士以及在各条战线上为争取革命战争全部胜利而斗争的同志们，更踊跃的把自己所经过的斗争生活随时做成通讯文字寄给我发表——我们就是这样来创造中国工农文艺的报告文学！

从第 70 期开始，编者又推出了一个"红角"栏目。在第 1 期的"红角"上有一个这样的说明："读者注意：在这一红角上，我们准备陆续登载各种短篇文字，如文艺小品（讽刺、警句、小诗等）和某种事件或名词的说明以及识字课等。红中编委。"该栏目的出现，进一步活跃了版面的气氛，丰富了报纸的内容。

在《红色中华》工作的时间不长，"两三个月后，沙可夫到上海去了，红中社的具体工作改由谢然之负责。1934 年 1 月第二次全苏大会前后，谢调到中华苏维埃共和国人民委员会当秘书长。红中社社长由教育人民委员会瞿秋白兼任"①。

沙可夫离开编辑部到上海，是为了养病。接替他的谢然之，常署名"然之"在《红色中华》发表各类文章。红军长征后，他被安排留守苏区。后来被国民党俘获，很快就叛变投敌了。由于瞿秋白在《红色中华》报只是兼职，因而任命任质斌为秘书长，负责日常工作。据任质斌回忆，当时编辑部有几个人，工作比较辛苦。"采访、写稿、译电、刻蜡纸、校对，什么都干。夜以继日，很少休息、娱乐。出去采访，多是徒步，有时也骑骑马。负责印报的中央印刷厂只有一两部四开

① 任质斌：《红中社的三大任务》，见新华社新闻研究所、社史编写组《土地革命时期的新华社》，2004 年 5 月，第 17 页。

铅印机和一两部石印机，它们同时承担着印钞票、印书、印报纸、印布告、印表册等多项任务。这些任务是常常发生矛盾的。而且红中社驻地离印刷厂有八九里路，排版、校对都很不方便。"① 约半年以后，任质斌就是因为"迟登了博古的文章而受到撤职秘书长职务的处分"。此后，徐名正接替了任质斌的职务。与此同时，苏区中央局调进了几个无线电报务员，在报社建立了新闻台。这个台专门抄收国民党中央社播发的新闻稿，徐名正在中央红军长征以后，跟随瞿秋白留守苏区。1935年2月在福建长汀被捕牺牲。

瞿秋白是 1934 年 2 月初，经过长途跋涉从上海到达中央苏区的。他除了担任中华苏维埃人民委员会委员、中央政府教育人民委员，全面领导苏区教育文化和宣传工作，还兼任红中社社长和编委会主任。这个时期，报社的人员规模稍有扩大，但任务加重了，依旧很紧张。1934 年 7 月 12 日出版的《红色中华》在其第 3 版，刊载了关于苏维埃政府中央机关收集被褥、毯子供给红军的消息，提到"红色中华社"时特别在括号里解释说："本社工作人员连新闻台在内才 12 人。"这些人既要组织与编辑稿件，又要外出采访，到中央印刷社做校对工作。有时还要帮助刻写钢板的缮写员刻写《每日电讯》和《工农通讯员》等油印刊物。另外，还翻译一小部分新闻台收来的新闻电码。这些新闻电码大部分是送交国家保卫局的，由几个文化程度较高的犯人翻译。

对于《红色中华》报，瞿秋白此前就一直非常关注，并且进行了细致而深入的研究。1933 年 8 月 7 日，瞿秋白在上

---

① 　任质斌：《红中社的三大任务》，见新华社新闻研究所、社史编写组《土地革命时期的新华社》，2004 年 5 月，第 17 页。

海地下党刊物《斗争》第 50 期上发表了《关于〈红色中华报〉的意见》一文，对该报存在的不足展开了透彻的剖析，并且对进一步办好报纸贡献了极具前瞻性与建设性的意见。兼任编委会主任以后，他就可以把自己的新闻理念和宣传思想在一定程度上表现出来。至少以下三个方面可以说明这一点。

第一，在此前撰写的《关于〈红色中华报〉的意见》（下简称《意见》）中，瞿秋白认为："在消息的编辑方面，也有很大的缺点。这报虽然还只是三日刊，而照性质说，应当担任日报的任务。因此，必须使当前最主要的事实和运动（不论是战线上的新闻，还是春耕或秋耕运动的进展，或是退还公债的运动等等），都有明晰的叙述。一期一期的继续下去，给读者以极清晰明了的概念，使他们认识革命的各条战线上的具体情形。"主持红中社以后，为了尽可能达到这种报道效果，瞿秋白与编辑部的同志们共同努力，在第五次反"围剿"的大背景下，各项条件日益紧张与艰难的环境中，把《红色中华》报从第 149 期起，改为双日刊，每周二、四、六出版。每期都是 4 开 4 版，有时也出 4 开 6 版或 8 版。

第二，在《意见》中，瞿秋白提出了开展"工农兵通讯员运动"。他到达苏区后，红中社成立了通讯部，拟定了开展工农兵通讯员工作的计划。规定按期把编辑部的编辑重心及需要的稿件告诉通讯员，随时指示通讯员写作通讯稿的方法和有关注意事项。这期间，红中社工农通讯员队伍不断扩大，人数从初创时期的 200 多人迅速发展到近 1000 人。正是有了庞大的通讯员网的建立，来自基层的稿件也逐渐增多了，使得《红色中华》报能够及时反映整个苏区群众的革命斗争情况，并且获得广大苏区群众的拥护。报社为了提高基层工农通讯员的写作水平，专门油印了一个不定期的刊物《工农通讯员》，以便进行针对性的指导。对于那些常给报社写稿的同志，瞿秋白都给予他们热情的鼓励。在当时经费非常困难的情况下，还常常会给通讯员寄稿酬或者纪念品。

第三，《意见》谈到了《红色中华》的几个缺点，一开始就说：在《红色中华》上面，只有苏维埃建设，而没有党的建设，更看不见工会的作用。瞿秋白的这个意见虽然是发表在1933年8月7日上海地下党刊物《斗争》上，但他写作时看到的是第72期以前的《红色中华》报。1933年7月30日出版的第95期上，其实已经设置了"党的生活"栏目，他当时在上海不可能及时读到。不过，当时这个栏目办得是比较简单的，离瞿秋白心目中"党的建设"内涵的要求具有明显的距离。

主持报社的编务以后，瞿秋白很快就充分地弥补这个缺憾。《红色中华》报从第177期开始推出了一个全新的专版"党的生活"。它与该报此前的"党的生活"栏目明显不一样，首先是篇幅大大地扩展了，先前的"党的生活"栏目大多不超过半个版面，新推出的专版要占据整整两个大版面。其次，文章的内容厚实了，出现在新专版中的一般都是大文章，在专版的第1期上共刊发了三篇文章：《"五五节"报告大纲》、《关于建设模范营中的党的工作》和《怎么办支部流动训练班》。第一篇介绍了马克思的生平与马克思主义的主要原则，及其对工农群众的重要意义。其余两篇的内容一望便知，涉及基层党组织的工作，是典型的党建论文。这三篇文稿共占据了两个版面，其编排方式在报纸中是非常罕见的。再次，新出的专版更具权威性。这个专版是《红色中华》报与中央组织局合办的，稿件由组织局提供。"党的生活"专版的版眼处特别注明：中国共产党中央组织局出版。

　　不仅贡献出自己的办报思想，瞿秋白还直接为《红色中华》撰写各类文章。1934 年 3 月 9 日，他在报上发表言论《节省每一粒谷子来帮助战争》；4 月 30 日，发表社论《努力开展我们的春耕运动》。6 月 23 日、26 日、28 日、30 日，以及 7 月 7 日，报社刊发了他的长篇连载论文《中国能否抗战》。他的这些文稿发表的时候，都用的是笔名"维嘉"。瞿秋白这时已经患有严重的肺病，而且工作非常繁忙，这些文章都是带病熬夜写出来的。

　　1934 年 10 月，中央红军撤离江西苏区，开始了路途遥遥的二万五千里长征。瞿秋白留守苏区，并且作为苏区中央分局宣传部长，以及红中社的负责人，与韩进、徐名正等人一起继续坚持承担《红色中华》报的编务工作。为了掩护中央机关与红军主力部队突围，留守苏区的中共中央分局和中央政府办事处把中央政府原先的全套机构保全下来，牌子照挂，工作照做。《红色中华》刚开始每周还出版 3 期，后来环境持续恶化，改为每周 2 期，最后是每周 1 期。发行对象仍是中央苏区的军民，但发行数量锐减，最后仅剩 3000 多份。报纸的印刷地点在会昌白鹅乡梓坑村的深山密林中，编辑部则在于都县黄麟乡井塘村，两地相隔 20 多里。稿件就靠通讯员投稿。据曾是他部下的庄晓东回忆："主力北上了，中央苏区的圈子日益缩小……秋白同志更是日以继夜地紧张工作，《红色中华》照样按期出版。""我离开中教部和秋白同志，下乡参加扩红和征粮工作。行前，秋白同志又谆谆嘱咐：'下去后，再忙也要天天写汇报，经常给《红色中华》写稿'"。①

――――――――――

　　①　转引自张家康《瞿秋白的报人生涯》，《文史月刊》2004 年第 6 期。

由于时间的流逝与战争的环境等因素，红军长征以后的
《红色中华》报没有完好地流传下来。根据党史研究学者凌
步机的研究，我们只能看到留存下来的两期报纸的原件。一
期是 1934 年 10 月出版的第 243 期，其头版刊登了项英撰写
的社论《开展广泛的群众游击战争，保卫中央苏区》，第 2
版刊登了《在敌人堡垒线穿梭的一个别动队》和《江西一分
区挺进队在敌人后方活动经过》两篇报道，第 3 版专题报道
我主力部队攻占新田的消息，第 4 版在"瓦解白军士兵，号
召他们暴动"的通栏标题下，刊登了红军政治部 10 月 16 日
拟定的口号："白军士兵哗变拖枪到红军来。"当年"围剿"
中央苏区的国民党北路总指挥陈诚，从中央苏区搜掠了一张
这一期的报纸，后收入他的"石叟资料室"中，现已制成微
缩胶卷。另一期是 1935 年 1 月 21 日出版的第 264 期，江西
瑞金中央革命根据地纪念馆现收藏一张，可惜已被火烧去一
半，但余下的部分字迹仍较清晰。这两期报纸和红军长征前
所出的一样，仍是 4 开、4 张、铅印，报头装饰亦未改变。
所不同的是，第 243 期标明的"中国共产党中央委员会、中
华苏维埃共和国中央政府机关报"，而第 264 期则标明"中
国共产党中央分局、中华苏维埃共和国临时中央政府办事处
机关报"。

除了上述两期外，江西都昌县博物馆收藏了 1935 年 1 月
4 日出版的第 259 期、1935 年出版的第 260 期《红色中华》的
复印件。其中第 259 期的第 1 版，刊登了《各地扩大地方武装
突击运动的形势》一文，介绍了于都、瑞金、西江、瑞西等
县扩大地方武装的情况，还发表了评论文章《严厉纠正阶段
论倾向》。第 260 期第 4 版，在《各地粮食动员概况》中，报
道了于都、瑞金、西江、瑞西等县动员群众搞好坚壁清野、储

藏粮食的情况。①

　　在这个时期的开始阶段,《红色中华》仍旧标明是"中国共产党中央委员会、中华苏维埃共和国中央政府机关报",这个举动颇具匠心和深意。首先,它名不副实,因为党中央与中央政府已经随主力红军撤离中央苏区了。其次,在红军长征之前《红色中华》所出版的报纸报头中,都只标明是"中华苏维埃共和国中央政府机关报",不会出现"中国共产党中央委员会"的字样。很显然,这是刻意要向外界暗示党和政府的最高机构依旧在中央苏区,其目的是掩护长征的队伍顺利突围与转移。

　　1935 年 2 月,在极度危困的形势下,中共中央书记处两次发来电报,要中央分局立即改变斗争方式,将机关人员和部队分散到各地打游击。这时候,《红色中华》报已不可能再维持下去了,报社工作人员根据中央分局的部署就地埋藏了印刷机器,《红色中华》报在江西苏区的办报历程就此结束。

第二节　政府管理的工作平台

　　《红色中华》创刊号上的《发刊词》第一句话就是:"《红色中华》是中华苏维埃共和国临时中央政府的机关报。"一般认为,机关报是"国家、政党和社会团体出版的报刊,代表该机关团体发言并宣传其政治主张和方针政策,以影响社会舆论和树立良好社会影响"②。该定义强调机关报的职责是宣传其所代

---

　　①　参见凌步机《红军长征之后中央苏区的〈红色中华〉》,《党史博采》1998 年第 2 期。

　　②　甘惜分主编:《新闻学大词典》,河南人民出版社 1993 年版,第 66 页。

表机构的主张和方针，这样的概括是不够全面的。其实，机关报的职责是多方面的，而其目的只有一个，即为机关工作的任务、目标服务。处在一个特殊的环境中，《红色中华》在宣传机关的主张和方针的同时，还要直接配合政府的日常工作。具体来说，就是力求成为政府管理的一个工作平台。

一　发布各类公文

《红色中华》的《发刊词》把该报的具体工作分为三项，其中第一项就是"要组织苏区广大劳苦群众积极参加苏维埃政权。这不但要引导工农群众对于自己的政权，尽了批评、监督、拥护的责任，还要能热烈的参加苏维埃政权的工作，了解苏维埃国家的政策、法律、命令及一切决议，能运用自己的政权，达到镇压反革命阶级，实现自己阶级的利益与要求"。《红色中华》让工农群众"了解苏维埃国家的政策、法律、命令及一切决议"的方法是，将它们全文照登在自己的版面上。下面从面向不同对象的角度，将这些公文分为三类。

（一）面向全体民众的公文

1931年11月7日，中华工农兵苏维埃第一次代表大会在瑞金叶坪村开幕，宣告了中华苏维埃共和国的诞生，随之很快又成立了临时中央政府。这个全新的国家与政府选择的是一条全新的道路，在谋求生存与发展的过程中，有不少的文件、信息需要通告苏区的全体群众。这类文件与信息借助《红色中华》版面，得到了广泛的传播。

1. 布告

布告一般是国家权力部门和行政管理机关使用的一种周知性公文文体，《红色中华》在其创刊号上，就刊发了毛泽东、项英和张国焘联合署名的布告《中华苏维埃共和国中央执行委员会布告》（第壹号）。在这份布告中，宣告了一个新的国家和政府的正式成立，并且介绍了中央执行委员会的组成人员，以及执行委员会主席、副主席和人民委员的名单。很显然，其主旨是要告诉读者："从今日起，中国的领土之内，已经有两个绝对不同的国家：一个是所谓中华民国，他（它）是帝国主义的工具，是军阀官僚地主资产阶级用以压迫工农兵士、劳苦群众的国家"，"一个是中华苏维埃共和国，是广大被剥削被压迫的工农兵士、劳苦群众的国家，他（它）的旗帜是打倒帝国主义，消灭地主阶级，推翻国民党军阀政府"①。

在苏维埃政府成立的时候，《红色中华》还没有创刊。时间过去了一个多月之后，再刊发这份旨在宣告一个新政权诞生的布告，其必要性是显而易见的。一个新政权的产生，是一个开天辟地的大事件。用一种有效的方式将政权的性质、宗旨、目标等广泛地传播出去，是一种必须的选择，哪怕时间上有些延迟。

《红色中华》在第 17 期刊发了临时中央政府内务部布告，内容涉及统一苏维埃邮政问题。此前闽赣两省的邮政工作非常不理想，这表现在两个方面。第一，邮政工作制度不健全，缺乏良好的工作计划与方法；第二，江西与闽西之间没有统一的组织，各自为政。结果导致工作成效低下，原本一两天可以寄达的邮件，往往要耗费七八天时间，有时还会出现邮件遗失的现象。临时中央政府成立以后，内务部注意到了这个问题，并且着手严格清理邮政工作。内务部发出的第一号布告就是关于整顿中央苏区的邮政工作的，其主旨是建立中央邮政总局，清除闽赣两省邮政管理的障碍。

---

① 《中华苏维埃共和国中央执行委员会布告》（第壹号），《红色中华》第 1 期，1931 年 12 月 11 日。

　　一般来说，公文在形式上是最刻板与严苛的。其遣词造句，抬头结尾，都有一定之规，不容许有出格失范的地方。但是，下面的这份布告却迥异其趣。

中央内务部人民委员部布告

中央苏区全境	群众数百万人
粮食问题重大	缺少调节流通
现在战争形势	敌人大举进攻
接济红军给养	关系更属非轻
江西福建两省	情形各有不同
田地有多有少	收成有欠有丰
并且有些边地	敌人抢劫一空
都是工农阶级	父母姊妹弟兄
应该同心合力	向着困难斗争
粮食调剂设局	中央正在经营
粮食合作设社	各地都要进行
甲县运到乙县	不能阻挡停留
大家有了饭吃	大家好打白军
省县区乡政府	拿住这个中心
要向群众解释	发展阶级同情
倘有造谣操纵	不论奸商富农
定要严拿办罪	法律决不宽容

代部长何叔衡

一九三三年三月五日①

---

　　①　《中央内务部人民委员部布告》，《红色中华》第58期，1933年3月6日。

该布告在形式上别具一格，采用的是诗歌分行排列的句式，其间虽不带标点，却也能清晰顺畅地把意思表达出来。它强调各地在粮食的管理上，应放开流通，不能人为阻挡。出台的背景是，当年苏区各地，粮食的收成相差很大。有些地方有余，有些地方紧缺。在苏区边地，常有敌人抢劫，发生米荒。红军驻地和医院的近邻，粮食问题更为严重。在这种情况下，有些地方就开始分疆划界，禁运粮食。他们这样做的原因，"不外有以下三种：（一）粮食不足的民众，恐本地流出多，五六月间要出贵米。（二）粮食有余的民众，想留到后头，可得高价。（三）富农奸商操纵谋利，甚至故意捣乱，破坏革命战争，各地政府不加考察，就实行禁阻起来"①。这样进行粮食禁运，后果是非常严重的，直接关系到红军部队和后方医院的给养问题，而当时正处在第四次反"围剿"的关键时刻。所以，布告上强调说如果阻碍粮食流通，就要按照法律严加治罪，决不宽容。

2. 法令法规

1931 年 11 月 28 日，苏维埃共和国中央执行委员会第一次会议，通过了《中华苏维埃共和国婚姻条例》，其部分内容刊登在《红色中华》第 2 期上。该条例的指导思想非常明确，就是要打破长期以来在婚姻问题上男女不平等的现象，保护妇女的应有权益。中央执行委员会在公布该条例时特别说明："在封建统治之下，男女婚姻野蛮得无人性，女子所受到的压迫和痛苦，比男子更甚。只有工农革命胜利，男女从经济上得到第一步解放，男女婚姻就必须随着变更，而得到自由。""但是女子刚从封建压迫之下解放出来，他（她）们的身体，

---

① 《中华苏维埃共和国临时中央政府人民委员会命令》（第卅九号），《红色中华》第 58 期，1933 年 3 月 6 日。

许多受了很大的损害，（如缠脚）尚未恢复。她们的经济尚未能完全独立，所以现时离婚问题，应偏于保护女子，而把因离婚而起的义务和责任，多交给男子负责。"

在婚姻条例的具体条文中，不少内容都是前所未有的，确实体现了对妇女的保护。其中明确规定："男女婚姻，以自由为原则，废除一切封建的包办婚姻制度，禁止童养媳"；"实行一夫一妻，禁止一夫多妻"；"男女结婚必须双方同意，不许任何一方，或第三者加以强迫"；"禁止男女在五代之内亲族血统的结婚"；"禁止花柳病、麻风、肺病等传染病症的结婚。如上述病症经医生验明许可者，可以结婚"；"男女结婚须同到乡苏维埃或城苏维埃举行登记，领取结婚证，废除聘金、聘礼及嫁妆"；"确定婚姻自由，凡男女双方同意离婚的，即成离婚"；"离婚前所生子女归男子负责抚养，如男女均愿抚养，则归女子抚养"①。

《中华苏维埃共和国婚姻条例》于1931年12月1日公布实行，这就意味着此后苏区群众开始在一种中国历史上前所未有的更加民主与进步的婚姻制度下生活。毛泽东后来在第二次苏维埃代表大会上回顾两年以来的变化时，提到了这个婚姻条例。他说："这种民主主义的婚姻制度，打碎了数千年束缚人类尤其是妇女的封建锁链，建立了适合人性的新规律，这也是人类历史上的伟大的胜利之一。""这婚姻制度的实行，使苏维埃取得了广大人民群众的拥护，广大群众不但在政治上经济上得到解放，而且在男女关系上也得到解放。"②

---

① 《婚姻条例》，《红色中华》第2期，1931年12月18日。
② 《中华苏维埃共和国中央执行委员会和人民委员会对第二次全国苏维埃代表大会的报告》，见《中央革命根据地史料选编》下册，江西人民出版社1982年版，第332页。

在《红色中华》第 5 期第 5 版,全文刊登了另一个重要的法令《中国工农红军优待条例》。这个在第一次苏维埃代表大会上通过的条例,对战争的动员起了不可替代的作用。它的内容共包括 13 条,体现了苏维埃政府对红军及其家属极其细致与周详的关心与优待。其中有:红军战士在服务期间,无劳动力耕种家中田地,应由苏维埃政府派人帮助全部耕种、灌溉、收获工作,所派人工,每年不得少于 50 个,红军战士家口缺少劳动力的,应按其需要予以补助;凡未在红军中服务者,根据"优待红军工作日"的规定,每人每月无偿地帮助红军家属工作两天;红军在服务期间,本人及其家属免纳苏维埃共和国一切捐税,还享受国家商店 5% 减价优待,而且当生活必需品紧缺的时候,有优先购买的权利;红军在服务期间,其家属所居住之国家房屋免纳租税,子弟读书免除一切费用;在红军中服务 5 年以上年满 45 岁者,可退职修养,由国家补助其终身生活费用;红军的伤病人员,应送到最适宜之修养所修养,修养期间一切费用由国家供给;红军与家属通信,经由直属机关盖章后,可免贴邮资直接寄送,等等。

可以看出,这个条例意在解除红军战士的后顾之忧,鼓励苏区的群众积极参加红军。它经过广泛的宣传以后,得到了工农群众的热烈响应。据《工农群众踊跃加入红军》一文报道:"特别是苏维埃临时中央政府颁布红军优待条例后,各地工农群众更加踊跃参加红军。最近一个月来,自愿加入红军者,几近万人。瑞金一县,最近十数天,亦有数百之多。闻最近各县都设有红军招待处,专为招待各地新加入的红军战士的。"①

---

① 《工农群众踊跃加入红军》,《红色中华》第 6 期,1932 年 1 月 12 日。

《暂行税则》和《土地税征收细则》都是与百姓生活密切相关的法律文件，它们同时刊登在第 27 期的《红色中华》上。《暂行税则》涉及的税共有三种，分别为商业税、农业税和工业税。《土地税征收细则》针对的是稻田，果树、竹蔗、茶油、茶叶等不在其内。为了配合这两个文件的宣传与落实，《红色中华》在同一期报纸上还配发了《关于征收税收问题的意见》一文。其中谈到了税收工作的重要性：过去在游击战争的年代，政府往往依靠红军派出足够的力量去筹款，以满足日常需求。现在红军面临着严峻的战斗任务，显然不能因为筹款的事情而影响军事行动。所以，"土地税和商业税的征收，是各级苏维埃政府当前一件很重要的工作"①。

3. 判决书

判决书是法院根据判决写成的文字，是法律界常用的一种公文文体。中央苏区在 1934 年 2 月以前，没有设立法院，法院的功能由裁判部承担。1932 年 6 月 9 日，中央执行委员会颁布了《裁判部的暂行组织纲要及裁判条例》，其中说："裁判部为法院未设立前的临时司法机关，暂时执行司法机关的一切职权，审理刑事民事案件的诉讼事宜。除现役军人及军事机关的工作人员外，一切刑事民事案件的诉讼事宜，都归裁判部审理。"② 此外还规定，苏区的省、县、区各级苏维埃政府均设立裁判部，城市苏维埃政府设立裁判科。

---

① 　伯钊：《关于征收税收问题的意见》，《红色中华》第 27 期，1932 年 7 月 14 日。

② 　《裁判部的暂行组织纲要及裁判条例》，见《中华苏维埃共和国法律文件选编》，江西人民出版社 1984 年版，第 389 页。

　　《红色中华》从第 12 期开始，专门设立了"苏维埃法庭"栏目，主要是用来刊登各个裁判部在案件审理过程中所形成的判决书。下面是瑞金县裁判部的一份判决书的全部文字。

判决书

　　一九三二年五月二十四日，瑞金县苏维埃政府裁判部的法庭主席潘立中，陪审钟桂先、钟文高，书记杨世珠，同时参加审判的国家原告人华质彬，审判反革命案件的被告人钟盛波。根据国家原告机关的材料及法庭审判的结果，被告人的反革命事实已经证明。兹将被告人的履历及罪状列举如下：

　　钟盛波，四十四岁，男，瑞金九堡人，土匪。他一生以抢劫为生活，拦途打抢，在宁都瑞金之间，抢劫来往行人，牵了院坑农民的牛两只，烧了开封地方的房屋，杀了挑盐的人一个，平素欺压群众，又为反动团匪头目钟运标的心腹走狗，时常来抢劫和烧杀苏区的群众。

　　根据中央执行委员会第六号训令判决：

　　钟盛波，处以枪毙。倘若双方不服，在一星期的期限内可以向临时最高法庭上诉。

主席　潘立中
陪审　钟桂先　钟文高①

　　在今天看来，这份判决书在文句上还不是很规整，但它在一定程度上反映了当时的司法制度及其执行状况。最明显的一

---

　　①　《红色中华》第 23 期，1932 年 6 月 16 日。

点是，当时的最终判决不是"一罪一刑"原则，将数罪分别
判刑后合并执行。但是，它整体上还是做到了以被告的犯罪事
实作为处罚的根本依据。

《红色中华》在刊登包括省级以下的裁判部的判决书的同
时，往往会在判决书的前面登载苏维埃临时最高法庭对该判决
的批示。在瑞金县裁判部的这份判决书之前的批示为：

中华苏维埃临时最高法庭

批示　　　　　法字第十八号

瑞金县苏裁判部第十九号判决书关于反革命犯钟盛
波，判决死刑一案批准执行，原件发还，此批

瑞金县裁判部

主席　何叔衡

一九三二年五月二十六日

批示与判决书以这样的次序安排，是颇具匠心的。既区分
出了主次，以中央政府最高法庭的批示为主，显示出立足点与
主导权在最高法庭一方，照顾到《红色中华》作为中央政府
机关报的特征；同时又向社会广泛地传播了瑞金县裁判部的判
决书所包含的法律知识。而无论是从篇幅还是从内容来看，判
决书都比批示更能吸引读者的注意力。

4. 会议纪要

一些层级比较高的会议总是具有比较大的影响力，蕴涵着
最新的信息。所以新闻媒体对此都非常关注。一般而言，新闻
媒体对会议的处理方式是刊发会议新闻。《红色中华》对于专
门性或者说主题性的会议，也会采用这种传播的方式。不过，
它对临时中央政府的常规性会议，处理方式有些独特，它直接

将会议纪要刊登在报纸上。

　　会议纪要是用于记载、传达会议情况和议定事项的公文。在《红色中华》上时常出现的是当时中央人民政府人民委员会的会议纪要。中央人民委员会成立于"一苏"大会后的第一次中央执行委员会会议，毛泽东为主席，项英和张国焘为副主席。其下设 9 个部和 1 个局，分别是外交、军事、劳动、财政、土地、教育、内务、司法、工农检察部和国家政治保卫局。各个部的负责人统一称为人员委员。1933 年 2 月和 1934 年 1 月，又先后增设了国民经济人民委员部和粮食人民委员部，这些部局都分散在附近办公。中央人民委员会作为中央政府的执行机构，根据党和苏维埃政府的实际情况，充分发挥了其所具备的领导、决策职能。

　　出现在《红色中华》上的会议纪要，有的内容比较单一，反映的是会议对专项工作所形成的意见或决议。

人民委员会第十九次常会

　　人民委员会于本月十三日开十九次常会，主要讨论的事项为修改税则问题。兹略记如下：

　　一、要充实国家的财政收入，以利革命战争之进行起见，特决议修改税则。

　　二、审查并通过商业税的内容。

　　三、审查并通过土地税的内容。

　　四、通过修改税则的命令。

　　五、通过土地税征收细则。[1]

---

[1]　《人民委员会第十九次常会》，《红色中华》第 27 期，1932 年 7 月 14 日。

　　这份公文本身没有标明是会议纪要，但其规范与表述方式完全符合会议纪要的特点。会议的内容比较集中，讨论的就是税则修改问题，因而，纪要的文稿比较简短与清晰。另外，它的时效性很强，7月13日召开的会议，14日就反映在出版的报纸上了。

　　中央人民委员会召开的会议，更多的时候具有多项议题，其会议纪要的内容便显得比较繁杂。

中央人民委员会第五次常会

　　中央政府人民委员会第五次常会，于二十七日下午一时开会，讨论和议决的重要事项如下：

　　一、通过执行优待红军条列的训令。

　　二、通过红军选举细则。

　　三、通过补充和修改过去选举细则、训令。

　　四、通过政治保卫局组织纲要。

　　五、通过借贷条例。

　　六、通过军事裁判所暂行组织条例。

　　七、通过各级苏维埃政府的印信式样的通令。

　　八、议决改"中央革命军事委员会总政治部"名称为"中国工农红军总政治部"。

　　九、批准江西省苏的土地细则决议案。

　　十、议决对于粮食问题，由中央马上发通令：1、调查统计现存的粮食。2、取消内地粮食的禁令。3、详细审查与白区通商的关系。

　　十一、议决巡视瑞金工作，由主席起草巡视工作计划。

　　十二、议决调总务厅方维夏同志为教育委员会委员，所遗总务厅长一职，由秘书刘开同志兼。

十三、议决在目前内务人民委员周同志因病请假期间内,其部暂由工农检查人民委员何叔衡同志兼理。①

第五次常会是下午 1 点开始的,其议题非常广泛。既有新条例的出台,又有对旧机构的更名;既有工作方案的实施,又有人事的调配布局。由此可见当时中央政府任务的繁重与工作的紧凑。此外,文稿中还有个特别的地方值得一说,这里出现的人名都直接用真实姓名称呼,唯有第十三条"周同志"是个例外。"周同志"指的是周以栗,他除了担任中央执行委员、内务人民委员以外,还是《红色中华》的首任负责人。但是,因为患肺结核长期住院治疗,他一直不在工作一线。

《红色中华》还会把不同时间召开的两三次会议整合在一块,在一个会议纪要上反映出来。第 36 期"苏维埃文件"栏目中刊发的《人民委员会第二十五、六次常会》便是合二为一,其起首一段的内容为:"人民委员会于九月卅日开第廿五次常会,于十月十一日开廿六次常会,兹将该二次会议的主要讨论及决议,略记如下。"而第 31 期"苏维埃文件"刊登的会议纪要,反映的则是 1932 年 8 月 11 日召开的第 21 次常会、17 日召开的第 22 次常会、24 日召开的第 23 次常会的内容与决议。

这类会议纪要言简意赅,眉目清晰,其实也起到了消息报道的作用。在今天看来,它们所具备的历史价值是任何其他东西无法替代的。如果能够把人民委员会所有的会议纪要集纳在一起,便是认识苏区生存与发展的最佳线索。

(二)中央政府自上而下的公文

这类公文的发出者是临时中央政府及其组成机构,接受者是

---

① 《中央人民委员会第五次常会》,《红色中华》第 7 期,1932 年 1 月 27 日。

省、县、乡等层级的苏维埃政府组织。内容一般是下达指示、布置任务、通告信息，其形式主要有命令、通令、训令、通知等。

1. 命令

命令是一种常见的公文文体，它是指法定的领导机关或领导人对下级发布的一种具有强制执行效力的指挥性公文。由于中央苏区一直处在战争的环境中，有许多事情需要地方政府及时跟进，迅速应对，并且是照章行事，不容置疑，所以，命令便成了临时中央政府常用的一种公文。

红色革命的蓬勃发展，使赣南地区吸引来不少具有良好文化素养的共产党人。但是，从整体上看，这些具有良好文化素养的人比较集中地留在了苏维埃临时中央政府所在地瑞金。有许多地方的政府机构，因为其负责人文化程度太低，不仅政府的常规性工作不能很好开展起来，甚至连本地方出现的小问题也无法自主解决。在这种情形下，人民委员会向各级政府下发了命令，督促政府工作人员加紧学习，提高自身的文化水平。其中明确提出："现在为了提高工农同志的学习，加强文化教育起见，决定每一区、县、省苏都要设识字班，所有的委员和工作人员都要强迫他们努力识字。乡苏有学校的办识字班，没有的以该乡识字的人来负责，主席及苏维埃代表都要强迫识字。初学识字的人，平均每人每日至少要记五个生字，每个识字的人要教不识字的人，程度稍高的要成立读书班。可用中央所发的训令、通令、法令、条例等及《红色中华》为教材。上级政府应当经常督促指示做这一工作，并且检查他们的成绩，下级要经常向上级报告并要求上级的帮助。无论哪一政府人员，如故意忽视学习的工作，敷衍了事者，即以怠工论。"①

---

① 《人民委员会命令》（第六号），《红色中华》第 12 期，1932 年 3 月 2 日。

这份命令中提到,可以用中央下发的训令、通令、法令、条例以及《红色中华》报作为识字班的教材。那么可以说,大半的基层政府领导连这些材料都是看不懂的,由此可见当时政府工作难度之大,以及对政府工作人员进行文化教育的重要性。

《红色中华》第25期刊登的临时中央政府人民委员会命令(第十五号),涉及的也是文化教育的问题。其中说到中央政府在经济非常紧张的状况下,依然千方百计节省出经费开办各类学校。但是,最近却发现有一些政府机构和群众团体借小学场地开会,还有路过的军队选择在学校里驻扎,导致学校无法正常运转。为此,该命令要求各级政府、群众团体、红军部队,以及学校的工作人员,若不是在特别的情况下,不得占据学校的房屋和搬移学校的器具,以保证学校工作的正常开展。

2. 通令

通令在《红色中华》报中出现得比较少,它往往是临时中央政府针对一些宏观与普遍性的问题,向各级地方政府提出要求与指示。

临时中央政府人民委员会的第四号通令,在1932年3月9日召开的第九次常会上通过,并立即刊登在当日出版的《红色中华》第13期"临时中央政府文告"栏目上。这份通令的标题是《积极参加革命战争努力帮助红军》,要求各级地方政府以积极的姿态参与到战争中去,帮助红军获得胜利。之所以提出这样的要求,是因为一些地方政府出现了令人担忧的现象。在对各地的工作检查中发现,不少地方政府对于帮助红军进行战争的工作,表现出消极的态度,甚至在具体的工作中体现出一种旁观者的倾向,好像战争是在前方，与后方无关。因此，它们对于过去中央所发出的关于积极参加战争、努力帮助红军等指令执行情况，非常不理想。也正是这个原因，这份文稿"特此再行通令各地政府，务立即纠正过去的消极和错误的现象，努力发动广大群众，积极参加革命工作，帮助红军，巩固后方，以争取革命战争的伟大胜利"。并且，它还强调要以执行这一通令的成绩作为检查各级政府工作的主要标准。在执行过程中出现消极怠工的现象，要予以革命纪律的制裁。

人民委员会的第八号通令的标题为《为限制特别快信》，显示了特定历史进程中的一些特别的信息，值得关注。中央苏区的邮政系统设立了快信渠道，内务部曾发布命令，明确规定"凡公私信函非带有严格的时间性，不得发特别快信"，但是后来发现地方和部队都有随意寄发快信的现象。所以，人民委员会特别发出这份通令，对快信的寄发做出更具体的规定。其中的内容有："军事机关的快信限制在报告紧急敌情及送达紧急的命令与通报，其他均不得发特快信，并须经主管指挥员在信面盖章。""政府及群众团体，限制在：县一级政府才准发特快信，区乡两级不得发特快信；特快信的内容必须确带着时间性。即信的性质，如非在极短的时间送到则对全盘工作有重大影响者。"① 最后，该通令还强调如果发现违反规定的，除了直接改为平信递发外，将报告发信人的上级主管机关并予以相应的处罚。由此可见，当时的快信渠道是为一些特别的需要而设置的。

3. 训令

训令也是过去上级组织对下属机关下发的晓谕或指示性

----

① 《中华苏维埃共和国人民委员会通令》（第八号），《红色中华》第 90 期，1933 年 7 月 2 日。

的公文。1932 年 10 月，国民党军队在中央苏区周围陆续集中了 20 个师 40 余万重兵，开始对中央苏区进行第四次"围剿"。苏区军民除了在军事上展开针对性的应对外，为了保障战争的实际需要，还参与了轰轰烈烈的购买公债活动。这项活动的开展，是以中央执行委员会向各地政府下发训令的形式布置的。

中央执行委员会第十七号训令
——为发行第二期革命战争公债

因为革命发展，特别是苏维埃红军的胜利开展，敌人正倾全力加紧布置对于中央区的大举进攻。中央政府已下战争紧急动员令来领导全苏区工农群众去彻底粉碎敌人的大举进攻，实现江西省首先胜利外，为更充分保证这一次战争的完全胜利，充分准备战争的经济，特别是动员一切工农群众，更迅速完成这一准备，中央政府特发行第二期革命战争短期公债一百廿万元，专为充裕战争的用费。各级政府接此训令。必须根据过去经验，马上讨论推销计划，限期执行。①

为了确保发行工作的顺利完成，训令还对这 120 万的战争公债进行了具体的分配。比如："瑞金十四万，零都五万三千，汀州市七万四千，宁化一万五千，上杭六万。"此外，还要求各级政府在向群众推销的过程中，应该采用宣传鼓动和革命竞赛等方法，不能强行命令与随意指派。据《革命竞

---

① 《中央执行委员会训令》（第十七号），《红色中华》第 38 期，1932 年 11 月 1 日。

赛推销公债》一文介绍，列宁师范与红军学校两个单位就开展了购买公债的竞赛活动，结果它们超过了原定的指标。列宁师范原定金额为 300 元，全校师生实际购买公债 740 元；红军学校原定金额 2000 元，实际购买 2543 元。从超额完成的百分比来看，列宁师范获得了本次竞赛的胜利。①

在《红色中华》上刊登训令的机构比较多，除了中央人民委员会与中央执行委员会代表临时中央政府以外，还有直接以临时中央政府的名义下发训令的情况。第 9 期上刊登的《临时中央政府关于春耕问题的训令》，便是如此。此外，临时中央政府劳动部、土地人民委员会等政府组成部门常常也是训令发出机构。劳动部的第一号训令标题为《关于劳动部组织与工作》，刊登在第 19 期的"临时中央政府文告"栏。土地人民委员会的第一号训令题为《为深入土地斗争，彻底没收地主阶级的财产》，刊登在第 47 期的"中央文件"栏。

4. 通知

通知是一种最为常见的公文，用以向特定受文对象告知或转达有关事项。一般可分为批转性通知、转发性通知、指示性通知、任免性通知和事务性通知等类型。

依照相关的规定，残废人员的抚恤金统一到中央财政人民委员部领取。但是，一些不了解规定的同志都纷纷去找地方财政部。了解到这个情况，中央财政人民委员部便向各地发出通知。从这份通知中可以看出，该部为了给残废同志提供方便，针对不同的地方作出了不同的处理。比如，其中规定："瑞金、会昌、石城、广昌、安远、寻乌这几县的残废同志，直接

---

① 参见《革命竞赛推销公债》，《红色中华》第 42 期，1932 年 11 月 28 日。

到本部领取。不能走的则由县政府将残废证由邮'特别快'寄来本部领取。""在福建的则到福建省苏财政部领取,与抚恤委员会福建分会邻近的则到福建分会领取。"①

《红色中华》在第58期上刊登了工农检察部的一份通知,更是稀罕。它充分体现了机关报最大限度地为政府行政办公服务的特色。兹照录如下:

中央工农检察人民委员会部通知

一、定三月二十二日召集:

江西省苏	福建省苏	瑞金直属县苏	兴国县苏	公略县苏
胜利县苏	博生县苏	雩都县苏	会昌县苏	石城县苏
长汀县苏	兴国高兴区苏	胜利桥头区苏	上杭才溪区苏	瑞金云集区苏

以上各机关的工农检察部长

兴国城苏　汀州市苏　瑞金城苏

以上各机关工农检察科科长的联席会议。

二、到会的人须准备检查各种战争动员工作(如扩大红军、发展地方武装、交纳各种税收及公债之类)及检查执行土地法、劳动法、经济政策、婚姻条例、优待红军条例、城乡选举、春耕运动等工作的报告。

三、如第一项所列应到会的部长或科长,新任职的须连同旧任一起到会,不得请人代替。

四、限三月二十一日到达瑞金中央政府所在地,不得迟延以按期开会。致此

工农检察人民委员　何叔衡

三月三日

① 《中央财政人民委员部通知》(第十三号),《红色中华》第47期,1931年1月14日。

这份通知与上面财政人民委员部的通知明显不一样，它是不编号的，就是一个临时的会议通知。在公开出版的报纸上刊登会议通知，这是非常难得一见的，它把机关报为机关工作服务的特点表现得直白而彻底。

（三）基层组织自下而上的报告

基层政府与群众团体在开展工作的过程中，因为一些具体的事务或者诉求，免不了要通过书面报告向上级组织反映情况。由于《红色中华》是临时中央政府的机关报，其立足点在临时中央政府一方，所以，一般来说，这样的一类报告是不会刊登在报纸上的。不过，当基层的报告与中央政府的决策直接相关，或者进一步说，它们在客观上可以呼应与推动中央政府的重大决策和思路时，《红色中华》就会把它们隆重地刊登出来。下面以《红色中华》报上刊发的基层组织的两组报告为例，加以说明。

1. 关于要求增加税收

临时中央政府人民委员会于 1932 年 7 月 13 日召开的第 19 次常会上，审议通过了经过修改以后的《暂行税则》，以及新推出的《土地税征收细则》。关于《暂行税则》的修改，中央执行委员会曾有解释，其中提到："国家的行政费，革命战争的一切经费，主要的来源应当出自税收。本委员会鉴于目前革命的需要与保障革命的胜利起见，因此必须变更一九三一年十二月一日所颁布的暂行税则的税率。"①虽然这里没有明说，但可以看出来，本次税则的修改，整体上提高了征收的额度。

两周以后，《红色中华》在第 29 期的"特载"栏目中，

---

① 《中华苏维埃共和国临时中央政府执行委员会命令》（第七号），《红色中华》第 27 期，1932 年 7 月 14 日。

以《各级政府及群众团体赤卫军等要求中央政府增加税则充裕发展革命战争军费请求书》为总标题，发表了 14 个由基层组织呈交中央政府的报告。报告的发出者基本上是乡一级组织，其中有乡苏维埃政府、贫农团、工人支部、革命互济会、反帝大同盟、职工联合会、拥军委员会、妇女代表会、儿童团、城市赤卫军，等等。这 14 个报告的落款中，只有 4 个注明了时间，其中最早的是 7 月 14 日，比人民委员会通过《暂行税则》与《土地税征收细则》早一天，与刊登这两个文件的报纸的出版时间相同。可以由此确定，它们的意见针对的是修改之前的税则。报告的内容，简而言之，就是要求临时中央政府增加税收的征收数额，以满足前线战争的需要。《红色中华》刊登这些报告，是要为新版《暂行税则》的出台营造气氛。

具体来说，这些报告可分为两类，一类是直接要求增加现有土地税的数额。

中央苏维埃政府：

关于全国的土地税则，虽前经颁布在案，但是目前正当着全国工农红军一致奋勇的冲破敌人第四次新的围攻，积极向外发展争取中心城市的紧急任务当中，急需经济来充裕红军战费。我们特提出讨论，经全体群众决议，呈报中央政府。在已颁布之土地税则上增加一部分，恳祈迅速重新颁布，俾使我全体劳苦工农遵章缴纳，以便补充红军战费，更锐利的夺取赣州、吉安、南昌等中心城市，争取江西革命首先胜利，解放全省劳苦工农群众，实为幸甚。此呈

公略县陂头区陂头乡贫农团主席　梁训银

工人支部干事长　罗祥云

该文在报上刊发出来的模样，连标点符号也没有。从"恳祈"、"俾使"、"实为幸甚"等词语看来，它是出自乡里旧式读书人之手。"我们特提出讨论，经全体群众决议"等说法，应该是作者信手的悬拟之词。不过，报告要表达的意思还是清楚的，就是要增加土地税应征收的数量。

还有一类报告提出的意见是，用一种新方式来征收土地税。

中央政府负责同志：

　　现在革命天天向外发展，红军一天一天的扩大，对于土地累进税，全乡群众坚决要求上级颁布条例，增加累进税才好进行征收，帮助红军战费。特函前来要求为要——完。

上坊乡雇农、工会全体群众

这个以群众名义呈送中央政府负责同志的文稿，写得非常不像正式报告。在报纸上出现的时候，是没有标点符号的。由于文句过于口语化，以致很难用标点框定它。文稿的核心意思，就是建议政府开征累进税。在其他与该文提出同样意见的报告中，还会出现另外一些表达方式，如："这是我们民众自愿尽的义务。"

2. 关于发行经济建设公债

《红色中华》第96期的传播重心是关于发行300万元经济建设公债，在其第1版显要位置刊登的是《中央执行委员会关于经济建设公债的决议》，其中说："为了有力地进行经济建设工作，中央执行委员会特批准瑞金、会昌、零都、胜利、博生、石城、宁化、长汀八县苏维埃工作人员查田运动大会及八县贫农团代表大会的建议，发行经济建设公债三百万。"在落款处，标明的时间是 1933 年 7 月 22 日。在这份决议下面，刊登的是社论《全体工农群众及红色战士热烈拥护并推销三百万经济建设公债》。

在该期《红色中华》的第 5 版，刊登了 3 份呈交中央政府的报告，可以视为苏区工农群众和红军战士拥护发行经济建设公债的证据。报告的发出机构分别是瑞金云集区吴坊乡、瑞金云集区洋溪乡和红军残废医院。下面是吴坊乡上呈的报告：

中华苏维埃临时中央政府：

　　兹有云集区吴坊乡在八县贫农团代表大会以后，代表回来在贫农团大会和各团体会议宣传，我们全体全乡群众自动要求中央政府发行三百万的经济建设公债票，为充足苏区经济，解决我们的粮食，以彻底消灭敌人的大举进攻，全体群众都很赞成，特要求中央政府立即发下来，适应群众的热烈要求。此致

　　赤礼

　　　　　　　　　　　　　　　　主席　杨世学

　　　　　　　　　　　　　　　　七月五日

文句虽然不很通畅，但还没有妨碍意思的表达。报告的大意是参加八县贫农团代表大会的同志回来以后，传达了会议建议中央政府发行经济建设公债的事情，该乡的群众都很赞成这个意见，因此，要求中央政府正式颁布发行公债的通告。

八县贫农团代表大会是在 1933 年 6 月 25 日至 7 月 1 日召开的，会期比较长，参会人员也比较多，会议中关于发行经济

建设公债的建议自然会广泛传播。下面的工农红军残废医院的
报告，也应该是在获知了消息以后形成的。

　　中央政府主席团：

　　　　兹有工农红军残废医院全体工作人员、休养员，于七
　　月九日至十日以所为单位举行军人大会，（千余人）关于
　　苏区经济建设上做了较为充分的报告和讨论，大会结果一
　　致要中央政府发行苏区经济建设公债三百万，我们愿从各
　　方面来节省，准备购买，以帮助经济建设和革命战费！

　　　　　　　　　　　　　　　　　　　　主任　刘石
　　　　　　　　　　　　　　　　　　　　七月十三日

　　实际上，因为战争无限止的消耗，中央苏区群众在这个时
期经济的压力是相当繁重的。在宣传推销 300 万经济建设公债
的时候，《红色中华》报还特别提醒苏区群众："同时我们绝
对不能放松在九月底完全达到退还八十万公债，节省三十万的
这一战斗任务。"①　也就是这个原因，在推销本次发行的 300
万公债的时候，还特别说明 "这公债用米谷来交付（交钱也
可以）"②。但是，红军战士自己是没有米谷的，所以在这份报
告中说他们将通过 "各方面的节省"，来购买公债。

二　开展工作指导

　　指导性是机关报的一种重要特征，作为临时中央政府的机

----

　　①　《经济动员战线上新的阵容》，《红色中华》第 96 期，1933 年 7 月 26 日。
　　②　《全体工农群众及红色战士热烈拥护并推销三百万经济建设公债》，《红
色中华》第 96 期，1933 年 7 月 26 日。

关报,《红色中华》通过组织与编发相关的文章,对各级基层政府的工作进行具体指导,以达到为中央政府的中心工作服务的目的。为了阐述的方便,下面把这种工作指导分为一般性指导、针对性指导和专业性指导三种类型。

(一)一般性指导

一般性指导是对一些普遍性的问题提出指导性意见,这些问题是各地都会面临的,所以它不针对具体的对象。张凤元发现各区乡的苏维埃政府工作作风普遍存在着懒散杂乱的倾向,具体表现在四个方面。第一,日常工作没有规章制度。在一些区政府,都是主席一人包办。开执委会或常委会,不规定人数,只是主席一人,或者再随便喊几个人谈一谈就算了事。第二,不注意文件的重要性。凡是上级的文件下来,无论重要不重要,总是胡乱堆放,不注意整理。而且对于《红色中华》、《红星》等报纸不阅读,也不保存。第三,不注意环境的整洁。在政府的大厅内,上面挂满旗子,下面放一个尿桶,一大堆柴灰。床铺上无席子,只见棉絮与禾草。一般的工作人员十个就有九个鞋子趿拉,帽子偏戴。第四,起居作息没有固定时间,工作没有事先的安排与计划。

为此,他在《红色中华》的"苏维埃建设"栏目上发表了《转变区乡苏维埃政府工作的工作习惯》一文,提出反对松懈散漫现象,养成积极的有组织和有计划的工作习惯,"是目前苏维埃政府的一个重要工作"①。他的这些指导性意见,对于走上苏维埃政府工作岗位不久的苏区工农干部,是非常及时并且十分必要的。

---

① 张凤元:《转变区乡苏维埃政府工作的工作习惯》,《红色中华》第 17 期,1932 年 4 月 13 日。

　　前文提到了临时中央政府发行 300 万经济建设公债的事情，在本次公债的推销过程中，有一些地方，如瑞金的云集区，以及福建的才溪区、红坊区，由于进行了比较充分的动员，工作开展得比较顺利。但是在另外一些地方，存在着严重的摊派现象。根据出现的情况，人民委员会发出第十六号训令，严厉反对推销工作中的命令主义。中央财政人民委员部给各级公债委员会下发了指示信，把公债发行的截止时间从1933 年 9 月推延到该年底，而且强调推销的任务依照当地实际情况而定，不必硬性强求。在此之后，稍有好转。但是，这种改变不是根本性的，强迫摊派还在各地不同程度地存在着，由此还引发了一些消极的后果。最极端的例子出现在于都县，该县罗坊区因强派公债，导致一个中农和区苏维埃主席自杀，小溪区出现四百人向外迁移的事件。

　　在这种情形下，中央政府向各级政府寄发了一封指示信，对公债发行工作进行指导。其中要求各省苏维埃政府，"检阅各区乡推销公债的动员方法，须拿着于都例子来警告一切苏维埃工作人员，立即开始猛烈的自我批评，集中火力反对一切工作中的强迫命令主义"。关于发行公债数额，强调"各县苏区苏须按照全县各区，全区各乡不同的情形，不能将公债一经发出，认为自己的事已完，致逼得下级走向强迫摊派的道路"①。

　　显而易见，推销公债出现问题，诚然与一些地方工作方法简单粗暴有关，但其深层原因在于：敌人的围困和战争的存在，使中央政府的经费缺口太大，苏区军民的力量即使得到了充分的调动，其实也很难根本满足这种需求。当公债的发行出现问题之后，中央政府要求基层组织不要强派公债，并且可以

---

① 《中央政府给各级政府的信》，《红色中华》第 113 期，1933 年 9 月 27 日。

根据具体条件确定购买公债的数量，不必拘泥于原定的指标。考虑到当时的特定环境，能进行这样具有弹性的灵活处理，是非常难能可贵的。

（二）针对性指导

针对性指导是掌握了特定区域或者特定机构的实际状况后，再提出针对性的指导意见。具体来说，这种指导方式有三种表现形态。

1. 个人文章

刊登在《红色中华》"苏维埃建设"栏目的《瑞金的文化教育》一文，没有作者的署名，它针对瑞金学校教育出现的问题，提出了指导性的意见。瑞金瑞林区共有教员11人，学生52人，有两个学校只有两个老师。当巡视员对该区各学校进行调查的时候，发现有两个学校不见一个老师在岗，有一个学校只见一个教员，另外一位已经一个月没有来学校。不仅瑞林区是这样，瑞金城区，以及九堡、黄安、三星等区的情况，也不相上下。根据这些情况，《瑞金的文化教育》得出了这样的结论：瑞金的学校，大部分是有名无实的。政府文化部门的工作人员没有切实负起责任，他们不管学校是否有学生，教员是否照常上课，教材是否妥当，教学方式是否合适，瑞金的教育长此下去，不仅浪费了政府的经费，而且没有任何成效。在此基础上，该文提出了整改的意见："县文化部及各级政府做文化工作的人，要尽力整顿这一工作，多派遣列宁师范毕业生去担任这一工作，以便瑞金教育来一彻底转变。"①

红军占领安远县龙布区以后，由于群众工作开展不彻底，苏维埃运动不深入，一些豪绅地主、反革命分子也混进了苏维

---

① 《瑞金的文化教育》，《红色中华》第21期，1932年6月2日。

埃机关。这里的工农百姓悲观失望，情绪低沉。如痴的《怎样去转变安远龙布区的工作》一文，提出龙布区应该重点做的工作是：第一，深入开展土地革命斗争，迅速没收豪绅地主富农的土地；第二，对豪绅地主等反动派实施最坚决的打击；第三，建立贫农团、雇农工会、少先队等群众组织，改造和健全地方武装；第四，发挥工农群众的力量改造现在的区乡政府。该文认为："只有这样才能将龙布区的工作转变，才能消灭群众中的悲观失望情绪，使龙布区苏真正成为工农阶级的政权机关。"①

2. 中央指示信

《红色中华》报除了发表个人对具体工作的指导性意见以外，还会刊登中央政府对下级政府的指示信，如：第 19 期刊有《中央政府给石城县苏的指示信》，第 20 期刊有《中央政府给宁都县苏的指示信》，第 30 期刊有《中央政府对会昌工作的指示信》。发布指示信是当时上下管理中的一个环节，是在一种已经成型的行政管理模式中完成的。一般的过程是这样的：中央政府向基层政府派出巡视员，巡视员对当地的工作进行实地的调研以后，向当地政府反馈信息，并提出指导性意见。返回瑞金以后，他们要以书面工作报告的形式向中央政府汇报调研的详细情形。中央政府根据具体情况，再以指示信的形式向基层政府作进一步的指导。

以《中央政府给宁都县苏的指示信》为例，该信首先说明已经从梁柏台同志的巡视报告中了解到宁都的工作。除了梁柏台同志已经在宁都提出的指导意见以外，该信认为，还有几

---

①   如痴：《怎样去转变安远龙布区的工作》，《红色中华》第 23 期，1932 年 6 月 16 日。

个问题应该重视,提出来以帮助宁都政府改正工作中的缺点。
信中提出的指导意见,一共有包括五个方面:第一,在拟定工
作思路的时候,要把新发展过来的边界区与中心区进行不同的
处理。对于边区,应化解当地群众受白匪团匪摧残而产生的失
败情绪,要领导他们积极向外发展。第二,宁都的麻布工人在
两千人以上,是苏维埃的基本群众,宁都政府应特别关注他们
的生活,设法解决失业问题,以加强他们对巩固苏维埃政权的
积极性。第三,宁都境内还有几个寨子没有攻下,这是宁都县
苏维埃政府的重要任务之一。打寨子不能专靠军队的力量,主
要还应动员群众。第四,宁都的任务,首先是消灭石城、广
昌、宁都之间的残余团匪,使石城、广昌、宁都完全打成一
片。第五,宁都出产的夏布很多,其次是土布。宁都政府要用
合作社或鼓动私人投资的方式,恢复和促进这类产品的生产。
很显然,这些意见为宁都县的整体工作提供了明确的思路。由
于是建立在巡视员先行调研基础上的,它们与一般泛泛而谈的
空话与套话完全不同。

3. 中央指示电

由于时间的紧迫性或者内容的重要性,临时中央政府还会
直接通过电报的途径向下级政府发出指令。下面就是中央政府
发给江西省政府的一封指导性的工作电报。

中央政府致江西省苏政府电

江西省苏:(一)省大会刚开不久,一切决议刚在开
始执行,忽决定召集执委扩大会,不知是何用意。如此玩
弄大会,在组织上、工作上是极严重错误。目前你们任务
是坚决地具体的执行大会一切决议,一切工作布置根据大
会决定去做,所召集的执委扩大会立即停止。(二)赖国

盛开除执委照准。（三）邓鸣鑫速来中央工作。

中央苏维埃临时中央政府（三日）[①]

这封电文措词严肃，有明显的批评意味。它既显示了电报直奔主题、不绕圈子的特点，也是实际的工作作风的体现。在战争状态下，苏维埃政府的工作作风在也一定程度上带着作战部队的特点，有话就说，直来直去，没有时间和精力遮遮掩掩。

（三）专业性指导

这里说专业性的指导是要与一般的行政管理中的指导区别开来，它主要的特点是在专业的领域内，以专业的理论、规范为基础，对相关的问题与疑问进行指导。具体而言，就是指对法律法规相关问题的指导。在《红色中华》中，这种指导主要表现为两种方式。

1. 解释法令

中华苏维埃共和国成立以后，就陆续颁布和实施了一些新的法令法规。大部分群众都没有法律方面的专业素养，连法律的相关人员也没有经过专业的训练，甚至没有经过一个宽缓的熟悉过程；再加上苏区的红色政权是在一种全新的思想和理念的基础上诞生的，那些刚刚颁布出来的法令法规也正体现着这种新颖的思想和理念。所以对多数人来说，都会有疑问，需要有人进行专业性的解释。中央临时政府对于一些个人与机构提出的问题，能够以不同的形式给以解答。《红色中华》报先后设立"问题与答解"和"法令的解释"栏目，专门刊登与法令相关的提问与答复。

---

①　《中央政府致江西省苏政府电》，《红色中华》第 22 期，1932 年 6 月 9 日。

　　《红色中华》报刊登法令释疑类文稿,起初是应提问者的要求。永定县委的向荣以书面的形式,针对《中华苏维埃共和国婚姻条例》提出了三个很有水准的问题。比如第一个问题是:婚姻条例第三章第九条规定"男女一方坚决要求离婚的,即行离婚",那么,假若男女一方没有一点正当理由,提出离婚,另一方则坚决不肯,在这样的情形下,究竟可否准其离婚?如果不准,则与婚姻条例相抵触;如果准,则另一方因为其对方没有正当理由,每抱不满。同时,如果无论任何一方,没有正当理由都可以准许离婚时,则在目前群众教育还很薄弱的时候,便必然要发生朝秦暮楚之事。且这种现象永定各地已经发生,究竟应如何解决?三个问题提出以后,这位向荣同志写道:"以上问题,不了解的人,恐不止我一个。希在《红色中华》报上,公开答复。"①

　　解答性的文字直接就列在问题之后刊出了,其作者是项英。他答复第一个问题的大致意见是:婚姻条例的最大意义是彻底消灭封建社会束缚女子的旧礼教,消灭男子对于女子的压迫。婚姻自由,包含结婚自由和离婚自由。有一方面坚决要求离婚,毫无疑问要准许离婚。现在离婚的,主要不是男子而是女子,因为女子刚在封建束缚之下解放出来,坚决反对离婚的绝大多数是男子。所以我们要坚决拥护离婚自由。可以看出来,他一再强调的是婚姻条例所具有的现实针对性。

　　谭震林也曾以个人的名义给人民委员会写信,就《军事裁判所暂行组织条例》提出了疑问。他的提问共有十八项,涉及该条例的方方面面。其中就有:

---

　　① 　向荣:《关于婚姻条例质疑》,《红色中华》第 11 期,1932 年 2 月 24 日。

一、初级军事裁判所能否处理军队中之政治犯（如
社党等）？

二、初级军事裁判所能否判决死刑？

三、初级军事裁判所有无任期？其撤换手续如何？

四、初级军事裁判所，是否要指挥员兼任？如指挥员
专任是否可以？或者是指挥员无参加之权？

五、初级军事裁判所，完全是战斗员，但因法律未全
部了解以前，是否能聘请法律顾问？

六、陪审员与裁判员既然有别，审判时所长与裁判员
轮流主持否？或者只有所长才能为主审官？①

在该信的落款处写着"三月廿七日于上杭城"。1932 年 3
月下旬，福建军区在闽西永定虎岗的杨公堂召开了成立大会，
罗炳辉当选为司令员，谭震林任政治委员。那么，写这封信的
时候，谭震林正担任福建军区政治委员，负责与军事裁判所相
关的工作。不过，他的信是写给临时中央政府人民委员会的，
给他解答的却是中央执行委员会。

上杭县才溪区苏维埃政府以机构的名义，就红军优待条例
中信件免费寄递的事情向中央政府提出了疑问，《红色中华》
在第 20 期的"法令的解释"中刊出了临时中央政府内务部的
答复。内务部在复信中明确指出，红军优待条例的相关条文的
意思是，只有红军中的战斗员和指挥员与家里通信，以及红军
家属寄给红军的家信，可以享受免费的优待。中央政府并没有

---

① 《对于军事裁判所组织条例解释和运用》，《红色中华》第 16 期，1932 年
4 月 6 日。

在任何文件中要求所有红军家信,一律要贴邮票,也没有在任何文件中说明除了贴邮票外,还要加盖条印。上杭县才溪区对此理解上有偏差,致使发生红军的家信阻滞不寄的事情,这是完全不对的。

在这里,内务部的回信不仅解释了红军优待条例,还对才溪区苏维埃政府的工作失误提出了批评。

2. 判案指导

《裁判部的暂行组织及判裁条例》第三十二条的内容为:"省裁判部为县裁判部所判决的案件之终审机关,同时又是审判有全省意义的案件的初审机关,有判决死刑之权,但须送到临时最高法庭去批准而后执行。"① 就是根据这条规定,各地的判决都要呈送最高法庭审批。最高法庭在批复的时候,常常会针对具体的情形,对各地裁判部的案件判决提出指导性意见。《裁判部的暂行组织及判裁条例》颁发于 1932 年 6 月 9 日,而在这之前,案件判决的审批手续实际上就已经开始。

1932 年 4 月初,江西省苏维埃政府裁判部将其第一号和第二号判决书上报临时最高法庭。由于案件审判工作才刚刚起步,相关人员对于法律条文的领会、审理规范的把握,都存在着欠缺的地方。甚至连判决书的写作,也不甚规范。临时最高法庭便专门回复一文以指错纠谬。

关于江西省裁判部判决书第一第二两号内的错误和缺点,特纠正如下:

一、该两案的判决只在该本级裁判部是最后的,但该两案的被告人在十四日内应许有上诉权,中央执行委员会第六号训令第二项内已明白的规定。

二、剥夺选举权一项应从监禁期满之日算，至监禁期内，被害人自然无从行使其选举权。

三、判决书第二号萧目峥、颜达二犯均有"着予处决"字样，究竟是着予处决监禁？还是着予处决枪决？以后判词应有极端明显性，不得稍带含混性。

四、在你们文件上有所谓"江西革命法庭"字样，在新发展区域，组织革命委员会掌握政权时期，可以使用。此时已不相宜。应统一称为"江西省苏维埃政府裁判部"，对外只用各裁判部名称。

五、每一案件，除几个被告人在案件的事实上有联系，可共作一个判决书外，其余均宜缮为单独的判决书。

六、中央司法部三月八日司字第一号训令，特颁发判决书、审判记录、传票及案件的形式共计四种，均应遵照格式处理一切案件。①

基层裁判部遇到一些疑难或者棘手的案件，也会直接上报最高法庭。最高法庭了解了案情以后，便会对案件的判决提出指导性意见。下面是最高法庭就谢老吉一案对会昌县裁判部的回复。

临时最高法庭致会昌县苏维埃裁判部

谢老吉的案件，你们如发现得有新材料，可以复审再判。如无新材料，当即解送劳动感化院，免使已判决之案动摇不完，致损法庭的威信。如谢三长的上控既无区乡苏介绍，又不由县裁判部转上，本庭无由凭信。且会昌许多

---

① 《临时最高法庭训令》（第二号），《红色中华》第18期，1932年4月21日。

上控状，都是封建时代讼棍劣绅所做，一定要调查监禁几
个，无使他们在工农政权之下捣乱。毋使"阴阳感德天
地沾恩"一类的鬼话再发现于苏维埃法庭之上。致以
　　赤礼

　　　　　　　　　　　　　　　　　　主席　何叔衡
　　　　　　　　　　　　　　　　　　十月十九日①

　　可以看出，本案遇到了难缠的讼棍，缺少经验的会昌县苏
维埃裁判部一时没有应对的良策。临时最高法庭主席何叔衡提
出的处置方法，显示了一个好的审判人员，除了熟稔法理以
外，还应有明快的决断和足够的胆魄，以及对社会世风人情的
了解。

三　进行工作总结

　　工作总结是行政管理中常规性的工作，也是不可或缺的部
分。中央苏区当时也比较重视工作总结环节，作为临时中央政
府的机关报，《红色中华》就留下了不少这类文稿。大体而
言，可以将刊登在《红色中华》上的工作总结分为两种，一
种是综合性的，另一种是专题性的。

　　（一）综合性的工作总结

　　综合主要是就其涵盖面而言的，也就是说这一类工作总结
内容的涉及面广，信息量大。在苏维埃共和国成立一周年之
际，《红色中华》接连发表了两个大型的工作报告，分别是
《江西省苏报告》和《福建省苏报告》。

---

　　① 《临时最高法庭致会昌县苏维埃裁判部》，《红色中华》第38期，1932年
10月16日。

《江西省苏报告》由于篇幅过长，在第 41 期和第 42 期上连续刊载。报告的后面还附有一个简短的按语："这是江西省苏的工作报告的一部分，其他不要发表的，无须发表的都抽出来了，特此附带说明。"可见，它是经过编者简单处理的，其原来的篇幅更长。这个长篇工作报告，依照工作类别谋篇布局，共分为六个方面，分别是土地分配、内务工作、执行红军优待条例、第一二期公债的发行、劳动状况和文化教育。

在今天看来，报告中的一些内容，是值得我们珍视的。苏区的典型场景是拥军、扩红、战斗，其实当时的地方政府也开展了一些常规性的建设工作。报告中谈到了各县修筑道路、桥梁和渡船的情况。江西省苏给各县下达了任务指标，各县都还处在完成任务的过程中。不妨看看报告中反映的几个县的完成情况。兴国县对全县的道路进行了整修，符合要求的共有 48 段，520 里。桥梁修了 98 座，还有 41 座未完工。渡船有 48 只，每月船工伙食由附近群众供给。永丰县修好了 43 座桥，余下 3 座还没完工。道路正在修筑中，制订了五个月筑路竞赛的条约。渡船有 7 只，船工工资未规定，还须增加 2 只，每只需要 80 余元。宁都的道路正在修整中，进度没有统计。桥梁已修好 80 余座，还有 40 余座尚未开工。渡船共有 41 只，每只船船工费用在大洋 4 元以上。这里介绍的三个县都涉及了船工的费用问题，这是渡船得以维持的基本条件。

报告在总结新的婚姻条例实施以后出现的问题时，也涉及了一些出乎人们意料的现象。有些地方不但没有落实，而且还做出违反婚姻条例的事情。赣县有一对青年男女决定离婚，政府不但不批准，还把他们监禁起来。该县山下区某乡有位女子要求离婚，乡政府也将她关了禁闭。永丰县很多地方对婚姻条例完全置之不顾。有女子坚决要求离婚，政府逼迫她先交大洋几十元。胜利县江口区某乡有位妇女与男子吵架后，坚决要求离婚。但两天以后，该女子又提出不离婚了。当地政府就把该女子关了禁闭，罚她做苦工，并且强迫她离婚。

此外，该报告中介绍了江西苏区的人口统计情况，以及学校、教员、学生的数量，这些信息都是认识那个特殊年代的珍贵史料。

《福建省苏报告》刊登在第43期上，分为五个部分，不同之处在于它是按照政府的职能部门结构文章的。这五个部分分别是：劳动部工作、财政部工作、土地部工作、内务部工作、工农检查部工作。各个部分主要的写作思路是先讲优点，后说缺点。

以内务部工作这部分为例，其优点方面主要交代已经做了的工作：完成了交通电话干线的架设，共1435里。另外，支线部分正在制订计划；由闽北发展的必经之路十里铺大桥，以及汀州的汗桥和丰桥，均已完成，花费了募捐来的数千元资金。由汀州到连城的福宁桥，以及至白沙的新坊桥，也已经完工。

缺点方面，主要谈的是没有完成的工作，大略说到了这些内容：在中央训令规定的时间里，没有完成道路的修整，只是派人由汀州到永定踏勘过两次；市政工作，只有汀州已调查店铺，装置街灯，建立民警局，调查清理户口等，其他各县大部分没有做；卫生方面，尤其是整理医院、培训医生问题，都没有引起充分重视；内务部组织不健全，在省苏方面只有交通、市政二科，其他卫生、行政、社会保险各科都还没有建立起来。

（二）专题性的工作总结

专题性的工作总结相对综合性的工作总结而言，指的是围

绕着某项特定的工作进行总结。所以，一般来说，它的触及面
比较集中，内容更为具体细致。

1933 年的 5 月，是中央苏区共产儿童团的红五月工作突
击月。为此，儿童团的领导机构制订具体的突击计划。红五月
结束后，陈丕显执笔撰写了《共产儿童团红五月工作总结》。
该份总结报告分为四个部分，分别是红五月是我们的突击月、
我们做了什么、使我们不能满意的是什么、为什么我们的工作
有缺点。工作报告是比较程式化的文体，容易显得刻板与生
硬，不过，这篇关于苏区儿童团的工作总结有些例外，这些小
标题实际上就体现了它柔和轻松的特点。

"使我们不能满意的是什么"，显然是总结儿童团在红五
月中存在的问题。其中谈到，在拥护红军的工作上，如购买共
产儿童号飞机高射炮、做归队运动，都是不很深入的，没有使
它们成为儿童中最大的运动。在经济动员上，借谷子的运动没
有普遍开展起来。发展组织上，没有严格注意阶级成分。特别
是儿童文化教育工作，以及争取儿童权利与生活改善方面的工
作，根本没有引起足够的重视。

"为什么我们的工作有缺点"部分，是探讨产生问题的原
因。报告认为主要是"因为我们在工作上还不儿童化，布置
工作不具体，不活泼，一种小官僚的工作方式，个别的还是存
在着。定出工作计划而不布置工作，不了解下层实际情形而不
做工作报告，发出文件抄袭上级指示"①。

可以看出，报告检讨的是儿童团工作领导者的问题，而不
是儿童团员。而且，这里的剖析一点也没有遮掩躲闪，直插要

---

① 丕显：《共产儿童团红五月工作总结》，《红色中华》第 91 期，1933 年 7
月 5 日。

害，毫不留情。

中央工农检察委员会为了执行中央第 29 号反贪污浪费的命令，首先就选择在中央一级机构开展反贪污检举运动，历经两个多月，形成了一个《关于中央一级反贪污斗争的总结》。根据该总结报告的介绍，本次列为检举的机构有中央总务厅、招待所、财政部、土地部、劳动部、粮食调剂局、贸易总局，另外还有一些国家企业、群众团体。被检举出来的人，经群众提议，"贪污分子送法庭制裁的二十九人，开除工作的三人，包庇贪污与官僚主义者送法庭一人，（总务厅长）建议行政机关撤职改调工作的七人，给严重警告的二人，警告的四人"①。由此可见，其成效是非常明显的。但是，报告的重点部分落在分析"在这一检举运动中最大的缺点"。这些缺点一共列了四个方面：

第一，在反贪污腐化斗争中，没有将它与反铺张浪费紧密联系起来。虽然在反贪污中，中央各机关已大大减少费用和人员，消灭了一些浪费现象，但其程度远远不够，还没有发动机关人员更积极地投入到消灭浪费现象的斗争中去。

第二，贪污腐化的发生，是由于官僚主义的存在，因此反贪污反浪费反官僚主义的斗争，应该是密切不可分离的。对于反官僚斗争，虽然在一些地方已经注意到了，但没有把它作为一个普遍的问题落实在具体的措施上。

第三，贪污腐化分子，多是消极怠工分子，而有些是老机会主义者，过去犯过最严重错误的。这一点没有很快地意识到。对于消极怠工与阶级异己分子的检举，只是进行一般的反贪污斗争。

---

① 《关于中央一级反贪污斗争的总结》，《红色中华》第 167 期，1934 年 3 月 27 日。

　　第四，这些贪污分子的贪污方式，多是以少报多，故意将购买单据遗失，导致无从对账，以掩盖吞没每次购买退还的余款等。这表明中央各机关没有建立会计制度，使这些贪污分子易于钻空子，便于造假。可是，在这一检举过程中，没有着重，帮助各个机构建立会计制度与转变工作方式。

　　在党中央和第二次全苏代表大会的部署下，中央苏区开展了一个收集粮食的运动。经过一个半月的努力，该项运动取得了明显的成效。陈潭秋的《收集粮食突击运动总结》一文，对此进行了详尽的总结。在这个报告看来，本项运动的成绩具体表现为："收集到的谷子在百分之六十以上，现款约占百分之四十弱，相当解决了粮食问题的困难，相当保证了红军及后方机关的给养。"① 接下来，作者很快就谈到了收集粮食过程中"存在许多弱点和错误"。特别需要说明的是，这一部分的内容占据整个报告 3/4 以上的篇幅。

　　不难看出，不论是综合性还是专题性的工作总结，都有一些共同的特点，可以给人留下深刻的印象。这些工作报告，由于当时党组织和苏维埃政府指导思想的影响，难免也存在一些思想错误和观念偏差，而且在行文上也常有滞涩不畅的地方。但是，其中有两点是值得我们充分肯定的。首先是没有过多的虚话、假话、套话，不兜圈子，不拉架子，直奔主题，直插核心。第二，有强烈的问题意识。报告中也会谈到成绩，但是，读者可以明显感受到，成绩部分是次要的，主要是陈述缺点、失误和问题。很显然，谈问题就是为了更好地做工作，也就是说更具有建设性。

---

　　① 　陈潭秋：《收集粮食突击运动总结》，《红色中华》第 169 期，1934 年 3 月 31 日。

四　对机关报用作工作平台的评价

对于将报纸当作行政管理的工作平台，尤其是针对在报纸上刊登大量的行政公文，早就存在两种不同的看法。在《红色中华》办报一周年的时候，斗人撰写的《赠给一周岁的〈红色中华〉》对此有过评论。这篇发表在《红色中华》第44期上的文章认为，"充分发表苏维埃文件"是该报的五个优点之一，并且认为以后应该专门设立"苏维埃文件"栏目。到了《红色中华》一百期纪念的时候，又有几位作者撰文论及刊登公文的做法，但是他们都持否定的意见。阿伪认为："无论如何须尽量减少翻印文件通告，而多注意各地的实际工作的反映，务使每个同志都有极大的兴趣去读它。"[1] 凯丰也发表了类似的看法："然而今天还使我们不能满意的是，苏维埃工作的反映，苏维埃活动的缺乏，这是一方面。另一方面却登载了许多苏维埃的命令通告，有的甚至占着极大的篇幅，《红色中华》'无论如何不能建立命令和指令的机关'，这句话是少共国际给中国共产青年团中央机关报的批评，我想《红色中华》百期纪念的时候，应当作为《红色中华》的警语。"[2]

在这类意见中，特别应该注重的是张闻天的观点。他不仅注意到了《红色中华》办报的这个特征，而且还探究其中的原因。他在《关于我们的报纸》中说："应该指出的是，在中央政府中有些个别同志，以为利用自己的机关报，就是利用它来登载自己油印的文件，关于如何经过报纸来进行活的领导，

---

①　阿伪：《苏维埃的新闻事业》，《红色中华》第100期，1933年8月10日。

②　凯丰：《给〈红色中华〉百期纪念》，《红色中华》第100期，1933年8月10日。

却是不了解的。所以《红色中华》一直到现在名义上虽是中央政府的机关报，但实际上远没有达到机关报的目的。这不能责备《红色中华》，中央政府也要负很大责任的。"①

　　在一般意义上看，用报纸来发布机关公文，其实是降低了报纸作为大众传播媒体的使用效率。不过，在《红色中华》所处的特定环境下，刊发行政公文也具有其合理性。《红色中华》创办时期，面临着的是一种非同寻常的局面：临时中央政府刚刚成立，行政管理的渠道并不畅通，管理成本的支出要本着节俭的原则，报纸的发行基本上只限于各个层级的机构与团体，在这种情形下，将机关报当作一个政府行政管理的平台，几乎是一个必然的选择。《红色中华》第 161 期第 4 版刊登了《中共中央关于苏区五一劳动节的决定》，内容是关于1934 年"五一"节期间，苏区党组织的活动安排。该决定的后面加了个这样的附注："此决定在红中发表外不再另印发，各级党部即根据此讨论执行。"可见，作为工作平台的《红色中华》，已经被使用得非常纯熟。

第三节　新闻宣传与信息传播

一　宣传红军的战斗事迹

（一）传递前方的捷报

　　中华苏维埃共和国是在敌人的层层围困中成立的，战争显然是那里的中心事件。不过，由于《红色中华》报是临时中央政府的机关报，更由于当时信息传递非常不通畅，在《红色中华》上正面描绘战争的内容所占的比例并不大。来自前

---

① 张闻天：《关于我们的报纸》，《斗争》第 38 期，1933 年 12 月 12 日。

线的捷报性消息是描述战争的一种主要信息载体,其基本特点是选择性很强,以正面的消息为主,文字简洁,只叙述战斗的概貌与结果。目的非常明确,就是提振士气,激励斗志。

《红色中华》报的栏目基本定型以后,此类消息开始是出现在"中央苏区消息"和"专电"栏目中。下面是第 5 期登载的一则消息:

古石坑土围攻下

缴步枪六十余支

活捉土豪六十多名

击毙靖匪一大批

　　三军来信:我工农红军配合广大劳苦大众,把马鞍石附近一带的土围石寨次第攻破后,只剩下一只孤立无援的古石坑土围,他(它)还企图与我们做顽强的抵抗,结果被我们英勇的九师于十二月二十六日攻下了,缴获步枪六十余支,活捉土豪六十二名,并击毙靖匪团总一名,团丁十二名云。

这是从前线邮寄的稿件,时效性不甚讲究。内容报道的是 1931 年 12 月 26 日的事情,而第 5 期报纸的出版时间是 1932 年 1 月 13 日,相差将近 20 天。其标题制作也比较随意,共四行,当时的这类消息基本都是这样,实际上已经兼具了导语的功能。

后来出现了专门的栏目,以登载前线胜利的消息。这种栏目的名称不少,它们的意义大致相类,但文字总是有些差别,一直没有完全固定下来。其中有:"前线捷电传来"、"前线捷闻"、"前方捷电"、"重要消息　红军胜利"、"重要消息　红军发展"等。下面这则消息发表在第 42 期的"前方捷电"栏目上。

红军击溃白军三师

伤敌团长一营长三

缴获步枪六百余支

机枪十余俘虏数百

二十四日前方电：我红军于廿二日在南城浒湾镇一带线上，向敌二十三师，二十四师，二十七师共三师人猛攻，烈战数小时，即将敌全部击溃。计是役我军缴获步枪六百余支，机枪十余挺，俘虏六七百人，敌军除全部溃败外，伤亡极重，伤团长一，营长三，连排长无数。

这一次大胜利使我们已经有"收抚州南城如反掌"的决定条件了！

由于是电传的消息，时效性很强。11月24日的来稿，28日就刊发了，当时还是一周出一期，已经是最快的速度。其中的最后一句话，直抒胸臆，虽然不太符合新闻作品的规范，但是表达出了前线将士的豪气与信心。

在《红色中华》报正面报道的战斗中，赣州之战是比较特殊的一次。因为战斗的旷日持久，报纸在业务处理上，还罕见地采用了连续报道的形式，所以很值得细究。不妨先看看赣州之战的缘起。1931年12月6日，上海的中共临时中央致电苏区中央局，要求中央苏区红军"改向西进，首取赣州，迫吉安，与赣西南打成一片，巩固赣南根据地"[①]。当时，毛泽东是坚决反对红军立即攻打赣州的，认为赣州三面环水，城墙高坚，易

---

① 中共中央研究室编：《周恩来年谱（1989—1949）》，中央文献出版社2007年版，第214页。

守难攻,素有"铁赣州"之称。他的意见经过周恩来反映到上海,但是临时中央表示保持原议,不作变更。1932 年 1 月 10 日,中革军委根据苏区中央局的决定,发布《关于攻取赣州的训令》,对攻打赣州作出部署。中央苏区所有红军部队分成主作战军、支作战军和机动部队三部分。主作战军以彭德怀为前敌总指挥,支作战军的总指挥是当时江西军区负责人陈毅。赣州城内守敌是国民党第三十四旅,旅长为马崑,守城总兵力共有万余人,枪支近万支,"具有相当的兵力进行防御"①。

《红色中华》报对赣州之战的报道是从外围交锋开始的。首篇的题目是《红军正在包围赣州》,全文写道:"赣城马旅因我工农红军逼近,恐慌异常。距赣城卅里之外之潭口已被我军占领,并缴获该处靖匪枪支数十枝,该处靖匪概被消灭。"②这则消息过于简略,连时间的要素也没有交代。第二篇《赣州不日可下》的内容为:"九日无线电:我英勇的工农红军,已将赣州包围,白军恐慌厉害,不日可下,粤系军阀独立旅范德星部,奉逆方命令,声援赣城,集中于新城、池江一带,于五日与我军激战。不到二小时,即被我军消灭,缴得枪支千余,军用品无数,击毙和俘虏白军甚多,范德星化装潜逃,仅以身免。"③ 该则消息记述的是在 2 月 9 日之前,红军与前来增援的敌军展开的交火,与第一条消息一样,都是赣州之役的前哨战,而且都是红军取得了胜利。

红军发起真正的赣州攻城战,一共有三次。第一次攻城战于 1932 年 2 月 13 日晚打响,红军以架设云梯的方法爬城。第

---

① 马崑:《将军赣州守城战役亲历记》,见全国政协文史委编《文史资料选辑》第 45 辑,中国文史出版社 1964 年版,第 141 页。

② 《红军正在包围赣州》,《红色中华》第 8 期,1932 年 2 月 3 日。

③ 《赣州不日可下》,《红色中华》第 9 期,1932 年 2 月 10 日。

二次在 2 月 23 日发起，改用坑道爆破的手段攻城。第三次选择 3 月 4 日，沿用坑道爆破的方法。三次攻城，取得了不同的进展，但是结果都遗憾地以失败告终。关于这三次攻城，《红色中华》报在 1932 年 3 月 2 日的第 12 期中，对其中的第二次作了较为详细的报道。

红军围攻赣州中

马崐恐慌万状　赣城不日可下

马崐本次孤军死守赣州，意在待援。目下见南下的小军阀陈诚公秉藩部，节节受红军限制，致不敢坚决行动，复加我三军团于廿三日轰炸，爆裂很宽，更加骇得马崐屁滚尿流恐慌万状。我军当日（廿三）因爆炸不好，致未成功，现攻击各部队，更加坚决努力地进行作业，至有团长师长政委亲自动手挖泥排水的。现在各部坑道都有很好成绩，只待不日之总攻令一下，便可把赣州城夺取来。

第二次攻城的实际进程大略为：攻城部队分别在西津门、南门和东门通过坑道用棺材装满炸药爆破城门，三处城门先后被炸开后，红军立即发起猛攻，但都被守敌的强大火力击退。攻打东门的红七军一部曾突入城内，遇敌猛烈反击，大部分红军壮烈牺牲。一度攻占东门的红七军部队不得不从城楼上撤下。[①] 红军的第二次攻城虽然失利了，但是《红色中华》报的这则消息选取了自己的一个角度，突出表现马崐部依然被围困城中，惊恐万状；红军上下满怀希望，戮力同心，期待新的战

---

① 参见余伯流、凌步机《中央苏区史》，江西人民出版社 2001 年版，第 415 页。

斗。把一场整体上失利的攻城战，也写成了一则激励人心的捷报。这样的处理在技术上似无不可，并且要比现在一些把坏事当好事写的新闻更加自然。

（二）描绘战斗的场景

从 1933 年 3 月 18 日出版的第 62 期开始，《红色中华》报推出了一个"从火线上来"栏目。编者对这个栏目的基本定位是，刊登来自前线反映现实战争题材的通讯作品，其作者应该是直接在火线上的红军战士，刊登出来的应该"是最好的国内战争生活的报告文字，这是目前我们所需要的大众文艺的作品"。

实际的情形正是如此。这个栏目发表出来的作品浑朴自然，元气淋漓。虽然文字达不到雅驯，格式也远离严整，却能够别出机杼，自成格局。与捷报类消息相比，具有更多的特写画面，更清晰的人物造型，更可感的精神气韵。下面的这个作品刊登在"从火线上来"栏目第 1 期上：

"失利"的陈时骥乞援"失利"更早的李明

黄陂蛟湖之役，敌五二师是于二月廿八号九时左右就被完全解决，五二师师长李明则更于廿七号十三四时就被捉获了。五九师是廿八号十三四时才解决的。五九师师长陈时骥在部队溃散之后仓惶失措，窜逃荒山中，深以为右翼之五二师必安然无事。特写一信向李明乞援，着人送来大龙坪，信竟落在红军手中。信上写道："文献兄：弟无能，于本日午后一时失利，现部队溃败，弟仅率数十人在距蛟湖七八里之山庄中。请迅速援助为盼，弟陈时骥。"那晓得李明早已于廿七日被红军捉获，五二师亦于廿八日九时被消灭了。这岂不是失利的陈时骥，乞援失利更早的李明吗？

文中展现出的是一个戏剧性的场景。一个被红军击败的人，在仓皇失措间向人求救的时候，还不忘用文绉绉的口吻。而这个被别人当做救星的人，不料竟已经先行一步做了俘虏。在非常有限的篇幅里，无论在形式还是在意义上，竟出现了好几个曲折。可以想见，刚刚打了一场大胜仗的红军将士，看了这个作品以后，心里肯定有着无限的惬意。

文中报道的黄陂之役，是红军第四次反"围剿"的关键性一战。1933 年 2 月 27 日上午，敌五十二师被压到蛟湖北面红军的伏击阵地。红军战士们在红一军团政委聂荣臻的带领下，向被包围的敌人发动猛烈的攻击。傍晚时分，敌五十二师除先头团外，其余全部被歼。敌师长李明被俘，当晚自杀毙命。与此同时，跟在五十二师后面的敌五十九师，也被红军右翼队红五军包围。8 日拂晓，红军左右两翼同时发起总攻，至上午 10 时许，敌人除两个团逃脱外，其余全部被歼。下午战斗结束，清查俘虏时不见师长陈时骥。原来他躲在山上一座小庙中，以为五十二师安然无恙，正在写信向李明求救，最后是被红一军团电台班于螺峰山俘获的。

关于这次黄陂大捷，彭加伦写了一篇题为《霍源战役中的琐谈》的通讯，进行了多角度、多侧面的反映。它连续刊登在《红色中华》报第 65 期和第 66 期上，下面选的是其中的两则。

又是一个活捉张辉瓒的好天气

二月二十八日那天，满天大雾，细雨纷纷，寒风不断的吹来，刺人肌肉，我们就在这寒风细雨的天气向着黄陂前进了。沿途只见我们英勇战士抖擞精神，勇气百倍，一个个笑脸嘻嘻，谈谈唱唱，毫无半点疲劳状态。特别是有些战士说:"今天这样的大雾气好像一次活捉张辉瓒的天气一样。"又几个战士说:"对呀,又是一个活捉张辉瓒的好天气,大家留心些再捉几个张辉瓒来耍把戏。"讲得非常起劲的时候,有个同志不小心,一滑,呼的一声跌在烂泥里面了,大家轰然大笑。

我们英勇模范的战士

部队到达黄陂时就和敌人接触了,只听得"跟上跟上"的声音,全体战士均勇敢向前,无一人落后。此时我军奉令向霍源方面迂回敌人,于是火线也越打越激烈了。在这残酷的战斗中,表现着我军奋勇杀敌的英勇精神,特别堪为模范的,如六十四师一百九十团第三连排长陈德祥同志带两班人冲锋,因左手负伤,不能用枪,他就用右手拿马刀杀敌。一刀一个砍死了七八个敌人,好像切瓜一样。又该排二班副班长曹大享同志在冲锋时子弹打尽了,用枪杆子打到了七八个,敌人在地上叫爷娘。一百九十二团第三连连长谭公元同志,带两排人与敌人一营肉搏血战,负重伤卧在地上,还用手榴弹掷炸敌人,并且从容不迫地鼓励战士前进,把敌人完全打坍。六十四师特务连一班长高德兴同志,年虽四十多岁,但他仍万分英勇。他带一班人冲锋,负了重伤仍指挥其它战士前进。抬到后方时,不但能自己忍痛,并且还大声向其它负伤的同志宣传战争胜利的意义,及负伤的光荣,鼓励其它负伤同志。

第一则撷取红军即将对陈时骥的第五十九师发起总攻前夕的一个情境,表现了将士们在大战之前胸有成竹、心情轻松的状态。战士们由眼前的大雾,想到第一次反"围剿"活捉张辉瓒的景象，这是一个极其自然的联想。几年前活捉张辉瓒的那天，给毛泽东留下的印象也是弥天的大雾。他在《渔家傲·反第一次大"围剿"》写道："万木霜天红烂漫，天兵怒气冲霄汉。雾满龙冈千嶂暗，齐声唤，前头捉了张辉瓒。"在这篇通讯的开端，细致地展示战士的这个联想，既浑然天成，又意味深长。另外一则直接描叙这场著名战斗的情景，尤其是突出表现一些具有代表性的红军将士在战斗中的英勇壮举。这样的内容在《红色中华》报上是很难得一见的，因为一般人无法接触到这类材料。本文作者彭加伦是江西奉新人，曾担任红二十二军军委秘书长，第六十四师师委秘书长，红十二军政治部宣传部部长，红一军团第一师政治部宣传科科长，并且直接参加了反"围剿"的战斗。

二　反映苏区的社会状况

（一）展示苏区的常规场景

围绕着政府预定的工作，进行常规性的对应报道，这既是政府机关报的一个重要特征，也是此类报纸不容忽视的职责，《红色中华》报当然不会例外。所不同的是，《红色中华》报面对的是一个全新的苏维埃共和国，这个共和国成立之前没有任何的基础和铺垫，一切都要从头开始，政府预定的工作便显得更加的复杂和繁忙。因而，《红色中华》报随之出现了不少关于会议的召开、政策的出台、活动的开幕、机构的成立的新闻，像《中央人民委员会第五次常会》、《中央军事政治学校第一期学生毕业》、《苏区少先队代表大会情形》、《中央革命军事委员会抚恤委员会的成立》等消息，报道的就是这些内容。

刊登在第 11 期"中央苏区消息"栏的《瑞金武装总示威

盛况》,也属于这一类作品。值得我们今天特别重视的地方
是,它展现出了一种经典性的苏区场景,包含了许多特定时期
和特定环境的历史信息。

瑞金武装总示威盛况

瑞金县来讯:二月十九日上午十时于瑞金城外大操场,
举行反帝反国民党参加革命战争的武装总示威。(原定"二
一八",因天雨改期)八时许,各地土炮隆隆,一队队的群
众手执武器,从四面向县城外大会场集中。至九时许,已
将广场塞满。到会群众约一万二千余人,未正式开会时,
场中有募捐队当场募捐,群众均自动热烈捐资。达十时,
忽闻土炮三声,全场秩序顿时肃静。旋即由瑞金县"二一
八"筹备处宣布开会意义。继有各机关群众、各团体演讲,
自由演说中有妇女多人登台演说,词意致为激昂,其痛恨
旧社会之黑暗,痛斥帝国主义、国民党压迫中国工农之罪
恶,和我们目前任务的重大。最后高呼打倒帝国主义,打
倒国民党,自动签名当红军。一时当场签名当红军者有四
百余人之多,场中热烈的高呼扩大红军、创造铁的红军、
积极参加革命战争、反对日本帝国主义屠杀中国人民、以
革命战争推翻国民党统治、以民族革命战争消灭帝国主义
战争等口号。号声震天动地,革命空气异常紧张。会毕,
即整队出发示威游行。游行队伍威严整齐,有以木棒为武
装的,有以梭镖、土枪、鸟枪、土炮为武器的,有以犁锄
为武器的,也有以做工的刀斧为武器的,总之每人手中都
持有武器,上挂红旗。游行至一时许,忽大雨淋漓,但游
行队伍秩序仍井然有条,毫未扰乱。沿途高呼口号及散发
各种画报、传单,游行至目的地时,始各自率队而归云。

这里描绘的武装总示威，是中共苏区中央局通令号召的。除瑞金以外，会昌和兴国的这次活动也在《红色中华》报上发布了消息。瑞金因为天气不好，把活动推后了一天，会昌和兴国则在雨中如期举行。也许是稿件没有及时寄达，唯独兴国的报道刊发在第 12 期。瑞金的这个报道，呈现出了集会、募捐、演说、呼口号、游行等场景，以及红旗、梭镖、传单等物品，会昌的报道中还出现了化装演讲，这些都是红色苏区的表征性元素，它们一同构成了苏区当年的典型图景。苏区当时以极度有限的环境、条件、资源，应对着莫大的压力与威胁，需要一些仪式来振奋精神，凝聚力量。因而，这种带有深刻苏区印记的典型图景，时常会在一些特殊的日子里出现。

下面的这条消息刊登在第 65 期，在形式上也是对预发的事件进行常规性的报道。但是在新闻业务上体现了一些异样的特质。

工农剧社的第一声炮

蓝衫团训练班开学

公演巨剧"我——红军"

工农剧社所办蓝衫团训练班决定于四月四日举行开学典礼，届时拟请各机关团体的代表参加，闻从四日起将公演某同志的新作巨剧《我——红军》与活报歌舞等多种节目，以招待参加第一次农业工人代表大会的代表们与参加共产儿童大检阅的小同志们。这是工农剧社的第一户炮！

蓝衫团训练班开学这个事实将发生在 1933 年 4 月 4 日，消息却是发表在 3 月 30 日出版的报纸上。在过去，这是非常罕见的。从今天的角度来说，不妨把它理解成对预定要发生的一件事情的提前报道，但是这条消息的三行标题分明是告诉读者，他们面对的是一个既成事实。这条消息以这样的面目出现，与沙可夫关系密切。他是这个时期《红色中华》报的负责人，又是教育部副部长、艺术局局长，剧社、剧团、剧校都是他的管辖范围。而且更重要的是，他自己就是消息中说的"某同志"，也就是"新作巨剧《我——红军》"的作者。简言之，这个作品里体现了诗人办报的一些特点。

（二）报道苏区的社会动态

这一部分消息关注的是社会上发生的动态，与前一类的区别是，它们不是政府机关预设范围之内的事情。这种事情在现实中不难见到，但出现在《红色中华》上的比较少。显而易见，编辑是要进行严格选择的。下面的《富田一带可怕的传染病发生》是对一次传染性很强的瘟疫的报道，其内容为：

富田一带可怕的传染病发生

　　江西在去年三次战争中，因战争剧烈，死人也就很多。特别是蒋介石派遣的三十万白军士兵中，在军阀压迫之下，进攻红军，天气酷热，又要天天东逃西窜，生活又非常不好，卫生又完全不讲究，以致病死的不知几多。闻这种死尸，军阀就把他埋葬在农民的房子里，（在富田地方）腐烂起来，是最易发生瘟疫的，闻最近富田一带，传染病非常厉害，甚至一天死六十人左右，受传染的发寒热，抽筋，吐泻，不到一二天，厉害的不到几个钟点，就可把生命送掉，这种可怖的传染病非常危险，临时中央政府已开会讨论设法防止。①

---

① 《富田一带可怕的传染病发生》，《红色中华》第 5 期，1932 年 1 月 13 日。

在现代的观念里，这是个典型的灾难报道，属于负面消息。不难看出，编者是有合格的大局观的，他们很注意正面的引导。这首先体现在对发生灾害原因的交代上，文稿把传染病的发生完全归咎于三年战争，在很大程度上是没有问题的。但是，细究起来，引发传染病的因素除了战争以外，还有其他的原因。"由于文化的落后、交通的闭塞等原因，苏维埃政权建立之前，赣西南、闽西广大农村很不注意卫生，喝生水、生病叫魂、停尸不埋、弃婴河内、乱扔死猪死禽等旧俗恶习，极为普遍。在国民党军队大举进犯苏区的频繁战争中，这种状况更为加剧，致使各种烈性传染病在苏区时有发生。"① 其次，在消息的末尾不忘交代临时中央政府已经讨论防治的办法。更重要的是，在刊登消息的这一期报纸的头版，还配发了一个由项英撰写的社论。该社论的题目是《大家起来做防疫的卫生运动》，视野很宽阔，并非专门针对富田等地的传染病事件，而是说"现在春天快到了，一切瘟疫很容易发生"。随之便强调临时中央政府很重视这件事，已经开会讨论并拟定了具体的防疫办法，还决定在中央苏区内倡导防疫的卫生运动。仅从这点可以看出，中国共产党对于媒体的使用，在苏区时期就已经相当娴熟了。

在设定的框架里，非预发性的报道并不全是负面的新闻，也可能是中性的和正面的报道。1932年6月上旬，有一个来自台湾等地的工人代表团到苏区参观访问，他们先到汀州，然后到达瑞金，在两地都受到了热烈的欢迎。通过参观游览，他们中有人对苏区产生了浓厚的兴趣和热情，并且最终选择留在苏区工作。在现在看来，这两篇新闻作品是能够充分显示中央苏区的吸

---

① 余伯流、凌步机：《中央苏区史》，江西人民出版社2001年版，第485页。

引力和影响力的珍稀史料，故此处将它们都录存了下来。

汀州各革命团体

欢迎台湾代表和五华工人盛况

六月四日，驻汀各机关及汀城各革命团体，开欢迎台湾与五华工人代表的欢迎会，地点在福建省政府会议厅。会场布置辉煌庄严，革命群众拥挤满堂。各个兴高采烈，欢欣鼓舞异常，鼓掌声震耳欲聋。

首先由主席宣布开会意义，继致极热烈的欢迎词，再由苏区共产党中央局代表报告，及各机关代表致欢迎词后，为台湾女同志施月娥讲演，极沉痛地诉说台湾工农群众受日帝国主义的屠杀和压迫的痛苦，尤其是女同志更受残酷的剥削，该女同志极愤激说："我们定要在苏区学习革命理论与工作，将帝国主义推翻，完成台湾的革命。"最后为五华工人代表演讲，均很诚恳表示他们愿意参加苏维埃工作的热忱。

最后则为游艺的表演，有台湾同志表演歌舞、口琴、提琴独奏，各机关团体的唱革命歌曲，至十一时始闭会。①

中央政府所属的各机关

欢迎五华工人及台湾同志

并已实际参加各种革命工作

五华工人及台湾同志来苏区参观，过汀时曾有各机关热烈的欢迎，已记前报。现该参观团已来至瑞金，当由苏

----

① 《汀州各革命团体欢迎台湾代表和五华工人盛况》，《红色中华》第22期，1932年6月9日。

维埃政府予以接待，次日即往中央印刷局参观，该厂工人
表示极热烈的欢迎，借中央政府礼堂开茶话会，并赠有该
厂出版的书籍多种，继后该团又往中央军事政治学校参
观。参观毕，在红军俱乐部开盛大的欢迎会，并有歌舞新
戏表演，各代表此次来苏区参观的结果，均热烈的要求留
此参加革命工作，尤以五华工人同志（两年前五华苏维
埃运动的领导者）特别表示兴奋，于本月十五日已由中
央政府按各同志的特长和愿望，已分别介绍兵工厂、红军
学校及中央教育部工作云。①

因为它们已经具备难得的史料价值，这里便不妨说说其不足。
从新闻写作的角度看，这两条消息都存在可议之处。尤其是第二
条，时间要素交代不清晰，甚至可以说紊乱。另外，从标题上看，
焦点模糊，到底是要突出欢迎场景，还是要强调来客参加工作的
事实？而且这三行标题给人的印象是：中央政府所属的各机关的
同志，欢迎五华工人及台湾朋友，并且这些来宾都已实际参加了
苏区的各种革命工作。很显然，这样的表述是不准确的。

（三）描叙苏区的社会发展

中华苏维埃共和国的成立，是苏区社会整体发生变迁的跨
越性的一步。这是一个完全不同于国民党政府的工农民主专政
的政权，劳苦大众的地位得到了彻底翻身，真正成为国家的主
人，社会的支柱。这在中国历史上是从来没有的。在这里，农
民获得了土地，工人实行定时工作制，妇女得到解放与自由，
经济建设尤其是农村生产和商业贸易得到振兴，文化教育事业

---

① 《中央政府所属的各机关欢迎五华工人及台湾同志并已实际参加各种革命
工作》，《红色中华》第 23 期，1932 年 6 月 16 日。

开始有了根本性的改善。

　　苏区社会的发展与变化,在《红色中华》报上得到了一定程度的反映。《瑞金刨烟工人罢工胜利》反映的是发生在中央苏区首府瑞金的一次工人罢工斗争,这显然是个奇特的现象,可能完全超出了许多人的思维定式。它刊登在1932年2月3日出版的第9期上。全文为:

瑞金刨烟工人罢工胜利

　　过去瑞金刨烟工人,生活非常痛苦,工资是按斤算,不按月算。工人有病不能做工就不给钱,过去已经作过斗争取得相当胜利。自苏代会劳动法颁布后,为要改变自己的生活,大家更积极起来,在工会领导之下,为实现劳动法而斗争,向老板提出了自己的要求,老板坚不承认,工人即于二十七日宣布罢工,与老板作斗争。结果工人胜利得着以下的条件:

　　一、取得包公制,实行八小时工作制,青工六小时,童工四小时,按月算工资;二、工资分四等:甲等每月大洋二十五元,乙等二十二元,丙等十八元,丁等十元;三、每年新年时,每工人发新年费大洋五元;四、纪念日、有病、开会、星期日停工,不扣工资;五、每年工人回家两次,每次以在家住三天为限(路程时间除外),不扣工资;六、无故不得开除工人,开除工人须得工人及工会同意,开除工人,须给三个月工资;七、雇用工人,须得工会同意;八、如有疾病,水药吃老板的。闻工人当复工时,举行示威游行。高呼:组织阶级工会,拥护苏维埃政府,拥护共产党等口号云。

从作品中可以看出，工人罢工的武器是《劳动法》。其全称为《中华苏维埃共和国劳动法》，是 1931 年 11 月一苏大会讨论通过的。同年 12 月 20 日，以苏维埃中央执行委员会主席毛泽东等人的名义发布文告，宣布《劳动法》从 1932 年 1 月 1 日起在苏区正式实行。在推行的过程中，苏区各级工会组织在苏维埃政府支持下，对其落实情况进行认真的督促、检查。这则消息也特别提到，瑞金刨烟工人的罢工行动是"在工会领导之下"。罢工针对的是私营老板，新兴的政权在制度设置上，给他们留下了一定的生存空间。苏维埃共和国成立之初，即明言"苏维埃政府对于中国资本家的企业及手工业，现尚保留在旧业者手中而不实行国有"[①]。直到二苏大会期间，这个思路依旧没有变。毛泽东在全苏二大政府工作报告中强调："我们对于私营经济，只要不出政府法律范围之外，不但不加阻止，而且加以提倡和奖励。因为目前私人经济的发展，是国家的利益和人民的利益所需要的。私人经济，不待说，现在是占绝对的优势，并且在相当长的期间内也必然还是优势。"[②]这次会议通过的关于经济政策的决议案写道："苏维埃政府允许并鼓励私人资本家在这些生产上的投资与扩大生产，甚至苏维埃政府可将没收来的企业出租或出卖给他们"，"反对在目前由国家垄断一切生产事业的企图"[③]。

下面的这条消息刊登在 1932 年 1 月 13 日出版的第 5 期上，反映的是苏区发展的另一种情状。

---

① 《关于经济政策的决议案》，见《中华苏维埃共和国法律文件选编》，江西人民出版社 1984 年版，第 239 页。

② 《毛泽东选集》第 1 卷，人民出版社 1991 年版，第 133 页。

③ 《关于苏维埃经济建设的决议》，见《革命根据地经济史料选编》上册，江西人民出版社 1986 年版，第 166—167 页。

临时中央政府工作人员
组织消费合作社
正式成立　社员享有特权

临时中央政府工作人员消费合作社，于本月十二日开幕，社内购有多种日常需要品（如袜子、手帕、洋火、香烟等）。闻事前有三位同志筹备消费合作社，征求工作人员入股。于一月八日晚召开股员大会，与会者有百余人，通过消费合作社章程，定五元为一股，限定十月交足，即每月须交大洋五毛，所赚红利，一部分作为基金，一部分分红。凡该社股员都享有特别权利，购买东西特别便宜云。

消费合作社是苏区特有的一种经济组织，它的出现与经济封锁、物品紧缺及发展有限关系密切。苏区的第一个此类经济组织是东固消费合作社，出现在1928年10月赣西南的东固苏区，当时是由东固区革命委员会拨款和群众集资相结合创办起来的。东固的这个经验，后来在苏区的许多地方得到推广。作品中这个由参与者自动集资而成的消费合作社，至少有两个关注点。第一，是苏维埃共和国诞生之后，出现得比较早的一个消费合作社。它成立于1932年1月12日。在此之后，中央苏区的中心区域瑞金才陆续出现更多的类似组织。第二，参与者的身份特殊，他们都是中央政府的工作人员，以前此类组织的成员大多是乡村的农民。直到1934年4月12日，苏维埃中央政府才正式颁布《合作社暂行组织条例》。其中对消费合作社的主旨是这样描述的："消费合作社，为便利工农群众贱价购买日常所用之必需品，以抵制投机商人之操纵。"①

三　介绍国内国际形势

（一）勾勒国内时局

在创刊号的《发刊词》中，《红色中华》报声言报纸当前的三个任务之一是："揭破帝国主义、国民党军阀及一切反动派进攻革命、欺骗工农的阴谋，使工农劳苦群众懂得国际、国内形势与必要采取的斗争方法。"可见在最初的设计里，就有关注国际国内形势的构想，体现了执笔者良好的大局观与宽广的视野。但是，限于当时的条件，《红色中华》报不可能对苏区以外区域展开真正的新闻采访活动，只能是对来自各个渠道的材料进行处理，或直接转载，或经过整合、归纳、调整，然后再刊发出来。

就国内而言，编辑在遴选取舍的过程中，对民众反抗强势权力的题材给予充分的重视。下文是简述灾民暴动的。

河南灾民大骚动

国民党派武装军警镇压

十二月十八日申报载：河南灾民一千二百余人，到南通要饭吃，国民党即派大批武装军警前去镇压，并驱逐他们出境。闻灾民即时严厉拒绝，并将港口停泊船只，全数打毁，实行大骚动云。

该文刊登在《红色中华》第 5 期"要闻"栏目，其全部内容来自 1931 年 12 月 18 日《申报》。它触及了 1931 年的一

---

① 《合作社暂行组织条例》，见《革命根据地经济史料选编》上册，江西人民出版社 1986 年版，第 87 页。

个重要历史事件:河南发生了重大水灾。1931 年入夏后,天气阴多晴少,淫雨弥漫,水祸遍及江、淮、黄三大流域有关地区。河南地处中原,位于江、淮、黄、海四大流域的衔接地带,灾情尤为严重。据大量文献记载,河南省"自交夏令淫雨不霁,时而细雨缤纷,时而大雨倾盆",一直持续到当年 9 月,从而酿成了河南近代之奇灾。①

下文是关于学生运动的,也刊登在第 5 期,内容如下:

反帝运动高涨

各帝国主义大起恐慌

帝国主义借词调派军队来沪

自从北平、上海、南京各地学生,捣毁中央党部,痛殴蔡行培、陈铭枢,焚烧中央日报馆后,英、美、日、法各帝国主义,以长江形势紧张,民众革命运动高涨,国民党军警已无镇压之能,俱纷纷电告本国政府,借口保护外侨和领事馆的安全,派大批军队来华,企图直接镇压革命运动。闻日本即调国内大小七十余艘出动,均携带毒瓦斯烟雾弹,准备采取直接行动。同时在满洲亦将增兵两师团,天津增半个师团,而英美则集中附近舰队,谕告侨民,到上海安全地带居住云。

这条消息由于整合、拼接的幅度比较大,因而没有提供消息来源,甚至也没有交代时间要素。但它所关注的学生运动,确实是当时国统区的典型事件。

在苏区时期(这里特指苏区临时中央政府存在的时期),

---

① 王守刚:《1931 年河南洪水简介》,《水文》1990 年第 2 期。

抗日战争还没有全面爆发，但九一八事变已经发生，日本对我国的侵略日渐加强，《红色中华》报在这方面的介绍也是不惜版面的。下文刊登在1932年2月10日的第9期上，是关于著名的十九路军上海抗战的新闻。

违抗国民党命令直接作战

士兵自动抵抗日军

国民党阴谋有败露

群众革命情绪的表现

二月四日晚上海电：日军攻沪，十九路军士兵自动抵抗，正在激战中，原调作缴十九军械的顾祝同师，士兵亦违背南京政府命令，加入前线作战，民众异常激昂，正在集中力量，准备武装抵抗，日海军轰击南京，国民政府张皇失措，逃窜洛阳。

六日下午一时五十五分上海专电：宋子文谈：各界所有关于政府对十九路军未能尽量予以相信（这不仅是事实，还派兵去预备缴械），给予军火援助，本人确知十九路军火颇为充足。军费一项，本人二次充长财政，亦知其有充分蓄积（恐怕宋子文自己吧），又上星期五政府会议时，何应钦、陈铭枢、蒋介石、冯玉祥、李济深同谓：目前前线甚短，仅以一团兵力足矣。十九路军有三师共十八团，无须援兵，尽可支持，并决定无须援助。各军将士未得军政部命令而自由动作者（证明上海作战完全是士兵自动起来与日抵抗），虽出于爱国行为，也须受抗命处分（所以国民党要派兵去缴械）。当此国难万分危急之时，祈全国民众，应万众一心，为政府后盾（好让国民党将中国尽卖给帝国主义），个人或者有救国计划，然当知统

一计划（要群众不起来反抗帝国主义）。实较无数矛盾冲
突计划同于全无计划为有利（当有利于国民党帮助帝国
主义瓜分中国）。

　　九日上午上海电：汪精卫对上海市民声明：国民政府
并未对十九路军听其孤单失援，当此时局严重之时，计划
未能宣布等语，以掩盖过去企图解除抗日军士兵武装
阴谋。

　　这是一种极具特色的报道形式，打上了《红色中华》的
浓厚印记。一般情况下，会轻易地把它看成是由三条消息构
成的一组新闻，三条消息分别是 2 月 4 日、6 日和 9 日从上
海发来的电传稿件。但在这里必须强调，它是"一个"新闻
作品，而不是"三个"新闻作品。也就是说它是一个新闻组
合，而不是三条新闻。因为它们叙述的内容是相关的，在意
义上有着明显的衔接和呼应；而且是在同一个标题统辖下
的，各自只是其中的一部分而已。制造出这样的新闻组合，
其实是编者对办报条件有限性的一种挣脱和超越。因为它的
出现，显然与报纸的周期长、消息来源太稀缺、传输渠道不
通畅有关。

　　还要特别指出的是，2 月 6 日的电文出现了许多的括号，
括号中的内容表达了与原文相悖的意思。这也是《红色中华》
特有的一种处理方式。电文所传递的消息，当然是经过选择
的。可是，即便是选择后的消息，还是不能体现该报的立场。
所以就利用许多的括号，将自己的立场和观念有针对性地安放
在原文的字里行间。

　　《日帝国主义侵华下大批日本士兵牺牲》也是一个新闻组
合，也事关抗战。其特殊性在于：其中体现出了一些可能编者

也不愿意接受的含义。

日帝国主义侵华下
大批日本士兵牺牲

上海十二日上午八时电：日伤兵二千三百余名，昨下午用甲车运至杨树浦回国。

十五日下午六时十五分上海电：苏州路外白渡桥一带，有载货车数辆，满载日军尸身约一千余，鲜血淋漓于街道上，由北四川路运往日领馆门首。

十六日下午五时十五分上海路透电：日军运输舰最后一艘，已抵上海，一时战争突然猛烈。当新抵上海之日军，全副武装，由舰中登岸后，即有多数战死之棺木，运至船中，运回日本。时英舰福免号，适泊在该舰左右，舰上日人运棺者甚多，而运棺之手续，历数小时不停。结果，有日兵士叹曰：余等不愿做如此牺牲云。

第三条电文直接采用了路透社的稿件，没有作任何的处理。其中描述的主体，以及流露出的情绪，再加上标题的用词，都是与一向立场坚定、旗帜鲜明，以及喜怒往往形诸辞色的《红色中华》报的整体风格不甚合拍。究其原因，恐怕是由于《红色中华》没有向外埠派出记者，有些重要消息只能借助外电；而且因为时间紧迫，任务繁杂，难免出现失察疏忽，自己的立场和情绪被外电所牵引，以致没有作出必要的处理。

（二）关注国际风云

《红色中华》报创办的时间，正好是西方资本主义世界经济危机深度蔓延、经济发展陷入严重萧条的阶段。与此相关的信息，是很符合当时报社的宣传思路的，只要遇见这方面的材料，一般都会编发出来。下面是三则关于美国的消息。

美国失业工人大示威
包围国会　大喊打倒胡佛

报载华盛顿十二月七日国民电：今日为美国国会开幕的日子，各地失业的工人集合数千人，组织饥民队，预先步行入京。今日大示威，包围国会。并欲全体拥入国会。卫队大加镇压，饥民队员全无一点害怕，且大喊打倒胡佛云（美帝国主义的大总统）。

美帝国主义财政大穷困
增加税收　取消失业工人津贴

华盛顿十二月九日国民电：美国在一九三一年度，亏短九〇二，〇〇〇，〇〇〇元，连一九三二年及一九三三年预算不敷，将达到三，二四七，〇〇〇，〇〇〇元。其原因由于扩大海陆空军备以致支出增加而经济恐慌的深入的结果。税收减少，国库亏短加多，因此决定增税。信件邮票由二仙增到三仙，胡佛（美总统）并主张取消政府对失业工人的津贴云。

美国银行大倒闭
一年来倒闭一千二百家

波斯顿十二月十五日路透电：美国波斯顿国民银行倒闭后，麻州今天又有银行九家今日停业，查美国一九三一年共倒闭银行一千二百家，共约有存款九万万元云。

这三则消息并列安排在《红色中华》第 4 期第 4 版上，都是美国的消息，而且在标题上都有个显眼的"大"字，很有气势。其实并列在一起的还有另一条消息《荷兰纺织工人大罢工》，也含有"大"字。可见，编者在制作标题时是经过了一番斟酌与推敲的。

既然是国际的新闻，我们还应该考究一下其来源。三条消息标明是来自路透社和国民社的电文，而时间分别是 1931 年 12 月 7 日、9 日和 15 日，登载消息的这期报纸出版时间是 1932 年 1 月 6 日，很显然，这中间相隔的时间过长。当时《红色中华》报与路透社和国民社没有建立供稿关系，1932 年 10 月 16 日进入《红色中华》编辑部的李一氓曾说过："国内外的消息来源都是从白区报纸剪下来的。那时白区和福建汀州的邮政关系，从未断绝过，上海的《申报》、《新闻报》从汀州收到，不过慢一点罢了。"① 那么可以推断，这三则消息也是从进入苏区的外埠报纸摘编下来的。第一则中的"报载华盛顿十二月七日国民电"中的"报载"，也透露出了这样的信息。

由于苏联与中国共产党的特殊关系，在报道国际形势的时候，苏联自然是一个极其重要的部分。在这个方面，《红色中华》报道的基调与倾向是非常明确的，建设成就与发展动态是其关注的要点，像《特聂泊水电厂落成》、《苏联煤产占世界第四位》、《苏联的航空事业捐造列宁飞机队》和《苏联新建北极圈内一小城》等消息，就是其中的典型作品。

关于苏联的报道，除了单条与其他方面的新闻一起出现外，还会以集束的形态展示。在第 48 期"特约工农电讯"栏

---

① 李一氓：《红中社的工作回忆》，见新华社新闻研究所、社史编写组《土地革命时期的新华社》，2004 年 5 月，第 23 页。

目中,就特设了一个"苏联社会主义建设"的单元,一共刊
发了 5 条相关的消息,下面是其中的 3 条。

> 苏联达其斯坦共和国工业农业大增加,文化也有十足
> 的进步。旧俄时代仅有手工业者的纺织工人一千人,而现
> 有工人一万二千以上,有国营农场三十四,机关车厂十
> 三,百分之廿五农业已集体化。革命前百分之五受教育,
> 现在文盲已绝。旧俄时只有一种报纸,六个电影院。现在
> 已有廿二种报纸,一百廿所电影院,并有九十架无线电。

> 苏联又在西伯利亚边境海参威(崴)附近发现煤矿,
> 预计可得煤三〇〇〇〇〇〇吨。苏联之卫生保护事业亦
> 有伟大的进展。三二年为二〇七七〇〇〇〇〇卢布,三
> 三年则增至二五七〇〇〇〇〇〇。医务机关自五六七四
> 处增加到六三〇〇处,城市日间育儿园,将自二八六
> 〇〇〇所,增至三二二〇〇〇所。农村育儿院将自四三五
> 〇〇〇所,增至五〇五〇〇〇所。

> 苏联中央执委会上,斯大林同志曾谓远东战争危机迫
> 使苏联在第一个五年计划中,将若干工业准备迅速变为国
> 防器具工厂。现苏联已有最精锐之工具,足以应付一切意
> 外的事变,故第二个五年计划可将更注意于农业的发展云。

这类消息都不说明来源,甚至也没有给出时间要素,更不
用说提供作者姓名。它们都是根据在苏区可以获得的各种材料
编发的。其中所反映出来的信息是,当时的苏区人民非常羡慕
和向往。《红色中华》办报一周年的时候,"斗人"在第 44 期

发表了一篇评议文章《赠给一周岁的〈红色中华〉》,言及报纸的优点和应改进的地方。在他看来,其中的一个优点是"努力介绍苏联社会消息",一个以后应该改进的地方是单列出"社会主义苏联的消息"栏目。由此可见,这一类文稿,颇受苏区读者的欢迎。

第四节 舆论监督的取向及特征

新闻媒体具有批评与监督社会的职责与功能,这是中外新闻与传播理论中的一个基本观念。《红色中华》报作为建立工农民主专政的国家政权之后开办的第一份政府机关报,在通过批评的手段揭示现实中的问题与错误,以促进工作的发展方面,进行广泛而深入的尝试,积累了丰富的经验。

一 舆论监督的定位及栏目

利用大众媒介的特点,对现实中存在的不正常、不健康、不应该的现象与行为,进行公开的批评,以引起社会的注意与当事者警醒,进而达到修正错误,促进工作的目的。这是《红色中华》报作为一份机关报创办之初,就已经确立的主要取向之一。

在该报创刊后较长的一段时间里,报缝中一直重复刊登一份题为《欢迎投稿》的启事。其内容为:

> 《红色中华》报是中华苏维埃临时中央政府机关报,凡正苏维埃旗帜下工作的同志,最好而且应该将他对于苏维埃运动一切有关系的文字,在本刊中贡献出来。无论长篇矩著,本报竭力欢迎。特定投稿办法如下:1、论文,

时评，社会调查，工农运动，红军斗争，各项新闻，对于政府与群众运动，各项工作的批评，群众文艺等等。2、文字要用白话，通俗简明，要打标点符号。3、本报有修改来稿之权，不愿修改者须于来稿时说明。4、来稿登载与否，概不退还，要退还的须先声明。5、投稿署原名或化名，听作者自便，但对本报须写明真实地址、姓名，以便通讯。6、来稿直接寄至江西瑞金中华苏维埃政府机关报，《红色中华》编辑部。7、凡经本报登载的稿件，一律从优酬谢，每篇每条自二毛至一元不等，依其文章内容（不限定长短）来决定。

这份启事把一份新生的报纸需要与作者沟通的内容，进行了比较全面的叙述。在今天看来，其中有些部分的表述并不是非常专业，行文也不甚规范，但是其中对"对于政府与群众运动，各项工作的批评"稿件需求意愿的表达，是非常清晰可感的。

以报纸为平台，对不良现象展开深入以至无情的揭露与抨击，这也符合当时党的办报理念。张闻天《关于我们的报纸》一文对报纸的批评功能，就作出过痛快淋漓的论述。他认为："我们的报纸是革命的报纸，是工农民主专政的报纸，是阶级斗争的有力武器，我们对于一切损害革命利益，损害苏维埃政权的官僚主义者，贪污腐化分子，浪费者，反革命异己分子，破坏国家生产的怠工工人等，必须给以最无情的揭发与打击，使他们在苏区的工农劳动群众的面前受到唾骂、讥笑与污辱，使他们不能在苏维埃政权下生存下去，这样来改善我们各方面的工作，来教育广大群众。"① 该文写于 1933 年 12 月，当时

---

① 张闻天:《关于我们的报纸》,《斗争》第 38 期, 1933 年 12 月 20 日。

张闻天任中共中央局常委、宣传部部长，并且兼任中共中央党报编辑委员会书记，完全可以代表中央在这个问题上的看法。

《红色中华》报对于政府部门及其相关人员的批评，主要是通过一些具体的栏目实现的，它们中有"苏维埃建设"、"突击队"、"铁棍"、"铁锤"、"党的生活"、"轻骑队通讯"与"生活批判"等。此外，还有一些集中刊登专题性批评稿件的动态版面。

"苏维埃建设"和"党的生活"是工作研究性质的栏目，间或会发表批评性的文字。其余几个栏目专门刊登批评性的文稿，它们出现在不同的时期，相互间大致有一个次第承接的关系。第一个栏目是"突击队"，最早出现在1932年3月9日出版的第13期上。"突击"是当时各类文件、报告、号召与指令中经常出现的字眼，一般是强调对某项具体工作抓实、督促、推动乃至检查，有在短时间里出现明显成效的意思。用来作栏目的名称，也是表示栏目的命意是为了推动工作的进展，事业的发展。

"铁棍"栏目最早出现在第59期，在以美术字制作的通栏标题"无情的严厉打击贪污腐化官僚主义份子！"下，共发表了9篇批评性的文章。但是，这个栏目很快就被"铁锤"代替了。

"铁锤"栏目最早出现在第65期，在该期第2版通栏标题"给一切官僚主义者和开小差退却逃跑份子以无产阶级的铁锤痛击！"下，刊登了整版批评性文字。其中当时的主编沙可夫的《给以铁锤的痛击》一文，可视为该栏目的宣言。其副标题是"反对官僚主义　消灭逃兵现象"，其中表达出的主要意思是："官僚份子是破坏苏维埃机关的掩藏着的敌人，开小差者是破坏革命纪律的可耻的不良分子。叫一切官僚主义分子从我们苏维埃里面滚出去！不让我们的队伍中有一个逃兵！"这里发出的是那个时期的最强音，不过，它并不能完全概括"铁锤"栏目所有文章的内容。

"轻骑队通讯"与"生活批判"则不能算是常规性的栏目，都是偶尔出现，又很快消失了。

专题性动态版面一般是将相同主题的批评稿件，集纳在近半个版面里推出，主题是不断变换的，而且往往会显示在一个通栏的标题里。如第 143 期第 3 版在通栏标题"开展广泛的反贪污斗争！肃清一切苏维埃的蠹贼"下，刊登了 9 则与反贪污相关的文字。

应该着重说明的是，其中的部分栏目与当时一些实体性的监督与调查组织具有密切的关系。《红色中华》的"突击队"栏目通过发表批评性文章，发挥新闻媒体舆论监督的功能。当时的工农检察部设立了"突击队"组织，是作为监督政权的一种实体机构而建立的。按有关规定，凡有选举权的人，都可以加入突击队。每队三人，队员不脱产，用空闲时间和休息日进行工作。突击队的工作方式，主要是突然去检查某苏维埃机关或经济组织的工作，揭露贪污浪费和官僚腐化现象，或以普通工农群众的身份到某机关请示解决问题，察看办事人员对工农的态度和办事的效率，测验机关工作现状。突击队的工作只限于苏维埃机关和国家企业，并须得到工农监察部许可和指示，持有工农监察部证书。工作情况随时报告工农监察部。①可以说，《红色中华》报的"突击队"栏目和工农检察部的"突击队"组织，在工作目标甚至工作方式上都很相同或者相近，并且也不排除"突击队"组织把了解到的情况，写成书面文字直接刊登在"突击队"栏目上。因为当时非常强调工农检察委员会应该与报纸及报纸的通讯员保持密切的联系。

---

① 参见《突击队的组织和工作》，《红色中华》第 32 期，1932 年 9 月 6 日。

　　尤其值得注意的是"轻骑队通讯"栏目，它与苏区工农检察机构的关系更是非同一般。张闻天在《苏维埃工作的改善与工农检察委员会》的长文中提出，工农检察委员会"从报纸的通讯员、轻骑队那里，都可以得到很多宝贵的材料"，"工农检察委员会的工作，必须同群众报纸与报纸的通讯员以及轻骑队等有密切的联系，它必须依靠工会与青年团等群众组织，同他们合作，或委托他们以一定的任务"①。可以肯定地说，"轻骑队通讯"栏目与这里提到的"轻骑队"组织有着直接的联系。轻骑队是苏区共青团组织于 1932 年 7 月公开发起成立的，其任务是："检查苏维埃机关内、企业内、经济的和合作社的组织内的官僚主义，贪污、浪费、腐化、消极怠工等现象，举发对于党和政府的正确政策执行的障碍与曲解（如红军公谷之保管，军委仓库之保管，粮食之收集，打土豪之罚款等等）。"② 第 138 期的《红色中华》报在"轻骑队通讯"栏中刊登了《瑞金县苏的浪费揭发了》一文，反映瑞金县的浪费与贪污现象。文章前有一个简要说明："自从中央政府人民委员会和工农检查部公布关于瑞金县苏的浪费材料后，少共和工会即组织一个轻骑队进行工作，十天来的工作，完全暴露了县苏内的贪污腐化，下面是轻骑队所得的材料。"由此可见，这个稿件是由这个特定的轻骑队直接提供的。

　　此外，"铁锤"栏目与"轻骑队通讯"有类似的特点。1933 年 4 月 13 日发布的《中华苏维埃共和国临时中央政府工农检察人民委员部训令》（第三号）中指出，工农检察机构的

---

　　①　张闻天：《苏维埃工作的改善与工农检察委员会》，《斗争》第 37 期，1933 年 12 月 5 日。

　　②　《轻骑队的组织与工作大纲》，《斗争》第 41 期，1934 年 1 月 5 日。

突击队"对于青年团体的轻骑队员、《红色中华》的铁锤队以及其他机关的突击队,取得组织上的和工作上的密切联系"①。这里明确提到了《红色中华》的铁锤队,它是一个与轻骑队和突击队类似的实体组织,表明"铁锤"栏目有一个相对固定的作者队伍,它们可以直接参与实际的检查工作,并且与工农检察机构在"组织上"与"工作上"有着"密切联系"。

根据上面的内容,可以推断:在对社会的不良现象进行惩处时,当时的中央苏区存在与实施着一种行政监督与舆论监督的联动机制。

二 舆论监督的范围

《红色中华》报舆论监督的涉及范围很广,概括起来,主要表现在以下几个方面。

(一)揭露苏区各类公务部门及其工作人员挥霍享乐,贪污腐化

在中央苏区,由于战争频仍,更加上国民党对根据地的经济封锁,苏区的物质条件异常艰苦。在这种状况下,苏区中央政府多次发动并引导节约运动。苏维埃临时中央政府成立不久,作为中央政府副主席项英就在《红色中华》报上发表题为《发展生产,节俭经济来帮助红军发展革命战争》的社论,号召苏区军民开展节约运动。社论中强调:"各级政府和各群众团体,一切费都要十二分的节俭,不急用的费不要用,要用的就要节俭,不要浪费一文钱,滥用一张纸,多用一点油,积少成多,就可以节省一大笔经费。我们要知道节俭一文钱即是

---

① 《中华苏维埃共和国临时中央政府工农检察人民委员部训令》(第三号),见《中央苏区廉政建设》,中央文献出版社 2007 年版,第 202 页。

对革命有一文钱的帮助，谁要'浪费一文钱实等于革命的罪人'。"① 在同期的报纸上，还刊发了中央人民委员会的第三号通令《帮助红军发展革命战争实行节俭经济运动》，对苏区开展节俭运动做了更为具体的部署。

此后，这类以节省为诉求的运动在不同的时期不断推出。特别值得说明的是，《红色中华》报还多次向社会发出节省经济的号召，成为运动的直接组织者。1933 年 3 月 6 日，《红色中华》报第 58 期在通栏标题"节省经济！一切帮助给予战争！"下，刊登了《本报号召立刻开始节省一个铜板，退回公债，减少伙食费的运动！》的文章。其中直接向全体读者宣告："向全体同志们作一最热诚的号召：以革命竞赛的方法立刻开始节省一个铜板，退回公债，减少伙食费的运动！希望同志们迅速地热烈地响应我们的这一号召。于最短期内给予我们一个回答。我们不仅要登载你们光荣的革命竞赛优胜的成绩，同时还准备一些奖品，鼓励我们的优胜者！好！我们等待着好消息，看哪一个最先来回答这一号召吧！"这一号召很快就在中央苏区引起了各类机构和广大军民众热烈的响应。

在这样的环境与背景下，苏区的人们对挥霍享乐、贪污腐化的行为自然是深恶痛绝的。《红色中华》报刊登的批评性文稿中，有很大一部分涉及这个方面。下面是刊登在第 136 期上的《吃洋参炖鸡子的军事部长》一文中的内容。

> 斗岭县洞头区模范团自白区打土豪回来，该区军事部办酒席欢迎他们，计模范团士兵十三名，却摆了七八桌

① 项英：《发展生产，节俭经济来帮助红军发展革命战争》，《红色中华》第 10 期，1932 年 2 月 17 日。

酒。酒席很丰，买了八元猪肉，一元豆腐，油二元，二大坛好酒，其余还很多算不了。当时我也被邀入席，还以为他们自己出钱的。第二天跟问，才知道该区的军事部长将打土豪款子拿出来开销的。查他的帐，打了埋伏二百多元，并在帐上记该军事部长买洋参鸡子去帐十余元，说是有病不敢吃药，要洋参炖鸡子吃。该军事部长很阔气，手上金手表、金戒子样样都有，这还不是没收来的吗？像这样一个浪费贪污、打埋伏破坏财政统一的军事部长，该区苏负责人没有说半句话，说不定是通同舞弊，不知斗岭县苏及县军事部对此将何以处理之。

这里反映的是贪污打土豪的钱财，用于集体挥霍，而区军事部长首当其冲，表现得更为典型：借打土豪的机会，有病不吃药，却买洋参炖鸡子进补。

石城县革命委员会的主席把家从县城对河搬到城里来住，放了很多鞭炮，非常热闹；并且还收了群众的很多贺礼，其中有数量不少的花边。有人诘问他：为什么收群众的贺礼和花边？主席的回答振振有词："这是他们自己愿意送我的，为什么不收！"《好个石城县主席的迁家大喜》一文不仅披露了这件事，而且还作了这样的简评："当然一县的主席，要等于从前的县长。一个县长的荣耀，莫说收点贺礼，就是威迫群众送万民伞、立功德牌也不算什么一回事。可是现在是苏维埃政权，主席是代表工农群众来办政府事的，对于封建县长式的主席，就要请他出苏维埃啦！"[1]

---

[1]　江钩：《好个石城县主席的迁家大喜》，《红色中华》第16期，1932年4月6日。

在当时的苏区，主要的代步工具是马，骑马本是为了便于工作，意在提高工作的效率。但实际中并不完全是这样，马成了有些人摆威风显气派的道具。下面的这则短文就反映了这种情形。

马上的文化部长

　　瑞金云集区文化部长朱同志，由区政府回家，或到各乡做巡视工作，不管他三里两里，总是骑马，无论在那条路上遇着他，他总是在马上，这样脱离群众的骑马"官"，并且穿着得很漂亮很奇怪（颈上围一根红的毛绳圈）。这总不能就表示苏维埃的文化吧！[①]

该文篇幅非常短小，但事例极其典型。尤其是"马上的文化部长"一语，非常传神地概括了这位喜好炫耀的文化部长的特质。

（二）抨击各级政府机构及相关人员敷衍塞责、懈怠漂浮的工作作风

苏区临时中央政府的成立，是开天辟地的新鲜事。当时许多的公职人员对所从事的工作没有经验，更没有经过任何针对性的系统培养与训练，加之当时特定的环境与任务对各项工作的实效有较高的期待。因此，导致整体的工作状态离现实的要求存在明显的差距。《红色中华》报第11期就发表了由项英撰写的社论《实行工作的检查》，表达了对临时中央成立以来各级政府工作状态的不满。指出临时中央政府颁布了很多训令、通令、决议、条例等来指导各级政府，若是很切实地照所指示的办法去做，那么，对于苏维埃及革命的发展，毫无疑义

---

① 青：《马上的文化部长》，《红色中华》第48期，1933年1月28日。

的有很大的进步和发展的。"可是在将近三个月以来,各地对于中央政府的一切训令、通令决议等等的执行,那是非常令人不满。一般来说,到现在没有一个政府做一个执行工作的报告,进一步来说,很多政府不仅没有执行工作报告制度,连讨论都没有讨论,哪里还说得上执行吗?! 成为一种麻木不仁的状态。"他认为这种现象的出现,一方面是由于下级政府工作程序不健全,另一方面还因为上级政府没有执行自己的职权,没有实行工作的督促和考察。因此,特别强调要对各项工作实施一次检查。

很快地,临时中央政府就采取了相应行动。《红色中华》报在第 12 期就登载了中央人民委员会第五号命令《切实执行工作检查》提出应当立即切实执行各级政府的工作检查,在工作检查中应该考察在政府机关的工作人员是否有消极怠工腐化、不尽职等情形,对于一切不执行上级命令和工作不积极的要予以革命纪律的制裁,以强固苏维埃政府,使苏维埃的工作紧张起来,消灭一切疏忽松懈的现象。

各类批评性的文章对公务人员工作作风的批评,主要是在三个方面展开的。第一个方面是工作慵懒,缺乏活力。在第四次反"围剿"战斗即将进入关键时期,各级相关的苏维埃政府也进入到了紧张的备战状态。会昌县苏维埃政府、中少县委、县少队部为了更充分地布置战争动员工作,特于 1933 年 2 月 10 日召集全县各区区苏主席、中少共区委书记、区少队长的联席会议。会议的通知星夜派人赶送,各区参会人员也都是连夜赶路赴会的。只有乱石区苏的主席刘经波同志没有到会,据称是"冒睡醒"。① 《大梦沉沉的区苏主席》一文批评

---

① "冒睡醒":赣南方言,没有睡醒的意思。

说:"这不是简单的'冒睡醒'的问题,是他一贯的消极怠工的表现,在战争紧急动员中,还是在做梦的区苏主席,应该把他赶出苏维埃机关去,让他睡个'不亦乐乎'吧!"①

第二个方面是有令不行,有禁不止。梁柏台的《反对忽视上级命令和敷衍塞责的恶习》一文,是针对这种现象展开批评的代表性作品。该文为了揭示下级政府不注意上级政府的命令和决议,举了四个事例加以说明。其中前面两个事例是:

> 一、临时中央政府预备开办一个苏维埃工作人员培训班,已于去年十二月底发了通知给江西福建两省苏及瑞金县苏,叫他们于一月十八日之前,江西送三十个学生,福建送十五个学生,瑞金送五名学生。可是到了一月底,江西省苏送来九人,福建省苏送来十二人,瑞金三人,总共只有二十四人,又不按期送来,而且送来的学生,大部分不是按照所规定的资格送来的……敷衍塞责,完全是旧官僚恶习。
>
> 二、中央执行委员会发了第六号训令,明白的指出,各级政府不得随便逮捕人,有的政府对于接受第六号训令曾提出来讨论过。即就瑞金而言,对于接受第六号训令,曾在去年十二月廿六日至廿九日区乡两级苏维埃政府主席联席会议上做了详细的讨论,并一致通过拥护该训令的决议。并指出区政府所禁闭的犯人限半月内送给瑞金县苏解决。但是事实怎样?各区还禁闭着许多人。最近瑞金第九区苏维埃政府还是随便扣留人,把富农拿来当地主办,把人禁闭起来不解决。中央政府通知瑞金县转告第九区苏不

---

① 《大梦沉沉的区苏主席》,《红色中华》第 60 期,1933 年 3 月 12 日。

要乱捕人，将人释放了，第九区不但不肯执行，反做了一个虚假的报告来欺骗中央政府，经过许多手续才把人放了。①

显而易见，第一个事例是有令不行，第二个事例是有禁不止。

第三个方面表现为有些公务人员将工作视同应付差事，不深入不踏实，简单草率，甚至是粗暴野蛮。这类文章在《红色中华》报上刊登了很多，下面录出其中具有代表性的两条。

强迫命令的乡苏主席

最近宁化武层区黄金乡主席的黄龙标，接到区苏的信，在最□□期间内要动员二排模范营，加入模范团。不去宣传群众，结果近日要集中时骗到了二十余个老头子，说是到区苏开会。这些老头子到了区苏后才知道是要他们去加入模范团，他们不肯去，闹了一场大笑话。

可是，这个主席用强迫欺骗的手段来扩大红军，应该赶快从苏维埃滚出去吧。②

销公债是被压迫

西江县赤鹅区罗洋乡主席，在推销经济建设公债的时候，不能吃苦耐劳来向群众很好的解释，使群众对公债有

---

① 柏台：《反对忽视上级命令和敷衍塞责的恶习》，《红色中华》第 9 期，1932 年 2 月 10 日。

② 炳加：《强迫命令的乡苏主席》，《红色中华》第 129 期，1933 年 11 月 26 日。

很好的认识自动来购买，还说中央政府压迫省苏购买，省苏即压迫县苏，县苏压迫区苏，区苏压迫乡苏，乡苏即压迫群众。这个主席说出这样的话完全是破坏经济建设，反把上级来改变他们的官僚主义方式，我们应当要一致团结起来，以无产阶级的铁锤，严格来打击这个坏份子，要他滚出苏维埃去。①

这两个乡主席完全不在工作状态：一个视工作为儿戏，接到任务以后，竟以欺骗群众的手段，企图搪塞上级组织；另一个则想用强迫的手段威逼群众购买公债，而且还为自己的强迫编造出骇人听闻的逻辑，其危害更甚。在报上对类似的举动大加挞伐，是非常必要的。

（三）展现苏维埃基层组织及其相关人员对文化教育工作的抵触行径

在苏维埃基层机构任职的人大多是农民出身，文化水平普遍不高。《红色中华》第139期刊登的一篇批评文章《斗岭县石螺区石螺乡主席朱文盛支书王奇松》中说："你们床底下有一个大谷箩，全装的是上级文件，文件一到，你们也不看也不讨论，就丢在床底下，有人指出你们这一错误，你们还说：'我又不识字。'这是领导群众的负责人？"由此可见，基层苏维埃机构中的公务人员竟然有完全不识字的。因而，毛泽东写于1934年的《乡苏怎么工作？》一文中提到文书的工作，除了办理人口册、土地册、婚姻生死登记、各种调查表，写报送区苏的报告，派交通，下通知于各村，经手打路条，帮助红军家属写信等以外，还特别提到，主席副主席不识字的读上级的文件给他们听。可见，基层公务人员完全不识字的状况，并非偶然现象。

因为文化水平低，一方面是深受其害，在工作中完全受文书支配:"太拔乡苏主席整天受文书的指示，东跑西走，没有一刻的停歇。而且无论什么事，主席是一点也不知道的。每一事都要禀过文书才敢做，这真是莫名其妙，要知道，乡苏主席是一乡的领导者，他为什么自己不主持工作，反而受文书的指道，这怎样领导工作呢，同时文书先生倒成太上专政了。"①更有甚者，会昌洛口区还出现了威权无上的秘书:"在过去各地苏维埃，因许多工农同志不识字，于是用只秘书来做文字工作，那晓得这班会写字的大秘书，以为工农同志是可欺的，就大权独揽，造成普遍的秘书专政。现在会昌洛口区苏的秘书，更是威权无上，将区苏主席坐起禁闭来，比那些专权的秘书，还拿着主席做木菩萨的更显示得威权大得多了。对于这样擅越职权、破坏苏维埃组织的太上秘书，要望该上级的政府，必须严厉惩办才好。"②

另一方面，一些基层的公务人员对文化教育有明显的抵触情绪，在工作中表现为漠视甚至是排斥。这种抵触情绪经常会下意识地流露出来。

好家伙骂"鸡巴教育"

陈家发是胜利县江口乡的乡代表，该乡教育委员会主任要求他在开乡群众大会的议事日程上加上教育文化一

---

① 阙如珍:《受文书指挥的太拔乡苏主席》,《红色中华》第 34 期, 1932 年 9 月 20 日。

② 江钧:《威权无上的区苏秘书》,《红色中华》第 14 期, 1932 年 3 月 16 日。

条，他坚不认可，反骂"鸡巴教育"，阻止不要加这一
条。像这种忽视教育工作的"宝贝"，应该无情地打
击他。①

好家伙骂开鸡巴的会

博生县竹口口区教育部代普通教育科长黄大俊同志，
自代任这一工作以来，有一个月多，该区文化工作，非常
之差。这次县教育部，派了指导员到该区，巡视和指导及
帮助该区文化教育工作，而黄大俊同志看见县派了指导员
到来，怕检查出他们的工作不深入，无成绩，以及官僚主
义的工作方式，当即向该区的部长和县指导员请假回家，
不料不批准不同意他回去，则黄同志怒气冲冲，心中不
满，到了开会的时候叫他开会，他不但不到会，还说开鸡
巴的会。这不但不能开展文化建设工作，反而破坏。这是
在教育机关中，绝对不容片刻存留的坏家伙，这是值得我
们用无产阶级的锤头，把他锤出苏维埃机关中去呵!②

这两篇批评文章内容有些相近，尤其是在标题制作上，还
留下了明显的相互影响的痕迹。它们反映的是苏维埃基层组织
的工作人员把脏话与文化教育联系在一起，脏话往往是脱口而
出的，这显示了他们在潜意识里对文化教育的深度抵触。

在这样的情况下，苏区的基层文化教育工作是难以保证在
正确的轨道上运行的。《扫除文化教育工作中的坏蛋》一文对一
个时期内各地文化教育方面的问题，进行了比较全面的总结。

---

① 特:《好家伙骂"鸡巴教育"》,《红色中华》第 86 期, 1933 年 6 月 17 日。
② 《好家伙骂开鸡巴的会》,《红色中华》第 131 期, 1933 年 12 月 2 日。

石城县教育部长赖士经,消极怠工,上级加以督促,反领导部员来反对,反对省级教育部的决议,私写介绍信给土豪,两次经中央教育。他报告去年教员伙食欠缺,由中央发给伙食也延期不报告,以致引起教员的不满意,到区苏县苏闹去年的伙食费。

石城县教育部部员邓明星下乡巡视工作,就逃回家里住了十多天,没有一字工作报告;部员赖质如不在政府膳宿,每天在部工作至多不过一小时,批评他不接受;部员陈实莹浪漫,不受领导,没有学习精神,以上三人石城县苏正在查究中。

广昌县城市教育科长黄天俊,赌钱,嫖团匪的老婆,不做教育工作。

广昌尖峰区教育部长张广发,嫖妇女。因尖峰区附近有大刀会,有一日他把包袱等东西背起来,准备逃命,教育工作一点不做。上二人已被县苏撤职。

南丰县只有白舍区、洽村区教育工作较好,其余没有成绩。但是白舍区教育部长赌钱,嫖妇女,有流氓习气;洽村区教育部长不负责,南丰无论如何落后,已有成千成万革命群众,为什么要选一些最落后的份子放在教育部工作呢?

长汀县教育部长"是代理的,很不活动,开会怕说话,精神很差",这是省教育部报告中说的。但长汀不是缺乏工作人员,例如长汀所属的四都,水口,濯田,古城,都是老苏区,而各区都有人可任县教育部长,如古城四都的教育部长,都强于县教育部长,为什么不提拔上来,而用这不能工作的人来代理呢?

　　　　胜利县苏驻在银坑，但银坑没有一个夜校，一个列
　　小。县教育部不注意，反推诿群众不好，粮食困难等等。
　　但胜利各项工作都比较好，独教育工作不好，那就可以说
　　不好的原因是在教育部本身吗？①

　　很明显，上面所罗列的种种问题，有些是教育部门及其相
关人员的问题，有些是上级机构在管理上存在的不足。

　　（四）批判苏区社会中存在的封建意识与迷信行为

　　江西苏区大多是处在远离中心区域的边陲地带，这些地区
一般都有大致相同的特征：交通不便，信息闭塞，经济不发
达。"在这里，许多日用的工业制品，如煤油，牙粉牙刷，毛
巾，袜子，火柴，以至食盐都一向仰给外县输入，食盐来自湘
粤，其他都来自上海汉口长江一带。输出的农产品只有米、竹
木、茶、纸之类。"② 与此相匹配，这里的文化自然也比较落
后。以寻乌县为例，根据毛泽东 1930 年所写的《寻乌调查》：
不识字的占总人数的 60%，能记账的占 15%，能写信的占
3.5%，能做文章仅有 1%。而且寻乌县还不是最典型的。在
其南边，因为与广东接壤，情况明显要好于北边。

　　虽然苏维埃临时中央政府成立后，在苏区普遍开设了列宁
小学、识字班、夜校、扫盲班等，尤其是进行了广泛的革命文
化宣传，但是长期以来在闭塞的环境下形成的封建意识与迷信
思想还有其存在的空间与土壤，不可能在短时间里消失。而且
一些人对这些思想与意识加以巧妙的包装或者遮掩，让它们在

---

　　① 《扫除文化教育工作中的坏蛋》，《红色中华》第 92 期，1933 年 7 月 8 日。
　　② 《江西的中央苏区》，见《中央革命根据地史料选编》上册，江西人民出
版社 1982 年版，第 395 页。

新环境下得以存活下去。一月半、七月半等在一些地方过去是要扛菩萨、迎神拜佛的日子，但这与时行的反封建、反扛菩萨的斗争格格不入。新泉南阳区有好几个乡就把这些日子改为乡苏的纪念日，如南坑乡的一月半，南阳乡的七月半。

《封建俗例的季节变为乡苏纪念日》一文批评说："借着纪念乡苏的名义，来维持封建残余，真是'名正意直'，一举两得，多聪明啊！"[①] 与此相类似，汀州市教育科的一个科长，两个科员，热衷于用旧教材教育学生。他们办了一所列宁小学，学生只有二三人；同时还开办了另外 31 所学校，全是使用旧教材的，学生有 331 个之多。他们把共产儿童读本发给惯于使用旧教材的老师，让他们在有人参观检查时就把儿童读本拿出来，把旧教材藏起。等参观检查的人走了以后，又把旧教材拿出来。[②]

还有一些与苏维埃新时代新风尚迥异其趣的现象，是不加伪饰地展现出来的。《红色中华》报的作者自然更加不会放过。《丰山区政府的形形色色》的作者"月"一进丰山区政府的门，便发现了五种奇怪现象，其中有：政府大门口扎一个牌楼，上面贴的是八仙过海图；大厅两旁新贴全幅二十四孝图共四张；大厅中间，从前放神位的地方，贴着"马克斯列宁二先生及诸烈士之位"，把革命领袖当作菩萨供奉。作者发出的感慨是："我进了丰山区政府的房子，好像进了封建社会的博物院。丰山区政府真不愧为封建社会的拥护者。"[③]

---

① 《封建俗例的季节变为乡苏纪念日》，《红色中华》第 59 期，1933 年 3 月 5 日。

② 参见《汀市教育科维护封建教育》，《红色中华》第 86 期，1933 年 6 月 14 日。

③ 月：《丰山区政府的形形色色》，《红色中华》第 43 期，1932 年 12 月 5 日。

同一期的报纸还刊登了这位作者的另一篇短文，记述在高田区政府发现一张禁鸦片烟的布告，是用八股文的陈词滥调写的。文中说："兹摘录一段给读者来摇头摆尾的读一读：'殊不知移（？）害中国，群众利害莫测，因为种有烟土，今日吃之，明日吃之，遂成瘾然，不顾父母妻子，大则破家败产，小则为盗为丐。废时失业，莫甚于此。'这个布告，大概是前清老秀才写的。"① 八股文与普通百姓原本就有距离，这又是一篇含有错别字的生硬的假八股，并且还是出现在盛行革命文化的红色区域。多重的反差与错位，集中彰显了它的荒唐与不合时宜。

长期流行于民间的一些非理性的迷信，在苏区时期仍大有市场。《提倡迷信帮助封建的桃黄区三乡主席》对此进行了严厉的批判。

> 瑞金桃黄区三乡三村朱英女同志因患抖震病，夜里睡觉时，脚碰到她的老公钟文半身上，钟文半就迷信女子脚抖到男子身上，男子会死，全家会死。他就把老婆朱英捆起来吊打，并派了五个少先队捆送她到三乡苏政府去坐禁闭。而该乡苏政府就把朱英禁闭二天才放出来。出来后，又被她的老公捆打，再送到乡政府禁闭□天。三个少先队，特别是三乡苏政府主席，在这借迷信打老婆的封建行动，不但不乘此机会开导群众破除迷信，打击封建残余，反而接受封建迷信昏了头的钟文半的要求禁闭朱英。这个乡苏主席简直是有意提倡迷信，帮助封建势力，冤枉使朱

---

① 月：《高田区政府八股文章式的禁烟布告》，《红色中华》第43期，1932年12月5日。

英同志受打坐禁闭，真是该死得很!①

认为女子抖脚碰到男人身上，不仅该男人会死，而且全家都会死，这是流行在民间的迷信。虽然这个与迷信相关的故事的主角是朱英的老公钟文半，但本文却把批评的锋芒指向这个乡的乡苏主席，充分显示了作者锐利的眼光及其所站立的高度。

三 舆论监督的特点及评价

（一）宽广的尺度与强劲的力道

《红色中华》报进行的新闻批评视野开阔，尺度宽广，没有太多的限制与顾忌。给人最深刻的印象是往往都力道强劲，淋漓酣畅，一般都不会选择回避躲闪、欲语又止的处置方式。这样的批评专注的是问题的严重性，及其对工作与事业的阻碍与危害，而不会过多地考虑当事者是否能够接受等其他的因素。

第一，有错必究，不顾情面。

《红色中华》报对批评的必要性的考量，关键看触及的是不是真错误与真问题，而不把当事者关系的亲疏远近，地位的高低贵贱作为考量的要素，因而可以说这是一种充分展开了的批评。

好排威风的一位中央女同志

中央政府有一个钱希均女同志，她没有负责工作而不努力学习，却喜欢去包庇商人贩货。原来中央政府傍边有

---

① 月林：《提倡迷信帮助封建的桃黄区三乡主席》，《红色中华》第 35 期，1932 年 9 月 27 日。

一个米粉馆，因为最近节省粮食，禁止做米粉，于是这个老板就向这个女同志请求打一张中央路票到会昌卖米粉，那知这位女同志看见老板请求她，当然觉得很光荣，于是就到收发科命令收发打一张路条给他，后来该商人往瑞金二区七乡被扣留了。又要请求她，但是这位钱同志，不由此认识自己做错了事，反觉得面上无光，有灭她的威风，于是商量财政部的会计科长代造一封信，要乡政府立即发还，她又到收发科命令盖章发出去。大概因为不这样，不足表示钱同志的威风。可是，苏维埃的法律对于这位摆威风的女同志，就不能包庇容许呵！至于代写假信的会计科长，也就太无聊太该死了！收发的同志瞎服从命令也就太失职呀！①

　　这是一个不顾关系亲疏远近的典型例子。《红色中华》报是临时中央政府的机关报，被批评的财政部会计科长和收发科的同志，都是临时中央政府的职员。特别是这里被批评的主要对象钱希均同志不仅是中央政府的"女同志"，而且还直接与《红色中华》有着不解之缘。她1925年加入中国共产党，1931年来到中央革命根据地，任临时中央政府机关党支部书记，《红色中华》报发行科科长等职，后任国家银行会计，兼任中央政府机关合作社主任。《好排威风的一位中央女同志》发表的时间是1932年4月13日。

　　扩大红军运动是苏区的一项经常性的工作。梁广、陆定一和古柏三位都参加了扩红突击运动，并且都担任了突击队的队

---

　　①　江钧：《好排威风的一位中央女同志》，《红色中华》第17期，1932年4月13日。

长，但他们的工作成效明显不理想，《在突击运动中机会主义的动摇》一文对他们展开了严厉的批评。

　　首先是梁广，梁广同志是派到石城去突击的。他到了石城以后，不几天就动摇起来了。因为在他眼中的石城的干部"都是不积极的"，都是"吃饭的时候在机关里"，但是，"做工作的时候找不到人的"。他说石城各区的主席都是"消极的"，他是大大的侮辱了积极的同志。因此，他的结论也便是"冒办法"。对于月底以前扩大五百个红军的信心是动摇了，一直到现在，他还是在那里动摇着。

　　第二，陆定一同志，他是分配在瑞金黄柏区进行突击的，在他到了黄柏区之后，一眼看到那时正是赤卫军野营演习的时候，于是他便不去发动广大群众，而只是集中一切力量抓着野营演习死死不放。因为他想偷一个懒，他想一下子把参加野营的赤卫军□到红军中去。也忘记了他这种企图对于以后的野营演习是怎样有害了，后来经过瑞金县委指出他的错误后，他又走到另一个极端，完全放弃野营了。

　　第三，古柏同志，他到了会昌以后，便坐在县苏里发号施令，各区的实际情形究竟怎样，他是不知道的，甚至连城市区的工作都不清楚，这十足的是一个官僚主义者的标本。[1]

---

① 《在突击运动中机会主义的动摇》，《红色中华》第 136 期，1933 年 12 月 20 日。

这是一个批评不顾对象地位高低贵贱的典型个案。其所针对的三位，都可称是当时苏区里的显要人物。梁广，1931 年夏进入中央革命根据地，任中华全国总工会苏区中央执行局主任，后改任中华全国总工会组织部部长。参与领导中央苏区广大工人支援红军反"围剿"和根据地建设。陆定一，1931 年冬进入中央苏区，担任少共（共青团）苏区中央局宣传部长，兼《青年实话》杂志主编，参加了中央苏区的反"围剿"斗争。古柏，1930 年 5 月曾协助毛泽东作寻乌调查。1931 年 5 月任红一方面军临时总前委宣传部长，1932 年 2 月任中共会昌临时县委书记，同年 6 月起任江西省苏维埃政府委员、党团书记、江西省苏维埃政府内务部长等职。他们三人因为扩红突击任务完成得不圆满，就被放置在自己的机关报上公开示众。在这里，我们不想也无法细究该文的指责是否属实，只想说如此轻易地对三位显要人物进行严苛的批评，在其他时候一般是不可能出现的事情。

第二，直插要害，酣畅淋漓。

《红色中华》报的批评性文章，发表在"突击队"、"铁棍"、"铁锤"等专门性的栏目中的，在形式上有个大致的模式。即篇幅短小，一事一记。一起笔就涉及正题，事情叙述完了，间或加上少许的评议，文章也就戛然而止了。不过多追求文章的写作技法，没有迂回铺垫，曲径通幽；也不见起承转合，旁逸斜出；更不讲究主文谲谏，曲终奏雅。因为作者大多不是专业的新闻工作者，文字朴素稚拙，甚至不免生涩粗俗。不过，惟其如此，显现出作者纠偏匡正意识的执著与力道的猛烈，并且往往都获得了直插核心，单取要害的效果。这样的特点，前文所引述的例证基本上都具备，下面再补充两例。

夸大狂！长胜吹牛皮的动员工作

根据本报江西省委特约通讯员的来稿，在本报一一五期曾载长胜县扩大红军三千名，并予以特殊的褒奖。可是这个消息完全是长胜县的假报告，实际上九月份长胜县只扩大了二百七十余名，这个扩大的来源，完全是由于县委县苏的工作不切实，为着保证创造一百万铁的红军工作的成功，我们必须反对像长胜县这种吹牛皮的动员工作。①

又高又大的贪污腐化官僚主义者滚出去！

反帝拥苏总同盟委员，前任宣传部长及工农剧社的常委兼教员张欣，又高又大，一贯消极怠工，工作方式完全是官僚主义，贪污腐化，将总同盟的经费，天天拿了去上酒馆。前次自反帝拥苏同盟调到剧社工作时竟将一切经费带走，再三追缴，始交出一部分，最近又交出一本糊涂账。据他自己说，尚欠廿余元，实际恐不止此数。最近剧社派他去汀州，又盗用公款廿五元滥吃滥用，总同盟和剧社常委会除严查账目外，已决定请求执行委员会开除其委员与盟籍，并已向中央政府控告，追缴欠款，并按苏维埃法令治罪。这样破坏苏维埃法令的贪污腐化份子，只有请他滚出去！②

这两篇短文没有拐弯抹角，都是典型的直奔主题的写

---

① 《夸大狂！长胜吹牛皮的动员工作》，《红色中华》第 123 期，1933 年 11 月 2 日。

② 《又高又大的贪污腐化官僚主义者滚出去！》，《红色中华》第 92 期，1933 年 7 月 8 日。

法。而且它们在标题中就慷慨陈词，直抒胸臆，第一时间就把文章的主旨揭示出来了。尤其是第二篇文章更有些奇特，其实"又高又大"与贪污腐化是没有必然联系的，但是作者出人意表地将二者高调地联系在一起。因为该人的贪污腐化，便使得他的主要特征"又高又大"似乎也是可恨的。这样稚拙的表达方式，益发显示出文章作者疾恶如仇的愤慨之情。

此外，《红色中华》报的批评文章中，还有一种更加奇特的表达形式。在第139期第4版通栏标题"给那些消极怠工贪污腐化退却逃跑主义的人们"下，发表了9则批评文字，采用的是同样的表达形式，下面是其中的两则。

会昌彭迳乡主席

你的公债谷里面石子很多，而且又湿又重。请你特别注意这个问题，这样的沙子谷送来只表现你们忽视经济建设！

建宁县邮局李局长

你当邮局长，却派递信员替你贩盐。贩来之后，大做盐买卖，在建宁一块大洋赚一斤盐，在得胜关一块大洋赚两斤盐。你们想大财么？

这些文稿篇幅更加短小。更为特别的是，其标题径直呼喊被批评的对象，与正文之间不存任何的区隔，直接贯通。这种表达带来的效果是，好像作者们都不是在做文章，而是直接站在被批评者面前，对他们进行指名道姓的数落与斥责，一吐为快，酣畅淋漓。

（二）监督者与被监督者拥有对等话语权

舆论监督的意义在于，可以通过舆论的介入，引起社会对消极现象的关注进而纠偏正谬。比较而言，舆论监督的开展是简单的，舆论监督的意义的实现显得更加复杂，只有高质量的舆论监督才有实现其意义的可能。而高质量的监督需要一种良好的产生机制，让被监督者享有和监督者等量等值的话语权，应该是其中最基本的一条。《红色中华》报一直倡导并且维护着这样的一种机制，在报上刊登了批评性的文章以后，被批评的当事者有申诉辩解甚至是奋起反击的权利。下面通过具体的批评案例，从两个方面来说明这一点。

第一，让争议在积极与诚恳的气氛里展开。

《红色中华》报第 14 期的"突击队"栏目发表了署名"江钧"的《好阔气的江西政治保卫分局》一文。文章不长，全文如下：

> 现在正是节省经济来发展革命战争，可是，江西省政治保卫分局，做一面旗子就花了九块多大洋；两根手枪丝带，去了一块贰毛四；买日历一买十本，用去了三块多大洋；一个月点洋蜡就点了三十包。这大概是政治保卫分局的负责同志，认为没有漂亮的旗子，好看的手枪丝带，就不足显示保卫局的特别威风?！本来中央政府所出的日历，不仅是价钱少（十片），主要的还是不好看，那有单张扯的日历又好看又便利！洋蜡点起来虽然没有电灯那样辉煌，总比那光大如豆油茶油灯亮得多，当然是拣好的用。总之这些花费，在摆阔的同志眼中，本来不算一回什么事，恐怕是要说乡下人的眼光，没见过大世面的。些许小事，何必大惊小怪呢！不过，我这个乡下人以为在目前的

苏区，总觉得好阔气的江西省保卫分局！

直接当事一方江西政治保卫分局看到了文章以后，很快就做出了反应。该局拟了一个声明投寄到报社编辑部。《红色中华》报虽然没有及时予以刊登，但特别在第 16 期以"突击队"栏目的名义公开发表了一个回复的短信："江西保卫分局：你们声明书，因字太多，此期不能登载，下期登出并答复。"最后这份声明公开刊登在第 23 期上。

江西省政治保卫局的声明

突击队：

　　你们在三月十六日《红色中华》上登载有《好阔气的江西省政治保卫分局》一则，所批评多不合事实，特做以下之声明：

　　一、你们批评分局开始就说："现在正是节省经济来发展革命战争，可是，江西省政治保卫分局……"查财政部审查分局之帐是一二月份的，笼统说现在，形成有意违反中央政府的命令，罪该万死的样子，容易引起误会。这里要特别声明的，决不是说，以前是可以浪费的，浪费在任何时间都是不容许的，应声明的第一点。

　　二、做旗子确实用了八元七角五分，计红洋布一丈五尺，四元七角；旗刀一对，一元；旗锤一对，一元；旗绦二付，一元一角二分。这是细账，都载明了的，而你们说做一面旗子花了九块多大洋，固然在决算上没有写出旗子的数目。用一丈宽的材料，一丈五尺做一面旗子，世界上没有这漂亮、威风的大旗子。同时零件帐记明上各种两个，决没有一面旗子用两个零件的道理。事实上是做了四面旗子（分局一，保卫队一，支部要求做党团旗各一）有旗可以证明。还有一点要申明的是：原来是教买旗料，事务长自动的买了旗刀、旗把、旗锤、旗绦。曾给严厉批评，因为是在汀州买的，无法退还。手枪丝带是□务兵驳壳抢上用的，当时知道只要三四百钱一根，事务长不管贵贱就买。日历中央政府已印有，分局□一月底□兴国方知道，决不如你们推论什么漂亮，方便。彼时只教事务长买三四张月份牌，他买了十个日历。在这里要特别申明的，不是负责人推卸责任，也更不是像你所说爱好看，爱漂亮，表示特别威风，有意做出来的，从任何方面都可以考查的。应申明第二点。

　　三、点洋蜡的问题：事实上不是由点惯了电灯的同志到分局来才出的新花样，自真正乡下人所主持的肃反委员会以来，都是点洋蜡。你们因为在一月份帐上未见洋蜡，以为又是这班人做出来的。但是，十二月份帐上有三十六包洋蜡，谅你们已经看见。向例都是买一次，点二个月，且据经手人说：洋蜡比木油合算，而且便利。事实如此，决不是如你们推论的爱辉煌。在一二月份决算列着三十包洋蜡，而下面注着存有十包，你们断章取义的竟说一个月点了洋蜡卅包，这是扩大化不合事实的说法，应申明的第三点。

　　总之，工作上行动上有不好的倾向，欢迎你们用唯物的突击。此次所揭发分局的与事实不符之点，□作以上之声明，希你们予以精密之考查，并将此信同样在《红色中华》宣布至盼。

在这份声明书后面，《红色中华》报以"突击队"栏目的名义给出了一个说明与答复。

> 江西省政治保卫分局的声明，因编辑人到他处开会，以致延迟时日，到现在才登出来，这是首先要声明的。同时对政治分局的声明，我们还有以下几点要说的：一、过去保卫分局的浪费，该局负责同志，应当负责任的。据你们的声明，虽不是出于好阔气，但是一个机关的事务长，随意乱买东西，浪费公款，据声明上说，不只一次。这证明该机关在指挥上与职权上，不免有点官僚习气表现。否则，那有如此大胆的事务长，一次二次大胆的去做？二、对于旗子和洋蜡，说我们没有根据事实，是由于以前分局送财政部的帐项上，没有说明，而不是断章取义。三、查中央节俭经济的通令，是在二月半间发的，但我们说："现在正是节省经济来发展革命战争，可是……"以时间与浪费上说，这句话我们仍认为没有说错，是对的。这是我们附在后面要说的几句话。
>
> 　　　　　　　　　　　　　　　　　　　　突击队

只要仔细比勘对照上面的三份文字，事情的真相可以看得很清楚。就批评者而言，他对对方的基本问题的认定没有错，但其中也有一些误解，尤其是他由对方的基本问题所作出的进一步的推断，过于大胆，与事实不符。而被批评者一方，虽然有被人误解的地方，但就管理失范、任由下属挥霍这点来说，是难辞其咎的。同时，通过这三份文字可以得出这样的结论：在这次交锋中，批评者与被批评者都抱持着积极与诚恳的态度参与问题的讨论，双方在同一个公开的平台上都充分发表了自己的意见。尤其关键的是，争议是在一个理性的限度里展开的，没有人断章取义、隐瞒真相，强词夺理，以势压人。

第二，一旦发现问题，立即更正。

《红色中华》报在"突击队"栏目刊登了《上杭县苏对扩大红军工作的谬论》一文，词句不很通畅，但表达的意思还算清楚。其主要的内容有:

> 中国工农红军第一方面军独立师政治部对于该师的扩大，原有具体的计划，在九月份该师各团应扩大红军二百名。因而该师各部队，特组织扩大红军组，出发各区乡工作。昨有该师第一团第一连扩大红军组出发上杭蓝家渡太拨一带做扩大红军工作负责人回报:

> 这次扩大红军共计十三名，还有逃兵要归队的六名，都被上杭县苏阻挡不准。他们说:独立第八师是在龙岩永定一带工作，应在龙岩永定一带去做扩大红军。上杭的群众要当红军的，只可到独立第六团去，或可到十二军去。若要到独立第八师，就不准去。并且说，以后独立师的扩大红军组，不准到上杭县了。今天所带回的六个当红军的同去，都是我们与之力争，且闹到军区政治部主任那边去了。经主任解释和认可，才有六个同志一同到来。内中还有罗本元一名，是共产青年团员，因为他不愿到别个部队去工作，结果罗本元同志的介绍信都未曾给予……

> 总之，上杭县苏的同志，犯着了这种对扩大红军工作的错误，见解与狭隘主义，我们应与之作坚决的斗争，庶能使扩大红军工作的前途胜利!!!①

---

① 张开并:《上杭县苏对扩大红军工作的谬论》，《红色中华》第 35 期，1932 年 9 月 27 日。

文章反映的是上杭县苏阻拦一方面军独立师扩大红军的行为。显而易见，这在当时是一个非常严重的问题。那么，事情的真相到底如何？《红色中华》报不久就发表了当事一方上杭县苏的来信。

  记者同志：三十五期《红色中华》上突击队栏张开并同志的《上杭县苏对扩大红军工作的谬论》，阅见之后，大家都莫名其妙这是怎么一回事。后来听了少共县委和少队部同志的说明，才知道独立第八师做扩大红军工作的同志，有一次在秦拨鼓动了一批去扩大十二军的同志，和拉拢了一批由十二军回来的同志，去扩大独立第八师。因此，县委县队部的同志认为这是破坏十二军的扩大，并根据军区指挥部第四号训令，关于扩大独立师独立团的划分表，到军区去辨circle。军区答复应照该表去执行，所以第八师来做扩大红军的同志，便表示不满意，去报告张政治委员，而政治委员便不分皂白来乱说县苏的□话。事实证明上杭在每次扩大红军，只有鼓动到前方（如这次扩大红军新战士五百多人，最初只有百人上下愿到十二军，其余要到独立团，然而经过斗争后，到十二军的却有二百多人了），断不会像张政治委员一般的观念。我们希望以后张同志要弄清事实才做文章，不然，突击队会向你"回头痛击的"！

          上杭县苏维埃政府
       一九三二，十，二十于白砂①

---

  ① 《一个更正》，《红色中华》第 40 期，1932 年 11 月 14 日。

必须说明的是，这封来信是在《一个更正》标题下刊出的。这清楚表明《红色中华》已经通过自己的方式与途径掌握了事情的原委，并且作出了自己的判断，即上杭县苏维埃政府的来信是可信的，张开并同志被自己的下属蒙蔽了，并且他对地方上扩大红军的具体安排与规划不甚明了，错怪了对方。当然在这里，我们更应该看重《红色中华》报发现问题以后立即更正的举措，因为这客观上可以为舆论监督培植一种良好的秩序与氛围。

（三）支撑舆论监督的一些观念具有明显的相对性

《红色中华》报的舆论监督是经由新闻批评的途径展开的，任何的批评都在一定的立场与观念的支撑下。《红色中华》报的新闻批评所反映出来的一些观念具有明显的相对性，即其正确性是相对于苏区时期具体的外部环境的，它们在这个特定的环境中是成立的。一旦超越了这个环境，其正确性可能就要发生动摇，说服力自然也随之荡然无存。下面结合例子，分三个方面展开具体的论述。

1. 关于日常起居

方文的《好安乐的民警局长》是《红色中华》"突击队"栏目的第一篇文章，它针对的是一位民警局长的日常起居生活。

这次我们从连城开回汀州，准备向杭武发动的当中，我们因为军事上的关系，需要和汀州的民警局苏局长接洽，于是我即去会见民警局苏局长。当我会见他的时候，大概天已见太阳当午的十二点钟了。这个时候想必是苏局长刚才由安乐窝里爬起来，赤着脚塌着鞋，露着胸，穿一套白卫生的裹衣。坐着一个矮椅子，围着一架炭火炉作怀抱的姿势，好像是与炉子相依为命的样子了。自我进他的寝室以及出来，大约有十几分钟，他身子好像钉在矮椅子上面，不能动一动的一样，仅说出四个大字"哼！哼！没有"。

我想这还是红军中的人与他会见，如果要是群众，他又不知道什么态度了啦！

他寝室的陈设及他的表情，是十足的官僚主义浓厚的腐化现象，可以说比国民党的公安局长的享福摆阔，不相上下呵！

当时我觉得他很奇怪，如果说他冷，他可没有穿衣服。说他热呢？又紧紧地围着火炉子。要说他才起床，而时间已经正午了。过后我仔细问一问人，才知道这是他的日常生活。因此我今天烤起火来，就想起了好安乐的汀州民警局长！①

撤开当时的特定环境，文中这位被批评的民警局长其实并没有太大的问题。他只是于休息时间在自己的"寝室"里赤脚趿着鞋，露着胸，围着一架炭火炉取暖。但作者感到眼前的这幅景象很刺眼，他是在行色匆匆的行军途中与慵懒状态里的民警局长见面的，两人当时的状态形成了强烈的反差，所以他认定这是一种必须加以批评的现象。很显然，作者的批评是建立在这样的观念之上的：一个干部应该时时刻刻保持着应有的张力，应该随时都能调整出积极而紧张的工作状态。联系到当时苏区一直处在严酷的战争环境下，这种观念完全是可以理解的。《红色中华》第 17 期的"苏维埃建设"栏目有一篇题为

① 方文：《好安乐的民警局长》，《红色中华》第 13 期，1932 年 3 月 9 日。

《转变区乡苏维埃政府工作的工作习惯》的文章，批评了当时苏区各地区乡苏维埃政府存在的四种不应有的"习惯"。其中的一种表现为："起居□□无定时，普遍的早晨七时半才起床（未免太迟）。夜间说闲话，至十一二点钟才睡（可惜油）。没有规定工作时间，有计划的去做一切工作。"批评者在这里操持的观念与上文相近，此处不再具体阐述了。

2. 关于婚嫁仪式

"麟山"在第48期的"突击队"栏目发表《新式的吹鼓手》一文，介绍了自己的一次在路途中的见闻。

> 我由宁广回来，从壬田市经过，当时在消费合作社休息，忽然听得那街上有洋号的声音。我不知什么事情，连忙走出去看一看，才知是娶老婆的。这娶老婆的，好阔气！首先有吹洋号筒的，又有提尿泡灯的，扛方扇的，挑子孙桶的，抬花轿的，花轿背后又有几个苏维埃政府组织的什么俱乐部的同志，跟着吹吹弹弹唱唱，妙在每个都戴着红军的帽子。这样呱呱叫的新式吹鼓手陪伴着封建时代的结婚仪式，真美！

路途中偶遇的情境显然让作者受到了触动，因而他形诸笔墨并在批评性的栏目"突击队"上刊登了。但是这篇文章也是比较特别的，作者的写作似乎是率尔而就，在没有经过必要的过滤和提炼的前提下，就囫囵吞枣地把自己印象性的感触呈现出来了。带来的问题是，其批评的焦点漫漶飘忽，隐晦不明。不过，从文中的关键性词句"这娶老婆的，好阔气！""这样呱呱叫的新式吹鼓手陪伴着封建时代的结婚仪式，真美！"看，作者是反感这种铺张浪费的结婚仪式。文章暗含的观念是：婚礼的举办应该本着节约的原则，仪式应该删繁就简。这一观念现在很多人都会觉得值得商榷，但是在当时苏区物质条件非常艰困的环境中，其合理性显而易见。

3. 关于个人读书

1933 年夏，毛泽覃同志在苏区曾被视为江西的罗明路线的主要执行者之一，被党内"左"倾冒险主义者错误批判。《毛泽覃同志的三国志热》也是一篇批评毛泽覃的文章，但它重心部分没有在路线的层面上展开，主要针对的是毛泽覃个人的一个阅读取向。

　　毛泽覃同志特别爱好《三国志》。《三国志》似乎是毛泽覃同志"战略与策略的根源"，因为他把《三国志》当中许多锦囊妙计，应用到实践中去，结果是犯了严重的恶果。

　　不但这，毛泽覃同志还把他所学来的策略去教育干部："你们没有事可以看看《三国志》，这是有用的，我有许多时候打土豪抓土豪，都很得《三国志》的帮助。"毛泽覃同志教育别人"没有事""看看《三国志》"，好个闲暇的"革命者"。

　　同时，毛泽覃同志又最爱看《申报》。但是，严重的是他常常根据《申报》的谣言来估计革命形势，以致形成他的悲观动摇的机会主义路线。

　　毛泽覃同志，在《三国志》和《申报》谣言的恶劣的影响之下，培养成□而且发展了那些不正确的意识，这是他自己还没有了解到的。党为了教育干部教育党员教育群众，在出版事业上用了很大的力量。在苏区有了大量的革命理论书籍，有了许多教育党员的文件发下去，但毛泽

覃同志会有闲暇去读《三国志》,会根据《申报》谣言去
认识与理解革命形势。这原由在什么地方呢? 在于毛泽覃
同志在政治上缺乏无产阶级的坚定性,因此不能坚决和他
自己小资产阶级的意识及其生活方式斗争,这一弱点和其
他许多弱点汇合起来,就形成毛泽覃同志的错误的根源,
这还不明白吗?①

　　在常规的情境中,阅读《三国志》应该是一件值得充分
肯定的举动,可是在这里却遭到了批评。显然易见,该文有一
些观点,与当时处在主导地位的错误思潮是一致的。作者指出
毛泽覃把《三国志》中的许多锦囊妙计用到现实中,犯下了
严重的恶果,似乎还认为阅读《三国志》是一种小资产阶级
的意识及其生活方式的体现。这些意见在今天看来,都不值一
驳。不过,从文中"好个闲暇的'革命者'"、"毛泽覃同志会
有闲暇去读《三国志》"等表述看来,文章对毛泽覃阅读《三
国志》的批判,也隐含着特定环境中的特有逻辑。从整体上
看,该文作者对《三国志》的排斥并不强烈,彻底否定的倒
是连带提及的《申报》。文章对毛泽覃阅读《三国志》的反
感,重点并不在于《三国志》不该读,而是强调身在苏区的
人,应该很难有时间和心情接触与现实存在距离的读物。实在
愿意读书,就不妨选择与火热的现实紧密相关的"革命理论
书籍"和"教育党员的文件"。在作者看来,在一个动员所有
人员全力以赴还唯恐不及的特殊环境里,阅读《三国志》是
一件太过奢侈的事情。

　　毋庸讳言,刊登在《红色中华》报上的批评文章,其中

---

　　① 《毛泽覃同志的三国志热》,《红色中华》第 92 期,1933 年 7 月 8 日。

有一些明显受到了当时党内的"左"倾思想的影响，透露出来一些错误的观点。在批评的掌握上，也存在着审察不严、批评失当、言辞过激等状况。但是，在整体上看，这些为了实施舆论监督而组织的批评文章，起到了绳愆纠谬、指瑕摘疵的作用，从而在端正政风、树立正气、凝聚人心、鼓舞斗志等方面，发挥出了其特别的功效。

第三章

工农青年的向导：《青年实话》

在《青年实话》鼎盛的时期，一些人谈到其读者对象，有的使用"青年群众"，有的使用"工农青年"，其中后者出现的更为频繁，而且其中含有的"工农"一词，是那个时代的关键词和主题词，所以，本章更愿意接受这个表达。

第一节 《青年实话》的基本概况

一 诞生与发展

《青年实话》是第二次国内革命战争时期少共苏区中央局机关报，常常也被称为中国共产青年团苏区中央局机关报，1933年4月之后，调整为少共中央机关报。它的出现与苏区团组织的发展密切相关。1931年2月19日，团中央通过了《团在苏区中的任务决议》。其中设计了少共苏区中央局的组织框架，该框架包括：书记、组织部部长、宣传鼓动部部长、经济法权部部长、参加革命军事委员会的代表。同时还特别提到，少共苏区中央局应该"创立中央局机关报，日刊或三日刊"。在同年的7月1日，《青年实话》就应运而生了。与当时中央苏区影响较大的《红色中华》、《红星》等相比较，它是出现得最早的一份报刊。在这个时期的中央苏区，中央一级的机关报，只有两种：《青年实话》是其中之一，还有一种是中共苏区中央局出版的《战斗报》，但这份报纸只出版了 4 期，就因印刷的原因而停刊了。《青年实话》问世的这一天，正是蒋介石在南昌行营向其所纠集的 30 万兵力发布总攻击命令，对中央苏区展开第三次"围剿"的日子。初创《青年实话》的场所是江西省永丰县的龙冈，这是中国工农红军第一次反"围剿"中活抓张辉瓒的地点。

《青年实话》的名称是经过大家充分酝酿以后确定的。据当事人王盛荣记述："当一次战争后，二次战争中，中央局计划决定出版报纸的讨论中，曾有过小小的争论。在讨论关于他（它）的名称时，三个同志提出三个不同的名称，有同志主张《列宁青年》，结果最后确定为《青年实话》名称。"① 当时参与其事的有顾作霖、王盛荣、张爱萍、陆定一等同志，他们都是少共苏区中央局的核心成员。其中顾作霖是少共苏区中央局的书记，张爱萍是秘书长，陆定一是宣传部部长，王盛荣是少先队中央总队部总队长。《青年实话》编辑委员会成立后，陆定一兼任了该报的首任主编。由于战争的影响，《青年实话》出版头两期后即休刊了，到第三次反"围剿"胜利后又继续出版。

1932 年上半年，陆定一被解除了《青年实话》主编的职务。少共苏区中央局宣传部工作由宣传部副部长阿伪（魏挺群）主持，《青年实话》主编亦改由阿伪兼任。陆定一自己后来是这样解释这一重大变故的：他在《青年实话》上发表文章，分析国际形势是"世界革命形势在高涨"，被王明集团打

---

① 盛荣：《〈青年实话〉出现的历史》，《青年实话》第 2 卷第 21 号，1933 年 7 月 2 日。

成"右倾机会主义",结果被罢官免职,并且在该年7月调回上海团中央任组织部干事。①

对陆定一的这次离职,王盛荣在《青年实话》办报两周年的时候,作出这样的评述:"《青年实话》是实现党的路线和一切政治主张,传达与深入到青年,青年工农群众中去的最有力的武器。过去团内自我批评思想斗争不发展,是由于过去中央局没有充分的领导团员的思想斗争积极性,所以过去《青年实话》中的文章,有许多原则上的政治错误,使我们部分的工作布置,受到机会主义观点的影响,这是在陆定一做编委的时代。他经常的文章,有许多原则的错误,中央局不能及时给他布尔什维克的打击,使他改正错误。非但不做这一步,反而助长机会主义的观点,经过个别同志几次批评和揭发不改正,然后提交中央局会议正式的讨论,取消编委的职务,保障正确任务执行。《青年实话》经过几次斗争,相当的提高发展团内的思想斗争。"② 对于这段话,我们要注意两点:一是文中存有不甚流畅的语句,二是作者认为陆定一离职的原因是其文章中有"机会主义观点"。

陆定一的继任者阿伪在回顾《青年实话》前两年的办报历程时,也提到了"机会主义"的问题,但似乎在意义上另有侧重。他说:"实际上,在这中间的过程,不仅限于形式的变易,而最重要的,在于同志们对团报的观念,抛弃了机会主义庸俗的事务主义的见解,即以为写文章仅限于负编辑责任的几个同志,以为做'实际工作'没有法子写文章和读团报的

---

① 参见陆定一《王明集团对我的三次打击以及关于夏采喜的一些情况》,《上海党史资料通讯》1984年第3期。

② 盛荣:《〈青年实话〉出现的历史》,《青年实话》第2卷第21号,1933年7月2日。

见解，开始向着群众化的方向转变，吸引工农劳苦青年的广大
阶层来参加报纸工作。"① 这里所谓的机会主义，很大程度上
是指一种缺乏宽广视野的办报倾向。

1933 年秋，胡耀邦任少共苏区中央局秘书长，开始兼任
《青年实话》的编务工作。当时总编辑部已经设在瑞金，但总
发行所和印刷所设在长汀县城。胡耀邦十分重视《青年实话》
杂志的组稿、印刷和发行工作，经常骑马往返于瑞金与长汀之
间。承担《青年实话》报纸印刷工作的，是原长汀碧香楼印
刷所，其老板是廖友明。胡耀邦与他建立了非常密切的关系。
有一次，胡耀邦为了排印和校对《青年实话》，骑着马冒着小
雨从瑞金来到长汀，天已经黑了，他来不及吃饭就赶到碧香楼
印刷所交代印刷任务。碧香楼老板对他的革命热情十分敬佩，
特地煮了米粉和白菜豆腐留他吃了晚餐。胡耀邦常常夜以继日
地工作，深夜，老板娘都要煮一碗米粉或鸡蛋给胡耀邦做点
心。廖友明为了胡耀邦的安全，每天晚上还派儿子廖家醴送胡
耀邦回福建团省委住所。②

《青年实话》最后一期的出版时间是 1934 年 9 月 30 日，此后
不久的 1934 年 10 月 10 日，红军主力部队就开始长征，离开中央
苏区了。在统共的 3 年零 3 个月的时间里，《青年实话》共出版了
113 期，其中第 2 卷第 1 号是"列李卢纪念号"，整期除第 47 页刊
登第 30 期征求的答案外，内容全是纪念无产阶级革命家列宁、李
卜克内西和卢森堡的文章。此外，还有 1 份八一增刊、1 份瑞京

---

① 阿伪：《本报发刊两年来的回顾》，《青年实话》第 2 卷第 21 号，1933 年
7 月 2 日。

② 参见王其森《胡耀邦：年轻的宣传鼓动家》，载《无产阶级革命家在闽
西》，社会科学文献出版社 2001 年版；盛荣《〈青年实话〉出现的历史》，《青年
实话》第 2 卷第 21 号，1933 年 7 月 2 日。

增刊、1份国际青年节画刊。具体来说,《青年实话》对报纸的称呼比较复杂,既有卷,也有期和号。这是从 1933 年 1 月 15 日出版的第 2 卷第 1 号开始的,编委会把此前一年多出版的第 1 期到第 32 期编为 1 卷,1933 年 1 月 15 日至 1933 年 11 月 6 日出版的报纸统称为第 2 卷,每期报纸则称为号,第 2 卷共有 32 号。1933 年 11 月 13 日至 1934 年 6 月 30 日出版的报纸统称为第 3 卷,该卷不再称号,改称期,第 3 卷共有 32 期。1934 年 7 月 5 日至 1934 年 9 月 30 日出版的报纸又只称为期,不称卷和号,它们依次为总第 97 期至第 113 期。

在创刊后的一段时间,《青年实话》的"总编辑所"设在江西于都,总发行所在福建长汀。到了 1933 年 1 月时,《青年实话》编辑部已经迁至瑞金,但总发行所依旧设在福建长汀。1933 年 1 月 15 日出版的《青年实话》第 2 卷第 1 号的第 2 页,刊登如下文字:"总编辑所:瑞金青年实话编辑委员会,总发行所:汀州青年实话总发行所。"1934 年 1 月,第五次反"围剿"战争已进入相持阶段,为便利其工作,少共苏区中央局决定,《青年实话》杂志印刷所及其工作人员全部迁至瑞金。

在报纸的样式与出版的周期方面,《青年实话》也经历了一个不断变化的过程。第 1 期和第 2 期,用的是一种"可装订可张贴"的样式。第 3 期到第 9 期,改用壁报的形态。从第 10 期开始才变成了后来更被人知悉的小册子。在初创时期,"推销不广,稿子也极少,又因经济的限制,每月出版两期(半月刊),每期只千份。由八千份增加到一万份时,改为旬刊(十天一次)"①。第 2 卷以后的《青年实话》,由旬刊改为

---

① 盛荣:《〈青年实话〉出现的历史》,《青年实话》第 2 卷第 21 号,1933 年 7 月 2 日。

周刊，在内容和编辑方法上也有大革新，篇幅比开始改成小册子发行时，增加了 3/5。

从现在的观念来看，根据其开本、板式，尤其是内容判断，《青年实话》更像是一份杂志，而不是习惯上说的报纸。

二　基本的定位

（一）定位的最初确立

在《青年实话》的创刊号上，刊登了少共苏区中央局的书记顾作霖的《建立团报的领导作用》，可以视为《青年实话》的发刊词，是研究《青年实话》不多的材料中非常重要的一份，值得仔细研读。该文把实际的青年工作与办好团报的必要性，陈述得非常清晰和具体。

> 　　以前，团主要的领导方式，是印发通告。每个通告，必是各方面的工作都提到，弄得很长很长。但是空洞不实际，千篇一律。上级团部发一个通告，下级团部照例发一个，一样的冗长、空洞，没有一点具体性。如此，一种通告由上而下的发下去，到区委和支部同志手里，堆成很厚的一叠，他们一见就会头痛，求其看一遍已不容易，真去执行的自然更难得了。甚至还有些团部接到通告原封不动搁在屦①子内，或者一烧了事的。（这里发生这种现象，当然还有 AB 团的作用在内。）所以，通告的领导是不青年化的，不实际的，必须转变到新的领导方式去。
>
> 　　中国团历来不大了解团报的作用的。一般的认为团报是单纯的对外的宣传品，而不了解它对于团的工作与群众

---

① 　屦，疑为"屉（屉）"字的误写。

工作的领导作用。一般的仿佛认为团与群众工作的领导,只有运用通告的方式。因此,团报工作始终做不好,团报的领导作用,始终没有建立起来。

要实现团的转变,首先要转变团的领导方式,这就是要取消通告,建立团报的领导作用。

可以看出,《青年实话》的诞生,在很大程度上是基于团组织工作的需要,这集中体现了机关报的特征。在未有团报之前,青年团的组织与领导主要是依靠发通告展开的,也就是说通过通告来沟通信息、传达精神。可是,通告往往显得不严谨不庄重,因而不被接受者重视,各级组织落实与执行工作的成效自然要大打折扣。所以,利用团报来替代通告就意味着工作方式的重大转换。

论及《青年实话》的基本定位,作者也是直接从团组织工作的角度展开的。

苏区中央局的机关报,是苏区团的最高的报纸。这个报纸要成为苏区团的工作和群众工作的领导者,成为团在青年群众中扩大政治影响的有力的工具,成为青年群众的组织者。这个报纸不仅要解释青年运动的一般理论,解释青年政策的实际运用,解释团当前的口号和任务;同时,更要指示各方面的实际工作,汇集和整理各种斗争的经验,特别是关于团的组织任务的阐明和指示,发展同一路线下的团内的讨论,更要成为这个报纸的主要任务之一。

由此可知青年实话所负的使命是很重大的。特别在目前苏区团处在严重状态的时候,它的产生更有重大的意义,它将是团转变的最有力的斗争武器,是团走向健全化的方针。

他的表达思路是很清晰的，简单地说就是：《青年实话》应该成为少共苏区中央局联系广大团员青年的纽带，是苏区团的工作和群众工作的领导者，是团组织在青年群众中扩大政治影响的有力的工具，同时也是青年群众的组织者。

（二）定位的重新表述

如前所述，《青年实话》起初是少共苏区中央局机关报，也就是说它不是团中央的机关报，而是团中央下属分局的机关报。团中央有时会对《青年实话》的具体业务直接提出指导意见。

1932年6月6日，团中央给团苏区中央局写了一封措辞严厉的批评性函件，即现在可以见到的《团中央给苏区中央分局的信》①。其中涉及了团中央领导所认为的《青年实话》所犯的错误。《青年实话》的第11期中有文章说："帝国主义国民党对革命的仇恨，正与他们自己营垒中的矛盾同时加紧。"第12期有这样的表述："在他们（帝国主义国民党）相互间的冲突愈益紧张中，加强来进攻苏区和红军。"《团中央给苏区中央分局的信》对此的评价是："这种估计，没有法子使我们动员千百万工农劳苦青年在苏维埃的周围，使我们能够在同帝国主义国民党新的血战中得到新的胜利，也就是因为这种估计，所以中央区的同志从容不迫的去打土围子。"其要害是"对于中国两个政权的对立的不了解，不了解苏维埃政府的存在，是中国革命危机的主要标志"。

同时，团中央又指出《青年实话》所反映出的思想，"对于目前两个世界——苏联与一切资本主义世界的对立的估计不

---

① 见中共中央书记处编《六大以来》下，人民出版社1981年版，第655—660页。

够"。因此,"我们同志不了解资本主义世界与社会主义世界,同资产阶级与无产阶级专政间各种矛盾的发展,极端的加强了武装进攻苏联的危险,尤其是在满洲和上海事件之后,更加露骨的明显"。《青年实话》第10期刊发的文章《从"九一八"到"二一八"》中说:"帝国主义相互间的掠夺,飞快的走向第二次世界大战。日本占领上海闸北后,各帝国主义强盗,如美、法、意,特别是美国,立即调集大批军舰集中上海,对抗的形势达到一触即爆发大战的紧张状态!前几天日本与美国的前哨甚至有过一次的接触。血洗全世界的大凶剧,快要在我们面前表演了!"第11期刊登的《帝国主义世界大战在中国爆发了》中说:"帝国主义已经公开决裂了!帝国主义世界大战的炮火,已经在上海轰炸了。"团中央认为,这些估计是完全"忽视了帝国主义进攻苏联战争和进攻中国苏维埃的急迫"。

此外,《帝国主义世界大战在中国爆发了》一文中还提到:在帝国主义瓜分中国的行动日益进展中,帝国主义相互间的冲突更加尖锐起来,帝国主义大战无疑是很快要来到的。但因为革命运动在全世界巨大发展给予帝国主义的威胁,以及帝国主义准备的尚未充足,所以至今还在盘马弯弓的状态。团中央认为这种估计是基于一些不正确的新闻材料,是不正确的。

《从"九一八"到"二一八"》的另外一个判断也引起了团中央的注意。该文说:"中国革命,现在是到了一种新的局面,革命的两大支流——反帝运动与土地革命迅速的要汇合一起!"对此,团中央的评价是:"这是你们不了解反帝运动与土地革命不能对立起来,似乎以前反帝运动与土地革命没有汇合,到现在才要迅速的汇合起来,这是非常错误的。因为你们没有这一正确的认识,当然会使你们放弃在苏区内领导反帝运动的工作。"

在《团中央给苏区中央分局的信》的结尾处，团中央对《青年实话》做出了整体的评价，并且提出了概括性的要求："报纸刊物是我们最锐利的武器，但是分局还不善于使用这一武器，应当来学习使用这一武器。如《青年实话》并不能反映苏区青年斗争和参加革命的实况，并没有用极大的篇幅来登载青年工农的积极性创造性，并没有保障广大的数量和发行，经常的出版。创造一个青年群众的报纸，成为青年群众的领导、组织、宣传与教育者，是分局的重要任务之一。"

可以推断，团中央对《青年实话》是不很满意的，但对其所提出的要求，即"成为青年群众的领导、组织、宣传与教育者"，与《青年实话》最初的自我定位相比较，只是在表达上显得更凝练更简洁，在意义上并没有本质性的区别。

接到团中央这封来信，团苏区中央局非常重视，并于7月28日通过《关于争取和完成江西及其邻近省区革命首先胜利中团的任务决议》。该决议很长，共有7500多字。它一开头就说："中央的指示信，是完全正确的。"还在苏区团目前必须执行的工作的第六项中，强调要"加强团报的工作，使《青年实话》成为'青年群众的领导、组织、宣传与教育者'"。①很显然，团中央关于《青年实话》应该"成为青年群众的领导、组织、宣传与教育者"的要求，团苏区中央局已经代表《青年实话》编辑部完全接纳了。

《青年实话》此后在自我描叙时，都会根据具体的语境作出与此相近的表述。1933年2月19日出版的《青年实话》第2卷第4号，刊登了一份《〈青年实话〉的革新计划》，其中

---

① 《关于争取和完成江西及其邻近省区革命首先胜利中团的任务决议》，见中共中央书记处编《六大以来》下，人民出版社1981年版，第666页。

说:"《青年实话》是共产青年团苏区中央局的机关报,是团的工作与群众工作的领导者。它不仅是一个集体的宣传者,并且也是一个集体的组织者。这一时期的《青年实话》,在团员与青年群众中是有极大的影响,很多工农青年对它能感到兴趣。"这里提到领导者、宣传者和组织者,并且特别强调在团员与青年中有影响,也隐含着具有教育者功能的意思。1933年11月13日出版的《青年实话》第3卷第1期,刊登了主编阿伪撰写的《第三卷的青年实话》一文,内中说:"本报是中国共产青年团苏区中央局的机关报,是广大工农劳苦青年群众自己的喉舌。我们在二万八千余读者共同的爱护之下,使本报一天一天的改善,相当的尽其革命与战争中青年群众的组织者、教育者、宣传鼓动者的作用。"这里着重提到的是"组织者、教育者、宣传鼓动者",与团中央对《青年实话》的要求所用的措辞基本相同。可见,这已经成了《青年实话》定位的一个比较稳固的新表述。

三 作者队伍的构成

（一）与团组织相关的领导人

《青年实话》是少共苏区中央局的机关报,这个性质就决定了它必须体现出应有的权威性和指导性。所以,不同层次的相关领导人是它的一支核心的作者队伍。在这些人中,团苏区中央局的领导是其最主要的一个作者群。团苏区中央局书记顾作霖,组织部部长胡均鹤,宣传部部长陆定一,宣传部副部长阿伪,青妇部长杨兰英,少先队总队长王盛荣,秘书长、少先队副总队长张爱萍,少年先锋队中央总队部执行委员罗华民,儿童局书记曾镜冰及接任者陈丕显等,都是《青年实话》主要的撰稿人。

以陈丕显为例，就在 1932 年 7 月 30 日出版的第 23 期，便刊登了他的两篇文章：《汀州市儿童儿童团第二大》、《说话很不差，工作赶不上，努力最要紧》。另据《陈丕显年谱（1916—1995）》一书介绍，在 1933 年，陈丕显就在《青年实话》上发表以下 7 篇文章：

4 月 1 日，在《青年实话》第 2 卷第 10 号发表《石城儿童慰劳红军有成绩》一文。文章中强调，大家应该像石城儿童一样开展大规模的慰劳红军运动，拥护红军打更大的胜仗。

5 月 21 日，在《青年实话》第 2 卷第 16 号发表《皮安尼儿"红色儿童号"的飞机高射炮》一文，号召江西、福建苏区的儿童团员积极开展募捐活动，以实际行动支援英勇奋战的红军。

7 月 2 日，在《青年实话》第 2 卷第 21 号发表《给〈青年实话〉发刊两周年纪念的礼物》一文，要求苏区的儿童团员们立刻起来组织叫卖队，做好《青年实话》的发行工作。

7 月 23 日，在《青年实话》第 2 卷第 23 号发表《黎川儿童怎样拥护少共国际师》一文，介绍江西黎川城区和赤系二区的儿童团员热烈欢迎少共国际师模范队入城的情况。同一天，还在《青年实话》发表《平射炮》一文，介绍江西、福建苏区儿童募捐购买闽赣省儿童号"平射炮"赠给少共国际师的活动。

8 月 13 日，在《青年实话》第 2 卷第 24 号发表《儿童团的二件工作》一文，要求各地儿童团组织积极发展儿童团员，大力组织慰劳团慰劳少共国际师，以此来纪念"九三"国际青年节。

9 月 24 日，在《青年实话》第 2 卷第 30 号发表《目前苏区共产儿童团的工作》一文，这是作者在四省县以上儿童局书记联席会议上所作的总结报告。内容主要讲了儿童的阶级教育、为增加一倍团员而斗争、拥护苏维埃红军等方面的问题。

当然，积极为《青年实话》写稿的远不止陈丕显一人，其他一些相关的领导也注意利用这个阵地以推动实际的工作。这些人中有团中央局书记博古、何克全，中国工农红军总政治部青年部部长高传遴，团中央巡视员冯文彬、张续之，一军团青年部部长肖华，三军团青年部部长刘志坚，少先队中央局总队长李才莲等，他们在《青年实话》上都表现得非常活跃。尤其是李才莲，他长期担任青年团与少先队的领导工作，先后担任少共上犹中心县委书记、少共广昌中心县委书记、江西省儿童局书记、少共江西省委书记、少共福建建宁中心县委书记、少先队中央总队长等职，其工作性质与《青年实话》非常契合，先后在《青年实话》发表文章近40篇。而且，他还会在一期上同时发表几篇文章。如在第1卷第28期上有2篇文章：《强迫命令与宣传鼓动》、《对广昌肃反工作的我见》，第31期上有3篇文章：《团的组织是这样发展的吗》、《发展自我批评》、《"这样"团员》。

另外，《青年实话》偶尔还会大批量地转载团中央机关报的文章。1932年6月10日出版的《青年实话》第19期上的5篇文章，都是从团中央机关报——《列宁青年》第1期与第2期上转录来的。它们是：《团中央致各地团部的信》，冰泽的《团目前的严重状况与怎样的去克服》，邦宪的《在转变中》，一知的《鄂豫皖苏区的青年妇女》，苏区通讯社的《鄂豫皖童子团代表大会生活》。《青年实话》编辑委员会在当期《青年实话》刊文称："这些文章，都是中央对于我们工作的实际指示以及各地团的宝贵经验，所以特编这册中央的指示专号。"这些文章的作者，除《在转变中》一文可知是秦邦宪外，其余的都不易考究。但从文章的内容来看，基本上可以判定他们都是与团组织相关的领导人员。

（二）军地的通讯员队伍

《青年实话》往往会根据现实的需要，面向特定人群发起征文活动。在其第 11 期第 13 页刊登了一份《本刊征文启事》，具体内容为：

> "红军是工农群众最大的学校。"本刊为要使全苏区工农青年群众，明了红军中真实的生活状况起见，特向红军中青年战士征文。文字系描写红军在战线上的片断生活，题目自定，每篇不得过一千字。以三月底为截止期。征文结果及前五名的文章，要在本刊发表，并略致薄酬，以为纪念。来稿请寄：少共苏区中央局转青年实话编辑委员会。

很显然，本次征文是面向红军中的青年战士的，部队中的战士都可以是报纸的作者。《青年实话》第 16 期刊登的《三军团二师团活动份子会盛况》和《三师青年训练队成立》，便是报道红军日常生活状况的，其投稿者分别是二师政治部青年工作科的周群，三师政治部的汪国汉。

当然，一般的群众能够向报纸投稿的是非常稀少的。所以，《青年实话》很注重在他们中间建立一支通讯员队伍。1933 年 2 月 19 日出版的《青年实话》第 2 卷第 4 号刊登了《〈青年实话〉的革新计划》，建立一个通讯员的网络系统是这个革新计划的主要内容。其中的第三部分是"建立通讯网"，具体内容为：

（一）聘定特约通讯员，特别是在红军与游击队颂首先建立起来，地方在模范县、区、支部亦设特约通讯员。

（二）在地方上，每区设一通讯员，由各区委负责定人负责，并由区委宣传部负责指示和检查他的工作。

（三）各省委负责人及中央局巡视员，应经常向本刊投稿，特别是实际工作中的经验与教训。

（四）编辑委员会应经常与通讯员发生关系，通讯员写来的稿应指出其缺点，和他们个别通讯。没有写稿的通讯员，应促其通讯。

（五）成绩优良的通讯员，应用各科方法□□物质与名誉的奖励，并与邮政总局商定寄稿的减费办法。

从这份计划看，通讯员的设置是非常普遍的。在红军与游击队的队伍中，在地方的各个县区支部，以及各省委负责人、中央局巡视员等，都是编委会物色通讯员时特别关注的对象。

在接下来的一期即第 2 卷第 5 号中，《青年实话》就很快推出了通讯员条例。其具体内容如下：

《青年实话》通讯员条例

通讯员是报纸的脉搏，建立象网一样的通讯员制度，才能使报纸活生生的健全起来，因此，我们除聘请特约通讯员经常同本刊通讯外，并要求各地区要指定同志作本刊的通讯员，经常写通讯给本刊，本条例适用于通讯员及特约通讯员。

一、通讯员要写什么稿子

通讯员应将自己周围工农青年斗争与生活情形，经常向本报投稿——如青工斗争，反富农斗争，肃反斗争，红军和游击队（模范队）的生活与作战经过，扩大红军与慰劳红军情形，拥护苏维埃与红军情形，青年工农与儿童的生活调查……

二、通讯员要怎样写稿子

通讯员写通讯的原则，是要浅白、详细、确实。

靠近工农青年的情况，通讯员应有锐敏的直觉，斗争的发动、要求、经过，工作的经过、经验和教训，以及青年生活的情形，应从各方面去搜求材料，很浅白的写成稿子来，文字的巧掘（拙）不需要计较。

三、通讯员与读者的关系

通讯员应经常接近读者，探求读者对本刊的批评与意见，并在读者中发展读报运动，和推广本刊分销与发行。

四、通讯员与编辑委员会以稿件外，应经常将读者对本刊的意见与批评，告知编辑委员会，以改进编辑方法。通讯员的稿件，编辑委员会有修改实权，编辑委员会并将经常告诉通讯员以需要那种材料。

五、注意下列各点：

（一）来稿勿用铅笔写，字不要太草。

（二）稿件发表时的署名，可由自便，但稿末必须署真姓名及地址。

（三）来稿限于白话文，文言文不要。

六、本刊对通讯员，俱由编委会发给稿纸及信封，另由发行所寄赠本刊每期一份，并在发稿来编辑委员会时，得依减费寄稿办寄稿。其成绩优良的，由编辑委员会赠送最美丽的奖品及名誉褒奖。

非指定通讯员和特约通讯员，愿向本刊通讯者，更表示欢迎！

《青年实话》编辑委员会

二月二十日

这个通讯员条例内容非常全面、周详。它首先明确了《青年实话》通讯员队伍建设的目标是建立通讯员网络体系。还根据苏区的社会环境和报社的现实需要,把通讯员区分为两种:特约通讯员与通讯员,二者承担着不尽相同的职责,特别是还对写什么稿子和怎样写稿子进行了简洁的说明。最后提到了通讯员享受的三项待遇:一是由报社发给稿纸及信封,二是邮寄减费,三是寄赠报纸一份。这在当时苏区物质条件非常匮乏的环境中,是能够产生一定的激励作用的。

当然,通讯员的待遇并不是一成不变的,往往会随着报社外部条件的变化而发生调整。《青年实话》第 2 卷第 17 号刊登了《读者·作者与编者》一文,提到"通讯员如何投稿"的问题:"关于通讯员寄递稿件的办法,我们和邮政局新订立了条约,规定贴一分邮票剪角寄递的权利。只属于通讯员,并且限于用编委会印发的信封(这项信封不得做别项寄递),信封的稿件不计其是几篇,以不超过六钱重为限,超过六钱则须加邮花,并不得在信内附私人函件。"显而易见,这般不厌其烦的叙说与介绍,表明了通讯员所获得的这个待遇在当时的稀罕与宝贵。

在拥有一些特别的待遇的同时,通讯员当然也要承担一些义务。《青年实话》一般会直接在报纸上给通讯员下达任务。第 2 卷第 9 号便刊登一则这样的公告:

各地通讯员:

我们此刻特别需要对各地进行春耕运动的状况及工作经验登载出来,来提高工农青年进行春耕的最大积极性。我们要求你们写稿子,特别注意搜集这一类材料给我们。

编委会

　　由于建立了一支相对稳定的通讯员队伍,《青年实话》的稿源就有了基本的保证,这一点是办好报刊的必备条件。《青年实话》编委会在1932年6月30日出版的第21期刊登的启事称:"最近各地各军方面,来稿日多……亦望读者同志,给本报以更多帮助。以往许多来稿,因篇幅关系,不能完全登载。"此处提到了"各地各军方面",可见投稿者既有地方上的,也有军队中的。《青年实话》的主编阿伪把建立通讯员制度而导致稿件的骤增说得更加清楚,他指出:"(《青年实话》)开始向着群众化的方向转变,吸引工农劳苦青年的广大阶层来参加报纸工作。建立了下层的积极的青年工农通讯员制度,从第二十期本报开辟儿童栏后,工农劳苦儿童对本报亦能感到兴趣。然而因为本报篇幅的关系,致使许多比较次要的和时间性较少的稿件,都不得不积压下来,这是我们所极为抱歉的。"①

　　通讯员为报社的运转发挥了不可或缺的作用,这是毋庸置疑的。但是,要维系通讯员制度的长期延续,就应该对通讯员队伍进行适当的管理。张爱萍就讨论过这个问题,他说:"这,首先就要很好的,有经常性的为《青年实话》投稿与通讯,尤其特约通讯员和各级团部、少先队部、儿童局……的负责同志们。各级团部应将这一工作认为是一项重要任务,普遍的建立通讯网,宣传部应该经常指示与检查通讯员的工作。"② 在这里,张爱萍所强调的管理主要是指示与检查。

---

　　① 阿伪:《本报发刊两年来的回顾》,《青年实话》第2卷第21号,1933年7月2日。
　　② 爱萍:《纪念马克思,拥护〈青年实话〉》,《青年实话》第2卷第6号,1933年3月5日。

第二节　传播重心与报道取向

一　工作研究与指导

作为少共苏区中央局的机关报,《青年实话》的基本定位是青年工作的领导者、组织者、宣传者、教育者,因而对团组织工作的研究与指导是其最核心的内容,自然也是其传播的重心。

（一）青年工作的理论探讨

根据团中央决议精神,1931 年 2 月少共苏区中央局正式成立并开始工作。很显然,成立后的苏区中央局面临着的是一个全新的局面,因为苏区共青团的工作环境与工作氛围与国统区全然不同,而且也无前例可援,一切都要从摸索中开始。可以说,在这个时候对一些具有普遍性的工作进行理论上的探讨,不惟必要,而且是非常迫切。同时,这也是发挥报刊宣传与教育功能的重要途径。

在《青年实话》的创刊号上,团苏区中央局书记顾作霖就对团组织的改造问题,发表了《团的改造与两条战线的斗争》一文。该文认为,要由下而上地改造各级团部,把领导机关中一切地主富农子弟及动摇怠工的分子坚决的驱逐出去,而大胆地将青年工人、雇农、贫农提拔上来,创立团的铁的无产阶级领导。在作者看来,这个改造的过程虽然是漫长而艰难的,还会受到一些抵触与质疑,但改造的决心一定不能动摇。除此之外,还应该纠正在改造过程中出现的偏向。文章说:"提拔工农分子到领导工作上来,必须有充分的坚决,当工农分子初提拔上来的时候,自然也感受一些困难,但是这些必须以耐心的教育去培养他们。怕受到这种困难,怕做教育工作而对提拔工农分子动摇，这是现在最有害的右倾，必须反对；同时，提拔了工农分子以后，不注意在工作上细心的去教育他，而让他空着不做工作，或者不放心给工作他做，而只是形式的将他们列在名单里，或者搁在机关里，这种倾向同样必须纠正。"①

应对国民党军队对苏区的军事围困是红色政权整体的中心任务，苏区的各类组织、各类机构自然应该围绕着这个中心任务开展工作，《青年实话》也不例外；而且，《青年实话》在红军中活跃着一个庞大的读者群，在红军中的发行量占其总发行量的一半以上。因而，关于红军与共青团组织关系的讨论，成了《青年实话》工作研究中的一项重要内容。凯丰在这个方面发表了多篇长文，表现了他对此有比较深入的思考。《团在红军建设中的任务》写于第四次反"围剿"期间，在详细分析了当时的形势之后，作者重点论述了"团立刻实现在红军中的建设上的几个基本的任务"的问题。他认为在当时的关口，团组织具体要承担以下三项任务：

第一，这就是在党的扩大一百万铁的红军的总的任务之下，很快的从志愿兵制变为义务兵制。不经过群众的动员，没有准备的工作是不能实现这一任务的。必须广泛的解释苏维埃是工农的政权，每个工农劳苦群众都有保卫苏维埃的义务，在苏维埃政府随时的号召之下即须拿着武装去保卫苏维埃。

第二个重要问题就是提高军事技术。青年团员应当

_____

① 顾作霖：《团的改造与两条战线的斗争》，《青年实话》第 1 卷第 1 期，1931 年 7 月 1 日。

是提高军事技术的提倡者，经过革命竞赛的工作方法在红军部队中来提高军事的学习。每个红军的战斗员应当是熟练的士兵，培养成批的有军事技术的中下级干部。

　　第三个问题是政治工作。不但要武装红军战斗员的手足，而且要武装头脑，这就是须要在红军中进行有力的政治工作。政治工作的另一方面就是在敌人部队中的工作和俘虏兵中的工作，瓦解敌人的部队，争取俘虏兵成为积极的红军战斗员。政治工作的第三方面就是在居民中的地方工作，加强红军与群众的联系，经过红军中的政治工作去帮助地方工作，加强红军在群众中的影响。这是创造铁的红军的重要条件。①

　　可以看出，作者的视野开阔，逻辑严密，现实性很强，为团组织应对特定的战争局势贡献出了自己的思考。凯丰还有一篇题为《团在红军中的工作》的文章，全文近3000字，在那种战争的大环境下，这应该是不折不扣的长文了。它围绕着青年在红军中的作用与意义、红军中的青年工作方式、红军中青年的教育、青年队的工作、组织的发展等问题，提出了自己的意见。②

　　肖华发现在红军团的工作中存在着两种现象：一种是很多人虽然在口头上常常提到青年工作，但是实际工作中很少给予领导和帮助，这实际上是忽视和取消主义的倾向；另一种现象是在青年干部中存在着清谈主义，且很流行。他便撰写《加紧两条战线上的斗争发展红军中的团和青年工作》一文，旗

---

　　①　凯丰：《团在红军建设中的任务》，《青年实话》第 2 卷第 15 号，1933 年 5 月 14 日。

　　②　参见凯丰《团在红军中的工作》，《青年实话》第 3 卷第 12 号，1934 年 2 月 25 日。

帜鲜明地指出："必须坚决进行两条战线的斗争，反对青年工作中的清谈主义和不青年化，集中火力反对忽视和取消青年工作的倾向。各级政治机关，必须经常的充分的讨论和进行青年工作，纠正青年工作任凭青年干事自己做的现象。尤其是支部必须真实的指示和帮助列宁青年组的工作，使一切工作深入团员群众中去。只有把团和青年工作，认真的作为政治工作中不可缺少不可分离的重要部分，才能使这个工作发展起来。"①

　　在中央苏区，儿童局是团苏区中央局的直属机构，儿童运动是受团组织直接领导的，是团的工作一部分。因而，在《青年实话》上也时常刊发研究儿童工作的文章。《儿童运动的转变与干部问题》一文探讨的问题是儿童运动发生了变化以后，负责儿童工作的干部应该如何配置。1932 年 1 月 15 日至 20 日，在瑞金召开了全苏区青年团第一次代表大会。此后，苏区的儿童运动发生了变化，一些儿童团所不应做的事，如下操、放哨、查路条、扩大红军等，都已经不做，他们比较多地参与到读书、游戏、唱歌、卫生等活动中。该文认为，在这种情况下，"团应深刻了解这一点，立即执行儿运干部的转变，指定那些年龄较大的能力较充足的团员做儿运工作，把那种'儿童工作由儿童作'的观念完全纠正过来。把儿童局的实际工作建立起来。同时，注意团聚一些小学教师来帮助工作，把儿运的转变深入到实际工作中去"②。

　　（二）实际工作的组织与指导

　　除了对一些普遍性、规律性的问题进行理论上的探讨外，

---

　　①　肖华：《加紧两条战线上的斗争发展红军中的团和青年工作》，《青年实话》第 2 卷第 3 号，1933 年 1 月 29 日。

　　②　顾作霖：《儿童运动的转变与干部问题》，《青年实话》第 1 卷第 13 期，1932 年 3 月 25 日。

对于团组织的工作进行直接的组织与指导，也是《青年实话》上常见的内容。很显然，通过这样的组织与指导，可以直接体现出报刊作为"领导者"与"组织者"的基本定位。

1. 组织具体的工作

1932 年 9 月 4 日，《青年实话》在《国际青年节画刊》封三上刊登了题为《募捐购买"少共国际号"飞机!》的启事，内容为:

> 帝国主义国民党派大批飞机来轰炸我们苏区，来进攻红军。我们也要拿飞机去轰炸他们，回答他们的进攻!
>
> 国民党军阀的飞机，是帝国主义供给他的。我们红军的飞机，应该由我们全国工农劳苦群众供给! 全国工农劳苦群众的铁一样的团结，必能战胜帝国主义与国民党!
>
> 现在上海工人正在募捐买"上海工人号"飞机送给红军，山东工人正在募捐买"山东工人号"飞机送给红军，他们都是在帝国主义国民党的残酷剥削和压迫之下，省下饭钱来买飞机，我们苏区工农群众更应该踊跃捐钱来买飞机!
>
> 少共中央局号召全苏区工农劳苦群众捐钱买"少共国际号"飞机送给红军!

在这份启事后面还配发了 20 幅漫画，以烘托和凸显募捐的号召。这项募捐活动很快在苏区产生了很大的反响。《青年实话》对此项活动进行了持续的跟踪与引导，连续几期都显著地登载了与募捐相关的信息。第 25、26 期和第 28、29 期合刊，先后刊登公告，公布捐款机关的名称、捐款人数、捐款数目等信息;第 28、29 期合刊和第 30 期分别发表消息《六二师募捐购买飞机之热烈》和《福建军区总指挥部全体战士轮捐购买"少共国际号"飞机的热烈!》,报道此项活动的最新动态。

发起苏区的群众开展生产劳动竞赛,也体现了《青年实话》所具有的领导与组织功能。《青年实话》在第 2 卷第 5 号就发出了开展春耕运动竞赛的号召,也得到了一些积极的反应。不过,《青年实话》觉得反应还不够广泛、热烈,便又刊出《参加春耕竞赛响应本报的号召》一文,继续为本次竞赛加温。

自从本报第二卷第五号发起春耕运动的竞赛后,各地虽在开始进行,但尚没有普遍的向本报报名,来广泛的组织革命竞赛,发展春耕运动以我们工农青年的极大的劳动热忱,来实现中央政府的春耕计划,为增加两成收获而斗争。这里我们称许瑞金九堡区和林黄区杨关乡团的组织,能够最先的向本报报名参加竞赛,在这一事件上,表示他们无限的积极和英勇,我们希望各地方团与少队的组织,如潮似涌的向本报报名参加竞赛,并经常将进行状况和经验投稿到本报来。①

后来,《青年实话》还刊登了《春耕竞赛总结通告》,补充与更正春耕竞赛活动的评判和奖励的相关事宜。

参加过本报春耕竞赛的单位,请在八月底之前,将工

---

① 《参加春耕竞赛响应本报的号召》,《青年实话》第 2 卷第 9 号,1933 年 3 月 26 日。

作状况向当地少共县委报告，由县委做结论，交本报编辑
委员会总结及评判。第三名以内除给名誉褒奖外，另给相
当奖品。但购买物品的困难，对原日的决定，不能不相当
的变更。

第一名　乒乓球全副；

第二名　橡皮球三个；

第三名　橡皮球两个。①

从这次活动中可以看出，《青年实话》的号召，不只是停
留在纸面上，而是密切追踪活动的进程，根据出现的具体情况
予以针对性的应对，最后还通过奖励进行总结。

2. 指导实际的工作

对具体的工作进行针对性的指导，这是机关报的责任，也
是各个基层单位的实际需求。第三医院政治处邱德胜同志写信
给《青年实话》提建议说："《青年实话》应多多的登载团的
工作方式等团的生活的材料，来改善我们的领导方式与工作方
式。"《青年实话》编者回复道："我们接受邱同志的提议，以
后多多的注意关于领导方式和工作方式问题。"②

工作指导的方式大致有两种：一种是对团组织的工作提出
整体性的意见，另一种是针对一些特定的活动或者问题提出具
体的解决方案、办法。

1979 年 2 月，五届全国人大常委会第六次会议根据国务
院的提议，通过了将 3 月 12 日定为我国植树节的决议。其实，
在当时中央苏区也有植树节，时间是每年的清明节。1932 年

---

① 《春耕竞赛总结通告》，《青年实话》第 2 卷第 24 号，1933 年 8 月 30 日。
② 《读者·作者与编者》，《青年实话》第 2 卷第 17 号，1933 年 5 月 28 日。

的清明节是苏区的第一个植树节，顾作霖在清明节这天出版的《青年实话》上发表文章，要求各级团组织发动一场全苏区的植树运动，以反对封建的迷信活动。他的详细意见为：

> 到这一天，团要发动每一个少先队员、儿童团员，不去上坟，而去种树，事先在群众中做宣传解释，并定下种树的地域。到那一天，即集合起来，每人种一棵树（在山上最好种松树），而且要象农民插秧一样，种得一行一行的齐整些。
>
> 在这植树的运动中，要联系到宣传反对迷信宗教，向那些工农劳苦群众做很耐心的解释，但不要强迫禁止他们！
>
> 在这一植树进行中，要同青年群众指明，植树造林，这是为了发展苏维埃经济，帮助红军和革命战争；同时指出要使现在种的小树，能够长成大森林，也只有向外发展革命战争，争取革命成功才行。
>
> 这一次植树节过了以后，要使植树成为一个经常的群众的运动，一方面不断的种植，把那些荒山荒地种满树木；另一方面要向农民群众做广大的宣传，不要砍伐小树木！①

为了提高工作的效率，活跃工作气氛，在中央苏区经常会开展劳动竞赛，这种竞赛可以是机构与机构之间的竞争，也可以是个人与个人之间的较量。为了执行苏区团大会的一切决议，各地都在不断地举行工作竞赛。在这个过程也出现了一些

---

① 顾作霖：《提倡植树运动》，《青年实话》第 1 卷第 14 期，1932 年 4 月 5 日。

不应有的现象。长汀县的濯田团区委，原是一个模范区委，在开始工作的时候，也表现得很积极，但在一次竞赛失败以后，该团区委没有选择加倍努力工作，反而不再执行竞赛条约，变得更加消极了。针对这种现象，《反对竞赛工作中的消极和锦标主义》一文指出:"工作竞赛必须成为团员群众的，而不只是几个负责人的，必须是为了发展团的工作的，而不是为满足少数人的虚荣心的。反对对竞赛工作消极和锦标主义!"①

"青年团礼拜六"，特指青年人利用休息日的时间参加公益性的义务劳动，这是苏区团组织倡导的一项非常具有特色的活动。《怎样做"青年团礼拜六"?》认为:"我们做'青年团礼拜六'的意思，是要我们的团员领导青年群众，经常的做些实际的事情，帮助红军和苏维埃。"那么这项工作到底应该怎么做呢? 该文提出的意见是:"替红军家属耕田、做家事;帮助红军运输、担架、修桥补路;做草鞋、套鞋慰劳红军;垦荒地种粮食供给红军和苏维埃;卫生清洁运动……等等。先在区委会或支部会上决定'礼拜六'的时间和工作。到了'礼拜六'，以区或支部为单位，把同志集合起来，开一个简单的会议，讨论工作的方法，并按照工作的类别分工，组织临时小组，推举对该项工作有经验有知识的同志做组长或指导员，指导大家去做。时间到了或者事情做完了，再集合起来唱歌欢呼而散。"②

中央苏区的"礼拜六"活动，先是在农村团员中比较普遍地开展起来的。陆定一发表了《工人团员怎样实行礼拜

---

① 荣光:《反对竞赛工作中的消极和锦标主义》，《青年实话》第 1 卷第 16 期，1932 年 4 月 25 日。

② 顾作霖:《怎样做"青年团礼拜六"?》，《青年实话》第 1 卷第 2 期，1931 年 7 月 9 日。

六?》一文，指出工人也应该积极投入其中。具体的方法为：国家工厂中的每个团员应提倡礼拜六工作；在私人企业中的工人团员，应当按照环境，来规定自己做礼拜六工作，为军事需要来作志愿的、无酬劳的工作，如运输，搜集子弹，制造子弹，制造土硝火药，制造红军一切应用的东西，或与农村同志一起帮助红军家属耕田等，都可以由支部讨论决定。①

在中央苏区，俱乐部是一种公共性的机构，也是一种开放性的场所，具有教育与娱乐的双重功能，青年群众在这里可以提高政治素养，获取文化知识，还可以得到积极向上的健康娱乐。对于怎么办好俱乐部，张爱萍提出了自己的意见。他认为：各地团部，特别是各个支部，应该开会讨论，动员全体同志到群众中作广大的宣传，使群众了解俱乐部工作的重要，引起群众对俱乐部的兴趣；然后，以团的名义，公开发起办俱乐部，邀请政府、党，以及各革命团体开筹备会议；在会议上，讨论和决定俱乐部的名称，组织的方法和步骤，并推举五人至七人，成立一筹备委员会。应立即进行宣传和号召，在自愿的原则下，吸收广大工农群众加入俱乐部，团体加入或个人加入都可以。

筹建起来以后，便要进行俱乐部的组织建设，配置好主任、保管、交际、会计、文书等人员。接下来就要把俱乐部的工作分为四大块，分别是：

一、戏剧组——表演新剧和旧剧及活报……等。
二、游戏运动组——做各种游戏和跳高、跳远、赛跑、踢球等运动。

---

① 参见陆定一《工人团员怎样实行礼拜六?》，《青年实话》第1卷第14期，1932年4月5日。

三、音乐组——吹箫、吹笛、吹口琴、按风翎、扯胡琴……等音乐。

四、唱歌组——唱各种革命歌曲。[①]

可以看出，张爱萍的意见既明白晓畅，又详尽具体，且可操作性很强。而俱乐部的活动项目，趣味性强，也很有意义，应该对当时的青年人很有吸引力。

3. 工作经验的梳理与总结

从整体来看，包括共青团工作在内的所有工作，都是一个庞大系统，它由纵横两个方面的小系统构成。横的方面是由许多的工作侧面组成，纵的方面由一个连着一个的工作环节或者阶段组成。所谓工作经验的总结，实际上就是对整体工作历程中的特定工作环节或者特定阶段进行归纳和分析。这样做的必要性是显而易见的，它将给下一个阶段或者下一个环节的工作带去经验和启发。中央苏区的团组织是很善于工作总结的，因而，《青年实话》上刊发了不少工作总结性质的文章。

1932 年 5 月 25 日，团中央作出了在全国的共青团组织开展"冲锋季"工作的决定。要求团组织"坚决站在党的政治路线之下，克服目前工作上的不能容忍的落后现象，为着工作的速度，为着工作的质量而斗争"。"冲锋季"的工作期限为 3 个月，从 1932 年 6 月 4 日开始，到 9 月 4 日结束。苏区与非苏区的团组织承担的任务不一样，在苏区具体有六项任务：

1、巩固苏维埃政权的工作；

[①]　张爱萍：《建立俱乐部》，《青年实话》第 1 卷第 2 期，1931 年 7 月 9 日。

2、拥护红军；

3、动员青年参加民族革命战争，拥护苏联；

4、领导青年工人的经济斗争和团在工会工作口的
任务；

5、招收团员运动；

6、报纸刊物。①

"冲锋季"结束一个多月以后，《青年实话》发表了顾作
霖的总结报告《冲锋季工作的总结》②，对苏区的"冲锋季"
工作进行了全面的梳理。作者的态度非常鲜明，认为"冲锋
季"的计划是正确而且必要的。从苏区来看，也取得了明显
的成绩。具体表现为：动员青年群众尤其是组织和领导模范队
参战的工作，得到显著的进步；白区工作开始建立；扩大红军
工作，拥护苏维埃和红军的工作，团的发展和改造以及组织青
年工农的工作，都取得一些成绩。

不过，作者还指出，冲锋季的工作没有全部完成，工作
上出现了一些错误和缺点。第一，在扩大民族革命战争方
面，还存在着一些偏差。第二，扩大红军工作没有完成原订
计划。第三，对创造新苏区的问题，有所忽视。团内充满着
依赖红军打天下的观念，不把扩大苏区创造新苏区，作为自
己的责任。第四，领导青工斗争与建立工会工作，是冲锋季
工作中最薄弱的环节。第五，在团的发展问题上出现了方法
上的问题。以分开征求为唯一的发展方法，完全抛弃了个别

---

① 《关于进行"冲锋季"工作的布置的决定——团中央一九三二年五月二
十五日决议》，中央档案馆藏。

② 顾作霖：《冲锋季工作的总结》，《青年实话》第 1 卷第 28、29 期合刊，
1932 年 10 月 30 日。

介绍的方法。

在战争的环境中,苏区少先队中的模范队时常会被派往前线,配合红军和地方武装作战。在一定程度上,这已经成了他们常规性的任务。《青年实话》的主编魏挺群结合此前这项工作的开展状况,撰写了《关于配合红军作战的经验与教训》一文,总结出了少先队员在配合作战时应该牢记的几个要点。第一,加紧政治鼓动,禁止使用不正确的动员口号;第二,要选配好模范队的领导,这些负有责任的领导自己必须有决心当红军,可以做队员表率;第三,模范队是少先队参加战斗的主要队伍。它是模范的队伍,应该是完全自愿的,由精壮积极勇敢的队员组成;第四,加紧政治思想教育,要求队员绝对遵守纪律;第五,征调模范队配合红军作战,应该是有计划有准备地进行。①

《瑞金团在转变中》是一篇比较特别的工作总结,它总结的是瑞金团县委两个月时间的工作。1932 年 4 月 25 日,在少共苏区中央局直接领导下,瑞金举行了全县团临时代表大会,彻底改造了团县委。两个月以后,并没有出现水落石出的结果,没有发生实质性的变化,因而,这里总结出来的都是一些尚处于特定状态与过程中的情形,比如先说了这样的内容:发展团员的数量超过原来的一半,团员怕当红军的现象受到了相当的打击,团领导少先队工作也有转变。接着又说:团员的发展只顾数量不顾质量,团员怕当红军的现象还没有完全克服。② 总而言之,这是一个作得比较匆忙的工

---

① 参见魏挺群《关于配合红军作战的经验与教训》,《青年实话》第 1 卷第 30 期,1932 年 11 月 20 日。

② 参见邹汝南《瑞金团在转变中》,《青年实话》第 1 卷第 16 期,1932 年 4 月 25 日。

作报告。

二　新闻报道与宣传

《青年实话》在一些场合自称为"报"，有时也会以"刊"自居。从现在的角度来看，与其说《青年实话》是一份报纸，倒不如说是期刊更符合实际。之所以要做这种辨析，是因为要说明《青年实话》在新闻宣传报道方面，没有非常明显地突出其新闻性，特别是在时效性的体现方面更显薄弱。下面从动态报道、事件报道、人物报道三个方面，分析《青年实话》新闻报道与宣传的取向。

（一）动态报道

这类报道一般都表现为短消息。由于《青年实话》体现出的更多的是出版周期较长的期刊的性质，因而，在一般短消息尤其是在动态性消息的报道方面是着力不多的。不过，其中的一些作品也能在一定程度上反映出苏区各个方面新近出现的动态。

《三师青年训练队成立》是三师政治部汪国汉的投稿，报道的是青年训练队成立的消息。

> 三师为加强红军中青年工作，创造青年工作干部起见，挑选了三十名很积极的分子，开办一短期训练队（期间定一月），于本月四日正式开学，举行开学典礼。当时有师政治部主任及师党务委员会代表致训词，大意谓：过去红军中青年工作，在立三路线底下，完全取消了。自苏区党代表大会后，对于团的工作路线有了相当转变，并说到在目前党的总任务之下，青年团应做的工作，和创办训练队的目的。训词完毕，学生即相继致答词，很

诚恳的接受党对他们的希望，并说明下决心努力学习，以期达到他们的任务。在他们说话的当中，无不表示了他们青年活泼迈进的精神。他们学习的前程，想必有圆满成绩。①

从内容上看，这是一个中规中矩的动态性新闻，报道的核心事实是青年训练队开学典礼。以开学典礼作为青年训练队成立的标志，符合相沿至今的同类新闻的写作通则。标题也可算平易简洁，表意清晰。从写作技巧上看，在今天看来，文句不甚简练，核心信息没有得到充分的突出。

《红军中青年战士积极帮助地方群众耕田》也是一个比较规范的动态报道。

最近红军总直属队帮助地方群众耕田，参加春耕，异常踊跃，大家背起枪支，拿起锄头，到田间去。这一工作已经成了一种经常工作了。参加春耕的同志，是自动的。他们明了提早春耕增加生产是粉碎封锁充实革命战争粮食的运动，所以都努力参加。

今天的检查的结果，总直属队在博生的五个单位的耕田队七十二人中，青年占全数三分之二，团员占全数二分之一。

这可见团员在参加春耕运动中是异常积极的，已起了极大地领导作用了。②

---

① 汪国汉：《三师青年训练队成立》，《青年实话》第 1 卷第 16 期，1932 年 4 月 25 日。
② 莫文骅：《红军中青年战士积极帮助地方群众耕田》，《青年实话》第 2 卷第 9 号，1933 年 3 月 26 日。

由于连年的战争，加之国民党政府及其军队的有意封锁，在第四次反"围剿"处于最紧张的状态下，苏区的粮食一度陷入极度匮乏的困境中。中央执行委员会发布了第十八号训令，"决定全苏区境内，一律提前春耕，并设法尽量增加生产与工作速度，期于最短期内，使苏区粮食的收获大大增加，以巩固红军的给养及改善工农群众的日常生活，造成革命战争彻底胜利的保障"①。为了配合临时中央政府的行动，《红色中华》、《青年实话》等报刊都纷纷向苏区的广大群众发出"春耕运动"的号召，《红军中青年战士积极帮助地方群众耕田》就是在这样的背景下出现的。该消息的新颖性在于红军战士参与耕田，因为与战事相比，粮食的紧张还是在其次的。这些直属队的红军战士能够抽暇参与耕种，在当时是非常难得的。从消息写作的角度看，其主要的缺憾是，没有重点描述红军青年战士"今天"参与耕田的情形。

《崇义的革命群众热烈拥护红军》的作者是红四军十二师三十五团团部的黄利顺，报道的是百姓欢迎红军的情景。

> 我们四军在南康、信丰一带工作，离崇义有百九十里路。崇义及上犹等县都是赤色区域，经过几年的斗争，取得了胜利。每个劳苦工农，都得到了革命的利益。他们听到红军来到了，南康、信丰等地，非常的高兴。尤其是崇义的工农劳苦群众，拿了许许多多的豆腐、米粿、糖果等等东西来慰劳红军。还有很多的工农青年热烈的觉悟的来参加红军。这是表示他们对革命有认识，对红军有认识。

---

① 中央执行委员会训令第十八号《为提前春耕集中力量粉碎敌人大举进攻事》，《红色中华》第46期，1933年1月7日。

这是表示我们红军与群众的团结，一定能够发展革命战争，取得革命的胜利。①

红四军驻扎地离崇义县有相当的距离，但是这个县的工农群众听说了红军到达邻县的消息，不辞辛劳，带着食品远道前去慰问。这则消息捕捉到了苏区的一个极具典型性的画面，在不长的文字里，体现了老区群众的一种令人感动的觉悟与激情。

《青年实话》中消息的作者都是通讯员，在新闻写作上基本没有经过专业的训练。不过，他们中的一些人通过自己在工作中学习、摸索，也初步掌握了新闻写作的要领。下面的这则消息，便是一个可以说明问题的例子。

上杭城内刨烟工人斗争的积极

杭武两县被我英勇的工农红军克复之后，杭城的工人在党和团的领导之下，起来斗争，争得了很多利益：增加了工钱，减少了时间，改善了生活和待遇，要求老板做了新衣服，废除了一切压迫工人的制度。前几天，红军第五军团到了杭城，全城的工人，都很热烈地去欢迎。可是，这一天晚，有一个刨烟店里的老板，他就不拿米出来做饭，该店有几个刨烟工人，在欢迎红军回来的时候，没有饭吃，该刨烟工人，马上报告工会，由工会通知全体刨烟工人六十余人，第二天实行罢工，反对资本家这种压迫。罢了一天，该老板补了全体刨烟工人罢工费贰毫，得到了

---

① 黄利顺:《崇义的革命群众热烈拥护红军》,《青年实话》第 1 卷第 13 期, 1932 年 3 月 25 日。

胜利。从此可以看出工人斗争的积极，不论资方用任何压迫手段，都要受到群众的团结力量的打击。①

该作品报道的是被红军解放了的工人群众，在党和团组织的引导下，通过罢工等途径，争取到了自己应得的权益。从选题的角度来看，它非常有意义。在具体写作中，它给出了一条比较标准的新闻导语：杭武两县被我英勇的工农红军克复之后，杭城的工人在党和团的领导之下，起来斗争，争得了很多利益：增加了工钱，减少了时间，改善了生活和待遇。

（二）事件报道

苏区的存在和发展是通过一系列具体的事件来体现的，事件报道值得我们珍视的最重要一点是：对于历史进程中的关键性情景与细节的描绘和记录。《克复杭武记》记录的就是红军攻克武平以及号称是"铁上杭"的上杭的过程。

　　二月二十日至二十三日，我军在这三日内连克闽西唯一的反动营垒——武平、上杭两城，给予攻赣行动以大的声援，实际的取得了开展革命战争的第一个胜利。

　　武平、上杭两城自一九二八年被我们一度占领后，即为团匪钟绍奎等所盘据，联络闽赣边境豪绅地方武装，勾结广东军阀陈济棠，并在政治上拾改组派的余唾，施行其所谓"减租""减息"的改良欺骗，特别是对于闽西苏区的摧残，则更加凶狠。在团匪势力范围内的苛捐杂税，则无奇不有，花样百出。所以杭武的团匪，不论从任何一方

---

① 李忠：《上杭城内刨烟工人斗争的积极》，《青年实话》第 1 卷第 16 期，1932 年 4 月 25 日。

面看去，谁都不能否认他不是当时闽西苏区的主要敌人。

　　另一方面，他们盘据着杭武两城，所谓:守着了大门口（武平），安坐在铁桶内（上杭），可以说是"万无一失"。

　　可是，团匪的幻梦毕竟是不久长的。二月二十日，武平北门外的一战，将团匪钟绍奎的精锐，一三两营，完全击溃。当场击伤了团匪副旅长钟冠勋，并击毙团匪营长以下百余名，伤无数，缴枪近百枝，子弹万余号，军用品无数。武平就在这天，被我们克复，这回差不多就活捉钟冠勋了。

　　团匪大部在武平惨败的消息传入上杭后，接连着便是溃兵的到来，团匪钟绍奎此时真弄得手忙脚乱。这时所谓"铁上杭"内的团匪、豪绅、地主……都大起恐慌了，城内也开始纷乱了，他们为了保全狗命，而不得不舍弃这座铁城，大豪绅地主见大势已去，自然也再不敢留恋一切，随着钟匪在这纷乱中，离开了上杭。

　　于是"铁上杭"就在我军与广大工农劳苦群众的胜利声威之下，于二月二十三日为我克复。被团匪盘据数年的杭武两县城，就仍成为我赤色的领域。

　　杭武的克复，在配合攻赣行动中取得的胜利，这不但给攻赣行动以有力的声援，另一方无疑给广东军阀以一严重的打击。特别是由于这胜利，由于红军的英勇，由于工农的团结，所影响于团匪内部的瓦解，则更见鲜明。据最近各方所得的消息，攻克杭武后，因我军在中都、高梧等处，连日都得到胜利，所以影响到团匪内部。因怕红军的英勇，并认清楚了红军不乱杀人，和不愿受钟绍奎的压迫，而开小差逃跑的将近数百，且有拖枪到红军及独立团

　　来的，这瓦解的现象，实是闽西团匪的致命伤。

　　　　最后说到杭武群众对于克复杭武后的兴奋，那更是难
以形容尽致。我们只要看三月四日在上杭举行的克复杭武
胜利大会，到会群众的万余人，上杭街的红旗和行人的拥
挤，完全把上杭改变了颜色。各区群众自己表演的游艺，
竟表演到一个多礼拜。而慰劳红军的群众，竟不远百里
而来。

　　　　现在我们正在极力巩固武平上杭两个县城的工作，赤
色的中心城市上杭，亦在努力创造中。①

　　用现在的观点来看，这是一篇小通讯。它在千余字的篇幅
里，报道了红军在三天的时间里连克两城的事件。尤其是其中
红军攻下武平以后，号称"铁上杭"的上杭县城的守敌不攻
自破，望风逃窜的部分，显示出了作者良好的写作感觉，也使
作品陡然显露出一些喜剧气氛。该作品除了重点叙述红军攻打
两城的经过外，还巧妙地介绍了攻克两城的意义，以及攻下两
城以后当地百姓的热情反应。

　　本节前面提到，团中央在 1932 年 5 月作出了开展"冲锋
季"工作的决定。在三个月的"冲锋季"里，苏区的团组织
要承担六项任务，领导青年工人开展经济斗争是其中之一。

　　《汀州市各业青工斗争的热烈》就是反映青年工人在团组
织的领导下，与自己的老板展开斗争的过程。

　　　　汀州市的青工在苏维埃政权之下，虽然得到了不少利
益，但劳动法令中规定的青工特殊利益，尚未完全实现。

---

　　①　张扬：《克复杭武记》，《青年实话》第 1 卷第 13 期，1932 年 3 月 25 日。

为什么呢？因为过去团对青工工作注意得不够，青工的团结力量很弱，没有积极起来斗争。因此，老板还能用花言巧语欺骗工人，甚至阻止工人加入工会。最近更向工人积极进攻，不断开除工人，团已经了解过去青工工作的不够，所以这次就抓住这些事实，领导青工起来斗争。

团先找到这般受老板压迫与开除的青工童工，对他们谈话，发动他们到工会报告。同时，团即公开召集全市各业青工大会，各青工部都热烈到会。大会上各被压迫和开除的青工、童工报告事由后，即讨论决定了被开除的青工斗争要求：第一条，反对老板开除青工，恢复被开除的青工工作；第二条，要老板发给自开除至今的工资、伙食；第三条，恢复工作后，与各青工同样享受劳动法令中的青工特殊利益。其余各个青工所报告的，都按照事实决定了斗争要求，当场推举了五人为斗争委员会的委员；并决定会完后，即整队去与老板交涉。当时，除了到会青工以外，并有成年苦力工人二十余人一起去，援助青工。向老板提出后，要他们马上答应要求，严厉告他们如不答应，即来用进一步的斗争方法对付，他们在工人团结力量的威胁下，就当场答应了，这一斗争也就胜利了。这一斗争的胜利，震动了一般工人斗争的勇气。

次日又继续根据团与工会所调查的青工生活情形，再决定各业青工要求，并于是日下午，召集做纸篓的青工、童工开会，讨论要求。次日上午，工会即召集老板开会，要老板做到要求，在这工人斗争高潮当中，他们也就当场答应，这一斗争又胜利了。

现在，其它各业青工，也正在积极进行向压迫剥削工人的老板斗争。

在这次斗争中，团的确起了作用，团的政治影响也迅速扩大，青年群众对团与工会的认识，更加深切。在这斗争中，共吸收了青工积极分子十余人入团，有一批青工自动加入少先队，一批童工自动加入儿童团，这是汀州市青工斗争之热烈，这是汀州市团领导斗争之收获。[①]

可以看出，汀州市团组织对领导青工斗争的工作非常重视，也非常投入。他们团结了各行各业的青工，为争取自身权益，与资本家斗智斗勇，并取得了一次又一次的胜利。这个作品还传达出来一些耐人寻味的信息：即使是在红色苏区，工人与资本家的斗争也不是简单与粗暴的，强调的是合理与合法，他们依据的是苏维埃临时中央政府的劳动法。

《青年实话》对该作品报道的内容异乎寻常的重视，特别为它配发了一个篇幅较长的编者按，其全部内容为：

团大会严重指出领导青工斗争，加强对工会中青工工作的领导，是团的中心任务。但团大会后直到现在，很多地方的团还不注意这一任务的执行，有些地方的团还保守着最可耻的机会主义见解，以为苏区没有什么青工，有几个青工也没有什么要求；甚至还有"青工不要加工钱，怕斗争"的公开投降资本家的理论（如于都以前的县委及城区区委），广昌青工斗争（见十二期本报的记载）及这次汀州青工斗争的事实，可以给那些机会主义者一个最有力的打击。这两次斗争的经验，证明苏区青工的生活，

---

① 郑荣光：《汀州市各业青工斗争的热烈》，《青年实话》第 1 卷第 14 期，1932 年 4 月 5 日。

还很痛苦,还没有得到劳动法令中规定的青工利益,迫切的要求斗争,要求团去领导他们,而团也只有坚决去领导他们的斗争,争取他们的利益,才能争取他们到团的影响和领导下,并吸收青工中的积极分子到团内来。这两次斗争的经验,应该成为全苏区团的财产,各地方的团,都应该跟着汀州的团,实际到青工中去,领导他们斗争!

从按语中可以推断,《青年实话》重视这个作品,是因为它所报道的团组织领导青工开展斗争,是苏区团组织的一项非常重要的工作。但是在实际上,它又往往被一些基层团组织所忽略,因此,该作品在题材选择上的价值显得更加突出。

(三)人物报道

《青年实话》的人物报道在形式上最显著的特点是没有定型,不拘一格。不同的作者,其选择的报道形式可能大相径庭。给人的印象是,编者和作者们并不在乎同一张报纸上刊出的人物报道在形式上千差万别,而只追求表达的方便和自如。

《勇敢的兴赣青年》是一篇以人物群体为对象的报道。

从红军围困赣州之日起,赣县的工农青年已有五百余人,去前方当红军,尤其是到第三军团为更多。在赣县良口区的一连模范少队(一百一十多人),有九十余人自动踊跃加入红军第三军团。还有担架队、洗衣队、慰劳队在红军到时自动去帮助红军工作,特别是共产儿童团的站队路旁,门上插欢迎红旗的欢迎红军……等。

在兴国也有九百余名青年工农去三军团当红军。

这充分证明了,赣州、兴国工农青年明了自己的责任,了解扩大红军,扩大革命战争的紧急任务。也就证明了赣县兴国团员在青年群众中的领导力相当加强起来了。

这就是赣县兴国团员的光荣！青年工农群众的光荣！

全江西的同志们！努力吧！跟着赣县兴国团员与工农青年的光荣，赶上他们！①

作者的报道对象是一个人物群体，因为是整体性和概括性的，所以人物的面目不甚清晰。很显然，作者的笔下带着饱满的感情，这使得整体的描述显露出了浓重的主观色彩。作者只求痛快淋漓地表达自己的感受，因而他的遣词造句、谋篇布局是很随性的。标题中"兴赣青年"就是一个典型的例子，结合上下文仔细琢磨，才清楚它指的是兴国和赣县的青年。

《识字运动中的模范》报道的是一个具体的人物，作品显示出了比较清晰的人物面貌。

刘大兴同志，过去在前方是很勇敢地与敌人作残酷的战争，后来负了重伤，成为残废。他原来没有读过书，他到残废院后，很努力地学习识字，在四月份的测验中，只能认识一百二十个字。在五月份更努力地去求进步，结果在两个星期内的测验，能识能解能写六百五十多个字，这就是刘同志在识字运动中所得极大进步。他不但识字，而且很热烈的参加各种社会工作，并且他每天都能帮助五个或十个小同志识字，每天都能认五个字以上，全所的青年在刘同志影响之下，现在每人能识二百个字以上。不识字的青年同志们，应学习刘同志的样子，努力进行识字运

---

① 爱萍：《勇敢的兴赣青年》，《青年实话》第 1 卷第 13 期，1932 年 3 月 25 日。

动，消灭工农群众中文盲。①

　　这个作品在结构与行文上的风格与《勇敢的兴赣青年》
迥异其趣，包括文字在内的文章形式方面的因素，很内敛地存
在着，突显出来的是一个特征明显的新闻人物。用一种非常平
易朴实的格调，给读者提供了曾经兴盛一时的苏区扫盲运动、
识字运动中的一个人物典型。

　　接下来的这个作品应该说是编者的，他把多位通讯员正面
报道人物的稿件，集纳在一起，给人以一个整体性作品的印
象。这个栏目叫"光荣的红匾上"，下面是该栏目第 2 卷第 17
号上刊发的文章。

扩大红军的先锋

　　兴国城市刨烟支部在红五月突击冲锋中，有个杨玉华
（女）同志在五月一号至卅号，区委订定城市村扩大红军
三名，杨玉华同志在一天的功夫，领导了三个男同志去报
名当红军。这是扩大红军的先锋，值得在红板上放着名
字。（吕宜兰）

这真正是青年群众的模范

　　赣县田村区石芝洞乡，在"五九"纪念大会中，该
县模范少队的连长吴兴杰同志（他是个共青团员），很兴
奋地跑到报名处说：我报名当红军去，并且吴兴杰同志在
纪念大会中，还带领了十九个青年同志一同报名当红军

---

　　① 钟桂生：《识字运动中的模范》，《青年实话》第 2 卷第 17 号，1933 年 5
月 28 日。

去，这真正是青年群众的模范呵！（曾到青）

值得敬佩的残废同志

邮政局有个游英隆同志，他是一个半残废同志，在邮局工作，平素很节俭，去年中央政府颁发二期公债票时，他很慷慨地购买了五元公债。在今年红色中华号召退还二期公债时，他很踊跃地把购买的五元公债退还，不要公家还本利，这样对革命有认识的残废同志值得我们钦佩。（丘玉昆）

福建军区后方残废院有二个团员王庆台（男），林连英（女），他这次看见红色中华的号召，王同志自动退还公债四元半，林退还八元，不要苏维埃政府还本。并且林连英还是一个半残废，每天还很积极的领导一般青年的残废战士上山去砍柴，真是能做群众的模范呵。（张海心）

在这一期的"光荣的红匾上"栏目上，共刊发了近 10 篇稿件，这里只保留了其中的 3 篇。可以推断，现在的这个模样并不是作者来稿的简单排列，是经过了编辑的一番整理与加工的。"值得敬佩的残废同志"的标题下，出现了来自两个不同作者的两篇文章，就可以证明这一点。应该说，这些作者在新闻采写的技能上显得不甚专业，他们不仅不能贡献出人物报道的鸿篇巨制，甚至连遣词造句也难免滞涩生硬；编辑的手段也不很高明，标题的制作过于随意，也没有根据文章的内容对它们进行更有秩序和逻辑的编排。但是，这个栏目却是可以激励当时读者的，它依靠的是没有文饰的朴实与率真，以及组合在一起的规模和气势。

第三节　舆论批评与监督

《青年实话》对批评性的文章非常重视,刊发的数量比较多。这类稿件主要刊登在"轻骑队"、"自我批评"、"批评与建议"等栏目中,其中"轻骑队"出现的频次最多,也最有影响力。《青年实话》上刊发的批评性文章,大多与少共苏区中央局创建的一个群众性监督组织有直接的关系,这个组织就是轻骑队。而且,轻骑队与政府的行政监督部门的关系也非同寻常。所以可以明确地说,《青年实话》所展开的舆论批评与监督,与一般意义上的媒体舆论监督有着根本性的区别。

一　监督的组织与机制

（一）轻骑队的基本概况

1932 年 7 月 5 日,少共苏区中央局制定并颁发了《轻骑队的组织与工作大纲》。到了 1933 年 12 月 20 日,少共苏区中央局根据一年多的施行状况,对大纲进行了修订与调整,以同样的名称予以公布,并特别提出:"自这一大纲公布后,宣布一九三二年七月五日少共中央局所发的轻骑队的组织与工作大纲作废。"[1] 通过对调整后的大纲的梳理与归纳,我们可以获得对轻骑队的完整认识。

1. 轻骑队诞生的背景

轻骑队是特殊时代背景下的产物。一方面,在苏区军民的共同努力下,苏维埃运动得到了快速的发展。随着苏维埃政府工作的改善与苏维埃机关的扩大,大量的工人、农民、红军战

---

[1] 《轻骑队的组织与工作大纲》,《斗争》第 41 期,1934 年 1 月 5 日。

士，以及其他的劳动者参与到了政府各级机关的管理工作中。另一方面，国民党政府及其所统辖下的军事势力不但组织对苏区的武装进攻、经济封锁，而且还时刻企图从苏维埃机关内部破坏苏维埃运动，混入到苏维埃机关内来危害苏维埃事业。此外，隐藏在苏维埃机关内的官僚主义分子、贪污腐化分子、消极怠工分子，企图割断苏维埃与群众的联系，危害苏维埃的经济，阻碍和曲解党和政府政策的执行，破坏革命的纪律与苏维埃的秩序。为了使党和政府的政策得到推广，就必须进行针对性的应对与反击。

与官僚主义、消极怠工和贪污腐化现象作斗争的一个重要武器，是引导群众开展有计划的监督，组织轻骑队是一种最好的监督方式。轻骑队是一种群众的监督组织，它吸收广大的青年工人、农民以及一切劳动者，为了正确地实现党和政府的政策，不受到官僚主义的曲解与阻碍，承担起了有效的监督工作。

2. 轻骑队的组建形态

轻骑队是在团直接领导下的青年群众组织，由团公开发起，征求青年自愿加入。它一般是以乡区、企业与机关为单位组建而成。在地方上，在乡成立队，每队人数多少不定；区成立大队。乡队在团支部的领导下，区队在区委的领导下，区以上不设更高的组织。在机关、企业内，组织各机关或企业的轻骑队，在该机关或企业团支部的领导下，队设正、副队长各一人，大队设正、副队长各一人，队长由队员选举，经过团的支部或区委的批准才发生效力。轻骑队的组织与活动，都应该是公开的。

在红军部队中一般不组织轻骑队。但是，在某些军事机关（如兵站、供给部、医院等）和军事企业（兵工厂、军事印刷所、材料厂、被服厂等），以及红军学校内，可以组织自己的轻骑队。在红军部队中，如果为了一个特定的任务，如清查伙食账目等，可以在政治委员的批准下组织临时的轻骑队。但任务完成以后，这种组织就不应再继续存在。

3. 轻骑队的工作任务与工作方式

轻骑队主要有四项工作任务：

第一，检查苏维埃机关与企业内的官僚主义、贪污、浪费、腐化、消极怠工等现象，举发对于党和政府的正确政策执行的情况。如红军公谷之保管、军委仓库之保管、粮食之收集、打土豪之罚款，等等。

第二，在生产方面，提高劳动纪律，与破坏劳动纪律的现象作斗争，检查国家企业内产品的质量，生产计划的执行，内部的设备，节省材料，爱惜公物。

第三，在运输交通方面，监督兵站和邮政机关是否按时将物件递送，各种报纸送达的状况，阻碍的原因。

第四，在医院内，检查对于诊治伤兵的状况，内部的设备，卫生运动的情形，等等。

轻骑队主要的工作方式有：

第一，轻骑队的活动应当是公开的，它的一切行动，应当通过报纸或会议，向广大的群众报告。

第二，组织袭击。为了举发某一个事件或彻底清查某一事件的原因，可以组织轻骑队以突然袭击的方式介入。

第三，关注机关或个人是否存在官僚主义、贪污、浪费、腐化、怠工等现象，并随时向苏维埃报告。如果获得苏维埃政府（如工农检查部）的委托，轻骑队可以检查苏维埃政府内的工作，或者清查某些机关的账目。

第四，轻骑队队员应当经常向主管部门报告自己的工作。

（二）《青年实话》与轻骑队的关系

根据《轻骑队的组织与工作大纲》的叙述，参酌其他的相关材料，可以推知《青年实话》与轻骑队具有下面两层关系。

首先，《青年实话》与轻骑队关系密切，轻骑队可以将监督工作形成的文稿刊发在《青年实话》上。轻骑队的组织者与领导者是各级共青团机构，作为苏区团组织的机关报，《青年实话》与轻骑队具有天然的联系。在少共苏区中央局的第一个《轻骑队的组织与工作大纲》颁布以后，《青年实话》发表了《怎样组织轻骑队》一文。

　　现在在党内、团内、政府组织内，及各种群众机关内，贪污、官僚、腐化、浪漫、怠工，纪律废弛等等坏现象，日益表现严重，轻骑队工作的建立亦日感迫切。

　　中央局已决定地方上立即要把轻骑队组织起来，去领导青年群众，秉其青年特有的忠诚和积极性，为克服这一切坏现象而奋斗。

　　轻骑队的建立，应先由团的区委指定大队长，支委指定队长，然后由队长在群众中公开征求队员（如以队长名号出一告白，号召愿意加入轻骑队者秘密问其个人报名），无论团员非团员，只要他愿意都可加入，不应加以限制，但要注意新队员加入时，不要使很多人知道，严守秘密组织的原则。大队长应该督促各队长的工作，与各支队长发生秘密关系。

　　轻骑队是在团直接领导之下的青年群众组织，不是团内的组织，所以青年群众都可以加入。他（它）的队员不是由指定，而是自愿加入的，但是他的队长与大队长必须是团员。大队长须由团部指定,队长亦不必经选举产生,而由团指定为便利、妥当。

各地的团应把轻骑队的工作,作为他目前重要的工作之一。迅速把他建立起来。①

在这篇文章的后面,附着一个编者按:"不久以前,中央局发了一个轻骑队的组织及工作大纲,一般的是对的,但其中说轻骑队是团内组织这一点,中央局后来认为是不对的。因特再作这篇文章,补充那个大纲。"由此可见,这篇没有署名的文章是《青年实话》编辑部写的,意在替团苏区中央局对颁布不久的《轻骑队的组织与工作大纲》作修正与补充。《青年实话》与轻骑队的关系于此便可见一斑。

尤其需要强调的是,轻骑队对政府机关与企业组织及其个人展开监督所形成的相关文字材料,大多作为批评性稿件刊登在《青年实话》上。这既是双方的实际需要,也是制度设置中的一部分。1933 年 12 月通过的《轻骑队的组织与工作大纲》谈及轻骑队的工作方式时,要求轻骑队的一切行动"应当向广大的群众报告,经过报纸或会议";在分析轻骑队最近一个时期工作的缺失时,就批评轻骑队"没有在报纸上,尤其是青年团的报纸上经常登载他(它)的活动,没有适应苏维埃工作的发展环境"。

其次,《青年实话》实际上也是轻骑队监督机制的发起者与组织者。对于《青年实话》与轻骑队的关系,亲身参与《青年实话》创办的王盛荣表述得更为直接与具体。在他看来:"《青年实话》是有其光荣的成绩的,她发起了和创造了

① 《怎样组织轻骑队》,《青年实话》第 1 卷第 15 期,1932 年 4 月 15 日。

许多新的工作方式，如轻骑队，共产青年团礼拜六，俱乐部，体育运动等组织的创立。在几个组织的应用，《青年实话》特别是注意到轻骑队组织的建立。在她每期的斗争中，起了她组织者的作用，团结无数的积极分子，在她自己的周刊，每期关于这类稿子特别多，开始的发动反脱离群众、贪污、腐化的官僚主义的斗争。在几次斗争中，打击了官僚主义领导，获得党团内外群众的拥护，得到光荣伟大的成绩，开辟了苏区轻骑队的建立。"①

由此可见，《青年实话》不仅是轻骑队工作成果的一个展示与传播平台，而且还是轻骑队的发起者、创造者和组织者。并且可以把轻骑队取得的成果，视为《青年实话》的"光荣的成绩"。

（三）轻骑队与政府检查机构的关系

轻骑队的监督行动经常与政府相关的纪律监察部门的工作相互联动，使轻骑队的监督行为与一般的群众监督有着明显的区别。具体来说，轻骑队的监督在一定程度上具有体制内的特点，更具权威性与强制性。《轻骑队的组织与工作大纲》中提到：轻骑队应当与工农检查部发生密切的关系，要求他们派代表出席会议，轻骑队也可派自己的代表去工农检查部工作，这些被派去的人属于不支领生活费的检查人员。在讨论轻骑队的工作方式时，大纲指出：只要获得苏维埃政府（如工农检查部）委托，它可以检查苏维埃内的工作，或清查某些机关的账目。这两条材料都提到的工农检查部（即检察部），成立于苏维埃第一次全国代表大会以后，属于苏维埃政府的行政机

---

① 盛荣：《〈青年实话〉出现的历史》，《青年实话》第 2 卷第 21 号，1933 年 7 月 2 日。

关，专门负责对苏区政府机关和政府工作人员进行检查与
监督。

　　另一方面，在政府的行政监督部门的工作框架中，也把轻
骑队的功能列入其中。根据一苏大会通过的《工农检察部的
组织条例》①，工农检察机关从中央政府到区政府均称工农监
察部，但负责人只有中央政府称工农检察人民委员，省以下称
为部长或科长。中华苏维埃第二次代表大会召开以后，中央工
农检察部改称为中央工农检察委员会。张闻天在《苏维埃工
作的改善与工农检察委员会》一文中说："为得要使工农检察
委员会能够很迅速的把下面所发生的各种情形反映到上面来，
二农检察委员会必须与群众有最密切的联系。在每个乡，每个
村，每个屋子，每个机关，每个企业中都应该有它的工农通讯
员。这些工农通讯员把他们本乡本村本屋子本机关本企业中所
发生的事件告诉中央的、省县的、区的以至乡的工农检察员。
工农检察员就很迅速的来处理这些大大小小的事件，使每一件
事能够得到正确的解决。在这里，群众的控告箱也是为了要达
到同样的目的。此外，从报纸的通讯员、从轻骑队那里，都可
以得到很多宝贵的材料。""工农检察委员会的工作，必须同
群众报纸与报纸的通讯员以及轻骑队等有密切的联系，它必须
依靠工会与青年团等群众组织，同他们合作，或委托他们以一
定的任务。简单的依靠工农检察员的力量，显然是不够的。"②
在这里，张闻天不仅要求工农检察委员会加强与轻骑队的联
系，从轻骑队那里获取相关材料，而且还提到可以相互合作，

　　①　见《中央苏区廉政建设》，中央文献出版社 2007 年版，第 192 页。
　　②　张闻天:《苏维埃工作的改善与工农检察委员会》，《斗争》第 37 期，
1933 年 12 月 5 日。

甚至委托给特定的任务。

二　监督与批评的主要对象

《青年实话》上的批评性文稿，都有一些共同的特点。它们的篇幅短小，大多在一两百字之内，一般都不超过四百字。立场鲜明，态度清晰。根据其不同的锋芒指向，可以将它们分为下面几种类型。

第一，批评一些苏区机关与部门的人员职业意识不稳固，革命意志薄弱。

苏维埃运动的出现，是一个开天辟地的事件。这项运动的开展，往往伴随着一些全新的思想、理念、思维、情感以及行动，并且还需要源源不断地吸纳大量的组织者、参与者、跟随者。而苏区在红色革命之前都是相对封闭和落后的地域，人们的文化水准普遍很低，传统的势力与观念在那里占有绝对的统治地位。这些特征与苏维埃运动的格调形成了明显的落差。但是，因为现实的需要，苏区的群众还是大量地进入苏区的各种机构和组织中了。很显然，他们无论是在思想上、情感上，还是在职业技能上，都是准备不足的。所以，就出现了一些奇特的现象，下面是《一批上等悲角》一文的内容。

一批上等悲角

石城少队县队部主任，到省队部开会的时候，有一天忽然大哭起来。问他什么原因，他说一个人回家认不得路，因此伤心。后来，他又哭起来，说是因为没有带单被怕冷的缘故。

宁都县委不久以前从东山坝调两个团员，想分配他们到独立团工作。他们一到县委，就流起泪来。结果，他们要求到前方去。县委写了介绍信给他们,但他们却跑回家中去了。
这些人,演起悲剧来,倒都是上等角色。①

　　文章中所涉及的这两个人,是非常奇特的。表面上他们已
经进入到苏区的体制之内,其实在一定程度上他们的这个举动
是被动的,并且对参与集体事务没有足够的心理准备,对从事
的工作相当陌生,相当排斥,因而也没有积极投入到工作中的
愿望。

　　还有更多的人能够接受苏区政府与机构安排的工作,他们
的问题是,这种接受是在一定的限度内的。也就是说,他们并
不具备稳定的职业与事业意识,往往遇到一些并非关键性的问
题,便会选择退却或放弃。

哭脸的组织科长

　　兴国城区委组织科长及另一区委的组织科长,他们两
人这次从列宁青年学校学习回来,省委要分配他们别的工
作做,他们都不愿意。最后,学那小孩子的哭脸死不愿
意。真是可耻又可笑!

　　我想共产青年团员,而且是区委工作的干部,而且还
在列宁青年学校学习出来的,都还不肯离开家乡去做工
作,留恋家庭,表现十足的农民落后意识。若团员都象他
们这样,那团怎能担负起它目前的任务呢?

家庭观念与怠工

　　赣县委收发科的吴礼星同志,说是"家庭困难",不

---

　　① 《一批上等悲角》,《青年实话》第 1 卷第 22 期,1932 年 7 月 10 日。

肯担任工作。县委几次调他，置之不理，就是不肯出外工作，能在本地做工作，也还是可以的。但他躲在家里，什么工作也不积极做，落在群众的后面。象他这种家庭观念和消极怠工，我们一定要与之作无情斗争。①

这两个人同样是选择了退却，不同的是，他们能够参加到苏区的集体事务中去，只是没有足够宽广的胸怀和视野，过于留恋家乡与家庭，只能接受在家乡参加公职。

放弃或者怠慢工作的原因还有很多。《十二块钱一条命》批评的对象是前于都县委儿童局书记，他向县委请假回家。理由是要回去把第三次反"围剿"期间埋藏在山上的十二块钱挖出来。县委告诉他，可以写信叫家里的人去挖。工作紧张，不必自己回去。但他一定要去，甚至表示宁愿被开除团籍，也要回去。在该文看来，这位前书记把十二块钱看得比自己的政治生命还重。②《快乐过端阳》一文批评南广和于都一些负责同志，偷偷溜回家过端午节的事情。其中以于都县的李云返同志最为典型。他工作本来就不投入，到了端午节的前几天，他要请假回去过节，县委不准，就偷偷跑了，结果又被找回来。他没有遂愿，便大哭起来。③

还有人以欺骗的手段，玩忽职守，自行其是。下面的文章反映的便是这种现象。

---

① 《哭脸的组织科长》、《家庭观念与怠工》，均载《青年实话》第 1 卷第 16 期，1932 年 4 月 25 日。

② 参见《十二块钱一条命》，《青年实话》第 1 卷第 15 期，1932 年 4 月 15 日。

③ 参见《快乐过端阳》，《青年实话》第 1 卷第 22 期，1932 年 7 月 10 日。

"病假"?"假病"!

> 前于都县委组织部长、少队部主任冯道流,出席了
> 江西省少先队代表大会回家。立即向县委请假,县委看
> 他没有大病,而且要他传达省大会决议,没有批准,他
> 却坚决要求。又没有别的理由,后来大家批评他。他又
> 提出要到前方去当红军,县委指出了他原先请"病假"
> 的虚伪,并答允他去前方。但是他却又不去前方了。大
> 概又是请"病假"吧,他的病明明不是别的,是"假
> 病"。①

这位组织部长假托生病,屡屡无视组织安排,恰恰暴露了
他自己组织观念的淡薄。

第二,揭露一些机构的领导干部养尊处优,贪污公物的
行径。

在当时的红色苏区,因为特殊的战争背景,加之国民党政
府及其军队的有意封锁,物质条件非常匮乏。在常规情势下也
许是大家习闻惯见的现象,这个时候也会显得非常惹眼。至于
那些损公肥私的举动,当然更会让人深恶痛绝。下面是两篇发
表在不同时间的批评稿件。

洋炉子煮枣子吃

> 赣东有几个负重要责任的共产党员,每天睡得很晏很
> 晏起来。别的同志有事找他们,尽在房外静等,往往等了
> 两三点钟,他们还在房内睡他们的觉,也没有谁敢去惊扰

---

① 《"病假"?"假病"!》,《青年实话》第1卷第15期,1932年4月
15日。

他们的清梦。白天悠悠然的横躺在床上。抽烟要洋火，怎么办？虽然洋火就在手边，但这些事情是不值得他们的"贵体"动一动的，必得要传令兵来拿。这一件叫传令兵，那一件叫传令兵，传令兵来迟一步，就大骂起来。这样一天到晚，传令兵跑累了，他们不也叫骂得很疲乏了么？因此，到了夜间，他们就用洋炉子煮枣子吃，既可口，又滋补，真是要得！

好一个腐化官僚化的标本！①

从"洋炉子煮枣子"到鱼肝油

江西公略县党的负责同志等，经过了俘掳军官的路线，买了许多鱼肝油、人参等补品进来，从事补养。这在支持与增进他们"青春的美"上，大概是必要的罢？这种补养方法，比之"洋炉子煮枣子吃"，自然更要进步，更要"摩登化"（现代化）得多了。②

两篇文章针对的对象不同，但二者在内容上是相互呼应的。这至少显示了这样的一种批评意见在当时的苏区是具有代表性的。用洋炉子煮枣子吃和享用鱼肝油、人参等补品，在二位作者看来，是一种超越了消费底线的过度享受，所以被称为"腐化官僚化的标本"。这充分体现了当时苏区主流观念对于物质消费的评判取向和标准。

为了过度消费与过度享受，有的领导干部竟然干出了贪污

---

① 《洋炉子煮枣子吃》，《青年实话》第 1 卷第 2 期，1931 年 7 月 9 日。
② 《从"洋炉子煮枣子"到鱼肝油》，《青年实话》第 1 卷第 13 期，1932 年 3 月 25 日。

公款的事情。下面是刊登在 1932 年 4 月 25 日出版的第 16 期《青年实话》上的两篇文章。

呵!原来是买手表去了!

前上杭獭溪区委的一个负责同志,他不去领导劳动青年起来打土豪分田地,向地主富农资本家斗争,也不做一切应做的工作。那末,他究竟做什么去了呢?他原来是在区革命委员会,拿了七八块大洋,到杭城去买手表等一切漂亮东西去了!

党团关系

前宁都县固村区,团区委书记及两个巡视员吞没公款七元,三人平分。后来被县委巡视员查了出来。这件贪污工作,是党区委书记的领导,团区委书记不但服从他这种领导,而且积极参加了。党团关系倒真是密切呢!

在第一篇文章中,区委的负责人薄弱的职业素养控制不住他对"手表等一切漂亮东西"的天然占有欲念,便不惜铤而走险,贪污公款。第二篇文章反映的是党团干部贪污公款的窝案,它把批判的锋芒指向团区委书记,这不是说可以对那位贪污窝案的主导者区党委书记网开一面,而是由于作者写稿具有很强的对象感或者说对象意识。他的文章是要刊登在共青团的机关报上的,所以就以团区委书记为写作的基点,这个特点在《青年实话》的许多文章中都有清晰的体现。

为了满足享乐生活,还有人使出了更加别出心裁的招数。《剥削群众,奉承老婆》针对的是瑞金九堡区清溪乡的干部刘海山,他老婆要打银器,买雪花膏等漂亮东西,他自己没有钱,就异想天开，去向劳苦群众募捐，捐助的数额少则二毫，多则五六毫、九十毫不等。作者在文章中愤慨地质问："这种剥削群众奉承老婆的办法，与国民党的官僚政客有什么不同？"①

第三，反对在拥军与扩红的运动中出现的弄虚作假、强迫粗暴、消极逃避的行为。

在苏区特殊的环境中，军队是社会的一支主导性力量，也是被关注的焦点。拥护红军和扩大红军的活动，实际上成了苏区社会的一个常规性工作，须臾不可或缺。在这个方面如果出现了一些消极的现象，理应受到严正的批驳。

《如此拥护红军》针对拥军工作中的问题，展开了旗帜鲜明的批评。

如此拥护红军

福建团在拥护红军的工作中，是有很多成绩的。但是最近却有了几个不好的现象，应当把他（它）消灭。尤其是要反对强迫群众的命令主义，加强宣传工作。

（一）草鞋原是纸做的

慰劳红军的草鞋，是用布做的，而且福建做的都是向来很好看，很结实。但最近却发现了有些草鞋，看上去也是很好看，一穿到脚上，走不几步，便烂掉了。原来面上放的是布，里面裹的是纸！

（二）政府命令做礼拜六

礼拜六原是共产党共产青年团发起，帮助红军家属耕田的。党与团要宣传群众自动的加入才好，但最近福建却发现了政府命令群众做礼拜六工作。这是不对的，这是命

① 《剥削群众，奉承老婆》，《青年实话》第1卷第20期，1932年6月20日。

令主义了!

（三）耕种变成荒废

红军公田分好了，自动参加礼拜六的群众，在党员团员的领导之下去耕种红军公田了。但是有些地方，耕田的人们只在田里玩笑，耕了几次，还同不耕一样。这是荒废红军公田了![1]

这篇文章在《青年实话》批评性稿件中，篇幅可算是较长的。它反映的是在拥军的过程中，存在着一种简单命令式和虚浮而不踏实的倾向。

在苏区，红军队伍的扩大始终是个急迫的任务，人员的补充应该是多多益善。而在这个过程中，各级的共青团组织首当其冲，共青团的干部更是责无旁贷。但下文中的这位团支部书记远远不称职，应该受到谴责与处理。

不受群众领导的支部书记

永丰沙溪区荷塘乡团的支部书记，他不但不能领导青年群众去当红军，反过来，有些青年去当红军的时候，要他一路去，他都不肯去，并且嚎啕大哭起来。于是，群众耻笑他，他的老婆也骂他没有出息。

团的支部书记，应该是团支部的领导者，而且应该是全乡青年群众的领袖。但这位支部书记，却是这样一个没出息的东西。[2]

---

① 《如此拥护红军》，《青年实话》第1卷第11期，1932年2月25日。
② 《不受群众领导的支部书记》，《青年实话》第1卷第22期，1932年7月10日。

文中的团支部书记不仅没有带头参加红军，而且在其他青年招呼他一同上前线的时候，竟然号啕大哭，不敢响应，显露出了贪生怕死、逃避战争的不光彩的面目。

少年儿童的事务也是共青团组织负责的工作，而且少年先锋队是红军的后备力量，因而《青年实话》对扩红运动与少先队之间的关系也给予了充分的关注。

少年先锋队中的少年

胜利县何田区委宣言，加入少队就不当红军。于是一般怕当红军的人，老的少的都加入少队，三十多岁的"老少年"都做了少队队员。何田区委的领导，使少年先锋队，不成为"少队"，而成为"老队"；不成为"红军后备队"，而成为怕当红军者的"保险所"。真是超人一等，与众不同！

少先队中的替工制度

胜利县车头区过去强迫少队当红军，因此直到现在，少队还不肯来开会下操，而叫他的父亲来代替。这当然因为他们的父亲太老了，是不会被强迫去当红军的缘故。至今还容许这种现象存在，胜利县的团到哪里去了？①

这两个稿件向读者呈现出了一幅奇特的景象：同是胜利县，在不同的区实施的却是完全不同的政策。何田区规定加入少队就可以不当红军，于是老的小的都成了少先队员；车头区

---

① 《少年先锋队中的少年》、《少先队中的替工制度》，均载《青年实话》第1卷第16期，1932年4月25日。

则强迫少先队员当红军，于是父亲代小孩到少队开会、出操。虽然在不同的政策下两区的一些人有着不一样的表现，但他们追求的目标是一样的，即为了躲避战场。

第四，谴责一些机构与公职人员玩忽职守、无所作为的工作状态。

红色苏区建立以后，一直处在被围困与被封锁的环境中。为了应对这样的局面，即使是在后方，也有大量必要的与紧迫的工作要做。因而，这里需要的是一种快节奏高效率的工作作风。但是，并不是所有的机构与人员都能做到这一点。

没有谷子么？

公略的三期公债至今还有一万三千一百一十三元没有收到，土地税谷子，也还有一部分没有完成，最坏的是拆桂富田两个区。为什么这样呢？原因是有一部分负责同志，不去艰苦的宣传和说服群众！坐在机关里高喊群众冒有谷子。一定要反对这种机会主义胡说![1]

"地灵人杰"

于都六个区委，都成立了二三个月了。一直到最近，这六个所谓区委，都还只有一个区委委员，就是区委书记自己，什么事都由他一个人来包办。这大概真是于都这个地方"地灵人杰"，所以团内会有这许多"英雄"，为任何地方的团所不及!?[2]

---

① 《没有谷子么?》，《青年实话》第 3 卷第 23 期，1934 年 5 月 13 日。
② 《"地灵人杰"》，《青年实话》第 1 卷第 14 期，1932 年 4 月 5 日。

苏区政府发行公债，是为前方的战争募集经费与物资，而战争是不等人的。很显然，这是一项迫在眉睫的任务。但是在第一个作品中，公略县的一些负责同志竟然以群众没有粮食为借口，坐在机关里无所作为。在《"地灵人杰"》中，于都县的六个区团委则是连人员也不配齐，更遑论开展全面而扎实的工作。

有些人工作不到位不投入，还会找找一些理由为自己辩护。《工会工作是工会的》批评的就是这种现象。

工会工作是工会的

　　直到现在，胜利县的团，对青工斗争和工会工作还完全忽视，甚至有些负责同志说："少队儿童团的工作是团领导的，工会工作则是工会的。"

　　"工会工作是工会的"，团就可以不闻不问，这种取消主义的理论真是简单明了，十分漂亮。他们应该把这种理论再开展些："工会工作是工会的，少队工作是少队的，童团工作是童团的……"，团都可以不闻不问，那不是更省却许多麻烦，更可以逍遥自在了吗？①

胜利县的团组织认为青工斗争和工会工作与自己无关，所以可以不闻不问。这其实是他们工作推诿的一个借口。开展青年的工作，显然是共青团组织的本分。而做好工会的工作，是早期共青团组织的惯例。在关于进行"冲锋季"工作的布置的决定中，团中央给当时苏区团中央局布置了六项任务，其中第四项就是"领导青年工人的经济斗争和团在工会工作中的

---

① 《工会工作是工会的》，《青年实话》第 1 卷第 16 期，1932 年 4 月 25 日。

任务"①。

三 对公开批评的组织与掌控

作为舆论批评与监督的一个公开平台,《青年实话》有表现失当的经历。《红色中华》报第134期刊登了一篇《郑茂德偷骡子吃馆子》的文章,批评郑茂德在于都巡视期间,偷了县保卫局的骡子,还把自己骑去的马卖了,赚了八块钱,"回来就与少共中央局的某些同志大吃馆子"。当发觉与少共中央局的同志大吃馆子的细节和事实有出入后,《红色中华》报便以"重要更正"的形式,作出了明确的更正说明。在这种情形下,作为少共中央局机关报的《青年实话》,依然发表了火药味很浓的反击文章《红色中华的造谣》。在这件事情上,《青年实话》处理显得不够理智,后来还受到了中共中央宣传部的严肃批评。对这两家媒体的此次纠纷,第六章有较为详尽的评析。

不过,作为在报刊上开展批评的组织者与掌控者,《青年实话》的处置在整体上是恰当的。具体表现在以下三个方面。

第一,信息公开,态度坦诚。

在报刊上进行公开的批评,是一件非常复杂而敏感的事情。且不说人事上的盘根错节,要把相关的事实梳理清楚,就颇费周折。所以,一些报刊因为开展批评而遇到质疑的时候,为了不使事情愈演愈烈,一发而不可收,往往对批评文章的来龙去脉以及其他相关因素秘而不宣。但是,《青年实话》选择的是一种截然相反的处置办法。

---

① 《关于进行"冲锋季"工作的布置的决定——团中央一九三二年五月二十五日决议》,中央档案馆藏。

1932年2月25日出版的《青年实话》，刊登了两篇短稿：

反封建？还是替反革命造机会？

杭武卢丰区的团，提倡反封建，脱女子的裤子，并且要女子与男子杂卧。这样的反封建方法，社会民主党会在闽西用过。多谢卢丰区的团，又帮他造了一个好机会。

努力过年

杭武团内有些负责同志，过旧历年的时节，忽然不见影踪，原来是回去"领导"过年了！这个旧历年，有这样努力的共产青年团员去领导，一定特别热闹。①

这两个作品，虽然篇幅非常短小，但触及的问题却是非常引人注目。一个披露团组织男女杂卧，一个反映干部未经同意就回家过年。两篇稿件的矛头都是指向上杭县的团组织。发表以后，编辑部收到了上杭县团委的来信。该信对文章中反映的事件进行了申辩，《青年实话》对此不作任何删减，以《少共上杭县委来信》为题，全文照登。

少共上杭县委来信

青年实话编辑委员会：

对于"青实"第十一期轻骑队中卢丰区反封建问题，当时县委看了以后，马上写信给卢丰区委查问。因为县委已知道没有这种事实——脱女子裤子，但社党没有破获以

---

①　《反封建？还是替反革命造机会？》、《努力过年》，《青年实话》第1卷第11期，1932年2月25日。

前是有的，该区委的回信，大略如下：

县委来信收悉。对于青实第十一期轻骑队所载反封建脱女子裤一事，不知从哪里来的，完全不是事实。而且区委早已在群众中指出社党借"反封建"一事来进行反动阴谋。

男女杂卧一事，在会议时，因天气寒冷，有时是有的。譬如赖清洪同志于二月五日到我区来巡视召集团员大会，于八日开幕，亦因天气太冷，有许多同志没有床睡，杂卧一起，清洪同志都与女同志共卧了！他并要交头共卧，至半夜连灯火都吹灭了，他说是节省经济。别日没有妇女和他共卧时（前夜，后夜），却又没有去吹灭了灯了！这件事问他本人便清楚。轻骑队所以说，大概是他根据他自己的经历做的罢？

对于回家过老历年，区委都没有回去。有一个儿童局书记，因年纪太小，不准他回家，他就要哭，因此他回去了。

这两则对杭武团的轻骑队，一、脱女子裤子，二、忽然不见踪迹，都不是事实。脱女子裤子的事，现在完全没有了。如果你这样登载出来，只会使群众不相信"青实"，并使人不满意和讨厌起来。

对于"忽然不见踪迹"，因各区对于回家过年的，大家都会耻笑他，除了两个不怕人耻笑的人以外，没有人回家。县委也没有一个人回家。所以这也是没有的事，希即据实更正为盼！

少共上杭县委①

---

① 《少共上杭县委来信》，《青年实话》第1卷第15期，1932年4月15日。

申辩的函件判定批评文章的作者是前来巡视的赖清洪，因而强调指出，脱妇女的裤子，是无中生有的事情；无论是团县委还是团区委，都没有干部溜回家过年。至于夜里男女杂卧，由于天气寒冷，时或有过。但是，赖清洪自己更加热衷于此道，不仅与女同志交头共卧，而且还在半夜以节省经济为借口，将灯也吹灭了。可以看出来，这样的申辩，很有说服力，也极具反击力。根据这种情况，《青年实话》除了照实刊登来信外，还在其后面加了一个编者按。其内容如下：

> 本刊第十一期的两则轻骑队，都是根据少共福建省委给中央局的报告作的，而省委则又根据巡视员赖清洪同志的报告。编者因省委的报告，当系事实，故即作成轻骑队发表。现接上杭县委的来信，说全非事实，除把来信在此披露外，并由中央局责成省委妥为解决。如清洪同志自己行动浪漫，而反捏造事实报告上级，希图掩蔽他的错误行为，则当然应受到党团的反对和团的纪律的制裁。本报十二期《这样反封建要得么？》一文，更是清洪同志亲自作的，应由他负责，并此申明。

这个编者按没有直接介入当时双方意见的纷争，而是把两篇批评文章形成的过程，详细地揭示出来了。进而指出，如果赖清洪同志真是存在过错，他就应该承担责任，并且还应该受到纪律的制裁。可以说，《青年实话》处理此事的立场显然无懈可击，其展现立场的方式也值得肯定。

第二，注重意见表达的均衡，保障当事双方具有同等的话语权。

要保证批评的正当性与准确性，除了批评者必须言之有据以外，还须给被批评者以同等的意见陈述机会。这一点在现实的场景中比较容易落实，而在报刊上的表现则各有不同。可以说，《青年实话》是尽量要给当事双方以等量的话语空间的。

1932 年 3 月 25 日，《青年实话》刊登了一篇署名的批评稿件。

我们总政治部的青年都吃纸烟油巴巴

刘志坚

总政治部的一个青年团员王伍保同志，吃了一个油巴巴，我向他说："青年人要讲究卫生，不要吃不卫生的油巴巴，而且竞赛条约说了青年团员不吃纸烟，不吃辣椒，不乱吃零东西。"他答道："我们总政治部的青年都吃纸烟油巴巴。"①

作者刘志坚是红军三军团的青年部部长，他的这则短文发表以后，受到了高传遴的质疑，《青年实话》把他表达质疑的意见也刊发出来了。

我们总政治部的青年并没有吃纸烟油巴巴

传遴

在本报十三期的自我批评栏内，载着一篇关于总政治部青年吃纸烟油巴巴的文章，现在我们将在这里提出申明，以免发生误会。

首先说明，王伍保根本不在总政治部工作，他现在少

---

① 刘志坚:《我们总政治部的青年都吃纸烟油巴巴》，《青年实话》第 1 卷第 13 期，1932 年 3 月 25 日。

先队中央总队部工作。当刘志坚同志说他不要乱吃零东西（油巴巴）的时候，他当然是很难为情了，他只好随口答说："我们总政治部的青年都吃纸烟油巴巴。"他要以这句话来掩饰他自己不该吃烟油巴巴这件事。实在我们总政治部的青年，并没有吃纸烟油巴巴。不仅是如此，而且我们总政治部的青年，连其它一些零东西极少吃。

现在我们还有要对王伍保同志批评的就是：王伍保司志本是一个青年团员，他在调动工作时，不要团的介绍信，对于一切的工作，都表现得不积极，甚至在某些工作上（如做墙报，做帮助他方各种工作……等），还表现落在群众后面。这次吃油巴巴受了批评，又不能坦白地接受，还说出那种话来掩饰，这都是不对的。希望他从速纠正才好。①

显而易见，这个申明文稿言之成理，以理服人。所持的态度是平和的，得出的结论经得起推敲。其作者高传遴是红军总政治部青年部部长，他与刘志坚在同样性质的岗位上任职，是刘志坚上级机构的领导。在军队的上下级中，能够表现出这样的一种健康的批评风气，与《青年实话》用心营造和维护一个平等的言论空间密切相关。

1932年6月30日出版的《青年实话》，也刊登了一封被批评者的来信，下面是其中的部分内容。

上杭白沙区大坪乡少共支部来信

青年实话编辑委员会：

---

① 传遴：《我们总政治部的青年并没有吃纸烟油巴巴》，《青年实话》第1卷第16期，1932年4月25日。

关于青实第十八期上《自我批评》第一则,《这样的支部书记还不滚出团去》一文所说都是铁的事实,非常对的。可是这坏家伙,我支部老早已开除他出团去了,并没有留他在团内。当我们发现了他(龚秉斯)做了这些事,马上将他的工作撤消,并开除他出团去了,而且还报告政府,将他扣留起来。坐了五六天禁闭,给以游乡,警告了一天。戴了高纸帽,和处罚了他半个月的苦工。同时还发动各团体(如少先队、贫农团等),把他开除出去。特别还要求了乡苏,连路票都没有打给他了,使他行半步都不得。这是为了广大儿童群众耻笑他,是坏家伙、死贼牯。并且将他的一切事实情况都拿□□□□大会当中公布了。认为他是坏蛋,革命的罪人,老早已给了他严重打击,与之作了无情的斗争,我支部并没有留他的。①

这是一个乡级团组织的来信,语句不甚规范,留下来的原件有些字迹也漫漶不清,但这都不妨碍我们了解其表达的意思。它承认《这样的支部书记还不滚出团去》对支部书记的批评都属实,但是,特别要说明的是,他们已经对该人进行了一系列的处理和惩罚,并且早已将他开除出去了。总而言之,它没有展开正面的辨析,只是作了一个补充性的说明。应该说,这样的补充说明是必要的,它充分使用了自己所具有的平等话语权。

第三,选稿强调内容的典型性,批评着眼于解决问题。

在《青年实话》自己制定的《〈青年实话〉的革新计划》

---

① 《上杭白沙区大坪乡少共支部来信》,《青年实话》第 1 卷第 21 期,1932年 6 月 30 日。

中，谈及"轻骑队"的时候说："轻骑队内容，仅采取最标本的，同时废止讥诮的口吻，而用教育的态度去纠正青年的错误。受轻骑队举发了的份子，须经过各地组织，考察与帮助其改正错误。"① 可见，《青年实话》的"轻骑队"栏目对于批评性的文章，并非来稿照登不作取舍的。它的选稿态度很明确，强调选择那些内容"最标本的"，用现在的话说就是应该选择内容具有典型性的文章。这里的典型性具有两层含义：第一，文章针对的是那些具有代表性的问题与错误；第二，这些问题与错误比较严重、惹眼，应该尽快纠正与解决。另外，革新计划提到批评时"废止讥诮的口吻"，这一点尤其值得赞赏，其中所体现出的冷静和理性态度，在今天看来都是非常珍贵和难得的。

"轻骑队"栏目上刊发的许多文章都具备这样的特点，不妨以下面两个作品为例，进行具体的分析与说明。

不良青年的标本

上杭太拔区院前乡的李□芬、李梦桂两人，原是青年团员，他们合找一个红军老婆"恋爱"，鼓励她（红军老婆）对其翁姑"斗争"，吵着要与丈夫（红军）离婚，家庭事务半点不做。后来他们更煽动她逃跑到别处去，使红军亲属急得要命。起初，在团的支部会上，已批评和警告了他们。但他们完全置之不理。后来，团已把他们两人开除了。

这两位李家弟兄，真是标本式的不良青年。②

---

① 《〈青年实话〉的革新计划》，《青年实话》第 2 卷第 4 号，1933 年 2 月 19 日。

② 《不良青年的标本》，《青年实话》第 1 卷第 22 期，1932 年 7 月 10 日。

劳动部长未免太劳动了

在不久以前，汀州纸行工人与老板订集体合同，工人大会上已经通过了那个合同。但那位闽西省政府劳动部长（当时□兼省职工联合委员会委员长）说工人的工资定得太高，硬把工资减低了。人家问他，他说出一大片道理，资本家如何没有钱，如何出不起，如何……替资本家"据理力争"。虽然资本家会说过："加几个工钱不在乎"，可是劳动部长□□替资本家省了一笔钱，终究不是徒"劳"的。

最近，汀州有些少数队员（青工）出发打土匪回来后，问老板要伙食钱。老板就去报告给那位劳动部长。他当时真是又气又愤，立刻写了封信交老板带给少先队，说谁敢收伙食钱到他那里要去。这封信真比"符咒"还灵。老板一拿到这封信，就"万事平安"、"财源茂盛"了。你想哪个少先队员有这么大的胆子，敢去问这位省政府劳动部长老爷要伙食钱了。

现在，这位部长又兼保密分局局长了，出发巡视，驳壳枪队跟着，十分威武。他能这样无微不至的顾全资本家的利益，真是难得。也许资本家们感激之余，送他几把"万民伞"，那出发起来，更加"威灵显赫"了。

但是，这位劳动部长未免太"劳动"了。①

在《不良青年的标本》中，这对李家兄弟身为团员，却像是市井无赖，他们一起纠缠一位红军的妻子，还鼓动她与丈

---

① 《劳动部长未免太劳动了》，《青年实话》第 1 卷第 23 期，1932 年 7 月 30 日。

夫离婚。在今天这也是犯法的行为，在当时则更是必须正视的严重问题。无数的红军战士抛家别舍在前方浴血奋战，家庭的稳定，妻儿的关心，是他们战斗的力量与信心的保证。因而，李家兄弟的无赖行径一经发现，就应该立即制止并处理的。《劳动部长未免太劳动了》反映的是一位苏维埃政府的劳动部长，利用自己的权势处处维护资本家利益，他的立场发生了偏差，事关重大，显然也是一个具有典型性的案例。不过，作者的着眼点都在于问题的暴露与解决。展开批评的时候，没有使用过于刺眼的讥讽文字，只是说"真是标本式的不良青年"和"这位劳动部长未免太'劳动'了"，有批评的情绪，没有挖苦的意味。

第四节　发行与推广策略

一般来说，机关报基本上有一个共同的特点，即把与机关中心工作的关联程度作为传播内容取舍的基本标准，关联程度越大，选择的可能性就大。而且由于在这一点上过于专注，往往会出现只注意传播了什么，而不太追究传播的接受状况。在这方面，《青年实话》作为一份典型的机关报，却显现出了别具一格的办报取向。它在强调传播既定内容的同时，还对报纸的接受状况给予充分的重视。尤其值得说明的是，该报根据当时特殊的环境和条件，采用了一些非常主动、积极的发行与推广策略，并且取得了显著的成效。下面从三个方面，展开具体的讨论。

一　以发行的观念贯注办报实务

在发展的最初阶段，《青年实话》的主办者就非常看重报

纸的发行量。王盛荣介绍："在极短促时间中，只有一种报纸
按期出版，这就是《青年实话》。这时候推销不广，稿子也极
少，又因经济的限制，每月出版两期（半月刊），每期只千
份。由八千份增加到一万份时，改为旬刊（十天一次），那时
报纸的推销，纪口并不受要二分之一的数量。读者数量增多，
对《青年实话》意见纷纷而来，特别是红军中政治工作人员，
他们要求《青年实话》编委须办小册子，使行军巡视归时授
以。"[1] 这里透露出来的信息是：最初的两期报纸，属于半月
刊，每期发行量只有 1000 份；改为旬刊的时候，发行量增加
到了 1 万份。而报纸的外形以小册子的形状出现，则是为了红
军中的读者阅读便利，自然也更有利于报纸的流传。

　　此后，《青年实话》常常会在报纸中直接公布自身的发行
量，这与一些报纸遗漏这个信息或者对此讳莫如深的的做法迥
异其趣。比如在第 2 卷第 24 号至第 3 卷第 2 期，都公布了当
期发行量的数据。初始在目录页公布，后来改在每期最后一
页。其出版时间与发行数量具体如下：

第 2 卷第 24 号（1933 年 8 月 13 日）　　　　　　　18000 份

第 2 卷第 25 号（1933 年 8 月 20 日）　　　　　　　19000 份

第 2 卷第 26 号（1933 年 8 月 27 日）　　　　　　　20000 份

第 2 卷第 27 号（1933 年 9 月 3 日）　　　　　　　　21000 份

第 2 卷第 28、29 号合刊（1933 年 9 月 17 日）　　　22000 份

第 2 卷第 30 号（1933 年 9 月 24 日）　　　　　　　24000 份

第 2 卷第 31 号（1933 年 10 月 1 日）　　　　　　　25000 份

第 2 卷第 32 号（1933 年 11 月 6 日）　　　　　　　26000 份

---

　　[1]　盛荣：《〈青年实话〉出现的历史》，《青年实话》第 2 卷第 21 号，1933
年 7 月 2 日。这段话文句颇有些滞涩不顺，原文如此。

第 3 卷第 1 期（1933 年 11 月 13 日）　　　　　　28000 份

第 3 卷第 2 期（1933 年 11 月 30 日）　　　　　　30000 份

从这些数据来看，在所选的这段时间区段内，《青年实话》的发行量一直是呈稳步上升的状态，发行量最高时达到了 3 万份。1934 年 1 月 26 日，毛泽东代表苏维埃共和国临时中央政府执行委员会在第二次全国苏维埃代表大会上所做的报告中，谈到了中央苏区群众文化宣传活动的发展情况，其中提到"《青年实话》发行二万八千份"①，这个数字与《青年实话》1933 年 11 月 13 日出版的第 3 卷第 1 期上给出的数据吻合。像这样不厌其烦地在报上直接公开发行量，也许编者有其他的考虑。但从客观的效果看，这至少反映了编者对于发行量的在意与重视。

《青年实话》对发行量的重视，更表现在编者把报纸的发行作为新闻采编的一种重要因素，把发行的观念贯注到办报的具体过程之中。下面是《青年实话》办报两周年之后，王盛荣撰写的一篇总结性文章的部分内容。

　　《青年实话》过去由（来自）前方的通信、消息，是比现在多一样，为什么呢？因为《青年实话》她的读者红军中占了二分之一，原定是有基础。所以，历来红军中稿子，都是比别种任何稿子要多。现在来看怎样呢？前方的稿子不能随着扩大红军而增加，反见停留或减少，是算落后了，赶不上现在红军胜利而增多我前方的通信、消息，这有两个主要原因：

---

①　毛泽东：《在第二次全国苏维埃代表大会上的报告》，见《中央革命根据地史料选编》下册，江西人民出版社 1982 年版，第 330 页。

　　第一,《青年实话》编委与发行所关系不密切,发行之后不健全,不知是否按期送往前方。去年推销一万五千份,今年没有增加一份,就是说:我们发行工作使读者,投稿同志,减少对《青年实话》兴趣。

　　第二,是由此而产生的对红军中指导缺乏实际工作材料,《青年实话》对红军青年工作的文章极少,这也是对红军工作减少兴趣原因之一。我们《青年实话》今后应多多的与前方青年工作部发生最亲密的关系,要求他们投稿子,委托我们前方兄弟们对《青年实话》通信,这是中央局和编委会要注意的几点。①

　　现在看来,作者的行文尽管不很流畅,但稍加梳理就可发现,它在用一种专业的眼光探讨一个具有学术性的问题。红军中的读者占了《青年实话》读者总量的1/2,是编辑部必须重视的一个读者群体。但是现在出现了令人担忧的现象:1932年在红军中发行了15000份,1933年红军队伍有了显著扩大,而《青年实话》在红军中的发行量却没有随之增加。这其中的一个重要原因是,红军中的来稿量减少了,很自然,报纸上也不易见到针对红军青年工作的文章。而红军来稿量的减少,与《青年实话》的编辑所与发行所分设两地有关,报纸在传送的环节上可能出现了问题。这里隐含着这样一层意思:《青年实话》应该多多采编前方红军的稿件,这样才能提高报纸在红军中的发行量。也就是说,要把发行的理念贯注到新闻采编的工作之中。

---

　　① 盛荣:《〈青年实话〉出现的历史》,《青年实话》第 2 卷第 21 号,1933年 7 月 2 日。

需要补充说明的是，文章说红军中的读者占了《青年实话》读者总量的 1/2，它是根据报纸在红军中发行了 15000 份推定的。按照这个思路，红军中的读者应该超过《青年实话》读者总量的 1/2，因为在 1932 年，《青年实话》的总发行量还没有达到 3 万份。

二　以多样化的手段提高发行效果

由于特定的环境条件，《青年实话》的目标受众，尤其是红军之外的苏区青年群众，是没有阅读报纸的习惯的。要使报纸真正到达受众的视线之内，即要提高报纸的到达率，发行工作是其中不可或缺的一个环节。《青年实话》在这个环节上的努力，具体表现在以下三个方面。

（一）成立专门机构推进发行工作

《青年实话》发行的定价通常是"每本铜元四片。红军与独立师战士，特别优待，每本二片"。但是，以这个价格出售只限于红军政治部。如果是订阅，则是"全年四十八本大洋四角五分，半年二十四本大洋二角三分"。[①] 1932 年 9 月 4 日出版的《青年实话·国际青年节画刊》价目则比较特别，每本铜元六片，订户不另收费。红军与独立师战士，特别优待，每本三片，也仅仅是向政治部购买时才给这项优惠。

《青年实话》设立了发行所、优售处和分销处等机构，以利报纸的零售和订阅。优售处一般设在军队的政治部，红军与独立师的战士可以在那里购买，并且还享受价格上的优惠。发行所分为总发行所和分发行所，总发行所开始是"汀州青年实话总发行所"，地点在福建的汀州。1933 年 8 月，

---

① 见《青年实话》第 3 卷第 13 期，1934 年 3 月 4 日。

青年实话总发行所从古城汀州迁至中央苏区政府所在地瑞金，名为"瑞金青年实话总发行所"。总发行所迁入瑞金以后，还在《青年实话》与《红色中华》8月1日出版的报纸上同时登出了《青年实话总发行部启事》，其中说："我们于8月1日由汀州迁入瑞金下肖区办公，凡各级团体及个人，关于青年实话发行事宜的洽谈，见报后向瑞金青年实话总发行所接洽。惟在福建的代售处，叫卖队及订户，直接向汀州分发行所办理。"

分发行所和分销处设置在苏区各县，红军中各军部等地方。《〈青年实话〉的革新计划》中曾提到"总发行所增加一人，各县区设分发行所、分销处，尽量做到报纸的发行敏速，并发到白区去"。时隔不久，张爱萍也谈及了设立分发行所与分销处的问题，他说："必须把《青年实话》推广到每个工农青年手里去，扩大《青年实话》在工农青年群众中的影响。这，在各省各县各区各乡设立分发行所或分销处，尽量设法发行到白区去。普遍的建立《青年实话》的发行网。这一工作，各级团的组织部也应经常的指示与检查。"①

把分发行所与分销处设置在各省各县各区乃至各乡，除了方便群众就近购买之外，还有整顿发行环节，理顺发行秩序的作用。《青年实话》第1卷第10期刊登了一份《总发行所启事》，其中写道：

> 过去有许多地方团部和红军部队，既不推销本报，又不把报退还。有些地方，推销之后，也不把报费寄来，余

---

①　爱萍:《纪念马克思，拥护〈青年实话〉》,《青年实话》第2卷第6号，1933年3月5日。

的报也不退还，要多少报也不来申明。经过数次催索，仍
然不理。为整顿发行工作起见，如果二月底尚未成立分发
行所和作报告前来的地方，一概停止供给，一面并追索旧
欠。特此启事。

从上面的文字可以出，在没有设置分发行所的时候，报纸
的订阅是由总发行所直接与地方和部队的相关机构接洽的。由
于订阅报纸的机构数量众多，而且分散在苏区各地，总发行所
的发行工作是很难做到有条不紊的，因而出现了订报费不按时
寄达、多余的报纸不返还以及订报的数量不提前告知等问题。
从启事中"如果二月底尚未成立分发行所和作报告前来的地
方，一概停止供给"一语看来，若是成立了分发行所，它就
应该承担解决这些问题的责任了。

分发行所是逐渐涌现的，经历了一个从无到有、从少到多
的发展过程，其整体的构成处在一个动态的格局中。总发行所
与分发行所之间是一种隶属关系，它们的相互沟通常常直接借
用报纸的版面。在《青年实话》第 1 卷第 31、32 期合刊的第
37 页，刊登两则启事，其中有一则的内容为：

各分发行所及优售处：所有卅期以前的报费，请即寄交
"汀州青年实话总发行所"，在一月十五日前，务须交清，否
则停止发报并以有效方法追索。自卅一期起，必须按月将报
费寄交总发行所，凡报费积欠至二个月者，即停止发报。务
盼遵照执行，勿使本报在经济上感受困难。特此通知。

总发行所

这是总发行所在向各分发行所和优售处催缴购报款的通告。

分发行所的建立,往往要借助各地共青团组织的推动。在《江西苏区省委二、三、四月工作总报告——团的工作总报告》中就提到了这一点:"关于青年实话发行所的建立,省委发过怎样来建立发行所和读报的决议,现每区虽没有建立二个发行所,但至少也有一个及(极)大圩场的地方的代售处的建立,在青年群众与团员读报程度,虽没有每个青年和团员均读青年实话报,但大多数的团员和少数的群众有很好读的,同时各级团部的读报班差不多都普遍建立的,但程度是不够的。"①

(二)以行政手段落实发行工作

成立发行所、优售处和分销处等,只是在报纸与读者中间建立了桥梁,为报纸到达读者的视线提供了可能,但并没有最终实现这个过程。为了达到这一目的,《青年实话》主动出击,选择了两条途径。其中之一就是借助行政手段,在团组织的系统中广泛发行。下面是刊登在第 1 卷第 10 期上的一篇批评文章。

文化程度最高的县委

团报是团的宣传与组织工作中一个主要武器,自从中央局出版了青年实话报以来,各地团部都在进行推销和组织读报班的工作,惟有乐安县委,两次来信,拒绝推销,说"本地群众文化程度太低"。乐安群众的文化程度未必怎样低,怕是乐安县委文化程度太高了,高到怠起工来也

---

① 《江西苏区省委二、三、四月工作总报告——团的工作总报告》,江西省档案馆藏。

有话说了。

文章中提到"惟有乐安县委，两次来信，拒绝推销"，说的是乐安团县委两次写信表示拒绝推销《青年实话》，理由是那里群众文化水平太低。而"各地的团部都在进行推销"工作。这就意味着《青年实话》向各地的团组织发出了推销报纸的指示或者通知。该文对乐安团县委的批评，火药味颇浓，让人感觉到拒绝推销是一件非常不可容忍的事，这正好反衬出《青年实话》借助行政手段发行的声威之大，力度之强。

无独有偶，在《青年实话》第 2 卷第 24 号上，也刊登了一篇关于推销报纸的文章，而且还是与乐安县相关，全文如下：

推销青年实话的进度

最近青年实话报，号召每个青年自觉向中央青年实话发行部订阅青年实话。二分区所领导的团员，在这一号召之下，经常的实行组与组连与连订阅青年实话的竞赛。每个青年都知道了青年实话是少共苏区中央局机关报，是我们青年最可爱的报纸，特别是乐安独立营的青年，看到青年实话一来，一百本，二百本，不要二十分钟就推销完了，并很快的就送钱给分销处转给总发行所。

在这里，关于订阅报纸的要求，以号召的形式直接下达给了团员，更加显示出了行政手段推销报纸的渗透性与辐射力。本文与《文化程度最高的县委》不同，是一篇正面报道，但表扬的不是乐安团县委，而是乐安独立营。

展开如此强势的发行与推销工作，《青年实话》是基于对

自身业务的充分自信。李中的《我们对青年实话应有的责任》
一文代表了《青年实话》的观念。其中提到:"自《青年实
话》出世以来,我们对他(它)的责任,还没有充分负担起
来,我们还未能把他(它)的发行推广起来。有的乡村一本
都没有推销,以致有些地方,在青年运动中,团的工作中,还
继续着,重复着,青年实话报上所指出的错误倾向,阻碍了团
的工作底迅速进展,这是我们对他(它)的责任,没有负担
起来的结果。"也就是说,有些地方重复着犯《青年实话》报
上所指出的错误,就是因为没有推销《青年实话》,自然也没
有阅读《青年实话》。而《青年实话》"的确是我们的领导者,
告诉了我们许多新的工作方式和方法,揭发了我们工作中的错
误和缺点,及一切不正确的倾向。他(它)是无产阶级青年
的战斗武器,打击机会主义的开火机,他(它)使我们的思
想进步,工作兴趣提高"①。

(三)组织叫卖队推销报纸

组织叫卖队是《青年实话》选择的让报纸真正到达读者
的第二条途径,也是《青年实话》更富有特色的一种报纸推
销手段。在前文所提及的《青年实话》办报革新计划中,有
一项内容是:"用叫卖的方法,零售报纸,尤其是儿童团要负
责帮助。"主要依靠调动儿童团的人员组织叫卖队,这充分利
用了《青年实话》自身的优势,因为儿童团与共青团组织关
系密切,苏区的儿童局与团苏区中央局存在直接的隶属关系。

在《青年实话》办报两周年的时候,当时作为苏区中央儿
童局书记的陈丕显,在报上发表了一篇热情洋溢的纪念文章,在

---

① 李中:《我们对青年实话应有的责任》,《青年实话》第 1 卷第 22 期,
1932 年 7 月 10 日。

充分肯定了《青年实话》对儿童工作的直接帮助以后，写道：

> 我们皮安尼儿来纪念本报二周年，要送些什么礼物呢？我想最实际的，就要我们苏区的弟妹们，立即起来组织儿童叫卖队，热烈进行叫卖《青年实话》作我们皮安尼儿庆祝《青年实话》的一点礼物。
>
> 中央儿童局，为着拥护《青年实话》特别出了通知。关于组织叫卖队的问题，讲得很详细，我们应该很快的完成她。要做到每期的《青年实话》和我们见面后，叫卖队立即分头出发，进行叫卖工作。要运用能鼓厉（励）群众兴奋听的小小的演讲，唱叫卖歌等。《青年实话》报刊，不但要使个个青年人，人人都买去读，而且个个儿童、团员都应该这个样子。
>
> 叫卖队组织起来，要很紧张的进行工作，队和队，人和人，举行推销竞赛。什么地方叫卖队最好，在七月底检查时，要求本报编委会给奖，我们共产儿童团年纪小小，志气倒很大，我们要在推销《青年实话》推广团报销路的事件上，表示我们真正是马克思列宁的孩子。①

在这里，作者强调少年儿童组织要以成立儿童叫卖队来庆祝《青年实话》办报两周年。中央儿童局为了推销《青年实话》，已经对叫卖队作了细致的规划，要求叫卖队成员们接到报纸以后立即展开行动，在叫卖的时候，还伴以演讲与唱歌的手段。特别是为了鼓励队员们的积极性，还举行队与队、人与

---

① 阿丕：《给〈青年实话〉发刊两周年纪念的礼物》，《青年实话》第 2 卷第 21 号，1933 年 7 月 2 日。

人的叫卖比赛。由此可以看出，儿童叫卖队的工作不但非常投入，而且还颇富创意。

三　以延伸性的关怀巩固发行渠道

《青年实话》的目标读者是苏区的工农青年和红军战士，他们的共同特点是文化水平非常有限，许多人还是文盲或者半文盲。如果只凭借个人的文化根底，是无法独立阅读报纸的。所以，要发展与巩固已有的发行渠道，稳定住现有的读者群体，就应该在帮助读者阅读上做文章。也就是在这个意义上，《青年实话》积极倡导在青少年中间大力开展读报运动。从传播学的角度来看，这是一个为受众消解接受环节中的障碍的过程。对媒体来说，它已经超越了常规的业务范畴，是在特殊状况下为实现传播的完整过程而主动选择的一个延伸性行动。

《青年实话》第 1 卷第 10 期刊登了一则《本报大刷新启事》，在其结尾部分说道："希望本刊的读者，此后更努力帮助我们。多多推销，多多组织读报班使大家都知道本刊内容，多写文章寄来本刊，并且踊跃批评本刊！"

该启事特别拜托读者多组织读报班，此处的措辞颇有意味。一般看来，组织读报班是为了文化水平低的读者着想，他们可以通过参加读报班的活动，开阔视野获取知识。但在此处，《青年实话》认为读报班给报纸带来了益处，因为它使读者了解报纸的内容，可以稳定发行渠道，因而把组织读报班看成是自己应该全力倡导与推动的事情。很显然，这是一种非常完整的传播观念，它不仅关注传播了什么，而且还关注传播的接受状态。

时任红三军团政治部青年部部长的刘志坚发现红军战士出现一度冷落《青年实话》的现象，他在文章中说："过去

（《青年实话》刚改为小册子时）三军团的团员，对《青年实话》是有相当热爱的，《青年实话》好久没有来，便向上级建议。可是最近有些团员不愿意阅读和购买《青年实话》了。"他认为造成这种结果的第二个原因是"读报班的工作，没有真正的落实。读报班虽然组织起来了，可是只是形式的，青年实话来了，不能进行读报工作。把报的内容及意思解释给团员听。因而文化水平低就看不懂，便觉得没有趣味"①。为此，作者提出了三个解决问题的思路，其中之一是强调要健全和落实读报班的工作，由红军中文化水平较高的同志，来辅导文化水平低的团员阅读，把《青年实话》的内容，解释给他们听。这样一方面可以使团员了解《青年实话》的内容，另一方面可以提高他们看报的兴趣。

　　《〈青年实话〉的革新计划》涉及办报的各个方面，有一条的内容为："发展读报运动，特别是在少队童团的大队中，要指定同志宣读，各学校可以采取作课本用。各级团部及其他青年团体，组织读报组。"② 文中的"少队童团"，是少先队与儿童团的简称，是当时的一种习惯说法。在此处需要特别留意的是"发展读报运动"，是作为《青年实话》办报改革措施之一出现的，似乎《青年实话》已经主动承担了读报运动的倡导者、推动者甚至组织者的责任。

　　实际的情形应该是这样的，革新计划确是《青年实话》提出的。但是，当《青年实话》面向全体读者说要"发展读报运动"时，实际上代表的是少共苏区中央局的立场。只有

---

　　① 刘志坚：《怎样克服红军中团员不读青年实话的坏现象》，《青年实话》第1卷第24期，1932年8月20日。
　　② 《〈青年实话〉的革新计划》，《青年实话》第2卷第4号，1933年2月19日。

这样我们才可以理解如"各级团部及其他青年团体，组织读
报组"之类指令性的语言。这样的特点，在罗华民的《庆祝
"青年实话"》一文中表现的更加明显。

　　　自从"青年实话"出世以来，它已逐渐的得到了广大青
　年群众的拥护，很多同志都能把它熟读起来，帮助了工作上
　的进步。它的确是我们的领导者，它供给了我们许多战斗方
　法，使我们思想进步，工作的兴趣提高。现在它在广大青年
　群众中已竖起了强固的威信，是青年人唯一的读本了。
　　　它已经有了这样光荣！但我们对它的责任，还未充分
　的负担起来，我们还未能把它的发行推广起来、普遍起
　来。很多青年都很热烈要来读"青年实话"的，总是团
　的领导不大健全，不能把他们好好的组织起读书班、读报
　团、识字运动等，而使他们不能完全阅读，使它不能深入
　青年群众的内心里去！
　　　我们拥护它！加紧推广它的发行，加紧普遍地组织读
　报团、读书班，使每个青年都逐渐能读"青年实话"。
　　　我们庆祝它！象青山流水般的永久，源源出版做我们
　唯一的好朋友——读本。①

　　作者罗华民是少先队中央总队部执行委员。从本文来
看，作者对《青年实话》情有独钟，对它的传播现状整体上
是肯定的。但他认为《青年实话》的社会功能还没有完全体
现出来，其原因是一些团组织的领导没有组织好读报团、读

---

　　① 华民:《庆祝"青年实话"》,《青年实话》第 1 卷第 16 期，1932 年 4 月
25 日。

书班。由此可见，读报运动的真正组织者是各级团组织及其领导。

对于读报的必要性与重要性，在苏区的团组织中已经形成了共识。在《少共苏区中央局关于春季冲锋季的冲锋计划》里，少共苏区中央局径直把组织读报运动列进冲锋计划中了。其具体表述为："扩大《青年实话》的推销，每个活动份子（区委支委，小组组长，活动份子）都要读《青年实话》。建立支部的通讯网（每个支部要有一通讯员），健全发行工作。组织读报运动，在支部与群众会议上，组织关于我们刊物的讨论。"①

关于读报运动开展形式，少共苏区中央局的领导人之一张爱萍简洁地提出了自己的意见。他说："由于苏区工农青年的文化水平，一般的还很低，必须发展读报运动。在俱乐部中，列宁室普遍组织读报组，特别是在团内，少先队内，儿童团内……及其他青年群众团体内，必须指定几个文化水平较高的同志负责读报工作。只要《青年实话》一到，立即召集读报组会议，宣读，解释与讨论《青年实话》中的一些重要文章。"② 从他的话中可以了解读报的大致情形，读报并不只限于宣读，还要讲解和讨论。因而参与了这样的环节，文化水平有限的人也能大致明了报纸上文章的含义了。

由于对目标受众相当重视，并且采取了富有成效的发行与推广策略，《青年实话》获得了极大的现实影响力。在张爱萍看来，"她现在在团员与青年群众中已有极大的影响，很多青

---

① 少共苏区中央局：《少共苏区中央局关于春季冲锋季的冲锋计划》，1932年12月27日，中央档案馆藏。
② 爱萍：《纪念马克思，拥护〈青年实话〉》，《青年实话》第2卷第6号，1933年3月5日。

年工农对她感到兴趣"①。阿伪则评价说:"(《青年实话》)已经成为红军中青年和工农劳苦青年必不可少的读物,成为团与广大的工农劳苦青年中间的联系。他(它)活像在战争中一支洪亮的喇叭,鼓励着工农劳苦青年前进战斗。"②

第五节　青年化特性的体现与营造

从年龄层面来看,《青年实话》的目标受众主要是苏区的青年读者。也就是由于这个原因,其采编者在保证完成该报必须承担的任务的前提下,无论是在内容还是在形式上,都力求使《青年实话》体现出更多的青年旨趣与青年风格。

一　体现青年的意识

《青年实话》很注意刊发与青年相关的文稿,反映青年的生活与工作的状态。这样的追求在它的一份革新计划中,有过集中而全面的表达:"要充分反映工农青年的斗争与生活情形,不仅要有苏区的青工斗争,反富农斗争,肃反斗争,红军和游击队(模范队)的生活……的记载,而且要介绍与搜集苏联青年生活状况,社会主义建设情形,白区工农青年的生活与斗争情形。"③

1932 年 9 月 2 日,工农剧社在江西瑞金正式成立。从

---

① 爱萍:《纪念马克思,拥护〈青年实话〉》,《青年实话》第 2 卷第 6 号,1933 年 3 月 5 日。

② 阿伪:《本报发刊两年来的回顾》,《青年实话》第 2 卷第 21 号,1933 年 7 月 2 日。

③ 《〈青年实话〉的革新计划》,《青年实话》第 2 卷第 4 号,1933 年 2 月 19 日。

《工农剧社章程》看，该剧社的宗旨非常丰富，其中主要的内容是"提高工农劳苦群众政治和文化的水平，宣传鼓动和动员积极参加民族革命战争"。由此可以看出它在苏区的特定环境中扮演着特殊的角色，是苏区各类组织与团体中的一个重要的成员。《工农剧社学生生活素描》一文介绍的是该剧社青年学生日常生活的几个片断，用的是素描的手法，把他们在听到要派人到前线的消息后的反应细致入微地展示出来了，非常具有感染力。

> 每个人的心坎都充满了喜悦的心情，每个人嘴中是这般地叫喊："我要上前方去，去慰劳常胜的红军。"自动学习的精神加紧了，不管是早晨或者晚上，他们都在舞台上或者教室中，活泼泼的演习话剧、戏剧。天将一亮，你可以听到"扩大红军一百万！""武装保卫苏联！""反对帝国主义战争！"这些整齐洪大的声浪。或者你又可听到｜51233｜……这些动人的歌声啊！他们在努力准备，这是在接到前方要我们去表演的电报后，学生的热烈响应。
>
> 在选择人员到前方去的时候，不管是儿童和青年，都吵闹似的向教员说："我去！我要到前方去呀！"教员回答说："你太小了啊，走不动呀！"他们却坚决的说："不！我要去，用四只脚我也要爬去！"
>
> 本月十七日的那天中午，在骄阳光线下，他们都背了包袱、斗笠，准备出发，个个都是精神焕发的前进着。①

---

① 《工农剧社学生生活素描》，《青年实话》第 2 卷 24 号，1933 年 8 月13 日。

上面的文字虽然不长,但是其中所蕴涵的青春与活力,朝气与热情,跃然纸上,灼然可感。在这里,青年意识表现为一种热情与活力。

由于经济、文化与习俗等原因,加之连年的战争,苏区的一些地方不时有疫病流行。在第五次反"围剿"前夕,红军为了保障战斗力,以朱德总司令和周恩来政委的名义,发布了"关于卫生工作训令"。《红军中青年在卫生运动中的活跃》一文,记载的就是在执行卫生工作训令的过程中,五团青年战士发挥出自己的积极性和创造性的事情。首先,他们发明了竹茶洞,在行军中用来装开水,便于在行军过程中携带。此前,红军虽然配置了烧水队,但是在行军过程中有诸多不便,很难满足战士们的需求,因而大家经常喝的是生水。这种竹茶洞很快就在部队较大范围里推广开来了,而且就连被俘获的敌军士兵也很羡慕红军有这样的用品。同时,他们还用布料制作了打蚊子的扫子,效果颇好。在个人卫生方面,每个青年同志经常洗衣服和被毯、洗澡、剪指甲、不卫生的东西不乱吃。环境卫生方面,部队每到一地,三十米以内的地方,打扫干净,扫除污水、秽土,这些活动青年战士都能积极参加。此外,他们还经常向地方工农群众宣传做好卫生工作,打通水沟等。[①] 在这里,青年意识表现为创新与勤勉。

《青年实话》没有把白区青年的生存状态作为关注的焦点,但也没有完全忽略这方面的内容。其中的《白区工农青年的生活》一文写道:

---

① 参见《红军中青年在卫生运动中的活跃》,《青年实话》第 3 卷第 1 期,1933 年 11 月 13 日。

　　在国民党统治下的工农青年，真是过着牛马不如的生活，要是拿来与苏维埃政权下青年工农的生活一比，真是有天堂地狱之别啊！

　　永丰的西北与峡江之间一带，是在国民党统治下的区域。这个地方的工农群众，除了照例还租、还债、还粮、还税外，担负国民党的各种捐，什么烟口捐、马路捐、门牌捐（算不尽的捐）。要替国民党修马路，每人至少要修七八天（吃自己的饭，没有工钱），一角大洋一个的良民证，今天发一个，过两天又说要不得，要另行发过一个，又是一角大洋。拉起夫子来，老少都拉，有一次一个十三岁的小孩子，也被拉去关了一天。所有这些，要是你稍有反抗的话，就得请你去坐牢，打屁股，杀头！

　　牧童替富农牧牛，所过的生活更是残酷，工资少到每年只有几十斤谷，其他的待遇当然更不待言了。有一个牧童替富农牧牛，也不知受了多少大骂，年纪有了十八岁，但还小小的只当得十一二岁，你道为什么这样矮小呢？原来是被老板打坏了的。他差不多每天都要受一次打骂，他真是被打得不能生存了，他觉悟起来了，他知道只有革命才是出路，因此，结果他勇敢的来当红军了。

　　这还不过是我个人所知道的一点点，他们所受到的剥削与压迫，不消说是笔难以尽述的！

　　红军到了这个地方，他们是非常高兴的，欢迎红军来帮助他们打土豪分田地，建立苏维埃政府。①

---

　　①　志坚：《白区工农青年的生活》，《青年实话》第 2 卷第 17 号，1933 年 5 月 28 日。

这里反映的是苏区附近白区青年的日常生活，而现在这个区域已经被红军占领，并且建立了苏维埃政权。也正是由于这样的原因，该文的描述显得真实可信，具有现实的教育意义。

令人吃惊的是，《青年实话》除了关注青年人的生活与工作状态外，对青年人的心理健康也没有忽略。在其第3卷第4期上刊发了下面一篇文章。

为着战争的利益　保护你的身体的健康

手淫的害处

显棠自述

我远在一九三〇年以前，就沾染了手淫（打手铳）的恶习，性欲一冲动，味道一来，就要打了才甘心。前后统计起来，不下百多次，到现在我的鸡巴都变相了，因为我是左手打的，鸡巴就由右转。要疴尿时，尿水就会射在裤子上滴在脚上。工作起来，精神不能振作，精神过度了，便会头痛，成为一个萎靡不振的青年。自从受了精神上更大的损失，在好久以前，我就再也不敢打了。至今精神也就起来了，工作多做一二小时，也不要紧。我希望与我同病的同志，也立即停止，马上戒绝手淫。

这篇文章是以一位名叫"显棠"的人自述的形式出现的，他介绍了自己的一个恶习，给自己造成了损害，以及通过自己的努力，从恶习中挣脱出来，精神大振。该文触及的是年轻人成长过程中常会碰到的困惑，显然是意在给陷于同样处境中的人以正面的示范和诱导，使他们能够全身心地投入反"围剿"的各项工作中去。在这里，青年意识表现为对青年心理的关注。

这位名叫"显棠"的人能够这样大胆地在报刊上陈述自己的这个恶习,即使是现在也属不易,在当时更可说是惊世骇俗。他在第3卷第8期还刊发了一篇文章,是为年轻人争取应有的尊严的。

反对喊小鬼

显棠

　　无论走到什么地方,就是红军中亦好,常常听见唤小鬼,小鬼、小鬼,声音细而大,甚至发出命令似的声音,真个"以大欺小"样子,这是应该反对的。

　　再看农村中,有一般父母打骂他的子女之时,还要加上小鬼头、小鬼子、小鬼壳等怒骂小同志。

　　但是小同志明明是一个活活泼泼的小英雄,他们偏偏要唤小鬼,这是什么道理?

　　因此,我们应该反对喊小鬼。

在革命的队伍里,老同志喜好叫年轻人"小鬼",但作者对此比较反感,认为是"以大欺小",表示了明确的反对意见。当然,作者的意见没有被接纳,因为这种称呼在我们的队伍里不绝如缕,一直存在着。但是,该文中所体现出的对青年人自我意识的尊重与保护,非常难得。

二　满足青年的趣味

与苏区其他报刊相比,《青年实话》的一个主要特点是在完成一般机关报都要承担的组织与指导的责任的同时,还能透露出一些活泼与灵动的气氛,非常适合年轻人的口味。后面的这部分内容,主要表现在以下几个方面。

（一）宣传与推广体育活动

《青年实话》对体育的推广大致分为两种，即推介与报道。张爱萍的《发展赤色体育运动》一文就是直接推介体育运动的代表性作品。作者一开篇就谈到开展体育活动的重要性。他认为，体育是青年人普遍喜爱的活动，开展体育活动更容易接近年轻人，在这个基础上对他们进行塑造和培养更容易被他们所接受。他的原话是这样说的：“为的要使劳动者特别是青年劳动群众，能在体格上适合阶级斗争的需要，为的要利用适合于青年情绪的方式来加强我们的政治影响，组织苏区内劳苦青年的体育运动，是极其必要的。”[①] 接着，作者根据苏区当时的条件，推荐了几个体育项目及其实施的方法与锻炼的要领。

> 体操与游戏　由队员自己决定时间——早晨或晚上（隔一天二天三天都可以），大家集合于运动场，练习体操、徒手操、柔软体操、器械操……等，以及练习各种的团体的军事的游戏。
>
> 田径赛　在运动场的一角，掘成长九尺宽四尺深一尺的跳田，再铺上深五寸的细沙。另在一端竖立两个高七尺的一方寸的柱，柱上钉着许多钉子，隔半寸钉一粒钉，以一细竹板横放在钉上，就可以跳高。竹板一取，就可以跳远。
>
> 秋千架　这个——秋千，在农村中最便易设置了。只要在两个木架上贯一横梁，在横梁上系两条绳，绳的下面

系上踏板，便可以荡起来。

　　足球，篮球，乒乓球　一个区或一个县，可以联合多数队员集合购买篮球、足球、乒乓球以及器具。开始，最好是从足球起，再练习篮球、乒乓球等。

　　野营与旅游　春季秋季的时候，最适宜举行"野营"与"旅行"。野营，是集合一队或几队队员，到较远的野外去生活、工作与练习一切军事学习。而旅行呢？是其一队到另一队去参观地方、工作状况，交换各种工作经验，互相观摩工作成绩，以及举行体育比赛。

　　游泳　在附近的池塘或河里（最好是河）的水浅的地方，于规定时间集合许多队员，由队长率领去游泳（即洗身）。游泳时，必须以游泳好的队员做指导员，要特别留心避免不慎的溺毙。这最好在夏天开始举行。

　　在今天看来，此处对几个项目的介绍显然存在值得商榷的地方，比如说游泳就是洗身，并不准确。谈到足球、篮球、乒乓球，认为最好从足球学起，也似乎缺乏足够的理由。但是，在当时江西偏远的边陲赣南，这些体育项目都是奇异与稀罕的新鲜花样，可以激发起苏区青少年强烈的好奇与向往。

　　由于当时特定的战争环境，苏区的体育活动是比较有限的。不过，《青年实话》对于体育活动的报道，却是非常用心，它不定期设有"体育栏"与"赤色体育"等体育专栏。在第2卷第25号上，《青年实话》为上杭太拔区各学校竞赛大会做了综合性的报道。根据文中的介绍，竞赛于1933年6月30日开幕，持续了4天，参加的男女学生共486人。比赛的项目兼蓄并包，体力与智力的内容杂糅在一块。其中有徒手操、政治测验、政治问答、算术、美术、共产主义、社会进化史、识字课本、法令、跳高、跳远、赛跑、武装竞走、卧薪尝胆、三人四足竞走、击球竞走、政治游戏等。虽然科目有些杂乱,但是安排得井然有序。总评成绩最好的是太拔乡校,获得第一名,第二名双坑小学,第三名院前小学;还有个人获得一、二、三等奖。奖品富有教育意义,有列宁青年的模彩、国际旗、银牌、铜牌、布五星等。它们都是由区乡机关工作人员募集来的。最后,由文化部长致闭幕词,再由指挥官宣布散会,并开始游行示威。

第 3 卷第 4 期的"赤色体育"栏目集中刊登了 4 篇体育方面的稿件,分别为:《赤色体育运动与青年》、《女子篮球队的出现》、《福建筹备游艺体育运动会》与《卫生学校的体育运动大会》。其中,《女子篮球队的出现》全文如下:

> 少共中央与马克思主义学校的青年妇女篮球队已相继成立了。她们为着开展苏区的赤色体育,使其更适合目前战斗的动员,首先号召全苏区的青年劳动妇女,加紧在战斗中锻炼强健的筋骨,来参加战争。她们是红色妇女的体育界中的一支有力尖兵。她们天天利用工作完毕的时间,努力练习篮球。青年妇女们!首先是苏维埃大学,红军大学,以及其他各学校、各机关、群众团体的青年妇女们!你们怎么样?愿为落后吗?紧快地组织起来,锻炼赶好,迎着在二苏大会的开幕,显示你们的战斗力量,回答她们的号召啊!

参加体育活动的目的是强身健体,以便以更好的身体投入战争中去,这是苏区开展体育运动的一个最具特色的地方。

（二）组织谜语与游戏竞答

猜谜是我国的一项传统的群众性文化娱乐活动，很受普通百姓的欢迎。它通常是通过各种不同的形式在一个现实的场景里展开。《青年实话》将它设置在公开出版的报纸上，吸引广大读者经由投寄信件的方法参与。它在消解了猜谜活动通常所需要的现实场景的同时，无形中将谜语征答的信息传播到更广阔的范围。而且这对中央苏区的军民来说，显然是一种非常新异的体验。

与一些含蓄蕴藉、迂回婉转的文人谜语相比，《青年实话》所刊发的谜语具有明显的大众化的特点。下面是出现在第 22 期上的两则谜语。

一

一支小花机关，装着几粒子弹。

只要机关一开，包你吃着子弹。

但是吃他一些，对你毫无伤害。

（打一可吃的东西）

二

碧清一池水，风景十分佳。

田边立一人，样子很文雅。

有一小羊儿，尾弯眼睁大。

（打三字）

这两则谜语的谜底在第 24 期揭晓了，分别是"花生"和"准备着"。很显然，纯粹从制作谜语技艺的角度来看，它们远不能算谜语中的佳作，甚至谜面与谜底的扣合也有值得商榷之处。不过，其中体现出天然去雕饰的素朴特性也是清晰可贵的。

《青年实话》刊登的谜语还有一个重要的特点是，紧贴苏区的社会实践，体现出朴朴茂茂的苏区特有的生活气息。第 2 卷第 24 号上刊登了这样一则谜语:

> 脸儿相似一张纸，实质本系大宝贝。
> 劳苦工农青年们，人人把它收买起。
> 能改善工农生活，能保障革命胜利，
> 问它兄弟有好多，比我红军大三倍。

在第 2 卷第 28、29 号合刊上公布了谜底，它是"三百万经济建设公债"。在今天，若不了解当时的背景，任谁也猜不出这个谜底的。中央苏区先后发行了 3 次公债。1932 年 6 月，发行 60 万元短期战争公债;同年 10 月又发行第二期革命战争公债 120 万元;1933 年 7 月发行 300 万元经济建设公债。这是中国共产党建立革命政权以后最早发行的公债券，对于发展革命根据地的经济建设、壮大人民武装，粉碎国民党反动派残酷"围剿"，打破敌人的经济封锁，发挥了不可替代的作用。

这期报纸除了公开这个谜底外，照例又推出了新的谜语。其中有一个是要猜中央苏区的三个人名，其谜面为:

> 一、钟情的男子
> 二、精通过去事情
> 三、五虎将

其谜底分别是:思美、博古和伍豪。其中思美是张闻天的笔名，张闻天的俄文名字的音译为"伊思美洛夫"，所以他便以"洛夫"、"洛甫"与"思美"为笔名；伍豪是周恩来的化名。这个谜语就地取材，但是有一定的难度。以中央苏区的三位领导人的名字做谜底，按理说是比较容易猜到的。实际的情形很可能不是这样，三个答案中，除了博古以外，张闻天和周恩来用的是罕见的笔名和化名，一般的工农群众和红军战士恐怕不甚清楚。

除了组织读者猜谜语以外，《青年实话》还引导他们参加智力测验与演算游戏。下面是一个比较奇特的智力游戏。

姓氏演算

四个女孩子和她们的四个兄弟共分三十二个苹果，她们的分法如下：王姓女孩得一个，李姓女孩得二个，张姓女孩得三个，赵姓女孩得四个。这是女孩子们的分法，至于男孩子们的分法却复杂了：惠民分得和他的姐妹一样，丽生分得等于他姐妹的二倍，明德分得的适当他姐妹的三倍，福生分得的当他姐妹的四倍。

从上面的事实推想上去，你能指出四个男孩的姓氏吗？这个问题不是寻常公式可以演算的，只要静心盘算一回就解决了，答对的有奖品，答案于本报第五号发表。①

标题号称"姓氏演算"，其实演算在这里是无法落到实处的，因为没有什么算式可以算出人的姓氏。猜的方法只能是不断地猜测，不断地验证，直到准确为止。《青年实话》在第2卷第6号公布该题的答案："男孩子的姓名应为王明德、李福生、张惠民、赵丽生。若复核起来，四个女孩共得苹果十个，

---

① 《姓氏演算》，《青年实话》第2卷第2号，1933年1月22日。

明德姓王得三个,福生姓李故得八个,惠民姓张例得三个,丽生姓赵当得八个,男女孩总计所得苹果三十二个,和事实相合。"由此可见,它也是采用先假设后验证的解题方法。虽然这种类型的题目,从形式上看不甚科学与规范,却很可能引发读者的参与热情。

《青年实话》也刊登了一些真正需要计算的问题,在其第2卷第3号中就有这样一题:

> 渔翁驾着小船,用钓竿钓鱼,只见水花一动,渔翁连忙提起钓竿,一时觉得很重,原来钓得了一条大鱼。那渔翁也懂得一些算学。人家问他鱼有多少大,他只绕着弯子来说:"那尾鱼真怪得很!据我算起来,鱼头约有二尺半长,身部比头尾总长短去一尺,它的尾比头身总长的一半短去半尺。"你懂得他的话吗?你知道鱼身鱼尾有多少长?

这是与生活在水边的百姓生活直接相关的问题,编者为了吸引读者的参与热情,把问题编排得富有故事性,尤其是极具童话色彩,因为这条鱼显然大得有些离谱。但就问题本身而言,是比较简单的,稍具推算能力的人就能解决。第2卷第7号公布了答案:"鱼头长二尺半,身长四尺半,尾长三尺,全长十尺。"

第2卷第13号的"悬赏征答"栏目中发布的一个计算题较有难度,它应该是针对具有一定文化水平的读者的。其内容为:

组织红军骑兵连

红军建设的主要问题之一,是军事技术,在革命战争开展前面，提出创造骑兵已经是时候了！

　　红军的骑兵营长，发下十七匹马：第一连得三分之一，第二连得二分之一，第三连得九分之一，因为依照命令来分，那末，第一连则应得五又三分之二匹，第二连应得八又二分之一匹，第三连应得一又九分之八匹，但是大家都要整个的一匹马，所以相争不下，你能替他怎样分清楚？

　　本题涉及分数的运算，而且即使是熟练地掌握了分数运算的技巧，还是不容易很快找到解答的起点。《青年实话》在第2卷17号提供的答案是这样的："暂向营部借一匹马，合计为十八匹。第一连得三分之一，为六匹，第二连得二分之一，为九匹，第三连得九分之一，为二匹，营部的马仍旧送回，大家又得到了整匹的马，分的方法又没有违反营部的命令。于是，大家都没有争闹了。"在这里，暂向营部借一匹马的思路，别开生面，独辟蹊径，有些像现在的脑筋急转弯的套路。很显然，这对读者智力是极大的挑战。而对于一些读者来说，挑战越大，参与的积极性越高。

　　总体而言，《青年实话》所制作与设计出来的谜语与游戏并没有达到非常严谨、规范、贴切的程度，甚至有时还不免粗疏、生硬，但是，其内容都与苏区的现实环境及中心任务遥相呼应，与青少年的实际生活密切相关。尤其是竞答比赛的机制更是显示了青年报刊特有的想象力与创新性。比赛的优胜者可以获得物质的奖励，虽然只是一块手帕、一支铅笔，或者一份报、一本书，但是在当时物质极其匮乏的苏区，这可称是非常奢侈的奖品了。因而，它引发出了许多青少年极大的参与热情。

（三）刊登红色的歌谣与故事

歌谣是一种非常有效的传播形态，我国传统文化中的许多理念与信息便是借助歌谣的形式传播下来的。《青年实话》继承了这一传统，利用苏区特有的民歌形式，将一些革命的观念与思想及时而广泛地传播开去。关键还在于，这同时又满足了青年读者的接受意愿。

《青年实话》在其第 16 期刊登了一则《征求山歌、小调、谣曲启事》，其内容为："本刊为使歌曲一栏，更加扩充，以适应读者的要求起见，拟每期除刊登一只通俗的歌外，更刊登一只山歌，或小调，或谣曲。凡将各地青年群众中流行的记录下来，或自己编撰的山歌、小调、谣曲，投寄的，特别欢迎!"① 自此之后，红色的歌谣更加频繁地出现在了报纸上。

从内容上看，《青年实话》刊登的歌谣涉及苏区生活的多个层面。其中，有一类是激励大家努力生产、勤于耕种的。第 3 卷第 8 期登载了一首《新泉山歌》。

新泉山歌

鸡子细细□会啼，

春耕一到田爱犁。

儿童就爱检狗粪，

大人就爱担塘泥。

这首歌谣是催促大人小孩积极投身春耕劳动的。第 2 卷第 17 号的《夏耕歌》共有四首，是为夏耕而作的。

---

① 《征求山歌、小调、谣曲启事》，《青年实话》第 1 卷第 16 期，1932 年 4 月 25 日。

夏耕歌

一

夏耕计划总动员，大家同志开荒田。

今年夏耕要努力，多种什粮多种棉。

二

荒田黄山多开点，多铲草皮多犁田。

多下肥料多劳动，荒田做得变好田。

三

前方炮火响连天，今年大不比往年。

儿童早起检狗粪，劳动妇女也下田。

四

多耘田来多耘田，各种组织要健全。

粉碎敌人的"围剿"，加入红军莫迟延。

　　这组《夏耕歌》与《博生县湛田码头两区的夏耕运动》搭配在一起，同时刊登在一个版面上，两者相互呼应，非常自然。而且它没有孤立地说耕田种粮，而是把耕种与前方的炮火、敌人的"围剿"联系在一起，更加显示出努力耕种的紧迫性与必要性。

　　欢送红军上战场，配合红军打硬战，是苏区工农群众最重要的任务之一。这也是许多的苏区歌谣表现的主要内容。

　　《青年实话》第3卷第4号刊登了红歌《茶溪山歌》：

茶溪山歌

一

勇敢同志当红军，挽起行李就登程。

我们大家来欢送，欢送同志杀敌人。

二

　　欢送同志向前行，家中事情莫挂心。
　　十八条例尽优待，参加前线要精神。

　　上面的《茶溪山歌》与现在依旧广为传唱的《十送红军》的意旨相同，都是送别亲人上前线的。不同的是，这里的基调更显高昂，三次使用"欢送"一词。其中"十八条例"是指红军战士及其家属，可以得到中华苏维埃共和国十八项优待条件。1931 年颁布的《中国工农红军优待条例》①，具体内容共有十八条。

　　《青年实话》第 3 卷第 4 期刊登了包含简谱的红歌《我们无论如何要胜利》，其歌词具体为：

　　　　我们无论如何要胜利
　　　　前方的炮火雷鸣，
　　　　各个战线加倍的紧张。
　　　　"死亡或者胜利"，
　　　　全靠这一战。
　　　　勇敢工农，
　　　　都要武装上前线！
　　　　为土地，
　　　　为自由，
　　　　为苏维埃政权，坚决保卫我苏区，不让敌人侵犯我
　　土地。

---

　　① 见《中央革命根据地史料选编》中，江西人民出版社 1982 年版，第 594—596 页。

武装上前线，奋勇杀敌人，我们无论如何要胜利。

这首歌词句式不甚整齐，也不注重韵律。但是，它作于红军第五次反"围剿"期间，既表达出本次战斗的凶险与残酷，也召唤后方的工农群众以必胜的信念奔赴前线，奋勇杀敌。下面是四首刊登在第 3 卷第 7 期上的山歌：

山歌四首

一

前方枪声响镗镗，红军到处打胜仗；
消灭敌人数千个，缴到敌人许多枪。

二

前方枪声响叮叮，日无休息夜无停；
我们配合红军去，胜利进攻打敌人。

三

前方枪声响叮当，红军打仗好主张；
冲锋杀敌向前进，白鬼团匪一扫光。

四

前方枪声响连天，五次"围剿"在面前。
一致努力动员起，战争胜利归我们。

这组作品也作于第五次反"围剿"的最紧急的关头，也是动员苏区的群众武装上前线，配合红军战士打退敌人对苏区的进攻。不过，与前面的歌词相比，它更多了一些轻松气氛和乐观精神。这类歌谣虽然没有迎来红军第五次反"围剿"的最后胜利，面对敌人的步步紧逼，红军最终选择了撤离中央苏区，不过，它们对苏区群众的精神所产生的激励与推动的作用，依旧是值得肯定的。

《青年实话》第 3 卷第 5 期刊登的一首《山歌》，则显然
属于另一种类型。

山　歌

嗳呀来！冬天到来云飞飞，妇女同志真热心，
三十万双布草鞋，同志妹！送到前方给红军。
嗳呀来！妇女同志真劳心，时常做着布草鞋送我们，
穿了你们的草鞋跑得快，同志妹！勇敢冲锋杀敌人。
嗳呀来！一只草鞋千万针，红军哥哥穿了是记在心，
五次"围剿"要粉碎，同志妹！捉几个师长送你们。
嗳呀来！穿了草鞋要精神，高举红旗向前进。
那时红军打到南昌去，同志妹！到了南昌等你们。

这首山歌用的是红军的口吻，比较少见。苏区妇女们为了
支援前线，大多都投入赶制草鞋的运动中了。这里表达的正是
红军战士对她们的一份感激之情，并且还表示穿上草鞋以后要
勇敢杀敌的决心。

此外，《青年实话》还根据青年人一般都喜好看故事与
笑话的特点，刊登一些可读性较强的文章。第 3 卷第 8 期的
"故事·笑话"栏目发表了《万字怎样写的》一文，内容
如下：

吴大是一个聪明的青年，但是因为他在革命以前家里
十分贫苦，没有读过书，所以虽然墙壁上的标语，写得像
箩这么大，他认得的却只是白的墙壁，黑的是字。革命
后，他的父亲吴毛要他去夜校去补习。当吴大进夜校的一

晚，指导员就告诉他："一字是一笔画，二字是二笔画，三字是三笔画……"吴大不等指导员说完，就将手一扬说："我知道了。"从此，他就不再到夜学校了。后来，吴毛要他写一封信给万二同志，他亦满口承应。将一张大毛边纸，关住房门在写。过了半个钟头，他的父亲向他催取，他说："恩，你不要使我写错了。"吴毛进去看时，满纸都写着笔画，原来他以为万字是一万笔画的。列宁小学的指导员听知了这件事，向他解析。以后他努力学认字、写字，现在居然能写文章了。

《青年实话》似乎是很想让读者相信，这是一个发生在苏区的真实故事。因为其中出现了只有红色苏区才可能有的元素，如革命前没有读过书，革命后上夜校，夜校里有指导员，等等。但是，这显然是一个虚构的故事，因为以写万字为故事核心的笑话，有许多的版本，传播得很广泛，这里只是把背景换成了苏区而已；而且这个故事中的父子二人的名字分别为吴毛和吴大，也显然是仓促间编造的。但是，其中有两点完全可以确定。第一，作者意在激励苏区的青年人努力学习识字；第二，他认为以这种有趣的故事进行引导，是年轻人比较容易接受的。

三 营造青年化的风格

青年的风格，这是一种表意不甚清晰的表达。但是，它是有特定的出处的。王盛荣在《青年实话》办报两周年以后说："她的第一、二期出版，并没有现在这样美丽，而是像现在《斗争》式的装订，那时候比现在更加困难，因为物质、印刷的关系，没有把她变为良好美丽的青年化的报纸。"① 在作者看来，《青年实话》的目标就是变成一张"青年化的报纸"，其主要特征就是"良好美丽"。在这里，笔者把它概括为青年的风格，这是一种符合年轻人阅读兴趣，进而为他们所喜爱的风格。根据《青年实话》的编辑者与管理者的相关描述，以及报纸的实际呈现状态，这种青年化的风格主要表现在两个方面。

（一）外形美观悦目

外观美观悦目的含义首先包括装订美观、印刷精良、纸张光洁，等等。王盛荣说《青年实话》的一二期因为物质条件的关系，"没有现在这样美丽"；其后期主编阿伪认为，前期的办报由于物质条件的限制，导致报纸"印刷不精良，纸张不美丽"。② 在《青年实话》第 2 卷第 4 号刊发的《〈青年实话〉的革新计划》中有这样的内容："在格式方面，采取活泼动人有战斗精神的标语、口号，插在总提头，使它呈出美丽生动而警人的气象。""装订与排版，力求美丽。"从这些材料中，可以感受到《青年实话》的主持者对于报纸的印刷、装订、排版、纸张等因素的极度在意与不懈追求。尤其是在这样的场合，他们很习惯于使用"美丽"一词，这表明他们充分意识到美丽与年轻人的天然联系。

《青年实话》外观悦目的特点，最集中地表现在图画的使用上。毫无疑问，《青年实话》在图画使用方面的强调与突出，在苏区的非画报类报刊中是首屈一指的。出现在《青年

---

① 盛荣：《〈青年实话〉出现的历史》，《青年实话》第 2 卷第 21 号，1933 年 7 月 2 日。

② 阿伪：《本报发刊两年来的回顾》，《青年实话》第 2 卷第 21 号，1933 年 7 月 2 日。

实话》的图画，主要有四类，分别是：配图、插画、画报与画刊、"红孩儿"连环画。

配图是指与文字的传播相呼应的图画。在这里，文字可以独立完成意义的传达，配置一些图画，是为了发挥其呼应与辅助的作用，使意义的呈现更加形象与通俗。在第 3 卷第 13 期中，《青年实话》就使用了较多的配图。其中的《瑞金在准备春耕运动中》一文，篇幅不长，总共使用的配图有 10 张之多，其内容涉及开垦荒地、修整水库、耕种红军公田以及种植蔬菜等。而在"保障今年冬天有新棉衣穿！"的口号下面，刊登的《植棉的常识》中，配图的使用更是别出心裁。这里共有图画 6 张，其内容分别为：三月种棉花、四月施肥料、九月收棉花、十月纺面纱、十一月织布、新年穿新衣。它们相互承接，把种植棉花到新衣裁制的过程都展示出来了。

插画是在以文字为主要传播形式的整体结构中，穿插一些图画，与配图的不同之处在于，它是独立的表意单元，并不是为了辅助文字而存在的。《青年实话》的插画，单独成页，不标页码。自第 1 卷第 14 期（1932 年 4 月 5 日出版）起，《青年实话》的插画就开始有作者的署名，其中主要有"漫野"、"亚光"等。虽然当时没有先进的印刷和拍摄技术，但《青年实话》还是做到不厌其烦，克服困难，尽可能多地刊登插画。以第 1 卷的第 13 期至第 22 期为例，在这连续的 9 期报纸中，就一直不间断地刊发着插画。

《青年实话》第 13 期　　　插画 4 幅

《青年实话》第 14 期　　　插画 4 幅

（作者署名　亚光）

《青年实话》第 15 期　　　插画 4 幅

（作者署名　漫野）

《青年实话》第 16 期　　　插画 4 幅

（作者署名　漫野）

《青年实话》第 17 期　　　插画 4 幅

（作者署名　漫野）

《青年实话》第 18 期　　　插画 4 幅

（作者署名　漫野）

《青年实话》第 19 期　　　插画 4 幅

（作者署名　漫野）

《青年实话》第 21 期　　　插画 2 幅

（作者署名　亚光）

《青年实话》第 22 期　　　插画 2 幅

（作者署名　亚光）

在一期中刊发多幅插画,每一张插画就是一个意义单元,独自反映和报道一个事件。《青年实话》第 1 卷第 10 期就刊登了 4 幅插画,其配图文字分别为:

图一:日本工农暴动,反对战争,被日政府屠杀三百余人。

图二:《赣州城》:英勇红军进攻赣州,扩大苏区。

说明:它反映的是红军攻打赣州城的情景。

图三:白军士兵,不听国民党命令,与日本帝国主义作战。

说明:图中内容为第十九路军士兵在上海与日军激烈战斗,蒋介石在洛阳看着作战场面称“他妈的,不听命令了”。

图四:国民党迁都洛阳,让出上海南京,做帝国主义战场。

我们可以把这些插画理解为独立的图片新闻，它们分别报道了发生在国内外的几个重大事件，只是没有写明事件发生的时间。

画报与画刊是作为《青年实话》副刊出现的，与插画、配图的主要区别在于，它们是不定期的。只要出现了，刊登图画的数量一般都比较多。《青年实话》第3卷第1期以"青年实话画报"的形式，刊登了4个单元的漫画。其中第三单元是一套组画，其总标题是《苏联小学生生活》，共有图画4张，分别是："加减乘除之练习"、"化学课"、"午餐"、"茶点"，共同表现了苏联小学生的学习与生活状况。其余的单元都是单张画。第一单元名为"参观运动大会的革命领袖"，展现的是斯大林、莫洛托夫、家里林的参会情景。第二单元题为"赞成"，画面出现的是苏区开会举行表决的景象，配上了一段较长的文字，内容为："中国苏维埃教育大会上，欢迎团中央提出的协助运动条约：1、全苏大会前动员一百二十个干部到教育部工作；2、消灭团内少队内文盲；3、五百居民一个小学，一百居民一个夜校。"第四个单元为"新近赴美的李维诺夫"，是一张李维诺夫头像。配发的文字则更长，把他赴美的背景及意义都陈述出来了。下面是其全部内容："苏联和平政策的伟大成功中，美国与苏联的复交，已成为事实。十月二十八日，苏联外交人民委员长李维诺夫同志，由莫斯科起程乘飞机飞抵德国京城柏林，由柏林改乘汽车经巴黎，于十一月一日下午四时在巴黎乘轮船转赴美国京城华盛顿，与美国谈判苏美复交问题。苏美复交的成功，乃是苏联外交政策的伟大胜利。"

显而易见，《青年实话》的这期画报是值得重视的。尤其是其中的第二单元与第四单元，以图画与文字配合的方式，透露出了一些非常难得的信息，反映了苏区社会革命进程中的一些珍贵细节，以及当时中央苏区与苏联在特定时期的特殊关系。

此外，1932 年 9 月 4 日出版的《青年实话》中，安排了"国际青年节画刊"，共刊登 20 幅漫画。

"红孩儿"连环画也可以理解为《青年实话》的副刊，但不同之处在于，它是系列性和主题性的，固定以苏区的少年儿童为表现对象，反映他们日常的生活与工作场景，并且连续不断地刊发出来。《青年实话》第 1 卷第 22 期刊登的"红孩儿"连环画，标题为《红孩儿（三）》，共刊载 4 幅漫画，内容分别是"红孩儿查路条"、"红孩儿捉着侦探"、"红孩儿放牛"和"红孩儿宣传"。

（二）文字通俗简洁

《青年实话》在强调外形上要美观的同时，往往也会提及文字的平易与通俗。在主编阿伪撰写的《第三卷的青年实话》中就说："力求文字作风的青年大众化，力求印刷的精美。"[1] 在《〈青年实话〉的革新计划》中也有类似的句子："出不定期的副刊，用最通俗的语句与浅近的图画，来宣传每一个时期中的战斗任务。"单独提到语言文字的时候，这份革新计划是这样说的："文字的体裁，要通俗、短悍、锐敏，活象工农青年心坎中吐露出的说话，创造出新的作风。"上面征引的材料足以说明，《青年实话》就像重视报纸的外观一样，重视刊出的文字。而对文字的基本要求是通俗易懂，自然简洁。

强调报纸的风格应该通俗易懂，这与《青年实话》读者普遍文化水平不高是密切相关的。红军干部刘志坚发现红军战士中出现一度冷落《青年实话》的现象，他在文章中说："过去（《青年实话》刚改为小册子时）三军团的团员，对《青年

---

[1]　阿伪:《第三卷的青年实话》,《青年实话》第 3 卷第 1 期, 1933 年 11 月 13 日。

实话》是有相当热爱的,《青年实话》好久没有来,便向上级建议。可是最近有些团员不愿意阅读和购买《青年实话》了"。① 为了改变这个现象,作者提出了三条意见,其中的一条是强调要健全和落实读报班的工作。具体来说,就是由红军中文化水平较高的同志,来辅导文化水平低的团员阅读,把《青年实话》的内容解释给他们听。这样一方面可以使团员了解《青年实话》的内容,另一方面可以提高他们看报的兴趣。读报班的功能,就是要消解已经成型的报纸对不少读者可能存在的阅读障碍。那么,在采编的过程中,追求文字的通俗易懂,降低阅读门槛,自然是办报人的不二选择。

悬拟出了办报的方向以后,就希望将它贯彻在采编的具体环节中。所以《青年实话》语言文字若达不到通俗简洁的水准,其主事者就会引以为憾。在《青年实话》办报两周年的时候,时任主编阿伪撰文说:"我们应该指出他(它)在最近一时期的主要诸缺点:文字的体裁,没有创造出青年所容易了解,青年所高兴阅读的作风,即是说用青年化群众化的方式来写,有些词句的结构,的确不十分通俗。"②

一些读者的意见,对《青年实话》通俗简洁的文字风格的形成,起了积极的促进作用。《青年实话》第1卷第10期刊登了一则与读报有关的启事,其中说:"本刊应广大工农青年的要求,费了许多力量的筹备,从本期起改印小册子,增加美丽的封面与图画,文字力求青年化。"第2卷第9号"读者的意见"栏目还刊登了一位名叫陈子玉读者的来信,其全部

---

① 刘志坚:《怎样克服红军中团员不读青年实话的坏现象》,《青年实话》第1卷第24期,1932年8月20日。

② 阿伪:《本报发刊两年来的回顾》,《青年实话》第2卷第21号,1933年7月2日。

的内容如下：

青年实话编委会：

三日前，我问了一位小同志："三八"是什么节日？他即答道："是国际妇女争自由解放的运动日。"同时，我又问："列宁是何处人，什么姓名？"他即说："《青年实话》没有告诉我！"后来我把青话第一期所载的《列宁革命事迹》（吴亮平投）的一篇给他看，这一下他才说："这么长的文章，和这么多的事件，我记不了。"

从这里，就明显的表现了《青年实话》的确在广大的工农劳苦青年队中起了伟大的领导作用，不过内容所载的有的是因为文章太过长篇或因之不能通俗，致使他们不容易记到。

我的意见，以后多登载些关于军事、政治、文化的问答。当然我们绝不必呆板的去分栏独刊，但求浅明通俗有这类的稿件多登载些。既可使他们以有更简浅的了解，同时，又可使容易记到。这样来使《青年实话》在广大工农青年的队里，成为更切身的宝贵的伟大领导者。

这是我所得到的材料和对《青年实话》的一点意见。致以

布礼！

陈子玉

三月二十日

这封信透露出了《青年实话》传播与接受过程中的一些信息。首先，《青年实话》在读者中已经具有很大的影响力，一些年轻人甚至对它产生了严重的依赖性，知识的更新、资讯的获

取都来自这份报纸。其次，年轻人更愿意接受浅明通俗的文章，而排斥那种冗长的文稿。信中所提到的《列宁革命事迹》，是指刊发在第 2 卷第 1 号上的《列宁革命事迹简述》一文。该文并不像题目所说的"简述"，其篇幅的长度在《青年实话》中非常罕见，从第 18 页一直延续到第 29 页；加之文中又夹杂了许多字数可观的人名与地名，难怪读者无法记住文中的内容。

在刊登读者的这封来信的同时，《青年实话》也公开发表了答复意见。

> 对于本报文字的通俗，简短，锐敏等问题，本是我们在革新计划中所注意到的。但是这几期来在有些文章上，我们显然还没有达到这种程度，在今后当格外的注意这一方面。至问答一项，只要读者有发问，我们当尽量在本报公开答复。
>
> 编委会
> 三月二十三日

由此可见，读者所提出的文字应该通俗的意见，其实也是《青年实话》自己悬拟的目标，只是无法经常得以完满实现而已。

由于《青年实话》对青年特性的清醒认识，尤其是在采编中勉力贯彻，因而，在苏区的广大青年中建立了良好的声誉。张爱萍说："她现在在团员与青年群众中已有极大的影响，很多青年工农对她感到兴趣，特别是在革新以后。"① 阿

---

① 爱萍：《纪念马克思，拥护〈青年实话〉》，《青年实话》第 2 卷第 21 号，1933 年 7 月 2 日。

伪则说:"(《青年实话》)已经成为红军中青年和工农劳苦青年必不可少的读物,成为团与广大的工农劳苦青年中间的联系。他(它)活像在战争中一支洪亮的喇叭,鼓励着工农劳苦青年前进战斗。"①

---

① 阿伪:《本报发刊两年来的回顾》,《青年实话》第 2 卷第 6 号,1933 年 3 月 5 日。

第四章

红军的号角与战鼓:《红星》报

《红星》报在创刊号的《见面的话》一文中,把自己比作"大镜子"、"大无线电台"、"政治工作讨论会"、"工作指导员"等多种物象与角色,意在说明《红星》报的责任与功能。从根本上说,这种种的责任与功能都共同指向一个方向,即像号角与战鼓一样,统一红军将士的思想,激励红军将士的斗志。

第一节 《红星》报的基本概况

《红星》报隶属于中华苏维埃共和国中央革命军事委员会总政治部,该机构后来改为中国工农红军总政治部,其创刊号于 1931 年 12 月 11 日在江西瑞金叶坪乡洋溪村出版。后来,报社迁往瑞金沙洲坝乡(今沙洲坝镇)沙洲坝村白屋子。

在创刊之初,《红星》为 5 日刊。从 1932 年 2 月 4 日的第 8 期开始,变为不定期出版,长则半月出一期。1933 年 8 月 6 日又重新编排期号,自此时开始,在长达 4 个多月的时间里,改为周刊。1934 年 10 月以后同时出版两种不同的版本。现存最后一期报纸是 1935 年 8 月 3 日出版的第 26 期。在 3 年零 8

个多月的出版时间里,《红星》共经历了三次停刊,两次重新出报、重编期号。1982 年 11 月,中央档案馆出版发行了影印合订本,这是现在能看到的最为齐全的《红星》报。为了尽可能清晰地说明《红星》报复杂的变化过程,不妨将其发展历程分为以下三个阶段:

第一阶段:从 1931 年 12 月 11 日创刊至 1933 年 5 月 12 日。出版报纸 35 期,其中第 1 期到第 12 期,是铅字印刷;第 31 期到第 35 期是手刻蜡版油印,其中第 13 期到第 30 期,现在缺失原始报纸。

第二阶段:从 1933 年 8 月 6 日至 1935 年 1 月 15 日。重新编号出版报纸 68 期,其中缺失第 67 期原始报纸,第 1 期至第 66 期均为铅版印刷,第 68 期为手刻蜡版油印。

第三阶段:从 1934 年 10 月 20 日至 1935 年 8 月 3 日。又重新编号出版报纸 26 期,其中第 8 期、第 15 期、第 24 期原件现已缺失。由于这时红军已经开始长征,处于频繁行军和战斗的状态,这阶段的《红星》全系手刻蜡版油印。

《红星》的刻印方式以铅字印刷为主,但有不少是手刻蜡纸油印。据负责刻蜡版的《红星》报工作人员赵发生回忆:"《红星报》可分为两个阶段,即中央苏区革命根据地时期和长征途中。前一时期是铅印,纸张是自己造纸厂造的毛边纸。""长征途中的《红星报》是油印的……纸张是从根据地带出来的。过草地以后,入了藏民区,担子挑的纸用完了,就买一些印过藏经的纸,用背面印报。"①

《红星》的印张也不固定,在其报眼处一般都标着"本期一张",但也有"一张半"或"两张"的情形,如 1934 年 9

---

① 金耀云:《长征途中的〈红星报〉》,《新闻与传播研究》1979 年第 1 期。

月 10 日第 46 期"本期一张半",1935 年 1 月 15 日第 68 期"本期两张"。

《红星》报印刷事务,绝大部分都由军委印刷所负责,该所是中央革命军事委员会机关的组成部分之一。1934 年 6 月 5 日出版的第 46 期刊登了一份《印刷所声明》,其中说:"本期报,第二、三版位置装翻,系印工友上版时弄错,望读报者同志注意为盼。"其落款即为"军委印刷所"。

一　特点与定位

(一)《红星》的特点

在中央苏区出现的众多报刊,基本上都具有机关报刊的性质。与一些在苏区同样具有较大影响的报刊相比,《红星》报在处理与其所属机关的关系方面,带着明显的自身特征。

首先,表现在它对于自身所从属的机关的高调突出。在其每期报纸的报眼处都显赫地标明"中央革命军事委员会总政治部出版",或者"中国工农红军总政治部出版"。总政治部的这两个名称之间是前后承继的关系,它们一经更替,《红星》就把更名的通令详尽地刊登在报纸上。

总政治部通令

　　顷奉中央人民委员会命令第三号内开"为改正政治部名称事:政治部是代表政府在红军中领导和指导政治工作的机关,他(它)有独立的组织系统,并不单纯属于革命军事委员会。过去的名称'中央革命军事委员会总政治部'是不适合于这一组织的意义的。因此,中央人民委员会第五次常会议决将'中央革命军事委员会总政治部'改为'中国工农红军总政治部',其他各级政治部一律改为中国工农红军某军某师政治部，望立即依照此命令执行，此令。"奉此，合行通令各级政治部一律遵照为要，此令。

总政治部主任　王稼祥

一九三二年二月一日①

　　中央人民委员会更换政治部的名称，意在体制上提高总政治部的规格。《红星》公开转发这份通令，显然更是要彰显总政治部的权威性与影响力。在具体的稿件编发中，《红星》更是极力突出报纸与总政治部以及红军政治工作的特殊关系。它专门刊发了社论《与忽视政治教育的倾向做无情的斗争》，还开设了专栏"巩固政治委员制度"。尤其是当报纸所发出的号召并没有在红军中获得预期的反应时，便直接在报上发文说明《红星》报的背景。

关于《红星》报的号召

——给各红军报纸的编辑者

　　《红星》报自出版以来，曾有六次的号召，这些号召虽然在红军部队中起了一些反响，特别是在白区每月扩大一千红军的号召，得到各部尤其是东方军的响亮回答。然而，总结来说，这些号召都未能起其应有的注意。

　　必须着重指出的是，各红军的报纸对《红星》的号召是漠不关心的态度，所以我们在许多报纸上很少看到对红军号召的响应与回答，甚至有些问题既经《红星》提出号召了而自己又来一次号召。这主要是由于不了解

---

① 《总政治部通令》，《红星》第8期，1932年2月4日。

《红星》的号召是代表总政治部的意见，是带有领导性质的。各红军报纸对这些号召的任务，应该是伴着他（它）的周围，把一切报纸的力量都集中在这一号召之下，组织成为广大的群众运动，来响应和回答《红星》的号召，亦即是总政治部的号召。

过去的现象，只会分散我们的力量，而使这些有重大意义的号召无法收到应有的成效，这是要求我们各红军报纸加以注意与改善的！

红星编委　十一月卅日①

这封公开信传递出的核心信息是，《红星》报的意见代表的是红军总政治部立场，不能把《红星》视为普通的报纸媒体，它是具有领导性质的。响应这里的号召，就是响应总政治部的号召。

其次，编者甚至还时常淡化《红星》报的存在，让其隐藏在总政治部的后面。机关报确实是代表机关的喉舌，它是为机关立言，发出的是机关的声音，但是，它至少在外观上是一个实体，一般都有完整的存在形态。而《红星》报则并非如此，其不同时期的编者都有意淡化编辑部和编辑的形象，一般都不直接在报上以真实身份示人，个人编写的文章，基本不署名字，给人的印象是机关报与机关完全合二为一了。

在评价具体的事件时，《红星》没有过多的迂回与婉转，径直地站在了总政治部的角度进行论断。第 19 期第 2 版在《绝对保证上级命令的执行》的大标题下，刊发了两条消息。第一条题为《累次违抗命令的司令员政治委员》，披露的是粤

---

① 《关于〈红星〉报的号召》，《红星》第 18 期，1933 年 12 月 3 日。

赣三分区的司令员吕赤水和政治委员邓富连，一贯忽视上级命令，最近连军委命令都不执行。军委要他们构筑支撑点，他们认为苏区不需要这类防御构筑，以"反对防御路线"的名义，掩盖他们违抗命令准备逃跑的事实。另一条题为《违抗命令就是帮助敌人》，陈述的是广昌某地在数百里的区域内没有设立盘查哨，以致敌人化装成红军混进苏区，还找了区委书记谈话。发觉以后，又被他成功逃离。在这两条未署作者姓名的消息之后，有一段总结性评述：

> 绝对执行上级的命令，是保证决战胜利的主要条件。在我们部队中，甚至还有个别的高级指挥员都不注意上级的命令，有时甚至自由行动，致使我们的胜利，不能达到应有的程度。我们要求各兵团的政治委员和政治机关切实担负起保证命令的绝对执行，不要忘记了这正是他们的责任！①

很显然，这段文字是《红星》的编者写的。这位作者直接就以总政治部的口吻向"各兵团的政治委员和政治机关"发出指令了。

（二）《红星》的定位

《红星》报在创刊号上刊载了一份《见面的话》，以文学性的语言，大致勾勒了该报将会涉及的内容及其所要承担的职责。

> 《红星》报今天和同志初见面，要把他是一个什么东

_____

① 《绝对保证上级命令的执行》，《红星》第 19 期，1933 年 12 月 9 日。

西和以后要做的事情和同志们讲一讲。

他要是一面大镜子。凡是红军里一切工作和一切生活的好处坏处都可以在他上面看得清清楚楚。

他要是一架大无线电台。各个红军的斗争消息，地方群众的斗争消息，全中国全世界工人农民的生活情形，都可传到同志的耳朵里。

他要是一个政治工作指导员，可以告诉同志们一些群众工作，本身训练工作的方法，可以告诉哪些做的不对，应当怎样去做。

他要是红军党的工作指导员，把各军里党的工作经验告诉同志，指出来哪一些地方做错了，和纠正的办法。

他要成为红军的政治工作讨论会。无论哪一个同志对于政治工作，文化教育工作，红军生活有意见，都可以提出在他上面来讨论，要有问题他也可以答覆。

他要是我们全体红军的俱乐部。他会讲故事，会唱歌会讲笑话，会讲苏联红军兄弟们的情形给大家听，会变把戏，会作游戏给大家看。

他要是一个裁判员。红军里消极怠工，官僚腐化，和一切反革命的份子（AB 团，取消派等）都会受到他的处罚。并且使能明白他们罪恶。

总之，他担负很大的任务，来加强红军里的一切政治工作（党的，战斗员群众的，地方工农的）提高红军的政治水平线，文化水平线，实现中国共产党苏区代表大会的决议。完成使红军成为铁军的任务。

他的任务很大，所以就要红军全体同志来帮助他，多多供给他材料才能完成他的任务！

这段文字以形象化的语言描述了创办者对《红星》报的基本设计,用一些概括性的词语揭示了《红星》的基本定位。"大镜子"是说该报将及时准确地传递红军中的信息,全面反映所关注区域的真实状况。"大无线电台"也是意在强调报道新闻,不过,它强调胸襟的开阔,目光的远大,要将全中国乃至全世界的相关信息都传递到读者的视野内。接下来的"政治工作指导员"、"党的工作指导员"、"红军的政治工作讨论会",乃至"全体红军的俱乐部",等等,意谓《红星》应该成为红军思想政治工作的一个平台,并且要成为红军学习与娱乐的场所。很明显,这些内容是该文最着意突出的部分,都与红军总政治部的职责相关,而且直接呼应《红星》的主要特点,自然应该是《红星》采编工作的核心部分。最后提及的"裁判员"一词,意在说明《红星》将使用批评的武器,对红军中的消极行为与不良现象进行揭露和谴责,这里体现出的是媒体的批评功能。

那么,概括地说,《红星》的功能定位是围绕着红军总政治部的工作职责与范围,报道信息,研究工作,激浊扬清,活跃气氛。其主要读者定位是红军中的指挥员与战斗员。

二　不同时期的主编

创刊以后至 1933 年 7 月之间,根据王健英在《中革军委的由来与演变》提供的信息,《红星》报的初期主编先后由张如心、李弼廷担任。[①] 虽然在时间上离现在并不太久远,但是由于缺乏确凿的相关文献资料,我们很难推断张如心、李弼廷主持《红星》报编务工作的确切日期。

---

① 　参见王健英《中革军委的由来与演变》,《党史文苑》1995 年第 4 期。

　　张如心，原名恕安，广东兴宁人。1921年入梅县乐育中学学习，1925年因参加学生爱国运动被开除。1926年2月赴苏联入莫斯科中山大学学习，接受了马克思列宁主义的革命思想教育。1927年12月，转入中山大学教员班学习，兼做翻译。1929年6月，辗转蒙古、东北等地回到上海。1931年，张如心光荣地加入了中国共产党，并编著《哲学概论》一书，介绍了马克思主义哲学基本原理。就在这一年，张如心到中央苏区参加了中国工农红军。1932年6月，任军委后方政治部宣传部部长兼瑞金红军学校团政治委员训练班主任。同年冬，改任红军学校政治部宣传部部长。1933年冬调到红军总政治部宣传部，任红军马克思主义研究总会主任兼红军大学政治教员。正是在中央苏区任职的时期，他担任了《红星》报主编。1932—1933年间，他在《革命与战争》上发表了文章多篇，其中有：《纪念苏联红军的成立加强扩大和巩固红军粉碎罗明路线》、《政治名词释义》、《关于归队运动的问题》等，但是没有在《红星》报上发表署名文章。1934年，张如心随中央红军参加了二万五千里长征。

　　李弼廷，字笃忠，原名李敬，湖南嘉禾县车头镇荫溪村人。1921年，考入湖南省立第三师范学校，参加进步学生团体"心社"。1922年，转入中国社会主义青年团。次年4月，加入中国共产党。7月，与唐朝英、黄益善等发起组织嘉禾旅衡学生同乡会，创办《嘉禾学生》周刊，成为湘南学联的骨干成员。1925年，当选为中国社会主义青年团衡阳地委执行委员。不久，被选送到苏联莫斯科中山大学学习，后又至法国里昂大学深造。1930年，回国。次年2月，任中共湘南特委组织部部长，在湘南、粤北一带开展游击活动。1931年10月以后，离湘南到中央苏区，任中国工农红军总政治部组织部部长、红军大学讲师，并担任《红星》报主编。1934 年 2 月参与组织召开红军第一次全国政治工作会议，与王稼祥、贺昌、李卓然、袁国平等人一同组成大会五人主席团。参加了中央革命根据地第四、第五次反"围剿"作战。

《红星》报的第三任主编是邓小平。他是 1931 年 8 月，从上海来到江西瑞金的。起初担任中共瑞金县委书记，参与组织、筹备并出席第一次全国苏维埃代表大会。1932 年 5 月，调任中共瑞昌临时县委书记；6 月，任中共会（昌）寻（乌）安（远）中心县委书记兼江西军区第三军分区政治委员。1933 年 2 月，任江西军区政治部主任；同年 3 月，任江西省委宣传部部长。由于拥护毛泽东为代表的正确路线，被当时党内带有"左"倾思想的领导者撤职，到乐安县南村区委当巡视员。后调任红军总政治部代理秘书长，不久，又改任红军总政治部宣传部干事，开始主编《红星》报，并且一直持续到 1934 年 10 月中央红军开始长征。

邓小平接手《红星》报的具体时间，较多的研究者提出的意见是 1933 年 8 月。如《中央苏区史》认为："1933 年 8 月，邓小平任《红星》报主编。"[①]《战争与传播》一文提出："从 1933 年 8 月至 1935 年 1 月遵义会议召开时的一段时间，邓小平负责主编中华苏维埃中央革命军事委员会的机关报《红星》。"[②] 但是，邓小平自己回忆是 1933 年底，而且这个意见早就在学术界公开了。1980 年 5 月 13 日，中国社科院新闻研究所金耀云以"中国社会科学院新闻研究所党报史研究室"的名义，给邓小平寄去一封信，恳请他就《红星》报的 9 个

---

① 余伯流、凌步机：《中央苏区史》，江西人民出版社 2001 年版，第 818 页。
② 盛沛林、张雯：《战争与传播》，《军事记者》2003 年第 11 期。

疑难问题予以解答。其中有一个问题是："听陆定一同志说，1933年8月至1935年1月遵义会议期间，由您主编红星报，您担任党中央秘书长后，由陆定一同志继任。这个情况不知是否？"邓小平的答复是："我编红星的时间，大约是1933年底到1934年10月（长征开始时），10月到遵义会议没有出刊。遵义会议后，大概是定一同志负责的。"还有一个问题是："刊在1933年8月13日第四版《吉安的占领》，署名'子任'，但是，又有点不像毛主席的文笔，请您审查一下。毛主席和朱总司令指挥打吉安是1930年10月的事，这篇文章为什么在三年后才发表？"邓小平同志答复说："不知道，此时我还未编红星。"① 这两个答复都触及了他自己介入《红星》报的时间。综合起来看，他的意见是一致的，即1933年底才开始接替《红星》的工作，此前的情况不清楚。

还应特别指出的是，上面的材料还澄清了另一个事实，即长征期间，邓小平是否还在继续着主编《红星》的工作。在这里，邓小平的意见很明确，他在1934年10月以后，就没有再从事《红星》的编辑事务。那么可以说，红军长征以后到遵义会议召开期间，担任《红星》报编辑工作的并不是邓小平，而是另有其人。

对于办报的工作，邓小平此前已经有过充分的历练。当年在法国勤工俭学期间，他就办过《赤光》，并且还被人称为"油印博士"。担任《红星》主编，可谓重操旧业。邓小平编辑《红星》的具体情状，我们可以通过相关的有限材料了解到一些。他在书面回答金耀云的问题时提到："我编时，差不

---

① 金耀云：《永恒的鼓舞 无限的怀念——忆小平同志关于〈红星〉报史研究的回信》，《新闻战线》1997年第4期。

多是唱独脚戏（有一个技术性质的帮手），那时个别重要性社论是经过军委周恩来同志和总政主任王稼祥同志（或副主任贺昌同志）审定的。"另外，邓榕在《我的父亲邓小平》中写道："翻开红星报，你就会到处发现父亲的笔迹。虽然是铅字排版，但常常会有父亲手写体的标题。……父亲说，红星报许许多多没有署名的消息、新闻、报道乃至许许多多重要的文章、社论，都出自他的笔下。我曾经把中央档案馆汇集的红星报册拿给他看，请他辨认哪些文章是他写的，他一挥手，说：'多着呢！谁还分得清楚！'"该书作者认为："在红星报上发表的社论，署名的和不署名的各占一半，不署名的据我分析大多为父亲所撰写。"①

　　根据所处的语境以及作者与邓小平的关系来看，这里所引证的几条材料是真实可信的。由此可见，邓小平主编《红星》的工作是非常忙碌的，在多数情况下，一张报纸基本上是他一个人在运作，只有一个参与刻写与印刷的助手。除了改编稿子以外，他还要自己撰写各类文章，而且除了特别重要的社论须交军委和军委总政治部的领导审定以外，所有的文章都由他一个人定夺。《红星》的文章有些有作者署名，还有一些没有标出作者姓名。从中央档案馆编辑发行的影印本上就可以看出，未署名的文章为数不少。在邓小平主持编务的时间里，这些没有署名的文章大多出自他的手笔。

　　遵义会议以后，时任中国工农红军总政治部宣传部部长的陆定一开始主编《红星》报。这个阶段的《红星》报，总共26 期，最明显的特点是全部手写油印，全无铅印。《红星》报的政治地位发生了巨大的变化。在红军长征途中，《红色中

---

　　①　邓榕：《我的父亲邓小平》，中央文献出版社 1993 年版，第 326、327 页。

华》报已经停刊，《红星》因此代行中共中央机关报的职责。1935年8月3日，《红星》报出版新编第26期后，因红军即将进入环境更为险恶的水草地而停刊。

三　作者队伍的构成

与苏区其他的报纸媒体一样，《红星》报没有自己固定的采编队伍，所依靠的是编辑部之外的写稿人员。在中央苏区，军事显然是中心的工作，所以《红星》的作者队伍可谓群星灿烂，群贤毕至，苏区的领导人几乎都在《红星》上发表过文章。其中报上的社论，大多是由他们撰写的。《红星》刊登的社论中，署作者名共21次。其中，博古3篇，周恩来7篇，另外，张闻天、王稼祥、杨尚昆、李维汉、聂荣臻、陈云、滕代远、邓发、贺昌等都有社论作品出现。未署名的情形共18次，它们中有一部分出自邓小平的笔下。

关于《红星》报的作者，党史研究者黄少群的研究结论是："《红星》报拥有一支五百多人的通讯员队伍。这些通讯员中，既有党政机关和红军部队中的各级领导干部，也有在连队基层工作的干部战士。这些通讯员中，罗荣桓、袁国平、彭加仑、罗瑞卿、萧华、张爱萍、向仲华、张际春、舒同等人，写得最多。毛泽东、朱德、博古、贺昌等人，也为《红星》报写过不少社论和文章。"①

新闻史研究者金耀云也探讨过这个内容，他是这样描述的："《红星》报的通讯员队伍是广大的，有党和军队的各级领导同志，也有基层连队的战士。他们为《红星》报写专稿，绘报头，书标题，配插图，画漫画。报头'红星'二字和那

---

① 黄少群：《邓小平在中央苏区》（下），《百年潮》2004年第7期。

几颗光芒四射的五角星，是钱壮飞烈士设计并绘画的。文章中的插图和漫画，多数是出自黄镇（众称长征画家）同志手。部分社论是党中央和中央军委领导同志撰写。周恩来、王稼祥、贺昌同志写的最多，其次是博古、洛甫，还有陈云、朱德、彭德怀、聂荣臻、罗迈、李富春、罗荣桓等同志。那些未署名的社论，是邓小平同志亲自撰写。（《红星》报）专职通讯员500多人，是办报的骨干力量。他们既是前线的战士，又是战地记者；既握紧枪杆子冲锋杀敌，又挥动笔杆子写文章。怎样打就怎样写，所写的是自己和自己的战友，因此写出来的新闻、通讯既真实又生动。《红星》报编辑部非常注意培养和提高通讯员。设立'通讯员'专栏，定期发表指导通讯员工作的文章，提高其业务水平；教育通讯员写稿件遵守'真实性'原则，反对虚假报道。《红星》报创办过程中，自始至终坚持了全军办报（首长负责，依靠广大指战员来办报）的方针；在争取党委加强领导报纸工作方面，也树立了榜样。"①

　　黄少群与金耀云二位对《红星》报的作者队伍的描述各有特色，黄少群的部分显得更为集中、紧凑与简洁，而金耀云的部分则更为具体，信息量也更大，基本上反映《红星》作者的整体情况。他们注意到当时苏区的一些领导人都是《红星》报的作者，并且把他们都列在通讯员的队伍中，这是因为他们把编辑部以外的作者都视作通讯员。考虑到当时通讯员的含义与今天确有不同，这样的处理也有其一定的合理性。

　　《红星》对通讯员，尤其是对红军各个部队中的通讯员非常重视，将他们视为联系报社与红军战士的纽带，是办好报纸

---

　　①　金耀云：《〈红星〉报伴随红军长征到延安》，《新闻与写作》2005年第10期。

必须倚重的力量。该报对通讯员的认识，集中地体现在下面的这篇文章里。

通信员要做些什么？

——关于通信员工作的一个指示

关于通讯员一般的任务，我们前次在发出的"建立《红星》报通讯网条例"中既有了简单的给你们一个指示，请即根据这个指示开始进行工作。

（一）通讯员的任务

《红星》报所以要建立通信员就是想使《红星》报和各级指挥员战斗员发生密切关系，使《红星》报能够成为真正红军自己的报纸，纠正过去《红星》报的缺点。这样说来《红星》报的通讯员是负担很重要的工作，他可以说是《红星》报与红军指挥员战斗员中间的连环，经过这个连环，《红星》报便可以深入群众。通讯员为完成这重要的工作必须与该部队的指挥员战斗员发生最密切的关系，考察他们的生活，征求他们的意见，对《红星》报必须经常的通讯，并在各部队注意《红星》报的影响和作用，随时报告本部。

（二）通讯员要写些什么

通讯员要写的可以分为几方面，红军行动（可以宣布的），红军中党的生活，群众工作，战斗员指挥员对于改造红军及各种政治工作问题的意见等。并他们对《红星》报的缺点的批评，及以后改良的方法也可以报告本部。

（三）通讯时要注意的事项

关于通讯的材料。可用各种方式如论文式，小品文式，诗歌式，用图画描绘出来也可以。

通讯内容要通俗明了，并要根据实际材料。不得靠脑筋空想。

通讯稿件要写得清楚，最好用墨笔或钢笔写，不能用铅笔写，稿纸不准写两面。

通讯时间每五天一次，如果有重要的材料可以随时邮寄过来。

通讯稿件必须写明真姓名及直属部队番号，如不愿意用真名时得用假名。

中央革命军事委员会总政治部红色战斗员通讯处[①]

这是一个意在给通讯员进行辅导与教育的材料。其中从理论上谈到了通讯员的性质与任务，还讲述了稿件采写的业务要领，以及应该注意的一些具体细节。

经历一年的运行以后，《红星》报特别发表《在本报一周年向我们的通信员说几句话》，对通信员的贡献给予了充分的肯定。该文一起笔就说："红星的诞生到现在，已经整整的一周年了。在这一年中，依靠于通信员的努力，对于红军生活的反映与战争的领导上，都起了相当的作用。因此我们谨向本报的通信员致革命的敬礼！"特别应该提及的是，该文中提醒通信员说："我们的通信员不是第三者，而正是本报的主人翁！"最后，还对通信员提出了三项要求，具体为："一、每月通信员至少给我们两次通信，并力求迅速与实际；二、抱负起组织

---

① 《通讯员要做些什么？》，《红星》第 3 期，1931 年 12 月 25 日。按：该文对通讯员的写法较随意，既写作"通信员"，又写作"通讯员"。这种情况也出现在《红星》其他的文章中。

和领导读报的责任，随时将群众对本报的意见告知我们；三、假使你调动工作时，请快告知我们以新的地址。"①

由此可以看出，这些通讯员虽然大多数是不知名的，但他们与现在拥有自己庞大的采编队伍的报社的通讯员完全不同。他们虽然不是《红星》报的在岗人员，但与报社维系着很固定的关联，工作变动就要赶快通告新地址。所以说，他们是《红星》报的主人翁，是其最固定与最核心的作者。

第二节　思政工作理论探索

作为中国工农红军总政治部的机关部，《红星》把政治思想工作放在非常重要的位置。尤其在办报的第一个阶段，这种倾向得到了充分的体现。《红星》的这种办报取向，首先表现在腾出很多的版面来研究与探讨思想政治工作的问题。

一　关于红军宣传员的素质

红军非常重视宣传工作，还建立了专门的宣传队。宣传队的工作，实际上就是思想政治工作的一个组成部分。或者更准确地说，是思想政治工作的一种表现形式。宣传员是宣传队的任务的直接承担者，他们个人的素质状况，直接关系到红军宣传工作的质量与水平。一师一团的周彪在《这样的宣传员应该撤职》一文中涉及了当时个别宣传员的业务素质。文中说：

---

① 《在本报一周年向我们的通讯员说几句话》，《红星》第56期，1934年8月1日。

　　我团有个宣传员,他做了一年多的宣传和组织工作了。政治委员问他:"贫农会中农可以参加吗?"他答:"可以。""贫农可以参加雇农工会吗?"他也答:"可以。"又问:"贫农会有区县的组织没有?"他答说:"有。"当了一年多的宣传员,这样的三个问题都答错,真是应该撤职。①

　　这里提及的这位宣传员,就其业务素质而言,是非常不称职的。红军十二军政治宣传科员刘心镜也注意到了当时部分宣传员的素质问题,他的《怎样整顿宣传队》一文对宣传员的不足进行了整体性的评述。该文认为:"宣传员是下层政治领导者,他们的行动表现应该要为士兵群众的模范,工作能力应该比士兵群众要强,为士兵群众所信仰、钦敬,才能达到他们的任务。可是现在一般的宣传员,不但是不为士兵群众所信仰、钦敬,反为一般士兵群众所轻视、厌恶。在宣传鼓动工作里,这是多么严重的一回事!"显而易见,这里对宣传员的工作状况的评价很低。其理由主要有下面两点:

　　第一,宣传员的政治素质与文化素质并不合格,明显影响他们宣传工作中的质量和成效,甚至影响他们的政治地位。在作者看来:"宣传员的政治程度、文化程度也是太低,罚款布告作普通布告贴,有时间性地方性的宣传品也不知道分别去贴,乱贴一顿,这都是他们在工作里闹出来的笑话。驻军的时候,他们除了到外面写写标题,做做群众工作外,对于士兵群众的政治教育、文化教育,以及各种鼓动工作,他们就一点也不顾问。行军的时候,他们提着石灰桶,从后面插到前面,从

① 周彪:《这样的宣传员应该撤职》,《红星》第10期,1932年2月26日。

这个部队插到那个部队，因此有些人说他们是吃冤枉，卖假膏药的，觉得他们很讨厌。还有些主管官也就轻视他们，觉得他们没有什么能力，看待他们比看待士兵还不如。来了客人，就要他们倒茶搬凳子，做些公差同志做的事，这就是宣传员工作的情形。"

第二，宣传员的军事素质严重不足，导致他们的宣传工作在部队中缺乏影响力和号召力。这是因为在宣传员的选拔上，就出了偏差。那些军事素质不高，在战斗部队中不能充任战斗员的人，只要他稍微能认识几个字，往往就被各部队推选到宣传队中了。而宣传队一般是不武装的，大家都以为宣传员的任务只是背宣传品、写标语，都不要他们背枪。这一点导致他们在军事技能方面得不到锻炼，操也不会下，枪也不会用，对于军事技术都是外行，因此一般士兵都瞧不起他们。这无形中把宣传队当作红军的收容所，根本忽视了宣传队的重要性。

针对这些情况，作者提出了具有可操作性的改进意见。他主张宣传员也要武装起来，个个都背马枪，子弹可以少背一点，但一定要背几排。每天早晨要下一顿操，作战时在连政治委员直接指挥之下，在战场上起宣传鼓动作用。这样可以给他们的工作带来许多的方便，可以振奋他们的精神，提高他们的军事技术，加强他们在士兵群众中的宣传鼓动作用。此外，宣传员年龄不要太大，服装须特别整齐，行军时宣传队须列入行军的次序里。而且，宣传队要经常集中起来进行短期训练。①

很显然，这篇文章对红军宣传员的关注与研究，是很有针对性和建设性的。红军战士的文化与政治素质普遍不高，被派到宣传队担任宣传员的人也不例外。在这种情形下，他们工作

---

① 刘心镜：《怎样整顿宣传队》，《红星》第 6 期，1932 年 1 月 10 日。

的主动性与创造性自然不难想见。作者在文章中提到了政治工作部门对于宣传员训练和指导不够，并且明确建议对宣传员进行集中的短期培训，可说是有的放矢，切中肯綮。此外，作者提出宣传队员不能忽略军事技能的锻炼，这个意见更加值得称道。从当时的情势来看，宣传队员是与前线红军战士一起行动的，他们应该随时做好加入战斗的准备。从传播学的角度来看，作为红军战士的宣传队员连一般军事技能都没有掌握，往往会被战士们所轻视。那么，他们的宣传与鼓动工作不容易让战士们信服，当然也就不会有理想的效果。

二　关于红军内部的思政工作

对红军内部的思想政治工作，《红星》从不同的方面展开了讨论。

（一）分析红军思政工作的现状

有效的思想政治工作，都是针对具体现实状况展开的。从整体上说，中华苏维埃红色政权刚刚成立的时候，红军的政治理论素质是非常薄弱的。1931 年 12 月 25 日出版的《红星》第 2 期上刊登了无作者署名的文章《提高红军政治水平线》，一开始就引用了读者给编辑部的一封来信："最近四军政治部来信说：'我们现在发现一个最严重的问题，就是一般干部和战斗员政治水平线的低落。最近在军教导队口试的时候，竟有人说两条战线的斗争是一条在高兴墟，一条在老营盘这样的笑话。'"接着写道："的确，红军一般人员政治水平线的低落，是值得我们加以最严重的注意。现在在红军里，不仅是战斗员而且干部也同样的是低得非常，共产党的十大纲领，和中国革命问题的一些最初步的常识，是一般的莫名其妙，共产主义理论，那会'天晓得'。在这种情况下，要造成政治上坚定而有战斗能力的红军，一定要加强红军的政治教育和文化教育，提高红军的政治理论水平线！"

在对红军的政治素养作出基本判断以后，该文还探讨了其中的原因。认为主观的原因是红军抱持着狭隘的经验论的思想，具有忽视政治理论的倾向，把政治理论看成是"'洋房子先生'的高调"。另外，红军过去大部分时间是在偏僻的乡村环境中活动，"和外面交通关系的困难，斗争的紧张，都是使红军政治水平线低落的客观原因"。

四军政治部来信并没有预先发表，该文就能直接引用。由此可以推断，文章是出自《红星》编辑部的编者之手，或者至少可以说其作者能够代表《红星》编辑部乃至更高层机构的意见。

对于红军政治理论水平不理想的状况，《红星》报还刊登了一篇笑话作品，进一步予以凸显。该文作者是十二军的通讯员，全文如下：

在加紧理论教育当中的几个笑话

——干部政治理论水平赶不上士兵

十二军通讯员　玉魂投稿

十二军有团一级的干部和排长，对加紧两条战线的斗争，及游击主义这两个问题发生一件很好的笑话来。有一天有团一级的干部说加紧两条战线的斗争，即是：一条是资产阶级，一条是无产阶级，又有排长说游击主义——就是跳高跳远，说两条战线的斗争，是我们在三期战争中的作战火线；一条是高兴圩，一条是老营盘。同志们，目前加紧理论教育当中对一般的政治水平，可以说干部赶不上士兵，在过去没有加紧理论教育时都没有这种的笑话，尤其在目前加紧理论教育时，干部却说出这种的笑话来，真是会使人好笑。①

在这篇文章后面，《红星》编辑部还配发了一个编者按，其内容为："这种笑话非常之多。譬如独立第三师有一位连政委说：'两条战线的斗争是一条打靖卫团一条打白军。'同志们，要免却这种笑话，只有大家一齐努力加紧红军中政治教育工作，提高战斗员与指挥员的政治理论水平线。"显而易见，《红星》发表这个笑话，以及特别配制编者按，都是意在强调加强红军思想政治工作的重要性与紧迫性。

另外，《红星》还披露了一件应该引起充分注意的事情：总政治部的巡视员到三军八师问某排长红军三大纪律的内容，该排长答道："第一条是讲话和气，第二条是买卖公平，第三条忘记了。"再问一位士兵，他流利地回答说："排长讲的不是三大纪律，我只晓得'上门板，捆禾草，讲话和气，买卖公开，借了东西要还，损坏东西要赔，不乱疴屎，不搜俘虏兵的腰包'是八项注意。"② 在这里，一位排长和一位士兵都不能回答出红军三大纪律八项注意的全部内容。由此可见，红军中有人连基本的政治素养都不具备，全面进行政治思想教育是刻不容缓了。

（二）思考连队的思想政治工作

连队是军队基本的战斗与管理单位，要做好红军的思想政治工作，连队是关键。博古对这一课题有过深入的思考和全面的阐述。他的意见集中地体现在《连队的政治工作》里，概

---

① 玉魂：《在加紧理论教育当中的几个笑话》，《红星》第 7 期，1932 年 1 月 15 日。

② 《当排长的不晓得三大纪律　当公差的很熟悉八项注意》，《红星》第 9 期，1932 年 2 月 19 日。

括起来，主要的内容包括下面三点。

第一，连队应该如何进行思政工作。由于处于战斗的环境中，连队的思想政治工作的重要性显得更加突出。现实的环境不容许红军像以往一样，频繁地召开会议。很多事情，只能采用命令的方式开展，派人到连队上进行口头传达。所以政治工作，应该建立在连上。在作者看来，当时连队中的政治工作首先一条就是要发挥连一级组织的独立性、主动性和创造性。其次，连队中的政治工作，应该依靠党的组织来进行。指导员应把连队的积极分子团结在自己的周围。每一个指导员，应该了解连队每一个党团员与战斗员的情况，就像了解自己手上的五个手指一样。最后，要求连的指导员、团支书以身作则，成为全连的模范，以自己的行动影响战士们。

第二，连队的基本教育内容。首先，要利用各种现实的材料，教育全体战士树立胜利的信心。使每一个红色战士，看清现实状况。帝国主义相互之间、国民党各派军阀之间存在冲突，白军士兵的心理动摇，大批开小差逃亡白区；而苏区群众热烈响应参战动员，整营整连的赤少队、模范营加入红军。由此，让战士们懂得红军是一种不能战胜的力量。其次，防止与克服对于敌人的飞机、大炮、毒气等的恐惧心理。应该使全体战士都能了解，这些东西本身并不能够解决战斗，我们虽然没有这些东西，但我们已经学会了对付它们的办法。再次，要使每一个战斗员，尤其是新战士，都能懂得新的战术动作，懂得在敌人使用新的战术下，我们亦应学会新的现代战术。在战斗中，怎样的注意隐蔽前进，利用地形地物，在敌人的炮火下进行土工作业，以及严格地遵守射击纪律。要使每个战斗员，不仅懂得山地战、运动战，还要懂得阵地战、堡垒战。

第三，政治工作应该适合于战斗的情况。在各种不同的情况中，应有与之相适合的政治工作。不仅是内容上，而且方式上也要不同。分别情况提出不同的口号，还要注意适合于各种不同情况的工作方式。在守备中，目的是提高部队守备信心；在担任突击任务的部队，要鼓起最大的勇气与决心，提高全体战士的阶级仇恨，使每个红色战士能勇猛冲锋，与敌人肉搏。①

博古的这篇文章是在总政治部召开连队政治工作会议上的讲演稿，原稿篇幅很长，《红星》用一个整版予以摘登。可以看出，它视野开阔，思路清晰。尤其值得肯定的是，文章没有泛泛而谈，而是始终把连队的思想政治工作与当时的战争环境、连队的具体任务，甚至是战斗过程的某些具体细节紧密联系在一起，将连队的政治工作这个命题，阐述得既有理论高度，又具现实张力。

（三）探索红军思政工作的具体环节

思想政治工作的成效，绝不是一般性的号召就能取得的。《红星》组织了一些文章，对思想政治工作的具体环节进行了设计和讨论，充分显示了报社对这项工作的重视程度。

第一，关于党小组会议。红军中的党小组会议是红军基层党组织进行理论学习和思想教育的重要渠道，《小组会是怎样开的，应当怎样开？》一文对红军党小组会议存在的问题，以及应该如何解决进行了专门的分析。作者一开始就介绍说自己在红军中参加了几个党小组会，感觉到它们有一定的模式，但都"没有味道"。表面上的原因是：其一，讨论的问题不合战斗员的口味，不是太深太大，就是太浅，大家都知道的；其二，讨论题目没有使组员预先有准备，所以临时都谈不出道

① 参见博古《连队的政治工作》，《红星》第43期，1934年5月20日。

理；其三，题目太重复，好些是士兵会、士兵小组会讨论过的，政治课讲的也是那些问题；其四，支委会对于小组会没有系统的指导，派去参加的人是不固定的，对于小组的情况不了解，也不需对小组负责，只是参加一下会议而已；其五，开会的方式太呆板，让素来没有讲过话的同志更加不敢发言。当然，其主要的原因，是大家的政治水平不高。

针对这些情况，该文提出了针对性的改进意见。主要的内容有：强调小组会的议事日程不要太呆板，会议的议程应提前通知与会人员，议题尽可能是大家感兴趣的，小组会要实行指导员制，指导员在会上要努力发挥出组员发言的积极性，等等。①

第二，关于早晚点名的训话。早晚点名是红军日常管理中不可或缺的环节，在早晚点名中的讲话是对士兵进行思想教育的非常贴切而自然的机会。在现在的部队中，开展这个环节已经是驾轻就熟、运用自如了。但是在苏区时期，由于红军的思想政治工作的紧迫性、重要性和红军指战员普遍文化水平不高，特别是这个环节在红军中推行不久，尚没有基本模式，因而值得进行细致的研究。《对早晚点名的训话的意见》的作者发现，一些连长、排长以至连政委不注意讲话的内容，也不懂得讲话的技巧，不研究战士的心理，只凭他自己的主观意愿，长篇大论地讲一大堆；而且总是那几句话，使得听者站得不耐烦；还有人每次讲话都是批评骂人，甚至因为一个人所犯的一点错误而骂倒一片，让一些战士反感。至于政治教育问题，却因讲不出道理而很少涉及。这些问题，在红军的干部中存在得

---

① 参见石达《小组会是怎样开的，应当怎样开?》，《红星》创刊号，1931 年 12 月 11 日。

比较普遍。

　　基于这样的认识，作者提出了改正的意见。

　　　　第一，早晚点名训话的时间不要太长，至多不能超过二十分钟；

　　　　第二，早晚点名训话的人不要连长、政委、三个排长都去讲一顿，有一二个讲了就够了，训话内容可先分配，不要重复；

　　　　第三，早晚点名训话的内容应当是一政治训话，二批评日常工作，三传达命令通报；

　　　　第四，政治训话应事先搜集材料，抓住每一时期的政治中心问题，如"五日宣传纲要"等；

　　　　第五，批评日常工作不要专门指责缺点，也要把他们进步的方面指出，鼓励他们继续着好的方面求进步。①

　　第三，关于办好部队的内部墙报。墙报是一种最简易最便捷的传播与宣传平台，非常适合在苏区的红军部队里推行。对于墙报与红军战士的文化与思想教育的关系，苏区的红军有清晰的认识。《实行各种革命竞赛：怎样比赛墙报》一文强调说："同志们，为要提高红色战士的政治文化水平，为要发展红色战士的自我批评与了解一般的情绪和倾向，必须经常的建立墙报工作。"② 正是基于这样的认识，该文提出可以在红军中开展出墙报的竞赛活动，看看谁的内容好、投稿多以及是否按期出版。

─────────────

　　①　条吾：《对早晚点名的训话的意见》，《红星》第9期，1932年2月19日。
　　②　条吾：《实行各种革命竞赛：怎样比赛墙报》，《红星》第10期，1932年2月26日。

　　对于墙报究竟应该如何办，《墙报工作应该怎样做》一文提出了比较具体的意见。该文能够根据实际情境，体现出非常特别而有效的宣传与传播观念，值得研究者充分重视。只是显得有点零乱。梳理、总结一下，其主要的内容为：可以利用上识字课的时间做墙报。有些同志觉得识字课没兴趣，那么，可以利用这个机会把拟出墙报文章的题目告诉他们，一方面可以增强他们上识字课的兴趣，并且提高他们的学习精神，另一方面墙报又可以很顺利的出版。至于墙报的内容，主要是根据特定的现实背景。当前的政治路线、革命形势，或者纪念节大会、游艺会及其他大会的情景等，都可以做墙报的主要材料。此外还可以加上部队中的纪律、卫生、批评、图画、笑话、谜语、诗歌等内容。落实任务要有计划地进行，应该在正式出墙报的前几天就发下做墙报的纸，并且将墙报所含的文章的题目、交稿与刊出的时间规定好。

　　在编稿的过程中，要对程度低的同志予以特别的帮助。文章字数不要太多，使其了解整篇文章的意思。写好之后，叫他再抄一次，他学习写文章，不致完全依赖别人。如果他有不了解的字，应该告诉他。如果实在不能写，可以让他画图，或者叫他讲笑话、谜语等都可以。这样墙报才不会被会写文章的人所专有，可以为大家所共享，并且使识字程度低的同志也很容易求得进步。墙报出版后，不仅要领导们去看，还要让识字差的同志去看。要读给他听，使他知道墙报的内容。

　　如果文章有错误，也要尽量登出来，引起大家来讨论，文章作者也可发表意见。最后把事实调查清楚，并且通过在墙报上公开讨论的形式，给作者一个符合实际的结论。①

---

　　①　参见古显斌《墙报工作应该怎样做》，《红星》第 5 期，1932 年 1 月 5 日。

办墙报和阅读墙报在今天看来，是一件很简单的事情，没有太多的技术与文化含量。可是在当时完全是另一种景象，它是战士们提高思想水平乃至提高文化素养的重要途径。在该文作者的设计中，办好墙报是全体红军指战员的事情，可以完全消除作者与读者的界限，所有的人都既是作者又是读者。墙报上的文本不拘形式，对于没有能力形诸文字的战士，就开导他绘画。甚至还可以容忍文章中存在错误，让这些错误在接受的过程中通过讨论展现出来。此外，在制作墙报的过程中，始终贯彻一个观念：把政治思想的宣传与提高战士的文化素质结合在一起。

三　关于对苏区群众的宣传工作

红军不仅要做好内部的思政工作，还承担了向苏区百姓进行宣传的任务。

（一）对红军承担苏区群众工作的认识

由红军来做苏区百姓的思想工作，红军的认识是经过一个细致而严谨的考虑过程的。最早红军做群众工作，比如，开展五一纪念、十月革命纪念等活动，都是由红军政治部来号召的；或者是由苏维埃政府发出命令，甚至宣布不参加就要受处罚，关禁闭。这种方法，一方面使红军和苏维埃政府陷入包办工作和命令主义的偏失，另一方面也削弱了群众团体（工会、雇农工会、贫农团等）领导和发动群众的作用。结果来参加大会和运动的群众，实际上并没有真正了解大会的意义，而是简单地在执行命令，怕受处罚。

《要变一变办法来做群众运动》一文认为，这种做群众工作的方式不能再继续下去了。文章提出："以后要发起一个运动或纪念的时候，不要拿红军政治部或苏维埃作主体，尤其是不应当由苏维埃政府下命令，苏维埃并且也不需要参加群众运动或者纪念大会的筹备会，因为它是政权机关，不是群众团体。各种纪念和群众运动的筹备会要是由工会、贫农团、青年团和党的代表来组织，政治部也可以参加，但不一定要作支持者。因为这样可以使每一个群众运动和纪念大会，能得到广大的群众基础，会提高群众团体在群众里的信仰，会打破红军对地方工作的包办。"①

不过，该文指出，在新发展的苏区，群众团体还没有组织起来，或者还不具备号召力，可以由红军政治部来起领导作用，但绝不是代替群众来包办一切。一定要逐渐培养群众的工作能力，并最终将此项工作交给他们自己。

（二）关于向苏区农民群众的宣传

苏区所在的区域，绝大多数群众是农民。红军要实现自身设定的宏大目标，必须首先取得当地农民群众的支持。所以，有效地做好对农民的宣传工作，是红军外部宣传的首要任务。《对农民群众要怎样去做宣传工作?》一文就此展开了专门的讨论。作者认为针对农民的宣传，有两点必须特别注意。

一是宣传的方式。要使农民能够了解并接受红军的意见，讲话就要温和，声音态度要自然，并且要特别以通俗方式向他们说明。说话的时候更要注意到他们的兴趣，不能只顾自己随意发挥。

二是宣传的内容。对农民讲话要注意农民本身的痛苦，譬如讲打倒帝国主义，农民不容易听得懂，因为乡村里看不见帝国主义。要使他们懂，只有从帝国主义破坏农村经济的问题说起才会产生效果。所以，应该把帝国主义运来许多"洋货"

---

① 梧：《要变一变办法来做群众运动》，《红星》创刊号，1931年12月11日。

到中国出卖，怎样排斥了"土货"，怎样勾结军阀来宰割中国劳苦群众等事实向农民说明，这样才容易使他们了解；讲到打倒地主豪绅军阀，必须把他们怎样剥削和压迫农民的事实一件仵地揭示出来，如地主豪绅收租放利息，组织民团屠杀农民，军阀怎样拉夫、抽税及利用农民当炮灰，勾结帝国主义，等等。说完了以后，必须告诉农民解除痛苦的方法，只能是用革命的手段，推翻军阀地主豪绅的统治，没收地主的土地，取消一切苛捐杂税及债务，建立工农兵苏维埃政权。①

文章所提出的两点意见，似乎显得简单平易，但其中所举出的例证非常贴近实际，对实际的宣传工作有直接的启发和帮助。

（三）关于向苏区工人群众的宣传

苏区的工业是非常薄弱的，工人的人口比重自然并不太高。依照当时的惯例，苏区的工人包括产业工人、手工业工人、农村雇员、店员职员等，都是生活在广大的农村地区。②《怎样向工人群众做宣传的工作》一文，探讨了向工人群众宣传的工作思路。其中特别强调应该从工人的悲惨地位说起。在作者看来："中国的工人的地位非常低落，生活非常困难。帝国主义及中国资本家剥削工人的方法比任何地方都要残酷，工人每天工作十五小时，至少十二小时，但是工钱却很少，简直连吃饭都不够，休想养活家庭。工人除帝国主义、资本家剥削以外，还要受国民党军阀的欺骗和压迫。国民党天天向工人宣传国民党是代表工人利益的，其实这完全是他们的鬼计。国民

---

① 石川:《对农民群众要怎样去做宣传工作?》,《红星》第 7 期, 1932 年 1 月 15 日。

② 参见余伯流、凌步机《中央苏区史》, 江西人民出版社 2001 年版, 第 623 页。

党在各大城市中组织的工会——黄色工会，便是他们麻醉工人的工具。国民党可以随便屠杀工人，逮捕工人。总而言之，工人的地位是最被压迫的——这一点要向工人说清楚。"①

在作者看来，讲清楚了工人的地位以后，要告诉他们只有革命才是工人的出路。而工人要革命必须在共产党的领导下，组织工会实行罢工，反对资本家的压迫。工人要革命还要和农民劳苦群众联合起来，领导他们准备武装暴动，推翻帝国主义、国民党的统治，建立苏维埃政权。只有这样，工人才能够得到彻底的解放。

（四）关于向苏区青年群众的宣传

青年人有朝气，有激情和爆发力，而且容易接受新鲜思想，因而青年群众是苏维埃运动中一支不可或缺的重要力量。假如不去发动青年群众和组织青年群众，这是苏维埃运动中的重大损失。

对于这一问题，萧华在《红军中的团怎样去做青年群众工作》一文中强调，红军应该"在政治机关里必须注意讨论计划，一切政治工作人员都不要忽视这件青年群众工作，尤其主要的是要团员动员起来，列宁青年组要加紧对这一工作的讨论与分配同志去做，积极的深入群众中去"②。

该文还对红军具体做好青年群众工作，提出了三点意见。

第一，由青年工作队来专门进行青年工作，共产青年团员必须成为青年队的主干。

第二，必须有计划有步骤地按照当地的实际情形去进行对

---

① 石川：《怎样向工人群众做宣传的工作》，《红星》第 2 期，1932 年 1 月 15 日。

② 萧华：《红军中的团怎样去做青年群众工作》，《红星》第 10 期，1932 年 2 月 26 日。

青年群众的宣传，从宣传鼓动与散发谷物、提出斗争纲领等方面去发动与组织青年群众。在当前扩大红军的重要任务之下，更要有计划地宣传鼓动他们加入红军。但是这些工作的进行，都要运用青年化的方式。

第三，在发动与组织工作之后，还必须加紧对青年群众的教育训练，如创办列宁青年训练班。在红军离开该地的时候，要酌量留派干部在地方帮助工作。

四　针对敌军俘虏的宣传工作

在战争的状态下，红军经常要面对战场上俘获来的白军将士，对俘虏进行思想上的点拨和情感上的开导，既是一个常规性的工作，又是一项专业性与技巧性很强的事务。《怎样向俘虏兵宣传》一文，对这项工作进行了专门的研究。文章认为，向俘虏兵宣传的主要目的是："唤起他们的阶级觉悟，暴露国民党军阀的罪恶及揭破其反动宣传，指出他们自己唯一的出路，是回到本阶级的革命方面来。"① 宣传方式分为个别谈话和开会讲演两种，个别谈话要用问答的方式，在开会讲演时要有煽动力。

除此之外，文章重点探讨的是其宣传内容，作者在三个方面发表了自己的看法。

第一，提醒白军士兵，他们大都是勤劳的贫苦工农出身，受够了豪绅地主、资本家的残酷剥削。在家从年头做到年尾，始终离不开饥寒交迫的痛苦，因此才离开家乡。可怜的士兵们不但当了几年兵没有一文钱寄回家，甚至连在军队里洗衣、剃头、买草鞋、买黄烟都没有钱；而且动则挨打挨骂，有话不敢

---

① 翰文：《怎样向俘虏兵宣传》，《红星》第 12 期，1932 年 3 月 23 日。

讲，受尽非人类生活。

第二，指出国民党军阀欺骗、麻醉白军士兵，企图蒙蔽他们的阶级意识，譬如利用"军人以服从为天职"这句话使他们不敢有半点反抗，以遂其为所欲为，任其压迫之企图；利用什么"救国护国"与"爱国家爱百姓"等口号来欺骗他们东战西征，过枪林弹雨无谓牺牲的生活。特别是用什么"剿匪"、"铲共"的口号来欺骗他们屠杀、抢掠工农劳动群众的生命、财产，并且打自家的兄弟——工农红军等。

第三，说明红军是工农的军队，红军的主张、任务、制度、生活，均与国民党军阀完全不同。共产党是领导工农士兵革命的政党，苏维埃政府是工农士兵的政权。还要告诉白军士兵只有加入红军，在共产党领导下为解放广大工农劳苦群众，推翻反动统治阶级，建立苏维埃政权而斗争，才是他们的唯一出路。如果他们想回家，就可以送他们回去，并托付他们将这些革命道理传递给一切白军士兵和白区的工农劳苦大众。同时提醒他们可以回到白军里做工作，秘密成立士兵会，组织兵暴，自己推举出领头人成立红军。

这些针对白军的宣传内容，考虑得非常周全，尤其是很贴近白军士兵的生活与心理，非常容易引起白军俘虏的情感共鸣。红军中大量的新增兵源都是由敌军的俘虏转变而来的，这自然与红军富有成效的针对性动员工作密不可分。《红星》上反映的一些事件，便可以说明这一点。下面是《火线上与白军联欢》一文的全部内容：

　　一军团某部在北线打敌人堡垒时，想了许多方法向白军士兵进行宣传，但因官长监视甚严，士兵对我们的宣传品不敢取看。最后，他们想出一个方法，即用一大张报纸,上面写着我们的口号,夜晚插在敌人堡垒的抢眼口。
第二天早晨,官长还未起床,士兵就将这些宣传品取去传
看。以后,我们在过新年时,又用宣传品包些豆子、花生
等食品送给堡垒内的白军士兵,他们更加感动,并派代表
走进我们的阵地,来回答我们的慰劳,表示感谢。这说明
白军士兵日益革命化,这是一军团采取火线联欢的办法所
收得的成绩。①

从上面的这篇文稿中可以发现,白军的普通士兵与他们的
长官对红军的态度完全不同,士兵虽然还在敌对的营垒里,但
在心理上已经接受了红军发出的善意举动。这自然与红军长期
在对敌宣传上,注重采用将敌军的士兵与其官员区隔开来的策
略直接关联。

第三节　推动思政工作方法创新

对思政工作进行理论上的梳理与探索,就是为了在现实中
更有序与更有效地开展起来。不过,由于在苏区特殊艰困的环
境中,其所需要调动的力量与精神是多多益善的,所以思政工
作的发挥空间很大。在这种情况下,如果做思政工作只是在数
量与频率上不断增加,而在模式与路径上一味重复,很显然,
势必会出现工作效益递减的趋势。那么,在这个时候思政工作
方法的创新就显得至关重要。在这点上,《红星》报的贡献不
容低估。它设置了"新的工作方式"等栏目,积极倡导、推
动与传播思政工作方法的创新,使这项工作能够保持足够的张

---

① 《火线上与白军联欢》,《红星》第 28 期,1934 年 2 月 11 日。

力与弹性。

一　列宁室的建设与创新

列宁室源自苏联，是一种以思想政治工作为宗旨，集学习研究、信息服务与文体娱乐于一体的公共场所。它在苏区红军中的出现以及逐步发展，与《红星》的大力宣传、指导与推动是密不可分的。

（一）列宁室的基本格局与运作

列宁室开始是在红军中比较盛行，后来苏区各地的一些政府与群众团体也建立了这种机构。《红星》报上刊登的《怎样建立列宁室的工作》一文中提出，红军列宁室的职责是："在政治委员直接领导之下与俱乐部指导之下，进行政治文化教育、娱乐、体育等工作，借以提高指挥员、战斗员的政治文化水平，帮助革命积极性的发展，巩固与加强红军战斗力。"①

由于条件、目的等因素的差异，各处列宁室的结构形态与运作模式不可能完全一样，但是其基本的格局是相同的。列宁室一般都设置了干事会、墙报委员会、读报班、识字班、讲演会，以及其他的各类研究小组等机构。干事会、墙报委员会、讲演会的主任，以及各类小组组长应该选择得力的人员担任，因为每个人的工作量都很饱满，所以不宜一人兼任两种以上的职位。干事会除了主任以外，还配置若干名干事，其主要的职责是管理列宁室的日常事项，要时时负责整理列宁室，不要使陈列的东西凌乱不堪。

墙报是列宁室里最显眼的展示与服务平台，也是红军内部宣传的主要形式之一。列宁室在这上面投入的心力最多。墙报

---

① 邱织云：《怎样建立列宁室的工作》，《红星》第 11 期，1932 年 3 月 11 日。

委员会负责墙报的编辑与出版工作,《列宁室的工作怎样做?》一文认为墙报的展示不能一成不变:"列宁室的墙报要经常出版,墙报的内容和技术要经常有计划的改善,墙报内容最好能够适合于下层士兵群众的需要。"① 为了让墙报的内容真正贴近普通的士兵,墙报委员会还在部队班一级组织物色通讯员。这些通讯员的任务是"负责找实际材料,督促全班同志投稿。对识字程度低的同志要帮助他写,由他来想,内容要浅,字不要多,最好五十个字为限。使他了解这篇文章的意思。写好之后,叫他再抄一次,使他学习写文章,不致依赖别人。如果他有不了解的字,我们可告诉他。或者叫他画图"②。

与墙报在列宁室中的突出地位相适应,读报也是列宁室开展得比较频繁和实在的活动。根据《读报问题》给出的信息和意见,列宁室的读报分为两类。一是读墙报,一是读苏区公开发行的报纸。在读墙报的方面,可以把整个单位编成一个读报班,这样做的缺陷是大家的文化水平参差不齐,所以也可以根据战士们文化基础的高低分班。阅读的方式,"不要死板的每篇文章都逐句逐字的宣读,使听者不懂而无趣。应该先说明本期的中心问题,然后选择各栏中最主要的几篇文章解释意义。如果文章少时,则亦只能解说每篇的大意,绝对不要一句一句的读,那是最不好的方式,即是要使听者讨厌而不愿来听读报的"③。值得注意的是,读报的时候只说作者的原意,不要另外加意见。全期读完后应让听者发表意见,引导参与者对接触的文章展开讨论,并且要他们对本期中心问题发表意见。

---

① 《列宁室的工作怎样做?》,《红星》第 3 期,1931 年 12 月 25 日。
② 古显斌:《墙报工作应该怎样做》,《红星》第 5 期,1932 年 1 月 5 日。
③ 秋:《读报问题》,《红星》第 35 期,1933 年 5 月 12 日。

　　在公开出版的报纸方面，阅读的对象主要是《红色中华》、《红星》和《青年实话》以及各军团军政治部的机关报。这些报纸的来源，起初是战士们自己购买，但由于个人阅读还是有较大的障碍，加之个人购买经济上也有压力，所以自己买报的积极性就大大降低，导致《红色中华》和《青年实话》在红军中的发行面临着很大的困难。以后应考虑每班或两班联合起来，每人出铜元数枚或十余枚来订购《红色中华》等报纸若干期。接下的事情是，把联合买报的班组结合成一个读报单位，每一个读报单位选定一个或两个文化程度较高者负责读报。这样的话，人数不太多，随时随地可以进行读报活动。而且人数少容易集合大家的注意力，读完以后更可以举行简单的讨论会。读报者事先应将报纸全看一遍，将要读的几篇留下记号并熟记其中要点，以便于向听讲者解说。有些需要图表的，更要把地图挂起来，使听众更易了解。

　　《列宁室的工作怎样做?》一文也涉及了列宁室中读报的问题，其中还谈到"要在列宁室内公布各种政治消息，提出各种研究的问题，引起研究的兴趣"①。关于研究问题，具体表现为把志趣相投的人组织在一起，共同学习，相互切磋，提高政治理论及军事素养方面的水平。根据条件和需要，一般会建立地理研究组、群众工作研究组、机关枪研究组、射击研究组，等等。另外，从"在列宁室内公布各种政治消息"一语看来，列宁室还可以承担信息传播平台的责任。

　　那么，列宁室究竟是怎么发布信息的呢? 详尽的情形现在已经很难考究。但是《一个红军战士明年的日记》一文透露出了其中的关键性细节。可以说，即使是在今天看来，这也是

---

　　① 《列宁室的工作怎样做?》，《红星》第 3 期，1931 年 12 月 25 日。

新闻写作中一篇奇文。《红星》第 4 期出版的时间是 1931 年 12 月 30 日，文章中所记的是次年 5 月 1 日、2 日和 3 日发生的事情。也就是说这里所记的事件都是作者虚构和想象的。下面录下的是其中 5 月 2 日的部分内容。

五月二日上午八时，列宁室公布了几个重要的无线电报。

（一）宋美龄和宋子文在美国纽约第五号街的跳舞场里被当地的工人捉住，预备解到中国来。

（二）张学良在南京因为禁止士兵参加劳动节，被部下士兵乱枪打死，有三万多人同时杀了他们的官长，占领了雨花台，已经同住在燕子矶的红军第七十四军取得了相当的联系，南京城内的白军有退往上海模样。

（三）上海各业罢工工人共十万多人在南京路示威，碰着陈铭枢坐着汽车在兜风。一声喊打，汽车打得粉碎，陈铭枢打得半死不活。

日记交代了消息的来源是无线电报，这一点应引起我们的充分重视。很显然，三条消息的内容体现的是红军战士当时的心愿，是想象中的事情。但是，列宁室发布从无线电报中获得的消息这一点是可以相信的，作者肯定是有了在列宁室获得来自无线电台消息的经验才这样写的。而且当时苏区的《红色中华》等报纸，也是通过这个渠道获取外埠信息的。证之以《列宁室的工作怎样做?》提到的在列宁室内发布各种政治消息的意见，这样的推断是可以成立的。那么，由此我们就可以说，列宁室的信息服务，不只是展出墙报和倡导阅读《红色中华》、《红星》和《青年实话》等苏区报纸，它还能承担着将无线电台上获得的苏区之外的信息发布出去的责任，体现出了典型的信息传播平台的特征。

为了激发大家的参与兴趣，列宁室一般还会提供某些棋类、球类等体育设施，举办猜谜和唱歌等娱乐活动。

（二）一个列宁室的模板

上文关于列宁室内部设置与运作的内容，只是根据相关的文章进行概括与梳理形成的。当然不能细致地展示出列宁室存在的真貌。《一个列宁室的参观记》记述的是作者在一个列宁室活动了一天的情景，尽管行文有些呆板与拖沓，遣词造句也过于随意，甚至记述也有点零乱，但文章使用的是素描与特写的笔法，基本上能给读者展示出一个列宁室的精细样貌与生存情境，对于我们今天了解与认识列宁室的立体形象更显得弥足珍贵。因此，有必要将其全文照录在下面。

一个列宁室的参观记

星期日那天，我走到列宁室去，还没有进门，我还不知道列宁室是怎么样的，自己不觉的走进了门，里面有很多标语，多是列宁说的话。有革命书籍，有一本叫《新社会观》的，我用心的去看了，但有些看不懂。又有几张大画片，贴在壁上，一张是活捉张辉瓒的，大概有五尺大，很像，还戴了高帽子，以后看到把他解到东固，在群众大会时杀头。一张是打韩德勤的，这张比较麻烦，大也比较大，很小心才能看出来。我看见我全连的同志冲锋的动作，当排长喊冲锋的时候，一班长就把韩德勤打死了。大概看了有一点钟，后来三军包抄上来了，敌人从东固山泄水似的坍下去了。

我再走到笑话处，说的笑话好像真的一样，我站到不动，一直的笑，别人看了很奇怪，所以我也不笑了。慢慢地走到历史阁，内有各种革命历史，我看了很有趣味。井冈山时的战争也写在那里，还有雄凡同志的照片，因为他在三期战争中牺牲了，及他的历史略述，他是我们全连最好最勇敢的战斗员。

又看见一张长台，有二个人在那里，个人用了一张拍子，拿了一个比鸡蛋小的，不知什么，拍来拍去，快得很！我看得在这边又到那边去了，他总不随我的意，使我很不快活，后来我问到二班长，他说是台球，经如同志说是乒乓球，不知哪个说的才对。

走过一边，有一个墙报，横就有五尺，直只有二尺。很多同志写了文章，写的很好，经如同志把那天学大同志和其人同志打架的样子也写出来了。有谜语，我看了想不出来。有画，最好看的是经如同志画的运动场。

有一张小台子，画了一黑一白相间着的棋，叫做俄国棋，我本来不晓得，和学大同志去动，动了几步，我再动一步，他就吃我四个，真奇怪，我差不多就会发脾气了，后来得了一位同志的帮助，动了大概有五分钟，最后还是一个和棋。

吃饭的号音传到我的耳朵里来了，我也慢慢的出了门。①

需要说明的是，文章中的"我"显然是作者假托或者说虚拟的一个人。在列宁室中，"我"显得既木讷又胆怯，许多东西都不知道，都要别人来点拨，总之是对列宁室很好奇很生疏。

其实作者古显斌自己置身在列宁室中，肯定是不会有这样的表现的，《红星》在刊发《一个列宁室的参观记》的同一个

────────────

① 古显斌:《一个列宁室的参观记》,《红星》第 5 期，1932 年 1 月 5 日。

版面上，还刊登了他的另一篇文章《墙报工作应该怎样做》，讨论的正是列宁室的墙报应该如何办的问题。作者之所以要做这样的处理，可能是为了更细致更真切地展示列宁室的种种情状。因为生疏与隔膜，才有事无巨细描述的必要与机会。当然，作者无论基于什么考虑，都不妨碍我们通过这篇文稿认识一个真实而立体的列宁室。

（三）战斗环境下列宁室工作的创新

根据其性质与特点，我们可以把列宁室理解成一个学习、研究与娱乐的组织，也可以称为一种学习与娱乐的场所。也就是说，典型的列宁室应该有一个固定的场所，其中还要具有特色的装饰和条件。正是由于这样的原因，红军中不少的同志常常说："行军间进行列宁室工作是很困难的。"或者说："在行军间至多只能进行读报、唱歌，其他便不可能进行了。"那么，处在不断的行军与作战环境中的红军部队，势必就要彻底取消列宁室的活动了。在这种情况下，《红星》报发表了《行军间怎样进行列宁室工作》一文，总结一军团部分部队的经验，明确提出相反的意见，认为"在行军间不仅能进行读报、唱歌，而且能够进行做墙报、开研究会、做游戏、识字等工作"①。

根据《行军间怎样进行列宁室工作》一文提供的材料，在战斗环境下开展列宁室的活动，必须作一些适应性的调整。在墙报的编辑与展示方面，指导员、支书在行军间发现可以记载的见闻，要及时通知战士注意从中寻找素材，自然界现象、居民生活、部队在行进间的情况都可以成为墙报的写作材料。这实际上是启发与帮助战士如何在行军间为墙报准备稿子。到

---

① 一帆：《行军间怎样进行列宁室工作》，《红星》第 27 期，1934 年 2 月 4 日。

达宿营地后，在一定的时间内把稿子收集拢来，以行军壁报的形式展示出来，壁报是用木板与木架制作而成的。次日行军时，即将壁报放置在休息处，供大家阅读。

在研究会的组织方面，可以依据行军次序划分成四人或五人的小组，在出发前准备一些当日行军所要讨论的问题，军事、政治与科学方面的都可以，并派出这方面素质较高的同志分别插入各组去主持。如果主持得好，是能够吸引不少同志来参加的。不过，讨论的问题不要太高深太复杂，而要平易简单一些。

行军间的游戏，开展得最有趣最持久的是猜谜。其方法一般为：在行军队伍（以伙食为单位）的前面或后头，安排一个主持猜谜的人，谜面在队伍中相互转告。首先猜中的人，不要立即公开谜底，只用暗语传达给主持者，让其他还没有想出结果的继续猜，这是很让大家感兴趣的活动。在行军中只消猜四个五个谜，常常不觉疲劳就到达宿营地了。不过，因为战士们文化水平较低的关系，在选择谜语的时候，应多猜常见事物、军用品和简单的字句。如果谜语过于高深，战士们是不会感兴趣的。此外，也不妨讲讲故事和笑话。

在行军的过程中开展识字活动，由于不便于携带课本，最好的办法是在出发前准备三五个与本日行军有联系的单字，用小纸片写好，每人发给一张，利用休息时间辨认清楚，并且还要用木棍在地面上抄写熟练。

进行上面这些工作时，要注意将墙报、研究会、游戏、识字等各项活动交替开展。不要整天行军只进行一项，而不顾及其他。一般在一天行军的开始，宜于进行识字、研究会与墙报，而唱歌和游戏则宜于在稍后的一个阶段，比如行进到三四十里时进行。同时也不一定什么时候都要进行上面各项工作，要看气氛是否活跃，大家是否感兴趣。而且这些都是指在旅次行军中可以开展的活动。如果是在战备行军，则应注意与战斗任务的关系，一切应以战斗任务为转移。

《红星》报在1934年1月7日出版的第23期第4版上，也有涉及战时列宁室开展活动的内容，它们出现在"新的工作方式"栏目中。关于行军间识字的部分，文中介绍有的部队的方法为：由指导员找人写好字，挂在枪尖上，后面的人可以看见。在驻军时，每人做好一块木牌，经常带着，一到宿营地，就插在床前。不过牌上的字，应由指导员负责指导经常调换。其中的"活动的墙报"部分，提出了行军间办好墙报的意见。作者谈到，过去许多部队的墙报，都犯着形式主义的毛病，装饰的时间多，而看的人很少。甚至许多是用纸粘在壁上，取不下来，所以有时刚装好就行军了，于是这期墙报完全失掉作用。以后的墙报，主要应使其内容丰富，与本部队的生活打成一片，才能使大家发生兴趣，吸引他们来读来看。同时墙报一定要能带走，利用行军休息的时间，挂在路边树上，吸引大家来看或指定人读。

战争环境下，依旧想方设法开展列宁室的相关活动，使作为一个场所的列宁室陡然活动起来了。这充分显示了思想政治工作在红军整体工作中的重要地位，以及他们在进行这项工作时所发挥出的创造性。

二　晚会的设计与运用

晚会是红军中开展得比较普遍的一种群众性娱乐活动方式。为了提高晚会的质量与水平，尤其是更加体现红军思想政治工作的宗旨与方向，《红星》连续三次在"新的工作方式"栏目上刊登了关于组织晚会的文章，积极地倡导与推动晚会在思政工作中的特殊功效。

这组文章作者是同一人，署名为"石达"。而且，它们表现出了一个以思政工作为导向，开展晚会活动的整体思路。其中透露出的主导思想是：晚会不单是娱乐，而是用各种有趣的方式开展的一种普遍而深入的政治教育工作。并且认为，部队中有不少同志，把晚会当做单纯的娱乐，不仅事先不作充分的准备和组织，而且把许多与政治教育内容完全相反的娱乐素材当做晚会的内容，这是极端有害的。这组文章的主要内容是，对各类晚会的形式进行设计与规范。当然，这里的设计与规范，显然是受到了红军在实际工作中所探索到的经验的启发。

（一）专门晚会

专门晚会，就是针对某一政治事件、政治运动或纪念节专门举行的晚会。这些晚会的举行，必须与某一个时期的整个政治工作任务相配合。

依照《怎样开晚会》一文的意见，这类晚会的内容，要有充分的准备。首先，不要脱离本部队的实际生活和具体工作任务。譬如在老战士和新战士中同样举行学习军事知识的晚会，它们的内容便应有很大的不同。在老战士中，就要针对新式武器学习和使用战术展开。在新战士中，则应当注重通用武器的使用和初步战术的学习。

而且，这类晚会在表现本部队所发生的生活与战斗情景时，好的方面与坏的方面都可以展示在舞台上，这样不仅能引起战士们的兴趣，而且可以使他们改正坏的行为和学习好的行为，以达到思想政治工作的效果。

应该强调的是，这类晚会的内容所展示的场景不要远离战士们所了解和习惯的生活，譬如在反法西斯的晚会上，如果单是表演德国希特勒的法西斯恐怖，那就一定不如表演蒋介石蓝衣社在苏区的烧杀和欺骗宣传。但这并不是说晚会的内容，完全不表演部队以外、苏区以外和中国以外的事实和生活，而是说晚会的内容布置，也要依照我们政治教育的原则，即由近及远，由具体到抽象。

在这些晚会上还应注意不要出现冗长的报告，这是红色战士所不喜欢的。因为他们盼望着看戏，如果必须讲话，可用回忆来代替。过去有这样的事例：一个部队的"五一"晚会上，找到一个同志作了一次回忆讲演，收到了很好的效果。相比之下，其他部队虽然作了很详细的报告，然而，论及对参加晚会的战士的积极影响，则远远不如采用回忆方式的部队。

晚会各种表演形态，要能引起参会者的兴趣。每次要有新的花样，即令不是新的，也不应千篇一律、一成不变。譬如这次是活报、双簧、唱歌、跳舞，下次就应当是活报、故事、笑话、演戏等，这样才能引人入胜，使战士们百看不厌。当然，这里采取的所有表演方式，应该与所开晚会的专门性质相吻合。①

（二）自由晚会

根据《怎样开晚会》（续廿八期）的意见，自由晚会一般是在一个伙食单位，比如在一个连、队、机关等范围内举行，大多安排在战士们能自由活动的晚上时间，目的是给战士们带去适当的娱乐。

但这并不是说自由晚会就可以不考虑其政治教育作用。毫无疑问，自由晚会的宗旨也必须着眼于思想政治工作的目的，只是在主题上不必像专门晚会那样专门针对一个政治问题或运动展开而已。这类晚会的内容事先也要有充分的筹划和准备，要反对不做准备，临时拼凑。自由晚会的方式，可以考虑采取下面两种。

---

① 　参见石达《怎样开晚会》，《红星》第 28 期，1934 年 2 月 11 日。

第一，集体的表演。最好要有一些新近编排并且具有政治意蕴的节目，如果实在没有，也可以表演为战士们所喜爱的保留节目。

第二，个人的表演。政治指导员须预先调查有游戏专长的战士，鼓动他们在晚会上展示自己的拿手好戏。当然，也可以临时要群众推荐一些人出来即兴表演。在表演的形式上，可以不拘一格，重在气氛的活跃与热烈。不仅可以有常见的唱歌等，而且可以选择其他各种让观众感兴趣的方式，如学鸟叫、鸡叫、狗叫、火车叫等。另外，讲笑话、说故事等也是非常适合的表演方式。

总体而言，带动起晚会的全体参加者投入其中，是自由晚会应该追求的最佳效果。①

（三）回忆晚会

回忆晚会是在红军战士中，进行部队传统教育的最好方法。特别是在新战士像潮水一样涌入红军的时候，回忆晚会更显得迫切与重要。这种晚会的内容，主要是请一些参加红军时间较长的老同志，讲红军过去的斗争故事。也可以邀请有在白区从事秘密工作经历的同志，讲一些关于白区群众和白军士兵斗争的故事。

讲这些故事时，要注意调动听众的听讲兴趣，切忌用作报告的方式，并且每次不要讲得太长太笼统。所讲的应该是具体的事实，特别是自己亲身的经历。

回忆晚会的举行，不一定要全连人参加，可以是一班甚至五六人，在形式上也可以用"谈天"的方式来进行。

_____

① 参见石达《怎样开晚会》（续廿八期），《红星》第 30 期，1934 年 2 月 25 日。

（四）问答晚会

关于问答晚会，《怎样开问答晚会》一文的基本看法是："问答晚会是课外工作中的一种工作方式，它可以解决红色战士平素怀疑心中的疑难问题。可以用兴趣的方式，测验红色战士对课内学习的了解，复习课内的学习。过去在部队中的问答晚会，多半不能依照这个方法进行，而呆板地提出问题向战斗员问，依然与课内工作方式没有区别，因之也失却问题晚会的作用。"① 由此可见，问答晚会是与常规的课堂内教学紧密相关的一种娱乐形式。该文作者从提问者的角度，把问答晚会分为由战士提问和向战士提问两种形式。

由战士发问的问答晚会，首先要引起战士们发问的兴趣。因而在举行这种问题晚会时，不能把提问范围限制得太过具体、狭窄。要向他们说明，不仅可以就课堂内所讲的内容发问，而且也可以触及他们平常困惑的问题，比如：天为什么下雨、为什么有冬天夏天等。为了激发战士们发问的兴趣，可以让他们开展提问竞赛，在连队可以一排为一组，看谁提的问题多。

在晚会中回答问题的人，事先要做充分的准备，要储备足够的知识，军团的政治机关要派合适的人去承担这项工作。

向战士们提问的问答晚会，应该预先准备好问题，并把它们写在纸上。每一个纸条只写一个，比如，什么是苏联、列宁是什么人等。另外准备一张纸写答案，由军团或师政治部提供或审定。在开晚会时，把写问题的纸条卷起，规定次序。战士们拿到了纸条，就要开始回答问题。如果答对了，大家可以鼓掌表示祝贺。如果他答得不对，就要受处罚。处罚的方式可以是讲故事、说笑话、唱歌唱戏，以及唱小调、变魔术、学狗叫、学鸡叫，任由他

① 石达：《怎样开问答晚会》，《红星》第 30 期，1934 年 1 月 28 日。

自己选择一种。如果他什么都不会，就要在墙上学狗爬一爬。这样一次再转给第二个人。如答复不出，也照样受处罚。每个问题传到第五个人，就停止下传，由指导员公开答案并作解释。就这样一直循环继续下去，一定把预备的问题答完。要注意的问题是数量不要太多，每次至多 10 —15 个。

这两种问答晚会的方式可以合并来用，但要注意时间不能太长。并且，无论是采取哪一种提问方式，都应该与一个时期的政治工作的总体任务相联系。

在一般的情形下，晚会是一种纯粹的娱乐活动。至多只是被当做一种可以寓教于乐的活动。但是在这里，晚会完全是思想政治工作的一种特别方式，这当然是红军战士当时的思想文化素质状况，以及所处的特定环境的需要。在对晚会的细致阐述中，有两点给人留下深刻的印象。一是晚会的开放性，它强调晚会的全体参加者要投入晚会的气氛中，人人都成为其中的活动者、表演者，而不是被动的旁观者。二是晚会的可接受性。强调晚会的内容由近及远，符合战士的认知水平。形式不拘一格，但是要富于变化，引人入胜。很显然，这是非常先进的传播理念。能够达到这样的认识高度，是因为当时迫切需要的是实实在在的传播效果，而绝不是传播形式本身。

三　发挥军民两地书的激励功能

军民之间进行书信的来往，这本来是一件非常平常的事情。但是，在第五次反"围剿"的过程中，《红星》报以及其他的一些机构把军地交流的书信设定了一个固定的主题，一下子使这件事情变得非同寻常、不可或缺了。

（一）撰写两地书号召的发出

作为工农红军总政治部的机关报，《红星》开始是向前线的红军战士发出号召，要求他们每人每月写两封家信。

每个红军战士每个月写两封家信

后方的红军家属和工农群众都在热烈的望着前方红军的来信，本报号召每个红军战士，每个月至少要写两封家信，把前方胜利的消息和红军生活等情形，告诉他们，来安慰自己的家属，并鼓动后方的工农群众加入红军，为粉碎敌人的五次"围剿"而战。

本报特开专刊，登载"红军家信"欢迎各同志把自己来往的家信寄到本报发表。①

由此可知，《红星》要求红军战士写家信是为了让后方群众也参与到第五次反"围剿"的洪流中来。很明显，《红星》报在这个时候向红军战士发出写家信的号召，是受了一封公开信的启发。下面是这封信的全部内容：

一方面军政治部转全体指战员同志们：

你们在前方英勇胜利的光荣捷报如雪片的飞来，使我们看了手舞足蹈的高兴。

由于你们的英勇善战、艰苦奋斗，和我们工农群众参加革命战争的积极，由于中国共产党正确的领导，经过黄陂战役已完全地顺利地粉碎了敌人的四次"围剿"，取得了四次战争的全部胜利。

你们这种英勇果敢的革命精神，真值得我们钦佩和学习的。

---

① 《两个号召》，《红星》第 9 期，1933 年 10 月 1 日。

这里，我们全省十七万少先队员向你们致以热烈的少先队的革命敬礼！

全方面军的同志们：

我们今天有一个很重要的事情向你们提议，就是"建立联系制度"问题。我们的意见是这样：

第一，每月双方通信一次。你们通信的内容，是你们的胜利消息及快乐生活，我们通信的内容是我们的工作情形及整个生活。

第二，每三月互相派代表参观一次。

上面的两个事情，你们是否同意？希望答复。除了这两件事以外，这里还要说到：

我们全体少先队员愿意武装上前线与你们共同的消灭敌人，我们努力实际的优待你们的家属，使你们家里没有一点困难。我们八万女队员努力的做布草鞋、套鞋、组织慰劳队来慰劳你们，我们还要热烈的来推销经济建设公债，及后方一切勤务工来配合你们粉碎敌人正在加速进行的绝望的五次"围剿"，争取民族危机中的苏维埃新中国。

江西苏区全体少先队员

八，廿四。①

这封以"江西苏区全体少先队员"名义写的信件，提到了与红军建立相互联系制度，其中包含与红军每月通信一次的活动。它虽然与《红星》号召红军战士写家信的文稿同时刊发在1933年10月1日的报纸上，但它完成的时间是8月24日。这说明《红星》编辑部在号召战士写家信之前，早就获知了其内容。

---

① 《建立联系制度》，《红星》第9期，1933年10月1日。

关于红军写家信的事情，《红星》报在三个月后，又重新强调了一次。其背景是各地的红军家属都希望红军战士在年节期间给家里通一次信。因此，中央军委指示各个部队在战士中开展写家信的"运动"。在这种情况下，《红星》告诉自己的读者："本报号召每个红军战士，在年节中每人写一次信回家。要求各级政治机关采取有效方法（如组织写信队）去帮助红军战士完成军委的指示。"①

《红星》发出的撰写家信的号召，在红军中引起了相当的重视，各个单位尽可能将它落实到相关的工作规划中。在1934年3月15日至5月15日的两个月时间里，苏区红军各个部队在青年中开展了一次综合性的工作竞赛，其中有一项内容是"在竞赛期内每个战士至少要写两封家信"②。

《红星》报向苏区群众公开提出向红军战士写信的意见，在时间上比号召红军战士写家信晚很多。1934年的"八一"节期间，瑞金召开了第一次红军家属代表大会，《红星》报发表了热情洋溢的祝贺信。

　　大会代表并转全苏红属同志们！
　　　　我们代表正在前线与敌人肉搏的红军战士，向光荣的红属代表大会和每个模范的红军家属致热烈的敬礼！
　　　　你们的丈夫、兄弟、儿子已经做了苏维埃的武装柱石，你们是苏维埃公民中模范的模范。
　　　　英勇的红军在前线担负着保卫苏维埃的伟大事业，你

---

① 《你应该写一封信回家》，《红星》第22期，1933年12月31日。
② 《各军团及二十三师青年工作竞赛条约》，《红星》第56期，1934年8月1日。

们更要为他们有力的后盾，全体加入少先队、赤卫军去，武装起来，努力的忠实的为着巩固后方而奋斗，尽着每个苏维埃公民都武装保卫苏维埃的光荣任务。

生产战线上的胜利，是红军与苏维埃胜利的重要条件。学习生产，加入劳动互助社去，努力耕种自己用热血换来的土地，增加生产，为更加完善自己的生活，充裕红军的给养，发展苏维埃的经济而斗争！

红军正在为着保卫苏维埃而英勇的战斗着，你们更要很好的来管理苏维埃，管理自己的事情，积极努力的到苏维埃机关中办事，参加工会、贫农团与一切社会工作，真正成为管理政权的主人翁！

一切要为着前线的胜利，光荣模范的苏维埃公民——红军家属，要在充裕红军给养的借谷节省战线上，成为最热烈的先锋队，送草鞋、送食物去慰劳英勇善战的前线红军，保障他们的胜利。

写信去鼓励安慰你们的丈夫、兄弟、儿子，巩固提高他们杀敌的勇气，鼓励那些开小差的份子归队去，这都是每个模范的苏维埃公民应做的工作。

前线红军等着你们给他们以这些方面有力的回答，我们坚信在全县红属大会领导之下，定能完成这些伟大的事业，我们热烈的庆祝大会的成功！

为巩固发扬红军家属的光荣而努力！

为争取苏维埃的模范的公民而斗争！

光荣的全瑞红属代表大会万岁！

红军胜利万岁！[①]

---

① 《本报向瑞金红属代表大会致祝词》，《红星》第 32 期，1934 年 3 月 11 日。

这封公开信充分肯定了红军家属为了前线战争所作出的种种努力。此外，要求他们武装起来，加入少先队、赤工军，并且加紧生产，从资金与物质上不断给前线的红军以支持。实际上这些话可以是针对苏区所有的工农群众的，因为那是包括非红属家庭在内的所有苏区群众共同面临着的紧急任务。而真正对红属说的话是，要求他们给前线的亲人写信："写信去鼓励安慰你们的丈夫、兄弟、儿子，巩固提高他们杀敌的勇气，鼓励那些开小差的份子归队去。"

要求红军与亲属相互进行通信交流，其直接的目的意在相互关心，相互激励，以利充分调动力量反击正在向中央苏区步步紧逼的国民党军队。由于这一目的特别重要与紧迫，《红星》报除了不断发出号召以外，还针对落实口号过程中出现的状况，提出处理的意见。

不要失落一封红军家信
——严格处罚没收红军家信及财物的坏份子

根据最近所得的材料，个别的几个部队的收发同志，发生时常失落红军战士家信甚至没收红军战士家中寄来的财物。如二十二师之收发，没收红军家属寄来的钱，达一百余元。其余个别的机关部队的收发，也有同样的事发生。这种行为是犯法的行为，各级政治机关，应该予以严格的注意：

一、对于各级负责收发的同志，应经常检查其工作，并注意对于他的教育，告诉他红军家信对于红色战士的重要，应该迅速的转变。交不到的应该退回各兵团政治机关登报询问。

二、负责收发的同志，收到信柜交来信件，应在信柜簿上盖公章，有钱或物件的信件，应该收发同志的姓名签在簿上，然后再盖公章。

　　三、如发觉有没收红军家信及财物的行为时，应予以严格的处罚，以至公审处决。①

　　在这里，对丢失红军家信的事情的特别关注，尤其是对丢失红军家信的责任者严惩不贷，体现出的是对红军家信的功能与意义的充分认知和热切期待。

　　不过，虽然《红星》报既号召红军战士要勤写家信，又呼吁红军家属多写信给前线上的子弟，但是，由于当时的情势以及《红星》报的军报性质，其重心显然是放在要求红军战士方面。不过，实际的情形是，红军战士给自己亲人写的信十分罕见，而现在能看见的基本上是后方家属以及一些团体给红军的信件。究其原因，恐怕是当时前线危急的战事更加需要后方的鼓励与安慰。

　　（二）红军家属给前线亲人的家书

　　《红星》报在刊登倡议地方与红军"建立联系的制度"，以及号召红军战士每月写两封家信等意见之前，就已经公开发表了亲属给红军的一封家信。当时"红军家信"栏目还没有开设，它是以《一封红军的家信》作标题发表的，刊登在1933年9月17日出版的第7期上。

　　勇夫爱哥：

　　　　近来秋天到了，因为我们这一乡响应"红中"提早春耕

―――――――――――

　　① 《不要失落一封红军家信——严格处罚没收红军家信及财物的坏份子》，《红星》第55期，1934年7月25日。

的号召，全部所有的谷子都收完了，收成也要比去年好些。我俩的家里每到秋收的时候，照例是很忙碌的，可是因为你去当了红军的缘故，家里得到了政府的优待，派人帮助，今年很从容的把谷子收齐回来了。现在又得到了一班小兄弟小姐妹们的帮助，正在赶种番芋、黄豆、葡萄等杂粮。照我的估计，预料今冬的收获，比去年要增加一倍还不止。请你不要挂念家庭，安心的努力的在前线消灭敌人。

前天我们隔壁的王二同志，从前线上开小差回来，不仅儿童们大家耻笑他，就是他的妈妈爸爸都不高兴他。政府也派人来问长问短，督促他归队。结果王同志懊悔了，自动的把包袱背起，仍旧回到前方去了。

最近一个月来，到处进行着查田查阶级的运动，最后的肃清了封建残余势力。工农群众的革命热情是更加提高了。在这五天当中，九堡全区扩大了一百〇五个新战士，他们已经到城里集中去了。我很高兴，连夜的做了几双坚实的布草鞋，慰劳他们，并且留了一双，等他们去前方时带给你。再谈吧，祝

你努力杀敌。

妹玉兰上
九，十三。

可以看出，这是在家里的妹妹给前线的哥哥的信件。中央苏区的第五次反"围剿"是从 1933 年 9 月下旬开始的，该信写于 9 月 13 日，处于大战的前夕。这时苏区正在开展热火朝天的扩红运动，本信触及了红军开小差问题和苏区的扩红运动。从整体上看，信中的语气还是相对平静的，比较细致地描述了苏区民众的工作以及生产、生活的情景，当然也不忘鼓励

前方的亲人努力杀敌。

下面的三封信，是不同时期发表在"红军家信"专栏上的，各自都具有代表性和典型性，并且留下了一些珍贵的历史信息，故一并展示在下面。

　　钟荣章同志：

　　　四年前你由兴国红色警卫团，英勇的上前线参加红三军七师了，一直迄今也许你忙于冲锋杀敌争取一二三四次战争的胜利，而没有给我们的信。

　　　你当了红军，我们一家人光荣极了！家虽只有祖母和我们几个女子，然而一切困难都在贫农团、乡苏帮助下解决了。病的有人照顾和医药，田地总比人家早做好，收成又多，祖母更为欢喜了。

　　　今年收成更为好。

　　　我又参加了苏维埃文化战线上的战斗，而在工农剧社总社蓝衫团工作了。望你将你在前线上的战斗生活告诉我们，充实我们艺术的战斗内容而给我们的信吧！

　　　等着你的信和再见于南昌并致

　　　赤礼！

　　　　　　　刘秀章　工农剧社总社蓝衫团

　　　　　　　一九三三年十二月八日①

　　亲爱的勇敢的邓进士同志：

　　　你还在三次战争的时候，住在万泰县新陶平区秦庄乡上夫城，就自动的很光荣的加入了红军了。你一去两年

---

① 《红星》第22期，1933年12月31日。

多，没有给过我一封信。但我们在家里，生活上得到很极
大地安慰，分到了好田，经常有成群结队的妇女来慰劳，
耕田队来耕田种菜。现在我也离开了家里，在做解放劳动
妇女的革命工作了。你在前方杀敌，我在后方努力革命工
作，配合着革命战士冲锋杀敌的行动，粉碎敌人五次
"围剿"，胜利终是我们的呵！希望你在前方不断的胜利
中给我封信吧！完了

　　革命的敬礼！

刘福秀
十一月廿五日①

孝全吾儿：

　　你自一九三〇年上半年就英勇的同着白沙一班雄壮的
青年加入了红军，别离家庭上前线杀敌，我快活的在苏维
埃和群众优待下不感觉近五年光景了，却你为着阶级的利
益不空闲来一封信，我也心欢。现在我将家中的情形告
你，使你更加安心努力在前线工作，我和你母亲安好，婆
婆也无恙，你老婆尚听教言，并且能佐理家事，你大弟孝
文于一九三一年在本市药店学徒，并结了婚。他于去年五
月间去入红校，如今也上前线来了。孝文的老婆也在红军
医院工作来了。我们一家有三个红军，可算最光荣极了。
家中田地有人优待，每年收成都超过别人，合作社买东西
不但便宜，特别是优先购买，家中的小弟弟、小妹妹，都
受免费教育。家事有我老两个，你兄弟们可莫关心，只望
你兄弟在军中保护健康，遵守纪律，努力杀敌，消灭国民

---

① 《红星》第18期，1933年12月3日。

党军阀回来见我，是所厚望，战场捷音，希常告我，以饱我的眼福，嘱你

抛弃一切为阶级利益奋斗到底！

你父　张忠良

于一九三四年一月廿一日书①

这几封家信的写作时间，正值中央苏区第五次反"围剿"处于最紧要的关口，因而它们最核心的意思是劝导亲人勿牵挂家里，特别是鼓励他们努力杀敌。这些身处前线的亲人，都长时间没有与家里沟通音讯，这些家信在报上公开发表，可以将其激励与鼓动的情意传递到前线能够接触到报纸的每个红军战士身上。同时，这也是情势使然。因为久疏音讯，家信已经无从寄送，只能借助媒体公开传达。

从这些信中，我们可以获得处在激烈的第五次"围剿"与反"围剿"中的中央苏区的一些信息。根据第一封信提供的材料，我们可以知道：由于要投入战争的一线，家里现在只剩下了祖母和"几个女子"，由此可以看到当时战争动员的深入程度。

第二封信是一位妻子写给丈夫的，在该信的后面，编者加了一个按语："这是全总执行局女工部的刘福秀女同志探访她的丈夫邓进士同志的一封信，希望邓进士或别的同志写一封回信给她。回信可直接寄瑞金全总执行局。"这位在全总执行局女工部工作的同志，在信的开端用"亲爱的勇敢的"来称呼自己的丈夫。一般情况下，这种情形在苏区是非常罕见的。但是，丈夫一去便无音讯，这也是她内心真情的自然表白。编者

①　《红星》第 27 期，1934 年 2 月 4 日。

的按语中提到"希望邓进士或别的同志写一封回信给她",实际上就暗含有对其丈夫生死存亡无法确定的判断,显示出了当时形势的严酷和惨烈。

第三封信是一位父亲写给儿子的。苏区的百姓大多没有受过正规的教育,一般都是没有能力独立撰写信件的。前文提到,《红星》报在号召红军战士在年节期间每人写一次信回家的同时,还要求各级政治机关采取组织写信队等方法,帮助战士们完成这一任务。在地方上也应该会采用类似的措施。但是,对于具体的信件,如果没有特别的迹象,我们不便主观认定它是否让人捉刀代笔。不过,我们基本上可以判断,这第三封信是请人代写的。虽然使用的是父亲的口吻,但是像"尚听教言"、"佐理家事"这类陈词滥调,是过去职业代写书信的人常用的词汇,亲人间肯定是不会这样说话的。

(三)后方团体与机构给红军群体的信件

红军与地方上的通信交流,除了上面所述的家庭内亲人之间点对点的沟通之外,还有一种是群体对群体的信息传递。其具体的情形是后方的团体或者机构直接与前线的红军战士群体进行书信交流。它之所以可能,是由于借助了报纸这一大众传播平台。

下面是瑞金下肖区清水乡红军家属们寄给前方战士的公开信:

前方红军战士们:

最近从宣传队慰问队和政府方面,得知你们在粉碎敌人第五次"围剿"中,获得无数的伟大光荣的胜利,给了帝国主义国民党以有力的回答。后方的工农劳苦群众们听到这些好消息,大家都异常高兴,对你们表示无限的钦敬,我们红军家属更是欣慰。我们红军家属在后方能够经常得到政府和广大工农劳苦群众的崇敬帮助,他们经常派慰问队来慰问我们,有时并送食品给我们,同时又把前方的胜利消息传达给我们听,又组织了耕田队来帮助我们耕种,优待红军条例大部分都实行了。昨天乡政府开了一个慰劳红军家属大会,备了很好的菜和饭,并且请了工农剧社蓝衣团表演新剧和活报。今天后方红军部又召集红军家属开了一个联欢大会,也演了新剧,分给我们很多的慰劳品。在两次大会中,他们很诚恳的问我们有没有什么苦难,由此可见党政府和工农群众对我们的关心和爱护的程度了。总而言之,在党和政府的爱护,广大劳苦群众的崇敬之下,我们一切的困难都能得到解决。希望你们不要挂念家庭,消灭一切逃跑退却的可耻现象,努力向前杀敌,争取战争的全部胜利,完成红军战士所负的光荣历史任务!①

从其内容可以获知这封信的写作缘起。因为乡政府召开了红军家属大会,大家有机会聚集在一起。于是,便以全乡红军家属的名义向在前线的亲人写信。信的内容其实是亲人之间点对点沟通的翻版或者延伸,其主旨也在勉励和鼓劲。不同的是,信的接受者是一个群体,直接的接受者是从瑞金下肖区清水乡出去的红军战士,但在实际上,这个群体是具有弹性的,可以随机扩大。该信的抬头用的就是"前方红军战士们",那么,前方所有的红军战士都可以包含在其中。其覆盖面如此之大,其影响力自然也就随之大增。

---

① 《瑞金下肖区清水乡红军家属致前方红色战士信》,《红星》第 21 期,1933 年 12 月 23 日。

上面的这封信件虽然是以一个群体的名义发出的，由于它是红军家属的集合，所以体现出的依旧是私人信函的特点。比如介绍家中的近况，告诉前线亲人要英勇杀敌，无须牵挂家中的事情。下面的两封信体现出了典型的公函特点。

向英勇无敌的红军哥致一个革命的敬礼！

——后方姐妹们的热意

中革军委转前方全体英勇的红色战士们：

在你们胜利的彻底的粉碎帝国主义国民党五次"围剿"，获得了各个战线上的初步伟大胜利中，福建全省妇女代表大会开幕了。出席大会的全体代表，对你们与敌人肉搏血战的冲锋杀敌的英勇无畏的牺牲精神，致一个革命的敬礼！

大会讨论了每个妇女在中国目前苏维埃道路与殖民地道路决战中的一切战斗任务。我们要鼓动自己的儿子和丈夫与你们共同杀敌，努力生产，充足革命战争的经费，与红军的给养。我们要每人多多做草鞋送给你们冲锋捉白军官长，充分优待你们的家属，先耕红军公田。我们要努力为后方的一切勤务，严肃赤色戒严与肃反工作，为巩固苏维埃政权斗争到底。

同志哥，继续你们英勇杀敌的精神吧，我相信在你们的铁拳底下，在我们共同奋斗动员中，将很快的粉碎敌人五次"围剿"，完成中国革命的胜利！

福建全省女工农代表大会

十二月三日。①

---

① 《向英勇无敌的红军哥致一个革命的敬礼！》，《红星》第 19 期，1933 年 12 月 9 日。

亲密的联系着

全体红色哥哥们！

正是粉碎敌人五次"围剿"决战面前，红军哥哥在前线艰苦奋斗的精神已得了不断的伟大胜利，真值得我们每个小弟弟小妹妹们，全江西的儿童团员一致的钦佩的。向你们致一个皮安尼儿的敬礼！我们要庆祝红军胜利！

全体红色哥哥们！

我们把后方一切生活说给你们听！

我们在中央儿童局正确领导之下，苏区的儿童团在秋季已经举行了一个列小学生大检阅。在这一检阅为的是要发动广大的皮安尼儿到列小学校读书，并提高儿童小弟妹的文化政治水平。在我们江西在二个半月来，增加到校学生共三〇二六七二名。在我们检阅时，每个列小的学生都闹闹热热的前来检阅，如唱歌、跳高、跳远、跳绳、打秋千、识字、读报等……精神集中，且非常的兴奋。在这一检阅更提高了我们每个小弟弟妹妹的积极性，做到每个都到列小学校去读书，我们的检阅已成功了。

在这一检阅中也给了我们不少的经验与教训，还有的我们实行了每三个做一双布草鞋，我们全体小弟妹，都热烈的鼓动自己的母亲嫂姐做草鞋。现在我们江西的皮安尼儿，一月半来集中的布草鞋共六五二一双。并且洋巾、香皂、果品等慰劳你们！

全体红色哥哥们！

我们不但是布草鞋果品来慰劳你们，我们每个小弟妹都时刻准备着鼓动自己的哥哥爸爸当红军，一同的与你们红色哥哥们到前方去更迅速的来粉碎敌人的五次"围剿",我们每个皮安尼儿还是时刻准备着来当红军!

红色哥哥们!我们本部工作同样是更进步了,如发展儿童团组织,二半个月共发展到六六七五名。另一方面我们在十一月卅号召集全省的书记联席会,这一会议检查了我们两个半月的工作及继续的做拥护红军工作。

我们全体皮安尼儿最盼望你们在前线更要拿出每个红军哥哥的冲锋杀敌勇气,更迅速的来粉碎敌人的五次"围剿",来把我们的红旗插到南昌、抚州等中心城市,去争取江西一省及几省的革命首先胜利呵!

现在我们的武器正准备好了,快要开始用啦,我们要把我们的武器来粉碎敌人的五次"围剿"!

江西儿童局

十二,二十六。①

第一封信是以福建省妇女代表大会成员集体的名义发出的,信中表达了对前方战士的崇敬之情,还表示要全力以赴做好后方的工作,尤其是强调将鼓动自己的丈夫和儿子奔赴前线。虽然带上了公文腔调,但由于贴近写信方的身份,还是很具有鼓动性的。

第二封信落款是"江西儿童局",虽然这里有"儿童"的字样,但它是苏区共青团组织的一个下属机构,机构的代表人物当然都是成年人。不过,信中对红军的称呼用的是"红色哥哥",也就是说该信很大程度上用的是少年儿童的口吻。前文提到《红星》刊登了一封以"江西苏区全体少先队员"的名义写的公开信,提出要与红军建立联系的制度,这封以江西

---

① 《亲密的联系着》,《红星》第 22 期,1933 年 12 月 31 日。

少年儿童口吻写的信件正是来落实联系制度的,《红星》报为该信加的标题就是:《亲密的联系着》。当初建立联系制度的倡议,提到军队与地方每月通信一次。关于信的内容,红军一方要介绍"胜利消息及快乐生活",地方主要描述自己的"工作情形及整个生活"。正是依照这样的构想,该信详细地介绍了江西省少年儿童生活、学习、工作的情形,甚至由于描述得过于琐碎、冗长,还显露出了一些不甚通畅的文句。不过,其激发前线红军斗志的主旨还是清晰可感的。

第四节　新闻与宣传报道

《红星》报是红军总政治部的机关报,与军事相关的事件自然是其关注的焦点,所以这里刊登的报道性文章,可以说大多与军事有着直接或者间接的关联。根据这种特殊的内容配置,可将这类作品权且分为四类,分别是一般的新闻报道、战事动态报道、关键战役报道和人物宣传报道。

一　一般的新闻报道

这里所说的一般新闻报道,是指非正面展现军事行动的作品。它们不直接描述战斗情景或过程,与纯粹的军事类的新闻作品有明显的区别。

下面是一篇报道各地慰劳红军的作品,展现出来的是一幅苏区的典型图景。

各地慰劳红军的热烈

各地工农群众,在八一以前,就积极准备慰劳红军的工作。兴国、胜利、广昌、石城等县的慰劳品,一肩一担的挑来，单计集中到博生县的草鞋，共有一万一千多双；
其余毛巾、牙粉、香皂、蔬菜、果品，大约不下一百二十
余担。此外，江西省一级的工作人员，还赠送了一千余双
草鞋。博生、广昌、石城、于都慰劳少共国际师，草鞋套
鞋五千三百多双，并有不少的蔬菜等。瑞金慰劳工人师，
草鞋三千多双，猪七只，鱼干、蔬菜等三十余担，同时慰
劳医院伤病战士，也极狂热，瑞金、胜利、兴国、上杭、
长汀等，还组织了慰劳队，洗衣队、歌舞队，前往慰劳，
特别是有许多地方召集了红军家属及牺牲烈士家属的各种
宴会，各个兴高采烈，热闹极了！①

　　这是一个综述性的报道，它把 1933 年"八一"前夕中央
苏区各地政府和群众积极而热烈的拥军活动整体性地展现了出
来。尤其是作者捕捉到了其中兴高采烈的热闹气氛，给人留下
深刻的印象。对于我们今天理解红军为什么能够在那种艰难环
境下发展壮大，提供了很好的注脚。

　　对于一些重要的会议以及特殊的节日，《红星》报会进行
持续的关注，并且给予多方面的展现。中华苏维埃第二次全国
代表大会（以下简称二苏大会）于 1934 年 1 月 22 日开幕，2
月 1 日闭幕。自 1934 年 1 月 21 日第 25 期始，直至 1934 年 2
月 18 日第 29 期止，《红星》报在这为期 29 天出版的 5 期报纸
中，分别从不同的角度、以不同方式，对会议进行了连续的宣
传报道。

　　《红星》报在第 25 期首次触及了二苏大会。在其第 2 版
的报眉下面赫然刊登了一条标语，内容为："用战争的胜利来

────────────

① 《各地慰劳红军的热烈》，《红星》第 4 期，1933 年 8 月 27 日。

拥护二苏大会！"在横排的标语底下竖列了《一排模范营打坍粤敌两营》等4条前线报捷的消息。此外，还发表了《给二苏大会的赠品》一文，介绍苏区的群众表示以实际行动与出色的业绩向二苏大会献礼。可以说，这些文章起到了为二苏大会预热的效果。

第26期出报的时间是1934年1月28日，这时二苏大会已经开幕6天。该期的头版刊登的全是与二苏大会有关的稿件，可以说是二苏大会的专版。直接介绍会议的文章安排在"二苏大会纪略"栏目里，其中《伟大的一天》，细致地报道了开会第一天的完整过程。它记录的是一个历史性的日子，不妨将其内容照录于下：

一九三四年一月廿二日，是第二次全苏大会开幕的一天。

这天的早晨六点钟，在中央政府运动场举行阅兵典礼，受检阅的有红军大学，第一第二步兵学校，特科学校，中央警卫连等部队，参加观礼者达万余人。首先由阅兵代表向全体红军战士致慰问词，继有朱主席毛主席及蔡畅同志演说，他们代表全体苏区工农群众向红色战士致革命的敬礼。

其次开始分列式进行检阅，最后由被检阅各部队巡行阅兵台前，经过三点钟的时候才结束了这一个伟大的阅兵典礼。

在下午两点钟的时候，举行了二苏大会的开幕典礼。首先由毛主席宣布开幕并致开幕词，继由中共中央代表博古同志，全国总工会代表刘少奇同志，全国红军代表朱主席，少共中央代表何克全同志致词，通过江西代表蔡畅同志提出的七十五个主席团的名单，选举了六个委员会，通过了大会的议事日程。最后通过了致前方战士电，致苏联工人集体农民电，慰问东北义勇军电，慰问在国民党狱中的革命战士电。并选举了斯大林、加里宁、莫洛托夫、托尔曼、长冈等为大会名誉主席团。晚上，举行了热烈的提灯大会，并由工农剧社组织了盛大的晚会，第一天的大会也就在紧张的热情中结束了！

除此之外，大会纪略栏目还刊发了《接连三天的工作》、《大会的议事日程》与《到会代表统计》，介绍接下来的三天里大会的内容与议程安排，以及各地代表到会人数统计。

在本版上还配发了两条与二苏大会相关的消息。一条是《东方军献给二苏大会的礼物》，介绍东方军一部于 25 日攻下沙县，全部消灭卢兴邦部两团及团匪 1000 余人，缴获炮 10 余门，机枪数 10 挺，步枪 3000 余支，百瓦特无线电 1 架。强调"这是红军献给二苏大会的最光荣的礼物"。另一条是《红军烈士塔六日落成》，其中提到烈士塔已经竣工，二苏大会决定将于 2 月 6 日举行烈士塔的落成典礼。

《红星》报第 27 期对二苏大会的报道进入收尾阶段。在其头版刊登的是《二苏大会致红军指战员电》的全部内容，还发表了《二苏大会胜利的闭幕了》的消息，在这条消息的上面，配置有一行标语，内容为："为百分之百执行二苏大会决议而斗争！"由此可见，已经转入贯彻落实会议精神的阶段了。

总体来看，《红星》报对二苏大会的报道隆重热烈，形式多样，既突出了重点，又展示了全貌。读者通过阅读《红星》报，可以获得对二苏大会清晰而透彻的认识。

身处江西的边远地区，而且还在国民党军队的重重围困之中，《红星》报却依旧保持着国际的视野。《红星》报上的国际新闻虽然数量不多，但颇有特色。1934 年 6 月 5 日第 46 期第 4 版刊登了《三藩市工友拥护红军的热忱》，内容为："三藩市工友自接到朱主席信后，大大兴奋，该地先锋报的威信，大大提高。现工人争欲以二十五元美金购一苏维埃钞票，以示援助红军，并作纪念。"这件发生在美国城市中的事情，与中央苏区有着密切的关联。

1934 年 5 月 25 日第 44 期第 4 版刊登了《帝国主义疯狂备战》与《美国太平洋沿岸码头工人大罢工》两篇文章，其中《帝国主义疯狂备战》由一组小文章构成，分别是:《美国的大海军计划》、《法国的积极备战》、《日本拼命竞造军舰》、《德国增加军费预算》。通过列出的大小标题，即可知晓这些文章的基本内容。

二　战事动态报道

这类新闻反映的是战事的动态消息，一般由前线部队的通讯员供稿。文章篇幅不长，简明扼要。下面是 1933 年 9 月 24 日出版的第 8 期上的两则消息。

赣南红军的活跃
打断敌人的联系
士兵更加动摇

粤赣军区十六日讯:我赣南红军之一部，最近积极在敌人之侧后方活动，将自版石至重石的交通线完全断绝，使敌人的油盐粮食发生重大的困难，每天只有两餐，以致士兵不满情绪更加增长，开小差的每天几十个，并不断的有三数人拖枪投诚红军。

东方军伟大胜利之声威之下
福建二分区武装的胜利

　　福建军区讯：福建二分区武装一部配合南部地方武装在丰稔市大地一带，把团匪打得落花流水。计缴步枪二十六枝，其他军用品甚多，活捉乡事委员长赖昌等两名，俘虏团丁十余名。

　　一则是反映战术获得成效，一则是小型战斗赢得胜利，都属于战地上红军取得胜利的消息，可以激励苏区军民的战斗信心。

　　由于这类事件在苏区经常会发生，又由于对此类事件所做的报道具有显而易见的现实功效，因而，它们便越来越多地在《红星》报上出现。后来，《红星》报还在编排上进行了一些针对性的处理。以"捷电一束"、"一束捷报"等为标题，集中刊登多条小消息。下面便是其中的一例。

捷电一束

　　一、湘赣红军一部，于一号占领小江，消灭靖卫匪团匪一队，获步枪七十余枝，俘获相等，安福敌约二团被威胁退守安城金田不敢出。

　　二、我东方红军一部，四日在三角渡击溃大刀匪八百余，打死及淹死共四百名，活捉师父一个，刀匪六名，获黄旗黄衣很多。

　　三、湘赣地方武装于本月三号在坳头附近击溃靖匪一队，缴获步枪卅七枝，俘获靖匪卅七名。

四、我福建三分区一部，最近在泉上空溪延洋之线，将团匪百余全部击溃，消灭一部，缴获步枪十三枝，子弹数百发。

五、闽北电：一日我们击溃西坑口团匪，获食盐四百斤。

六、我河西信南挺进游击队，在积极的活动中，于十二月二十一日在牛岗圩打埋伏，碰着了由赣州来的粤敌连排长二只，率领一班人护送烟土往南雄，即在该地接触有十余分钟，完全把敌消灭。敌死亡四名，内连排长各一只，伤四名，俘获一名，缴获步枪五枝，驳壳两支，手榴弹七个，钢帽五顶，鸦片烟七担约五百余斤。

七、信南挺进队，于十二月廿七日晚在信康之梅陂附近，击溃断盐的敌人，缴获步枪一支，毙敌一名。①

这些小消息没有题目，相互独立，在有限的文字里，总结性的介绍一个事件。仅寥寥数语，事件叙述完毕，便戛然而止。

从1933年12月16日出版的第20期起，《红星》报专设"捷报"栏目，把捷报类消息集纳在一起，集中推出。它与"捷电一束"、"一束捷报"相比，每则消息篇幅更长，特别是各有独立的标题。在"捷报"栏目首次推出的第20期报纸，便刊发了六则消息，分别是：《红四方面军又迭获胜利：共击溃敌人五十余团》、《黎川附近红军又击溃敌人三个师》、《给广州公社的刽子手一个大的打击》、《福建红军进攻白沙》、《把四堡团匪童子兵打得落花流水》和《纪念广州暴动：赣湘

---

① 《捷电一束》，《红星》第24期，1934年1月14日。

模范师一营加入红军》。在 1934 年 2 月 25 日出版的第 30 期，
"捷报"栏目也刊发了 6 篇稿件：《红四方面军大获胜利：消
灭敌人两旅》、《红二方面军六次攻陷桑植城》、《在红一方面
军的战线上》、《闽浙赣红军大败浙江保安队》、《湘赣红军又
打胜仗》与《连城红军挺进队逼近永安城》。

　　这些标题除了个别的以外，基本上都传达出了稿件所包含
的核心信息，已经是比较标准的动态性消息作品了。尤其值得
指出的是，将捷报类稿件以固定栏目的形式整体推出，特别能
体现出前线红军的战斗声势与威力。

三　关键战役的重点报道

　　对于一些关键性的战斗，《红星》往往会给以特别的重
视。这样的特别重视，主要表现在两个方面：一是刊登大篇幅
的文章，进行充分的反映与透视；二是给以持续性的关注，开
展连续的报道。它开设的"红军故事"、"前线通讯"、"东方
战线通讯"、"南方战线通讯"、"军团通讯"、"赣南通讯"、
"红三师通讯"等栏目，刊登的大多是篇幅比较长的文稿。需
要说明的是，除了"红军故事"以外，这些栏目都有"通讯"
二字，它们其实并不是对所刊登作品体裁的强调，而是突出这
里的文章是直接来自前线，其作者都是战斗的亲历者，作品带
着战地的硝烟味。下面选择其中的三个战例，对这类报道进行
评析。

　　（一）占领吉安

　　1933 年 8 月 13 日的《红星报》第 2 期，用了超过半个版
的篇幅，发表了毛泽东以"子任"为笔名撰写的《吉安的占
领》一文，报道了红军攻打和占领江西吉安的战斗经过，全
文如下：

吉安的占领

子任

事情是打吉安。打了八次了，现在是第九次。

时间是一九三〇年十月四日。

这一天月亮儿还没有落尽的时候，我们的队伍已经开进了，真珠山[①]方面，打响了，这是城的西北角上。接着城的北部骡子山打响了，我们的四军就开展在这两个方面。城冈方面也接触了，这是城的南部与西南部，部队是我们的第三军。我们包围了吉安。晚上看不见的红旗一到东方的红日涌出来的时候，一齐都看见了。剧烈的步枪声，机关枪声，迫击炮声，比过年打鞭炮还要热闹。很多的红旗，发现在第二线，这就是无数万的赤卫军与少先队，人都伏在地上，因为敌人的炮子的射击超过了我们赤少队的头上。天上有什么东西响动了，没有一分钟，就发现了敌人的红尾巴飞机，我们总司令部的阵地附近落下了几个大炸弹，人却没有伤一个。为了争夺真珠山的阵地，剧烈的战斗在那里开展了。骡子山的队伍的一部分从敌人的薄弱点，打进城去了，可惜又退了回来，这是因为敌人在西南部阵地调动了一部力量，向我们举行反攻。打了整个的一天。我们的十二军赶到了，加上了城西的阵地。天黑了，战斗有一时间的休息，我们准备着夜战，解决敌人，打进城去。

---

① 真珠山，应为"真君山"。《毛泽东军事文集》第1卷将其改为"真君山"，中共中央文献研究室、中国人民解放军军事科学院编辑，军事科学出版社、中央文献出版社1993年版。

敌人的头子，叫做邓英，当我们红三军第八次攻吉不成的时候，南京狗政府曾下了一道褒奖他的命令，说他得到了"剿匪"的第一功，他也就趾高气扬起来，以为我邓大哥不但高过杨池生、杨如轩、李文彬，以至朱培德那些头子，并且比起当今"剿匪"（？）总指挥张辉瓒，坐镇南昌的鲁胖子也要威风得一二倍，喝酒呀！调堂呀！在土豪劣绅资本家以及牧师神父面前拍胸膛，称好汉呀！这些土豪劣绅资本家牧师神父们，居然信以为真，以为一面有了邓军阀的壮胆的演说，一面又确实看到了吉安城防的巩固——堡垒，壕沟，铁丝网，这些限制红军铁拳的宝贝，大概一定可以多活几天了。不料红军忽然来了这么一个大规模的包围与猛攻，四号这一天，确实把一切军阀资本家土豪劣绅，牧师神父们的狗胆都骇破了。街上乱钻的都是人，一时说南门来了，往北门奔。一时说北门来了，又往南门奔。当着骡子山一部分的红军真的打进来了的时候，全城更加作起反来。城内的工人群众，在这一天却另有一种特别的兴奋，许多都抓紧了拳头，只等一个时候，就好打反动派。邓军阀的命令下来了，说的是不准一个人到河边去，连资本家土豪劣绅牧师神父都在内，河边上站立了拿枪的军队，河内一切的船只集拢在码头旁边的一块，任何一个土豪跪向邓军阀面前，要求坐个船逃命也不能。真的，小军阀邓英大有与吉安城共存亡的样子。

乌黑的晚上，红军举行新的攻击了，从真珠山打了进去。那邓军阀自己带领他的队伍的一部分，都从河里溜掉了，一部跑不脱缴了枪。一个土豪劣绅资本家牧师神父都没有跑掉，吉安就从这一刻起，落到了红军与苏维埃的手里了。底下就是第二天红旗子的群众大队伍进城，共产党机关与地方苏维埃也进城了，城内的工人及无数的贫苦群众都跑到街上热烈的来欢迎红军。这时候大捉土豪劣绅牧师神父与反动的资本家，就像捉猪捉羊一样，这里牵了一路，那里锁了一串，接着就是以后许多日子不断的群众大会呀！扩大红军呀！工人的代表大会呀！苏维埃大会呀！共产党大会呀！各县群众来看红色的吉安呀！轰轰烈烈，把个吉安城成了新世界。

根据红军负责同志的意见，此次占领吉安的教训是在：（一）反对了立三路线的主张（反对打吉安，主张打九江，他们说先打吉安，后打九江，是断送中国革命的高潮）才把吉安占领的。这次的占领吉安，是有极大的政治上意义。他（它）不但在全国有极大的影响，并且与后来克服 AB 团暴动的富田事变，与争取第一次革命战争胜利有直接意义的。因为吉安的占领，给 AB 团首先一个政治上的打击，同时吉安四十天的占领，给予进攻的敌人以精神上与物质上的极大的损失。（二）此次攻吉战役军事上是有缺点的，如兵力没有完全集中，就进行攻击，那时集中了的只有四军与二十军，三军还没有完全赶上，十二军还差一天路，都是陆续的进入吉安城的阵地。如果迟一天攻击，整个一军团的部队都集中，就可以举行同时包围，同时攻击，不致于当着四军的一部，打进城去了敌人还能从城西调动队伍举行反攻，把我们入城的部队打了出来，使我们不能在四号的白天把邓英全部俘搏，这是一；再则，三号晚的夜间攻击计划，也是不适当的，因为这是阵地战，敌人有坚固的工事，红军地形不熟识，应该经过开进与侦察的阶段，才能适当的布置兵力，选择攻击点，不致于把部队巴上了阵地，发觉不适当，也无法改变，要到四号晚才能重新来一个配备。这也是白天未打进去，不能把邓英全部消灭的一个原因。还有三军团的使用不放在吉水峡江，而放在离吉安很远的青江，以致邓英能够坐船逃跑。这些军事上的缺点与错误，都是从轻视敌人这个观点来的。以为敌人只有四团，费不了我们许多力量，由于这个错误观点，所以给敌人大部跑掉了，这是一个好的教训。

吉安是当时赣西南地区的重要县城，是这一地区的政治、经济、文化中心，为国民党反动势力长期统治。国民党军新编第十三师一部布防在吉安周围螺子山、真君山、天华山、神冈岭一带。1929 年 11 月至 1930 年 8 月，赣西南地区红军和地方武装曾连续 8 次攻过吉安城，该城一直处在红军和苏区的包围之中。1930 年 10 月 4 日，红一军团在红三军团的配合下打下江西省吉安县城。此战，共俘国民党军 200 余人，缴获船 4 只和大批物资、弹药，拔除了由国民党反动势力统治多年的重要据点，使赣南地区的赣江以西和以东两个地区连成一片，"形成了赣江中段、南段一片红色区域"。

在《吉安的占领》中，作为吉安一战的亲历者和指挥者，作者对战斗的背景与经过烂熟于心，他对战斗过程的描述，既全面细致，又透彻清晰。特别是其中的语言具有口语化特点，给作品带来了很强的现场感与故事性，非常引人入胜。并且，该文在总结这次军事行动的教训时，给人的感觉是居高临下，一览无余。

此外，该文还有一点特别的地方在于，在《红星》上刊发的日期，是在红军占领吉安将近三年之后。那时候作者已经离开了红军的指挥核心，工作重点放在了苏维埃临时中央政

府。这里是不是有什么深意，现在已经无法稽考了。金耀云曾
请教邓小平说："毛主席和朱总司令指挥打吉安是 1930 年 10
月的事，这篇文章为什么在三年后才发表？"他的答复是：
"不知道，此时我还未编红星。"[①]

（二）赣州之战

中央苏区第三次反"围剿"的胜利，使中共临时中央负
责人开始急于求成，推行一条充满"左"倾冒险错误的进攻
路线。1932 年 1 月 9 日，中共临时中央作出《关于争取革命
在一省与数省首先胜利的决议》，要求红军夺取"中心城市"，
争取"湘鄂赣各省的首先胜利"。1931 年 12 月 6 日，临时中
央又要求中央苏区红军"该向西进，首取赣州，迫吉安，与
赣西南达成一片，巩固赣南根据地"。[②] 1932 年 1 月 10 日，中
央革命军事委员会发布《关于攻取赣州的军事训令》，对攻打
赣州作出部署。遵照该训令，红一方面军主力和地方红军、地
方工农武装分别组成主作战军、支作战军和机动部队。驻守赣
州的是国民党马崐部。马崐凭借赣州的有利条件拼死固守，红
军屡攻不克。从 2 月 4 日至 3 月 7 日，历时 33 天，红军遭遇
重大伤亡，丧失了扩大根据地和红军的有利时机。3 月中旬，
中央苏区中央局在赣县江口的红军攻赣前敌总指挥部召开中央
局扩大会议，总结了攻打赣州的经验教训，决定撤兵。

赣州之战在《红星》报上得到了充分的反映。1932 年 2
月 19 日第 9 期，在头版头条位置刊登"聂云臻"的长篇文章
《赣州城的夺取和巩固》，其中谈的是夺取赣州城的必要性与

---

① 金耀云：《永恒的鼓舞 无限的怀念——忆小平同志关于〈红星〉报史
研究的回信》，《新闻战线》1997 年第 4 期。

② 中共中央文献研究室编：《周恩来年谱（1898—1949）》，中央文献出版
社 1989 年版，第 214 页。

重要性。紧随其后的"红军消息"栏目，刊登了两条消息，分别是《马崑部队非常动摇　赣州不日可下》和《马崑部临死挣扎　驱使士兵出城冲锋　被我军杀得他大败而逃》。前一条是以"三军团二师在前方一个战斗员来信"的形式发表，后一条作者署名"逸凡"。

　　1932年2月26日第10期头版的"红军消息"栏目，刊登了《红军爆炸赣州城　炸死白军百余人　赣州城早晚即可拿下》一文，内容很短："前方红军来电：我军将赣州城东爆炸一处，炸死敌人百余，城内更加恐慌，早晚即可把赣州城完全攻下。"在第2版还以"赣州城外来信"的形式，刊发了《围攻赣州之又一消息　白军士兵大放鞭爆》一文，介绍了赣州攻城战中一幕奇特的景象：红军在向城内的守敌进行口头宣传时，请来"游戏大王"何振湘、张斌两同志到城边去一唱一拉。唱的是"十骂蒋介石"、"三次战争胜利歌"之类，拉的是"西皮倒板"、"二六二簧"。城内的白军"大为感动"，发出震耳欲聋的喝彩声、叫好声。他们竟买了许多鞭炮，接二连三地放起来。

　　《红星》报在接下来的第11期又发表了《红军围攻赣州　白军出扰部队被痛击　死伤千余人》一文，描述的是3月7日激战的场景："城内敌军乘天未明亮，即出城来向我军袭击。我红色战士沉着应战，至天亮后即猛烈向敌军冲锋，激战竟日。尤其是红五军团杀入战争，敌人出击部队均被压退，敌死伤千余人，我方亦有伤亡。因在城下不能解决战斗，暂撤退休息整顿，准备继续消灭敌人。"

　　在1932年3月23日出版的第12期，《红星》醒目地刊登长篇文章《围攻赣州的教训》，总结了攻打赣州的三点主要教训，其中体现出的核心意思是："这次红军攻打赣州市依照中夬中央和中央局的决定，在政治上完全是正确的。但是因为没有估计到上述的几点，所以在军事布置上、战略战术上有一些错误和缺点，如果认为这是立三路线，那便不了解夺取中心城市的意义，和对中心城市之夺取的过分恐惧，那便是反立三路线为掩盖的右倾机会主义。"

很显然，关于 3 月 7 日战斗的这则消息写得过于轻松与乐观了。这是本次攻打赣州城的最后一天，敌人在凌晨 4 时向城外熟睡的红军发起攻击，当时景象的惨烈完全可以想见。后来，攻城的部队在红五军团第十三军的增援下，与敌人展开肉搏，直到傍晚才全部撤出了阵地。这条消息对材料是作了明显的取舍的，作者甚至还将自己的主观意愿作为既有事实记述下来。另外，《围攻赣州的教训》对赣州之战进行了有限的反思。它只承认在战略战术上存在问题，不承认整体的思路出现了偏差，体现的是苏区中央局乃至临时中央的判断。不过，《红星》报在这个限度上记述和评价这场战斗，是可以理解的，我们不能期待它作出超越历史时空的结论。更关键的是，作为一家红军的报纸，它对赣州之战进行自始至终的关注，没有因为战斗的失利而刻意回避，这一点值得充分肯定。

（三）温坊战斗

温坊（现名文坊，今属福建省连城县），位于闽西长汀县东南。温坊战斗是 1934 年 9 月 1 日至 3 日，在朱德、聂荣臻、林彪等人指挥下，中央红军红一军团、红九军团和独立第二十四师长征前夕在中央苏区的最后一次大战，红军以极小的伤亡取得了战役的重大胜利，给国民党东路军蒋鼎文部的李延年纵队以重创，使红军得到第五次反"围剿"苦战一年以来最大的一次补充，也是红军在第五次反"围剿"中打得最好的一仗。《红星》对此战例作了连续三期的系列报道。

　　1934 年 9 月 5 日出版的《红星》第 63 期第 2 版，用半个版的篇幅第一次发表了两篇与温坊战斗相关的文稿。《东线红军连获两次伟大胜利》报道的是红军"九月二日在温坊消灭白军一旅，三日又在温坊击溃白军七团消灭两团"，非常迅速地从宏观上概括性报道了温坊战斗的消息。还有一篇是由朱德签发的《中革军委给东线红军的奖电》，赞扬东线红军全体指战员以自己的行动，"严厉的打击了敌人进攻长汀苏区的企图，给了敌人两翼包围的计划以当头一棒，胜利的保卫了长汀苏区，写下了红军战史光荣的一页"。这两篇文稿之间，还配发了一幅漫画，表现了苏区军民兴奋喜悦之情。

　　《红星》报在其第 64 期第 2 版"前线通讯"栏目，刊登了《温坊战斗中的新桥师》和《在温坊战斗中百发百中的炮手》两篇文章，从具体的一个面一个点切入，更深层更细致地展示温坊战斗的动人情景。

　　接下来的《红星》第 65 期，又对这场战斗进行了全景性的呈现。其主体文章是《温坊战斗的胜利》，文字很长，几乎占据一个完整版面，其中还附有战斗地形图一幅。总体而言，该文材料真切，细节清晰，信息丰富，并且其概括与提炼也非常恰当。它有个不短的副题，内容为："三天两仗，消灭敌人一旅，击溃八团，是夜间战斗和短促突击光荣模范。"用简洁的语言对这次战役进行了精当的评价。在该文的后面附了"编者"这样一个说明："这篇通讯是根据下列同志的通讯编成的：李聚奎，朱玉，舒同，宋新吾，耿飚，谭政，胡保颖，刘必荣，传珠，特此注明。"那么，这篇文章是《红星》的编者与李聚奎、舒同、耿飚、赖传珠、朱玉、宋新吾、谭政、胡保颖、刘必荣 9 位战地指挥员共同完成的。《红星》当时的主编是邓小平，有研究者认为直接参与《温坊战斗的胜利》编写的这位"编者"就是他,但邓小平自己明确地否定了这个说法。① 那么,这位"编者"就可能是红军总政治部的人,也就是说,他应该是比当时邓小平的职位更高的领导。

四　人物典型的宣传报道

《红星》注意树立先进典型,以先进典型的事迹来影响前线指战员的行为,以榜样的精神来激发红军战士奋勇杀敌的斗志。红军的主要任务就是直接参加一线的战斗,打击来犯的敌人,保卫苏维埃政权。那些在前线中奋勇争先、浴血拼杀、战功卓著的人,自然是《红星》报道的焦点了。下面就是一组在《我们的英雄》总标题下的人物的报道。

领导一个排人打坍敌人一营

六团一连排长曾广舟同志领导一排人,英勇打坍敌人一营人。缴获步枪三十多支,又继续向敌人冲锋,曾同志也就在这一激昂的战斗中牺牲了。

打坍顽抗敌人

六团九连长胡水彩同志,指挥一连人渡河击敌。连占一带小高地,最后敌人占领高山顽抗,胡连长指挥全连人轻装前进,继续杀敌。结果缴获步枪三十九支,自动枪轻机枪各一支。

---

① 参见金耀云《永恒的鼓舞　无限的怀念——忆小平同志关于〈红星〉报史研究的回信》,《新闻战线》1997年第4期。

云盖山上三个英雄

敌第三师以迅速秘密的手段，占取云盖山阵地。一团奉命去迎击，三营营部传令班长王发成，三连传令员赖道全、杨俊熙等三同志特别英勇，不顾一切的杀上敌人阵地，王杨两同志各缴一条轻机枪外，并缴四支步枪。赖同志缴了一挺自动枪，把阵地夺回。①

这是《红星》报在报道先进典型时常用的一种方式。采用一个宽泛的大标题，把来自不同部队的作者的稿件集中在一起，整体性展现出来。形式上的主要特点为：在一个总标题下，刊发一组文章。每篇文章简明扼要，凝练省净。不触及背景，不渲染气氛，只反映人物的核心事迹。

1934年1月7日出版的第23期《红星》报上，也采用了这种报道方式。在总标题《血战中的模范战士》下面，集中了《廖金才同志》、《坚决勇敢的袁胜仁同志》、《越斗越勇》、《火线上的英雄》、《以一当百》等文章，展现出了多位战斗英雄的光彩形象。

除了战斗英雄以外，《红星》报还高频率地树立另一种典型，其主要特点是革命意志稳固，阶级立场坚定，决不做战场上的逃兵。这一类典型比较特别，他们的出现有着特殊的背景。由于大敌当前，中央苏区掀起大规模的扩红运动，一些没有充分思想准备的人也被动员加入了红军的队伍。他们上前线后遇到了困难与危险，就有不少人选择逃跑。所以，反逃跑成了红军思想政治工作的一个主要方面。1934年2月10日，李卓然在全国政治工作会议上所作的战时政治工作报告中，就特

---

① 《我们的英雄》，《红星》第19期，1933年12月9日。

别谈到了"反逃跑斗争"①。《红星》报在 1934 年 1 月 7 日第 23 期第 3 版中刊登了《我们的要求》一文，内容共有三条，其中的一条是："巩固与扩大红军都是在目前红军政治工作中的中心任务，各部政治机关应将你们的经验送来红星登载。"这里把"巩固红军"列为红军政治工作的两项中心任务之一，"巩固红军"的含义就是要防止红军战士流失与逃跑。

当有些单位这个方面的工作取得成效的时候，《红星》报便会给以热情的肯定。下面就是在《巩固红军的模范》的大标题下，刊登的两条相关的消息，其报道的对象都是集体。

全团一个月没有一个逃跑的

一团在为消灭逃兵现象而斗争的号召之下，最近两个月内确实得到了很大成绩。在十月份大大减少了，特别是在十一月份整整一个月内，全团没有一个逃跑的。这是由于他们把反逃跑斗争深入到每个支部与坚决执行上级关于反逃跑斗争的一切指示，这是值得表扬与学习的呵！

五个月来没一个逃跑的

五团卫生队从七月份起一直到现在有五个多月了，没有发生过一个逃跑的。主要的是：（一）十人团成为真正的群众组织，每班排都配备有十人团员；（二）十人团能经常开会计划工作，造成了反逃跑斗争的浓厚空气；（三）支部的党团员对十人团起了领导作用；（四）他们能够按情况及环境去布置工作。②

①　李卓然：《战时政治工作报告大纲》，《红星》第 29 期，1934 年 2 月 18 日。
②　《巩固红军的模范》，《红星》第 22 期，1933 年 12 月 31 日。

报道巩固红军工作先进个人典型的作品，《红星》报刊登了不少，下文是其中比较细致与完整的一篇。

脱险归来的谢永生同志

谢永生同志是个共产青年团员，他在四团工作排手枪班任侦察员。这次建宁朱麻寨战役，他在极端危急困难的环境底下，特别显示了他的机警果敢与政治上的绝对坚定。

当战争局部的混乱，他和十来个同伴被敌人捉去时，他能站在自己的阶级立场上，始终不为动摇，而且很机警的很沉着地想出各种各色的方法，来冲破围绕着他的一切困难。首先他乘着敌人同样混乱的时候，偷过敌人视线，将自己身上驳壳枪掩放在不易发觉的丛树里。接着他在敌人监视的圈套内沉思，如何领导同伴暴动，如何杀死围绕着他的敌人，如何求得脱险归队。毕竟因为环境关系，使他前两项的企图无法实现，而采取最后的逃脱手段。但他还想到轻机枪班长比较灵活一点，于是他决心向树林浓密的山谷逃走。他喊了"轻机班长（暗示逃走）"一声以后，立即投选择的路线飞跑，敌人也就跟踪搜索，枪弹乱放，终于匿藏森林中不为所获。直到黑夜，敌人冲过前面山头，他又飘忽的摸索到手枪所在地，将手枪取了回来，随后他摸到了敌人电线，又用力的把他铰断，破坏其交通。这时环绕着他的是一堆一堆的死尸，他很灵敏的在死尸上面摸出两个手榴弹（他身上驳壳枪没有一颗子弹），恰好不远的左侧发觉敌人的谈话声，他深知事情不妙，便投着那个讲话的方向打他一个手榴弹，拔身便走，终于弯来弯去，饿着肚子，经过两天行程，回到自己阶级的队伍来了！

　　谢永生同志的机警，果敢，坚决，确是值得每个阶级战士来学习的。在炮火连天响决战进到紧急关头的今天，我们应该以无产阶级的警觉性顽强性来争取战争的最后胜利。一切犹豫，一切迟疑，一切可耻的动摇，都必然是破坏革命战争的罪人，是阶级的仇敌，是蒋介石进攻苏区的应声虫。只有拼着我们的头颅和热血，为自由为土地为苏维埃政权奋斗到底，才是我们唯一的出路！①

　　该文的作者是红军书法家舒同，他把谢永生的事迹描述得比较清晰。在战斗失利以后，谢永生与战友们一起被敌人捉获。这时候，他表现得机智勇敢，沉着冷静。不仅从敌人的阵营中挣脱，还随机应变，铰断敌人的电线，与敌人了展开战斗。最终克服自身的饥饿与路途的遥远，回到了部队。在文中，作者并没有平铺直叙，显然是有所强调和突出的。当谢永生被敌人捉获时，作者强调他能站在自己的阶级立场上，始终不动摇。当提及谢永生值得每个战士学习时，文章强调："在炮火连天响决战进到紧急关头的今天，我们应该以无产阶级的警觉性顽强性来争取战争的最后胜利。一切犹豫，一切迟疑，一切可耻的动摇，都必然是破坏革命战争的罪人，是阶级的仇敌，是蒋介石进攻苏区的应声虫。"而且还说只有奋斗到底，才是唯一出路。

　　很显然，作者要突出的是谢永生不畏艰险，克服困难，积极回归部队的举动，把他塑造成一个意志坚、觉悟高、不流

① 舒同：《脱险归来的谢永生同志》，《红星》第45期，1934年5月30日。

失、反逃跑的典型。

第五节 军事与卫生知识传播

一 传播军事知识与技能

迅速提高军事素养与军事技术，是摆在红军指战员面前的一个现实课题。《红星》作为红军最具权威性的报纸，在这个方面也积极组织与配合。在 1933 年 8 月 13 日，该报刊发了社论《提高我们的军事技术》。该文指出，在六年的艰苦斗争中，工农红军锻炼与强健了自己，从零碎散乱的小游击队成长为几十万人的铁军。但是，它还存在军事技术落后的弱点，所以，要号召所有红军的指战员以最大的革命热忱学习与提高自身的军事技术。

《红星》发挥传播媒体优势，积极向广大的读者传播军事知识与技能，其传播的形式主要有三种。

（一）直接刊登军事知识普及文章

由于种种的客观原因，红军的作战大多采用游击战、运动战等策略，这些战术对于地形地势的依赖性很强。在战斗中利用好地形地势，是红军指战员首先面临的课题之一。《红星》上刊登的《各个战士在敌人炮火下怎样利用地形地物》正是为此而写的。

各个战士在敌人炮火下怎样利用地形地物

一、利用宗旨：主要发扬火力，次要遮蔽身体。

二、注意事项：

（一）选择射击容易地点；

（二）不可妨碍指挥员的指挥；

（三）不可妨碍友邻的射击；

（四）不可因多人聚集在一处；

（五）不可利用不能超越的地物；

（六）不可因选择地物而徘徊不决；

（七）不可利用孤立的物体和石块附近的地物。

三、利用的姿势

（一）立射姿势：地物高及胸际，则用立姿据枪以行射击，例如低围墙，树木凹道壕沟等。

（二）跪射姿势：地物高及腰际，则用跪姿据枪以行射击，例如土堆篱笆等。

（三）卧射姿势：地物仅掩头部，则用卧姿据枪以行射击，例如小土堆坟墓凸道小起伏地等。

四、动作要领：无论利用任何种地物，总以枪为依托稳固，瞄准实射击广阔为主，其次顾虑到怎样的利用射击姿势，怎样的掩护身体。①

整篇文章非常简略，也不太浅显，像个讲稿的大纲。普通的红军战士可能要在别人的辅导下，才能真正通晓其全部的含义。

在中央苏区的反"围剿"的战斗中，国民党政府军队的飞机对红军的威胁非常大。这些来犯的飞机不仅可以进行针对性的扫射，而且还会施放波及面较大的毒气炸弹。所以，防空防毒也成了红军战士一个必须面对的问题。《防空防毒大演习》一文就记载了二师利用行军休息的时间，在地方政府的

---

① 林野：《各个战士在敌人炮火下怎样利用地形地物》，《红星》第 8 期，1933 年 9 月 24 日。

配合下，举行了防空防毒的演习活动。在演习中，"虽然还表现敌情观念不深刻，动作不熟练，但获得不少经验"①。

　　关于防空防毒的技能与知识，《红星》也非常注意宣传。就在刊登《防空防毒大演习》的同一版面，就配发了《加强防空防毒》一文，其中围绕着怎样认识毒气、防毒具的做法和防毒具的用法三个方面，分列要点，展开了或详或略的描述。此外，又发表了《催泪毒瓦斯防御法》。编发这篇文章的缘起是，敌人在对苏区发动第五次"围剿"的过程中，在北线投放了毒瓦斯炸弹。该文从九个方面，介绍了防御的方法。它们都能结合红军指战员所处的条件，不仅贴近实际，而且具有可操作性。譬如其中的第一点："是保护眼睛，这在前线上尤其重要。方法是用眼镜，或玻璃加缝厚布棉花戴上。如果不是在前线或无眼镜时，将眼闭住，或以手巾扎护亦可。"②

　　（二）以问题征答的方式激发读者兴趣

　　在知识的传授过程中，提问是一种常用而且有效的方法。它可以激活传授过程的气氛，诱发参与者的兴趣，启迪参与者的思维。《红星》在向红军指战员传播军事技能与知识时，也巧妙地使用了提问的方法。它将包含着这方面知识的内容制作成题目，刊登在报上公开征答。这些题目涉及的范围很广。1933年9月24日出版的第8期《红星》报，在其"军事测验"栏目刊有两个关于野外敌情与方向判断的题目。

　　一、有一个侦察员搜索到了河边，看见河的上游有许

---

① 冠南：《防空防毒大演习》，《红星》第13期，1933年10月29日。
② 夏采晞：《催泪毒瓦斯防御法》，《红星》第17期，1933年12月3日。

多木片流下来，这个时候侦察员怎样判断敌情呢?

　　二、微雨的阴天，有一个通信员送命令走错了路，到了一个四无人烟的高山顶上，身上又没有携带指北针，连方向都辨别不出，只得坐在大树下稍息。这个时候通信员应该用什么法子来判别方向呢?

　　在第 9 期"军事测验"栏目，刊登了以上两题的答案:"第一问题:敌情有两种:一、可以判断河的上游有敌人准备架桥;二、上游河岸如系森林，也可以判断敌人部队正在上游河岸通过。第二问题:一、由大树身上可以判别方向。树叶向南的枯，向北的茂盛一些。二、蚁穴总是向南，因为北方风大。"

　　这里给出的第二题答案的前面部分是错误的。不过《红星》在其第 17 期补发了一个更正，其内容为:"本报第九期军事测验一栏的上期答案第二题的第一项'由大树身上可以判别方向。树叶向南的枯，向北的茂盛一些'，应该是'向北的枯，向南的茂盛一些'。因排字错误，特此更正。"①

　　像这样非常接近实战的题目很多，下面再列举一些。

　　1933 年 10 月 1 日出版的第 9 期，刊登的是关于射击点确定和孤立环境下的选择的:

　　一、敌我相距四百米远，正在大战中(只有步枪没有机关枪)，忽然发现了敌人第一梯队后方百余米远处有比较密集的小部队通过，这时战斗员的射击目标选在那里呢?

_____

① 《更正》,《红星》第 17 期,1933 年 12 月 3 日。

　　二、有三个侦察员搜索到某村庄——长宽各约两百米远，侦察长和其他的侦察员进入村内都被敌人打死了，剩了那一个在村外的侦察员怎么办呢？

1933 年 12 月 3 日出版的第 18 期，刊登的两个题目是关于量度距离的：

　　一、某侦察员受了测河宽的任务，这个时候侦查员到了河边，看见河水很深，附近也没有桥梁，并且自己也没有带测量器与其他家伙，问侦查员要用什么法子来测河宽呢？
　　二、某侦查员受了测某高地的比高任务，同样的没有携带测量器具与其他家伙，问侦察员要用什么简单的法子测量高地的比高？

　　很显然，这些题目都非常专业，也有一定的深度。没有经过专业学习的读者，应该大多不能正确解答。但是，在其后的报纸上都附有答案，读者经由了困惑到期待答案直至最终获得答案的过程，可以更牢固地掌握这些技能与知识。
　　特别值得肯定的是，《红星》在采用问题征答方式的过程中，抱持了一个正确的态度，能够接受读者对答案的质疑，并且热情接受正确的意见。在 1934 年 1 月 28 日报纸的第 4 版，刊登了彭杨学校王木青的来信。内容如下：

编辑同志：
　　红星刊物登载的各种作品，的确引起了我们热烈研究和注意。军事测验问题更适合一般战士的要求，因此，我们在课余时间，常向学生解答，亦收到了相当的效果。

廿三期揭载廿二期第一题的答案，一三两项完全同意，第二项"准备向军士哨增加"，我对这一点有以下的意见：

一、根据步战条令书第七一三条对于班任驻军警戒说："当敌人大的兵力进攻时，军士哨长应准照防御时班长的动作行之。"从此，可以见到小哨长动作，无疑地应准照防御时排长的动作。就是说当敌人大兵进攻时，军士哨是防御时的第一梯队。基本小哨，是其第二梯队。第二梯队首先以火力援助第一梯队，特别适应情况宽大机动地行反冲锋。

二、小哨距军士哨通常为四百米上下，到夜间小哨的位置又向前进一半或三分之一，军士哨发现枪声，小哨应如防御战斗准备反冲锋，而不是如线式战术中所谓增加。

三、小哨任务是警戒后方休息部队安全。倘前方一发现枪声，基本小哨就增加上去，则假使敌人以小部伴攻而其主力从翼侧来攻时，则其所负警戒任务是不能达到的。事实告诉我们敌人袭击时，不一定从正面来。

四、虽然准备增加，尚未实行，但也可得出结论：在通信员回来后，或军士哨要求时，一定会增加上去。那么，防御时一定也要增加。而不是反冲锋，结果又演成了线式战术的最呆板的正面堵敌的方式。

根据上述理由，基本小哨应准备反冲锋和火力援助。

王木青于彭杨学校

文中提到的引起争议的题目为："某排哨长听到右翼军士哨的位置枪声响得很密，但未得军士哨长的报告，问排哨长这个时候的处置是怎样呢?"① 作者对《红星》给出的答案有质疑，并且论证以后给出了自己的观点。在刊登王木青来信同一版面上，紧挨着的就是《红星》的答复意见。

我们的答复

一、王木青同志提出的这个意见是正确的。本报二十二期军事问答栏第一答案的第二项"准备向军事哨增加"是不对的。因为这里是投稿人以线式战术观点来错误旳了解集团战术。在苏联军委会颁布步兵战斗条令的命令中明确的指出："当防御时应积极动作，企图以火力损害敌人而以反冲锋和反突击消灭之。"驻军警戒是应用宽大正面的防御，这一原则自然完全使用。"增加"上去是消极的抵抗，正是线式战术的最大弱点。

二、根据我们知道的：过去红校一部分同志对这一问题正与投稿人的了解有同样的错误。直到在彭杨学校争论时，经过军委指示才得到正确的解答。这里更值得提起我们每一红色军人对集团战术的注意，深刻地研究苏联步兵战斗条令，肃清线式战术的余毒。

编 者

这显然是一个很具深度的专业题目，起初大家有不同的观点，直到军委介入后才统一了认识。通过在报纸上公开讨论与辨析的过程，肯定可以给很多人留下深刻的印象。而且《红星》报为了向读者传授准确的知识，也投入问题的探索与研究中。理清了来龙去脉以后，立即就公开更正。办报的严谨态

---

① 《问题征答》，《红星》第 22 期，1933 年 12 月 31 日。

度，于此可见一斑。

（三）介绍掌握军事知识与技能的方法

通过阅读，可以掌握相关的知识，这是一种常规的学习方式。参加一些预先设定好目标、步骤、规范的活动，也是一种有效的学习途径。这两者不仅没有矛盾，而且可以并行不悖。《红星》为了提高红军指战员的军事水平，在直接刊登相关的文章、题目的同时，也引导读者参加一些特定的活动或者项目。

在《沙盘工作》一文中，《红星》向读者推荐了沙盘演习的活动。文章认为，沙盘工作能够"使红军战士增加军事知识并在战斗中善于利用地形地物"①。根据该文介绍，沙盘演习活动的步骤是，先用大木箱制作成一个沙盘，用沙泥、树枝、火柴、树叶等，做成乡村、森林、高山、河流、桥梁、牧场等。地形做好以后，再用纸或者薄木片做成各种武器，有枪、炮等，还要将木片染成红蓝两色，插在沙盘上，一种代表红军，另一种代表敌军。

红蓝两方各一班人参加活动，红方的任务是警戒，蓝方的任务是侦察。先让红方到沙盘旁，由指导员说明战斗情况，再让该班人自己去决定行动。班长应该根据条令来作出每一步的选择，等到红方把木片子插好了以后，便轮到蓝方行动，同样也是先介绍相关情况。演习就按照这样的模式循环往复下去。

假如红军战士尚不清楚这种演习的要领，可以先让这班战士在沙盘上学习一些战术与射击方面的问题。当战士们已经了解了地形地物及其作用以后，还可以让他们在沙盘旁回答一些别的问题，比如：安置哨兵、派出侦察、选择防御阵地、在火力下前进，等等。在射击方面，则可以在敌人位置确定的情况

---

① 《沙盘工作》，《红星》第 13 期，1933 年 10 月 29 日。

下，选择射击点。在战士们解答这些问题的时候，指导员要在一旁给以必要的指导和解说。

《红星》报还向红军指战员介绍了比赛的活动，认为："可以用比赛的方法再训练红色战士，使他们了解并学会一些政治的军事的普遍的知识和习惯。"① 其中提及的比赛项目有：持枪上子弹、紧急集合穿衣服、在地图上找路线等。可以想象，这些枯燥的重复性的动作会因为加入了比赛的因素而变得有趣，战士们就在有趣的过程中，渐渐地提高了自身基本的军事技能。

除了上面提及的三种主要途径以外，《红星》报偶尔还采用猜谜的方式，向读者传播军事知识。1934 年 2 月 25 日出版的第 30 期，在第 4 版刊登了两则谜语，谜面如下：

> 一个小孩子，满身是格子。
>
> 头发特别长，身体硬死死。
>
> 一离人手中，能飞几十米。
>
> 粉身杀敌人，声音大无比。
>
> （猜一军用品）

> 赶上一打，忽然裂开。
>
> （猜军语两句）

其谜底分别是麻尾手榴弹和"追击"、"突破"。在这里，谜面和谜底扣合没有达到佳境，显得过于平板直露。不过，从中也可以看出《红星》报传播军事知识意愿的执著与贯彻的

---

① 《比赛》，《红星》第 13 期，1933 年 10 月 29 日。

坚定。

二 介绍卫生知识与观念

中央苏区红军的医疗条件,经历了一个从无到有的过程。最早的红军医疗机构是 1928 年 10 月创办的东固红军医院,其规模很小,只有一个民间郎中用中草药为红军伤病员治病疗伤。1930 年 10 月,红军攻克吉安城以后,决定成立一方面军总医院。该医院起初建在吉安郊外的青源山,后来迁至兴国县茶岭村。下有四个分院,分设在茶岭的高山密林之中。当时虽然缺医少药,但是先后收治了数万名红军伤病员。

要保障红军指战员的身体健康,保持红军的作战力,医疗设施确实是非常必需的。但是,除此之外,还应该提高大家的卫生预防意识。《红星》报传播了大量的军事卫生知识,在卫生观念与知识的普及方面,作出了不可或缺的贡献。该报设立了"卫生讲话"和"卫生常识"等栏目,固定地刊发这类文章,内容主要涉及以下三个方面。

(一)根据时令的特点,介绍季节性防病知识

由于季节的更替,天象与气候会骤然发生明显的变化,这种变化对人的身体会产生较大的影响。如果防护与应对不当,就会产生一些季节性的症候。红军经常处于战斗的状态,置身野外的时间较长,而且生活的条件很不完备,受天气影响尤大,自我的卫生防护更显必要。

1933 年 9 月 24 日出版的《红星》报,在其"卫生讲话"栏目刊登了《怎样防止秋天的疾病》一文,内容如下。

怎样防止秋天的疾病

秋天到了,最容易发生疾病,主要是赤痢、霍乱、伤

寒症、热病等。患病的原因多半是我们自己不小心。希望
同志们大家讲卫生，健康自己的身体，去消灭五次围攻的
敌人。

一、不要吃生水，和未经开水洗净的水果。

二、不要在街上乱买不清洁的东西吃。

三、不要吃未曾煮熟和苍蝇吸吃过的东西。

四、不要吃病人吃剩的东西。

五、不要与病人接近，病者须立刻隔离。

六、不要用未消毒的病人的东西，病者的衣服被褥、
碗筷，要用开水煮过。

七、不要同病人共一个茅厕屙屎，须另造茅厕。

八、不要在有传染病厉害的村庄住宿。

这里所提及的，大多是容易大规模扩散的传染性疾病，是
群体性生活中应该特别防范的。其所列出的八个要点，也都是
预防传染的措施。另外，文中的"五次围攻"，是指国民党军
队对中央苏区发动的第五次"围剿"。该文表达的主旨很明
确：保证自我健康，就是为了更好地消灭敌人。

对于冬季行军，应该如何进行自我防护，《红星》报在刊
登的文章中提出了比较系统的意见。

冬天行军常识

一、出发前应该吃多量食物，并且喝热茶热汤。因为
饱食以后会体温增加，抵御寒冷之力加强。但决不可喝
酒，因为酒能令血管扩张，体温容易散失。俗说吃酒以后
可以生温，只是一时性的，过此短时以后，体温容易散
失，所以冬天行军时决不可吃酒。

二、肚中饥饿时，极易受冷，所以冬天行军，要带饭，预备路上吃。饭要用饭盒盛好包好，以防冻结。

三、冬天行军距离要密，以增温度。

四、休息时，尽可能利用村镇中山坡等避风处，并缩短休息时间。休息时应当摩擦耳鼻及手，以免发生冻伤。

五、如有发生冻伤者，应当用布片或雪水摩擦。千万勿用烈火烘烤，因猛然受热，易生红肿难治之伤。

六、骑马者下腿及足部因悬于空中，易生冻疮，所以出发前要注意防寒保暖准备。

七、睡眠不足，容易感受冻伤，所以冬天行军时，尽可能睡眠八小时。

八、雪中行军，日光之反射力甚强，不可注视雪上，以免损伤眼睛。

九、冬天行军，如遇渡涉，要除去鞋袜。过河后要擦干腿脚，以发红色为度，免得发生冻疮。

十、早晚行军时，如下霜雾，要带斗笠，或打雨伞。[①]

这里提到冬天应该防范"冻疮"、"冻伤"，但是没有涉及这个季节也很容易出现的皮肤皲裂。关于这个问题，同一作者在1933年12月3日出版的《红星》报第18期第4版的"卫生常识"栏目，谈了防止皮肤皲裂的五个办法。

皲裂手足防止

皲裂手足，就是在手足之皮肤上，生了裂口。生皲裂

---

① 陈义厚：《冬天行军常识》，《红星》第25期，1934年1月21日。

的原因，多半是因为手足皮肤过于干燥的缘故。好像田地里水干了，田地裂口一样。

防止皲裂的法子：

一、要用热水洗足，至少每天洗一次，要将足上垢泥洗净。因为热水能使血液连通，皮肤滋润，可以免生皲裂。洗了以后，用干布擦干，抹上一层油，用布包起来，穿上袜子，就不会生皲裂了。

二、不要用火烤脚，因为烤了可令脚上干燥，容易发生皲裂。

三、勤运动，运动可使血液流通，令皮肤润泽，不易皲裂。

四、如起了皲裂，要去找医生上来，或者用猪油擦上，茶油花生油等也可以。

五、从前生过皲裂的同志要特别注意。

（二）从战地环境的角度，阐述一般性的卫生常识

过去，在一些偏远的乡村，人们往往直接饮用生水。在这种生活条件与生活环境中，饮用生水不仅难以避免，而且已经习焉不察，成了日常生活中的一种常态。要想改正过来，绝非易事。针对这个问题，《红星》报作出了不懈的努力。在1933年9月，《红星》发表了一篇系统讨论不能喝生水的文章。

卫生讲话

水是人生不可少的东西，但是各种有害的生物——病原细菌——也是集结生产在水里，饮用水的不注意，能引起很多的疾病，现在只要说最常见的几种疾病的原因出来：

一、不清洁的水里有阿米巴虫，吃了可以肚子痛。

二、不清洁的水里有蛔虫，条虫蛋，吃了可以生蛔虫条虫病。

三、不清洁的水里有孑孓虫，变成蚊虫，传播疟疾病原虫在人的身体上，所以发生打摆子。

四、不清洁的水里有霍乱菌，吃了可以生霍乱吐泻病。

五、不清洁的水里集结很多的病原细菌，吃了可以发生各种可怕的传染病。

为了要防止疾病的发生，增加每个战士的健康，特别提出下列的几个意见：

一、饮水用水一定要用河水，最好是井水或者是泉水。

二、洗碗要用开水，桶内要放水匙，洗碗筷时每人盛一匙。洗过的水可不要再倒进桶里。

三、漱口须用冷开水。

四、无论何种冷水不可吃，行军须带水壶（可用竹子做），行军前的菜，须放淡些，以免走路口渴。

五、稀饭内不要冲冷水，不要吃水酒。[①]

不难看出，这篇文字是很有讲究的。作者非常清楚自己面临的是一个非常具有挑战性的任务，所以他如临大敌，严阵以待。这首先表现在语言的使用上，文中的语言既有专业性，又能做到平易浅近，明白晓畅。在写作的过程中，作者还表现出了足够的耐心。他不厌其烦，把生水中含有的各类病原细菌一个个地罗列出来，并且条分缕析，分别指出其可能导致的危害。

---

① 《卫生讲话》，《红星》第 7 期，1933 年 9 月 17 日。

其效果不仅彰显了文章持之有故，言之成理，而且这一连串的病原细菌与疾病的名称，也会给有饮用生水习惯的人以极大的心理震慑。最后，文章针对红军指战员，提出了五条应对的办法。他的考虑非常细致、周全，尽管红军不一定都能做到，像要用开水洗碗之类，但是，文章所提意见的准确性是毋庸置疑的。

如前所述，限于环境与条件，红军饮用生水是很难避免的。即便是认识到这是一种错误的习惯，常常也会明知故犯。到了次年，《红星》报又刊登《反对吃生水的具体办法》一文。其中提到在1933年，因为腹痛与下痢导致的病员数和死亡数排列第一，而饮用生水是其主要原因。而到了4月，天气已快热了，在长途行军中，难免口渴，口渴就想到吃生水。为了避免这一点，作者提出了12条意见。内中考虑得非常具体，比如其中就有"行军时不要张开口出气，不要多讲话，可减少内脏水分蒸发"①。

到了1935年4月，《红星》报又刊登了《不吃冷水不生病！每个人做个竹筒带开水吃》，向红军指战员直接发出了不吃生水的号召。该文写道："天气渐渐热起来了。注意自己的卫生，不生疾病，就是巩固我们的战斗力。本报号召全体红色指战员，不吃冷水，每人做个竹筒，带开水路上吃。炊事员同志，要更加努力，经常供给开水，为巩固我们的战斗力而斗争！"②

《红星》报所传播的卫生理念中，还包括倡导开展戒烟运

---

① 诚：《反对吃生水的具体办法》，《红星》第38期，1934年4月22日。

② 《不吃冷水不生病！每个人做个竹筒带开水吃》，《红星》第4期，1935年4月11日。

动，这是颇让人惊讶的。作为一个卫生常识，吸烟有害健康可以说早就传播开了。但是，大张旗鼓地倡导戒烟运动，还是不多见的。当年在中央苏区提出戒烟运动，是有一个特殊背景的。那时候，国民党军队对苏区展开攻击，很注意实施分化与攻心的手段。他们开始是在会昌县将香烟装进他们的宣传品之中，目的是利用物质利诱，博取红军的好感，拉近心理距离，以推销自己的宣传品。但是，其包藏的用心很快就被红军识破了。接着，他们又以纸烟为武器，将一种含有毒药的纸烟播散到根据地。结果，闽西苏区有人吸了这种特制的纸烟以后就死了。经过中革委军医处检验，发现了纸烟含有毒药。该处由此发了通知，要大家注意。

就是在这个背景下，《红星》报发表长篇文章，提出开展戒烟运动。其中说："同志们！应知道，这是国民党投给苏区的一个巨大毒烟炮，多么危险啊！香烟本来是含有吗啡毒质的，根本吸了就于我们有害无益的，现在毒上加毒，我们又何苦以有用的金钱去买毒来尝试呢？我们应下一大决心，实行戒烟运动。既可免了中毒的危险，并且能养成健康的身体，活泼的精神，废除无聊的嗜好，增强革命的力量，同时节省了巨大无谓的浪费。"[1]

从上面的文字中可以获知，这篇文章倡导的戒烟运动，并不是完全针对纸烟中所包含的毒药，还强调了"香烟本来是含有吗啡毒质"，以及"废除无聊的嗜好，增强革命的力量"，可见，它同时也是从一般培养健康生活习性的意义上提出戒烟运动的。

也许《红星》报认为，只刊登一篇文章还不能引起大家

---

[1] 蔼民:《实行戒吸纸烟运动》,《红星》第 11 期, 1932 年 3 月 11 日。

对戒烟运动的关注。或者说，那篇已刊登的文章还无法充分体现戒烟运动的重要性。在紧接下来的一期报纸中，又刊出了《欢戒纸烟》一文。

欢戒纸烟

内黄外白，长仅如食指，内里包含着码菲毒质，外面裹着一层白纸。价钱并不便宜，起码是两个铜板一只。吸进肚里有损无益，而且熏黄了两个手指。尤其是那无耻的反动统治阶级，近更在烟内加放毒质，想把红军和苏区的群众毒死。

同志们呵！何苦作无益的浪费？何苦要买吸毒质？我们的身躯是为苏维埃政权奋斗的，应该保持着健康，勿作无谓的枉死！①

这篇文章是刊登在"红军诗歌"栏目中的，在形态上不能说是典型的诗歌样式。题目也略显生硬，表达的意思不知道是欢迎戒烟，还是愉快地戒烟。不过，其正文文字很简练，表意完整而清晰。

（三）根据出现的病例，提出卫生保健的意见

结合实例，就卫生保健方面提出一些劝服性的意见，这样的意见形象具体，说服力强，应该比较容易被接受。中央土地局总务处有一位同志，在卫生学校附属医院住院。他在患了慢性疟疾之后，虽然身体很虚弱，但并不存在生命的危险，只要慢慢疗养，很快就可以治好。但是，他父亲到医院探视，给他送了番薯干一类的食物，他一下子吃了不少，到第二天就牺牲

_____

① 曰川：《劝戒纸烟》，《红星》第12期，1932年3月23日。

了。针对这个事件，《患病同志吃东西要小心》一文写道：
"这个同志假使不乱吃难消化的东西，决不至于马上死掉。因
为久病之人，消化机能很弱，一时吃许多难消化的东西，自不
免发生危险，希望患病同志们要特别注意呀！"①

　　同样的，为了劝导红军战士主动积极去种牛痘，《赶快种
牛痘预防天花》一文先说明天花是很危险的传染病，出天花
的人，轻则大病一场，成个麻子，重则死亡。预防天花唯一的
方法就是种牛痘。要想不生天花，免生危险，就要赶快种牛
痘。接着叙述各后方医院里，就有工农群众和红军战士因为出
天花，死了十几个人。作者提醒说："现总卫生部已购买大批
牛痘苗，分配前后方各卫生机关，每个红军战士都赶快到卫生
机关去种牛痘。"②

　　《红星》报向读者介绍军事卫生知识的情形，上面分三个
部分进行了分析。总体而言，这些向红军指战员普及卫生观念
的文章，体现出了较高的科学性、专业性和权威性，它们与文
章的作者的经历与学养密不可分。《红星》报刊登的这类文
章，有署名和不署名两种。在有作者署名的部分，其作者主要
有两位。一位署名"陈义厚"、"义厚"，他就是当时的红军卫
生学校校长陈义厚。他有丰富的军队从医经验，曾任北洋军军
医总监，国民党第二十六路军军医官、军医处处长。参加了北
伐战争。1931年12月参加宁都起义，并加入红军。先后任红
五军团军医处处长、卫生部部长，红军卫生学校校长。参加了
中央苏区第四、第五次反"围剿"的医疗保障工作。

　　另一位署名"诚"，他全名叫贺诚，除了上面提及的《反

①　义厚：《患病同志吃东西要小心》，《红星》第28期，1934年2月11日。
②　义厚：《赶快种牛痘预防天花》，《红星》第30期，1934年2月25日。

对吃生水的具体办法》，他发表在《红星》报上的文章还有一些，如：《溃疡（烂疤子）的预防法》、《消灭赤痢的办法》等。他毕业于北京医科专门学校，1927 年参加广州起义，任红军司令部军医处处长。1931 年初进入中央苏区，任中华苏维埃中央革命军事委员会军医处处长，红一方面军总医院院长兼政治委员，中央革命军事委员会总军医处处长兼政治委员，总卫生部部长兼政治委员，中央政府内务人民委员部委员，卫生管理局局长，参加组织领导中央苏区第三至第五次反"围剿"的医疗保障工作。正是由于贺诚、陈义厚等人的加入，才使《红星》报的军事卫生传播保持在一个较高的专业水平上。

第五章

红色中华社与红色中华新闻台

不管我们对红色中华通讯社、红色中华新闻台与《红色中华》报有怎样的认识，把它们一同视为红色中华系列媒体，是完全可以成立的。在这个系列媒体中，《红色中华》报留下了相对完整的报纸，面目比较清晰。但红色中华通讯社与红色中华新闻台的存在状态比较隐晦与复杂，至少从现有的各类材料看，我们甚至还难以获得明晰的认识。要廓清这里的迷乱，还应该从梳理《红色中华》报、红色中华社与红色中华新闻台的区隔开始。

第一节　三个相关媒体的辨析

一　俨然分判的歧见

从整体上来说，学术界对苏区时期新闻传播历史的研究在数量上是不多的。在这有限的研究中，大多又是针对《红色中华》报与《红星》报而展开，有极少量的研究涉及了红色中华通讯社与红色中华新闻台。作为传播媒体，红色中华通讯社与红色中华新闻台没有留下比较完整的传播作品。所以，这类研究难以进行内容的分析，只能在史料中爬梳剔抉，力求大致呈

现或者描述出媒体的生存样貌。不过，从现在的情况看，大家
的意见有着明显的分歧。具体表现为对红色中华通讯社与红色
中华新闻台采用舍此取彼的态度，即只认可其中一家，而忽略
另一家。其根由就在各自对《红色中华》报、红色中华通讯社
与红色中华新闻台的存在及其相互关系有着不同的认识。

根据严帆的研究，1932 年春，为了更好地对国民党统治
区开展政治宣传攻势，并同其他根据地交流新闻材料，临时中
央政府指示成立红色中华新闻台。"该台与《红色中华》报社
合署办公，两块牌子，一套人马，未单独设立机构。它的主要
任务是经常利用广播电台接收消息。并且向外拍发苏区新闻
稿，经常代表苏维埃政府对外发言。它平时简称'新闻台'，
是苏区早期通讯机构，虽然它并没有打出'通讯社'的名称，
但它却起了通讯社的作用。"[1] 他还明确指出，从现在的史料
看，红色中华新闻台就是目前史学界常称的"通讯社"或者
"红中社"。

赵敏的意见则与此不同。她在《瞿秋白与〈红色中华〉
报》中说："《红色中华》报是在'红色中华通讯社'（简称
红中社）的基础上创办的一张铅印四开版面的大报。《红色中
华》报与红中社是一个组织，一套班子，一套人马，担负起
新闻通讯与编辑报纸的两重任务。"[2] 该文还提到《红色中华》
日常的四项主要工作：其一，新闻台抄收国民党中央通讯社播
发的国内新闻及外国通讯社播发的国际新闻；其二，将新闻台
抄收的重要消息编成"参考消息"（亦称"每日电讯"），油

---

[1] 严帆：《中央革命根据地新闻出版史》，江西高校出版社 1991 年版，第
40 页。

[2] 赵敏：《瞿秋白与〈红色中华〉报》，《江西党史研究》1989 年第 3 期。

印几十份给中央领导审阅；其三，编辑出版《红色中华》；其四，向各根据地军队播发新闻稿件。

程沄提出了与赵敏相近的看法。他的意见是："红中社"肩负着出版报纸和开展通讯社业务的双重职能。由于缺乏物质条件和人员，"红中社"尚未组建成一个独立的通讯社。它是报、社合一的，以出版《红色中华》报为主要任务，兼做一些通讯社业务。它创建初期，没有专设的电台，而由负责军事和秘密联络的机要电台，挤出时间抄收一些新闻电讯供"红中社"使用，同时也对外发些苏区消息。1933年夏，"红中社"有了收报机，能抄收外边的电讯，但还没有发报机。向外发稿则通过军委的电台，每天用无线电明码播出，而且抄收苏联塔斯社的英文电讯稿，选编成油印小报，供中央机关负责人参阅。①

很容易看出，这是两种完全不同的描述。在严帆看来，红色中华新闻台与《红色中华》报社合署办公，两块牌子，一套人马，而且新闻台也发挥了通讯社的功能。在这个框架里，没有认可红色中华通讯社独立存在的地位。而赵敏、程沄得出的结论是，"红中社"尚未成为一个独立的通讯社，它是报、社合一的，以出版《红色中华》报为主要任务，兼做一些通讯社业务。在这里，"报"指的是《红色中华》，"社"指红中社。而且认为，红中社除了出版《红色中华》以外，还利用电台抄收电讯稿和向外发布新闻。那么，在这个框架里又没有了红色新闻台的独立存在。

二　分歧的原因与可行的选择

我们现在对《红色中华》报、红色中华通讯社与红色中

---

① 参见程沄《江西苏区新闻史》，江西人民出版社1994年版，第71—72页。

华新闻台的认识产生较大的分歧，最直接的原因是各自所依据的有限的材料给出的信息原本就不甚明晰，研究者作出了不同的解读，或者是材料本身就存在不同的说法。关于这三个媒体的具体情状，有一些材料是我们应该充分重视的，那就是两位曾经身处其中的前辈新闻工作者的回忆文章。这二位就是任质斌和韩进，他们给出的意见与信息实际上也是现存关于红色中华系列媒体的材料中，最详尽最权威的部分。

任质斌曾在 1933 年至 1934 年担任红中社编辑委员会秘书长，负责红中社的日常工作。他的《红中社的三大任务》一文，对红中社的成立、构成及其职能作了比较全面的介绍，对后来的相关研究有很大的影响。下面是其中的部分内容。

> 我是 1933 年夏调到红色中华社的。那时红色中华社对外广播简称红中社。社里的工作人员很少，编辑部只有三两个人，另有一个新闻台，主要抄收国民党中央社的新闻，有时也收一点外国通讯社的英文电讯，有两个报务员。
>
> 红中社的工作内容是：（一）出版《红色中华》报。开始时五天一期，1933 年底改为三天一期，是四开大小的报纸，铅印，由中央印刷厂印刷，用的是苏区自己生产的毛边纸。发行最多时，每期三四万份。（二）编印"参考消息"（每日电讯）；登新闻台抄收的中外电讯，印四五十份，送中央机关负责同志参阅。（三）播发新闻。每天以红中社名义发几条新闻出去，用无线电明码向全国广播，内容是报道苏区建设消息、红军捷报或苏维埃中央政府的声明、宣言等。这些广播，究竟有多少地方抄收，无法查清。但是，我知道上海地下党出版的《斗争》上刊

登的关于苏区的材料，很多是红中社发的。另外鄂豫皖、
湘鄂西、湘鄂赣等苏区也肯定也是抄收的。对外播发的新
闻消息不是由新闻台发，因为新闻台没有发报机，而是送
到军委三局用军用电台更换波长呼号后播发。

　　除此之外，红中社还编印《工农通讯员》，二十天或
一个月出一期，油印，每期三四张蜡纸，告诉通讯员如何
写通讯，写什么稿子等，供通讯员阅读。当时，不少机
关、部队、地方，建立了通讯员网，全苏区约有一两百个
通讯员。

　　红中社就做这几件事。报纸与通讯社是合一的。因
此，说"社"是"报"兼差的，或者说"报"是"社"
办的，都可以。反正报与社是一家。①

　　韩进也是红中社的编委，是任质斌当初的同事。他在
《我党在根据地的第一个通讯社》一文中，也回忆了红中社的
相关情况。

　　红中社当时实际上并没有独立的组织机构，全部工作
都是由《红色中华》编委会负责进行。《红色中华》是苏
维埃中央政府的机关报。1933 年与 1934 年，是《红色中
华》的兴旺时期，人员多时有十余人，除了编委会五人
之外，管通讯来稿一人，校对一人，发行一人，文书一
人，以及机关几个行政工作人员。当时没有专职记者，报
上刊出的"记者"，实际上是编委会成员。这十余人的生

---

　　① 任质斌：《红中社的三大任务》，见新华社新闻研究所、社史编写组《土
地革命时期的新华社》，2004 年 5 月，第 16 页。

活管理，都属于苏区中央局，衣、食、住、行都由中央局机关管理。

编委会的成员，每天都有一个人分出一部分时间处理红中社的工作，主要是选择材料，编写成"红口社电"或"红中社讯"。材料来源，关于红军战报的，由军委参谋部供给；关于苏区建设的，由中央政府各部门供给；关于白区斗争的，由中央局秘书处供给。此外，中央局还有电台收国民党中央社的电讯，有的可供参考。每天只能从这些材料中选出最重要的东西，编写成"红中社电"或"红中社讯"约二千至三千字，叫中央局的电台发出去。这些电讯，有时候也油印成《红中社通讯稿》发给中央苏区一些机关供内部参考。但并未自始至终逐日油印分发，所以《红中社通讯稿》似乎没有编号，没有期数，印发的数量也很小。

编委会每天用在红中社的工作时间，约占全部工作时间的三分之一。因为《红色中华》编委成员亲自编辑的，一人一版，有时还要兼做校对工作，所以只能抽出一部分时间来编写红中社的电讯。"红中社电"或"红中社讯"，大部分都在《红色中华》上刊登，编红中社的电讯实际上也是编报工作的一部分。①

任质斌与韩进的回忆各有侧重，也带来了一些不同的信息。不难发现，任质斌对红中社的工作内容的描述，涉及了报社、通讯社、新闻台。但是在作总结时他说："报纸与通讯社

---

① 韩进：《我党在根据地的第一个通讯社》，见新华社新闻研究所、社史编写组《土地革命时期的新华社》，2004年5月，第12—13页。

是合一的"，"报与社是一家"。也就是说，红中社是《红色中华》报、红色中华通讯社的共名。在他看来，新闻台还没有达到与它们并列的层级。

韩进与任质斌对红中社的认识有明显不同，他把红中社只看成红色中华通讯社的简称，与《红色中华》报作了明显的区隔。在他看来，红中社没有成立独立性的机构，其工作都由《红色中华》报的人员兼任。虽然日常工作都混在了一起，但在他的观念里还是可以分出彼此。他说："编委会每天用在红中社的工作时间，约占全部工作时间的三分之一。"这里的编委会是指《红色中华》报，红中社便只指通讯社了。此外，他的通篇文字没有提及"新闻台"的字样，只说到了电台，而且是这样说的："中央局还有电台收国民党中央社的电讯，有的可供参考。"这个抄收国民党中央社电讯的电台在任质斌的回忆中，就是新闻台的。也就是说在韩进的心目中，电台（新闻台）是属于中央局的，不在红中社的框架之内。可以看出，韩进关于这三个媒体的意见，与任质斌的描述有着明显的距离。

同样是回忆红色中华系列媒体，但给出的信息却不尽一致。可以肯定，这里首先存在着记忆的失误。韩进在回忆中说"红中社电"或"红中社讯"，大部分都在《红色中华》上刊登。查阅现存的《红色中华》报即可发现，实际的情形并非如此。另外，他把红中社只看成红色中华通讯社的简称，在红中社与《红色中华》之间还分出了彼此。但实际上《红色中华》也常自称或者被称为"红中"、"红中社"或者"红色中华社"。该报在第171期对被服厂的浪费进行了批评，在第188期刊登了军委总供给部负责人给编辑部的来信，内容是解释被服厂出现浪费现象的原委。来信的抬头即是"红中社"。

除了记忆的失误以外，最根本的原因是当时处在战争环境中，一切工作都以战争为中心，都服务于战争，机构的设立、人员的调配等都不可能做到井然有序，有条不紊，往往存在着明显的迷乱与模糊的地带。

对于这样的研究对象，我们认为今天的研究者不能拘泥一点一隅，这样做导致的结果是抓住一点，不计其余。我们可行的选择是登高望远，站在一个更高的层面上，对所有的材料进行通观并览，然后作出更接近实际的判断。

总体来看，我们说的红色中华通讯社、红色中华新闻台与《红色中华》报的业务是紧密地交集在一起的。新闻台的工作内容，也可以看成是通讯社工作的一部分。但与此同时，新闻台作为一个机构，又有相对的独立性，在技术与业务上与军委三局有密切的联系。《红色中华》报第177期发表了一个小消息《后方无线电技术人员对前方各电队挑战》，其中有这样的内容："军委、中央局、中央政府、红中新闻台，四电台工作人员决定自四月至七月每人节省津贴费三分之一，充作革命战争经费，预计四个月可达一千元。"从中可以看出，红中新闻台和党政军的电台一样，都是可以单列的机构。而在红色中华社方面，虽然会把新闻台的人员列进该机构之内，但是总不忘作出有区别的对待。《红色中华》第213期第3版刊发了一组中央机关收集被毯支援前方红军的消息，其中关于红色中华社的内容是这样的："本社工作人员对于收集被单供给红军的号召，表现了极大的热忱。自从国民经济部的通知发到本社后，本社的列宁室马上就动员起来了，经过宣传鼓动后，立即集中了六条（本社工作人员连新闻台在内才十二人），另外还有棉衣三件，单衣一件。现在仍在动员中，不久还会有些成绩。"在这里，特别说明红色中华社12人是包括了新闻台的人员的，显然对新闻台也是另眼相看的。

现在有必要对红色中华三个系列媒体的关系进行简单的归纳。从人员与机构设置上来看，《红色中华》报与红色中华通讯社属于"报"、"社"合一，两块牌子，一套人马。当时用得最多的名称"红中社"，是《红色中华》报与红色中华通讯社的共名，也就是说既可以用来称呼《红色中华》报，又可以称呼红色中华通讯社。而红色中华新闻台则相对独立，因为当时新闻台的人员主要是从事无线电机务与报务工作的技术人员，容易从红色中华的整体架构中区分开来。

为了进行具体而深入的研究，不妨从工作内容的角度把红色中华系列媒体看成三个机构，分别进行梳理和研讨。这样做可能受到的质疑是，所谓的三个媒体其实是紧密相连的，而且甚至是共生于同一肌体，不易截然区分。但是这样做的好处也是显而易见的，即可以更加有所侧重、更加清晰地呈现它们的面目。《红色中华》报自不必多说，在本项研究中已经有专章论述；而红色中华通讯社与红色中华新闻台的具体情状，则正是下面两节要触及的内容。

第二节　红色中华通讯社

一　通讯社的应运而生

红中社的旧人任质斌与韩进在回忆文章中，都涉及了红色中华社的成立时间。任质斌认为："红色中华社是1931年底在中央苏区成立的。最初的负责人是周以栗，以后是王观澜。大概李一氓也在那里负责过。"[①] 韩进是这样表述的："红中社是

---

① 任质斌：《红中社的三大任务》，见新华社新闻研究所、社史编写组《土地革命时期的新华社》，2004年5月，第16页。

红色中华社的简称，其全称是红色中华通讯社。1931 年创办于中央苏区的瑞金。"① 他们的意见大致相同，都认为红色中华通讯社诞生于 1931 年，任质斌更明确说是该年底。此外，他们都只把这一点作为一个无须证明的事实陈述出来，没有提供任何的佐证材料。

杨瑞广在《毛泽东、朱德与红色中华新闻社的创建》一文中，弥补了这个缺憾。在文中作者写道，1931 年 11 月 7 日，第一次全国苏维埃代表大会在瑞金的叶坪村正式开幕。"就在此时此地，中国新闻史上具有划时代意义的事情发生了——中华苏维埃通过自己的无线电台，第一次以 CSR 为广播呼号，冲破浓云密锁的长空向外界庄严宣告：中华苏维埃共和国临时政府，于 1931 年 10 月革命节在江西成立了。寰宇中 CSR 呼号的出现，标志着今天的新华通讯社的前身，即红色中华新闻社（简称红中社）的诞生。"② 为了巩固这个意见，作者还提供了一段珍贵的史料。当时的中央军委秘书、中共苏区中央局秘书欧阳钦，由中央苏区返回上海后，于 1931 年 9 月 3 日写给党中央的《中央苏维埃区域报告》中说："全国苏维埃代表大会的问题，在中央局的第一次会议时已经提到，应特别注意准备。决议案也写到要全党注意这一工作。决定后，即马上进入战争环境，全部力量在对付战争，所以又未能进行这一工作。及至第二次胜利，中央马上筹划这一工作，并决定 8 月 1 日开会，革命军事委员会发出通令，并用无线电对全国工农群众发出通电。" 杨瑞广引述这段材料意在说明，苏区中

---

　　① 韩进：《我党在根据地的第一个通讯社》，见新华社新闻研究所、社史编写组《土地革命时期的新华社》，2004 年 5 月，第 12 页。
　　② 杨瑞广：《毛泽东、朱德与红色中华新闻社的创建》，《文献与研究》1986 年第 6 期。

央局在举行全国苏维埃代表大会之前，就有了在召开大会时用无线电向全国工农群众发出通电的共识。

由此可知，杨瑞广认为红色中华通讯社诞生于 1931 年 11 月 7 日，诞生的标志是中央苏区的无线电台对外发出了第一次全国苏维埃代表大会在瑞金召开的信息。

必须提及的是，另外还有些与以上的意见不尽合拍的材料。作为严谨的研究，绝对不能有意识忽略它们。任质斌说红色中华社最初的负责人是周以栗，实际上周以栗当初在红色中华系列媒体的任职非常明确，直接指明是在《红色中华》报，而不是可以做多种解释的红色中华社。在《中华苏维埃共和国中央执行委员会委任政府人员》中，就有"委任周以栗为临时中央政府机关报《红色中华》主笔"① 的字样。

在 1932 年 9 月至 10 月间，《红色中华》的编辑工作由李一氓负责。在《红色中华》百期纪念的时候，他发表了《论目前"红中"的任务》。文中对该报的工作进行了全面而坦率的评价，其中顺带谈及苏区开办通讯社的话题。

> 现在苏区，可以说无所谓通讯的工作，——从前的"无线电材料"，和后来的"每日电讯"，这都不是通讯工作。有了一些向外的广播工作，都还是由《红色中华》兼差代办的，这些工作做得十分不够。我们真需要一个通讯社，来供给全苏区各种报纸、杂志（定期和不定期）以国外、国内和苏区的群众斗争的消息。来负责文字的记述和无线电的广播苏维埃伟大斗争的整个或片段的消息，他就有可能去教育和训练那一批快要在需要中的新闻干

---

① 见《红色中华》第 2 期，1931 年 12 月 18 日。

部，从工人和农民中创造出来。"每日电讯"的工作，只能作为我们的通讯工作之一部分，而且不是主要的一部分。苏维埃的斗争，不能关起门来，要传播到国民党统治的区域，要传播给全世界无产阶级，有系统的以文字来记载苏维埃的斗争，是必要的——无线电广播要遭受帝国主义国民党的弃压，不能很快很完全达到群众中去的。通讯社的工作要独立的建立起来，这个要求，并不苛刻，也并不过早。①

很显然，在这里李一氓对苏区 1933 年 9 月以前是否存在独立的通讯社，是持否定意见的。由于他与《红色中华》报的特别关系，所以他的意见值得相信。有人就是以此为依据，提出了中央苏区不存在新闻通讯社的观点。针对否定通讯社存在的意见，研究者万京华反驳说："根据很多老同志的回忆及保存下来的不少史料都证明'红中社'的真实存在。"② 该作者还进一步举例说：1933 年 5 月 2 日《红色中华》第 75 期刊登《告通讯员同志》信，末尾署名为"红中通讯社"，在湘赣、川陕、闽浙赣等革命根据地出版的报刊上均有注明"红色中华社印"或"红中社电"的电讯。实际上，《告通讯员同志》一文是站在《红色中华》报的立场上写的，内中多次出现"本报"的字样，并且还有组织和教育《红色中华》的读者、发展读报小组、推广报纸销路等说法，也就是说此处的

---

　　① 　李一氓：《论目前"红中"的任务》，《红色中华》第 100 期，1933 年 8 月 10 日。文中"无线电广播要遭受帝国主义国民党的弃压"之"弃压"，系原文照录。

　　② 　万京华：《红中社参考刊物〈无线电日讯〉的历史研究》，见陈信凌主编《中国红色新闻事业的理论与实践》，江西高校出版社 2009 年版，第 31 页。

"红中通讯社"并没有突出或者专指通讯社的意思。另外,前文已经说过,《红色中华》报在当时就常常自称或者被称为"红色中华社"、"红中社"以及"红中"。这一点,只要翻阅《红色中华》报就可以得到验证。那么,用它们来说明通讯社的存在是没有充分说服力的。

实际上,李一氓的话并没有否定通讯社的存在。他说:"每日电讯"的工作,只能作为我们的通讯工作之一部分,而且不是主要的一部分。换句话说,"每日电讯"等方面的工作,就是通讯社的业务范围。只是李一氓觉得一个通讯社,只承担这些工作还不够。另外,他还提到:一些向外的广播工作,都还是由《红色中华》兼差代办的。在他看来,向外的广播工作也是通讯社的工作范围,但负责这些工作的仍旧是编写《红色中华》报的人员,缺乏一个专职的队伍。从文字中不难发现,李一氓对中央苏区的通讯社期许很高。所以,他的总体意见是要建立一个独立的通讯社。

王观澜在1979年和1981年的两次谈话记录,对我们进一步了解作为通讯社的红色中华社,具有不可替代的作用。下面是其中的部分内容。

　　1931年11月7日,第一次苏维埃全国代表大会在瑞金召开,成立了中华苏维埃共和国中央工农民主政府,毛泽东同志当选为主席。当时,我在大会秘书处负责宣传工作,主要是编印大会的《日刊》。这是一份油印小报,每天一期,按日报道大会的活动情况,并登载大会发言、文件等。为了尽一切力量扩大党和红军的影响,把大会消息报道出去,在大会期间成立了红中社,用无线电发新闻。

　　不久,又创办了《红色中华》报。这是中央工农民

主政府的机关报。内务人民委员会委员周以栗同志任命为
报纸的主笔。《红色中华》创刊时我就在，实际是业务主
编，负责日常的编辑工作。当时，报与社是一回事，一个
组织机构，叫红色中华社，简称红中社。先有通讯社，后
有报纸。我记得王诤那里抄收到的中外通讯社的电讯，每
天一大卷，都送到我这里来。①

　　王观澜是红色中华系列媒体的通讯社与报社的创办人之
一，他的描述弥足珍贵。现在我们可以总结与清理一下红色中
华通讯社的基本情况。红色中华通讯社于 1931 年 11 月 7 日在
江西瑞金诞生。杨瑞广认为诞生的标志是中央苏区的无线电台
对外发出了第一次全国苏维埃代表大会在瑞金召开的信息，王
观澜在这天编辑一份油印小报，逐日报道大会的情况，其实就
是向外发布一苏会议召开工作的一部分。不久以后，他也参与
了《红色中华》报的创办，成为该报初创期的业务主编。这
是通讯社与报社二者合一的典型例证。需要特别指出的是，这
个通讯社的规范的称呼是"红色中华社"，简称"红中社"。
这是与《红色中华》报共用的名称。现在使用的"红色中华
通讯社"、"红色中华新闻社"等，是研究者为了与红色中华
系列的其他媒体相区别而采用的名称，或者是人们在口头交流
中不甚严谨的一个说法。另外，红色中华社初创期的两位关键
人物周以栗与王观澜，前者被任命为《红色中华》报主笔，
后者自述担任《红色中华》报业务主编，而不是红色中华社
的社长和主编，这并不表示通讯社不存在，只是说明《红色

　　① 王观澜：《红中社的创建》，见新华社新闻研究所、社史编写组《土地革命时期的新华社》，2004 年 5 月，第 1 页。

中华》报的工作更为具体和实在，并且都是围绕着苏区的中心工作开展报道，自然表现得更加显赫与重要。而通讯社的部分，由于当时传播技术的限制，以及国民党政府对中央苏区的封锁，就像李一氓所说的那样，其工作并没有充分开展起来，因而便显得不太起眼，一直处在报社的阴影之中。也正是这个原因，在李一氓看来，通讯社的工作是报社的人员"兼差代办"的。

二 通讯社的业务范围

前文引述的任质斌与韩进的回忆文字，都涉及了红中社的业务范围。任质斌认为红中社的工作内容主要包括三个方面，分别是：出版《红色中华》报、编印"参考消息"和播发新闻。除此之外，还编印了一份《工农通讯员》。很显然，他在这里使用的"红中社"是报纸（《红色中华》）、通讯社的共用名称。那么，单是通讯社部分，其常规工作就是编印"参考消息"和播发新闻。

先说播发新闻。综合任质斌与韩进的意见，这些新闻的内容有苏区建设消息、红军捷报、白区的斗争以及苏维埃中央政府的声明、宣言等。苏区建设的消息来自中央临时政府各个部门，红军捷报由军委参谋部供给，关于白区斗争的材料，则由中央局秘书处提供。由于新闻台当时没有发报机，这些消息是军委三局用军用电台更换波长呼号后播发出去的。这些通过无线电报播发出去的消息，究竟有多少机构抄收，现在无法精确掌握。就任质斌所知，上海地下党出版的《斗争》上刊登的关于苏区的材料，很多是通过这个渠道获得的。另外，鄂豫皖、湘鄂西、湘鄂赣等苏区肯定也是抄收的。除此之外，闽浙赣等革命根据地的报刊也经常刊登电头为"红中社电"或

"红中社讯"的消息。例如 1934 年 3 月 20 日出版的《红色东北》第 72 期刊载"红中社电",报道"中央红军之一部,击溃进攻归化城之白军三团"。《红色湘赣报》也会刊登"红中社"电讯稿,1933 年 9 月 8 日出版的第 6 期就刊载了"红中社"电讯稿 5 条,下面是其中的一条。

红军中路军两次击溃了敌人

　　红色中华社电:本月廿三日我中路军一部分,击溃乐安向鹿冈潭港游击之敌共四营,将其全部击溃,缴获步枪二百多枝、轻机枪六挺,俘虏百余名,内团长、副团长各一只,敌死伤过半。

　　又电:廿五日,我中路军之一部,在永丰之江口击溃敌游击队一连,缴获步枪数十种枝。①

　　关于编印"参考消息"。"参考消息"是任质斌的用语,他说红中社选登新闻台抄收的苏区外的电讯,编成"参考消息",印四五十份,送中央机关负责同志参阅。韩进的回忆中提到的是"红中社通讯稿",在他的记忆中,红中社不定期编印"红中社通讯稿","发给中央苏区一些机关供内部参考"。李一氓对红中社没有成为独立的通讯社表示遗憾,他在《论目前"红中"的任务》中说:"从前的无线电材料,和后来的每日电讯,这都不是通讯工作。"还进一步强调:"每日电讯的工作,只能作为我们的通讯工作之一部分,而且不是主要的一部分。"可见,无线电材料与每日电讯是先后出现的名称;另外,当时编辑"每日电讯"是通讯社的主要工作。综合起

---

① 程沄:《江西苏区新闻史》,江西人民出版社 1994 年版,第 71 页。

来看，这里出现的"参考消息"、"红中社通讯稿"和"每日电讯"，其实说的是同一种参考类读物。李一氓的文章写于1933年，"每日电讯"应该是最接近历史真貌的。"参考消息"是这个读物更名后的称呼，那已经到了1942年，红中社也已更名为新华社。原先的名称记不真切，便用其后来的称呼加以指代，这是人之常情。同样，"红中社通讯稿"也是回忆者忘记了读物的原名，根据其性质与归属说出的一个替代性的名称。

实际的情况正是如此，这本参考类的读物叫《无线电日讯》，李一氓说的"每日电讯"与其最为接近。而"每日电讯"很可能是当时人们在口头上对《无线电日讯》的一个简称。2001年出版的中央革命根据地纪念画册上刊登了《无线电日讯》的照片。照片是由赣州市委党史办提供的，这是该办的人从中央党校档案室复印而来。而中央党校保存的《无线电日讯》也是复印件，该原件保存在台湾原国民党元老陈诚的个人档案室。

据介绍，在1931—1934年间，陈诚曾率部参加过对中央苏区的第三次、第四次、第五次"围剿"。在对苏区的第五次"围剿"中，陈诚任北路军前敌总指挥兼第三路军总指挥。国民党部队占领中央革命根据地，进入到瑞金后，陈诚下令将中央苏区所有文件、报刊、杂志、档案、书籍，以及其他材料，甚至包括苏区小学使用的课本，均装箱带走。后来，他对这些材料进行了分门别类的整理，保存在他的个人档案里。1948年10月，陈诚去了台湾，1965年在台湾去世。20世纪60年代初，美国斯坦福大学胡佛研究所获知台湾保存了大量中共苏维埃共和国时期的文献后，把这些资料拍成了微缩胶卷，并将复制品提供给美国、西欧与日本等国家的研究性图书馆。目前大陆保存的这方面材料，都是有关单位辗转从国外复印回来的。

2002 年，新华社社史考察小组的同志来到赣州，以赣州市党史办保存的复印件为底本，复印了部分《无线电日讯》。其中包括 1933 年 7 月第 169—176 期、第 178—193 期、第 195 期、196 期，以及 10 月的第 232—248 期。研究者万京华以这些材料为依据，在《红中社参考刊物〈无线电日讯〉的历史研究》①一文中，探讨了《无线电日讯》的主要内容与特点。

根据该文的研究，《无线电日讯》为油印 32 开，每期 4—8 页不等。刊头及文字皆竖排，刊头下面是刊号及说明"只供参考之用"或"供参考用"，末尾处有"红色中华社印"或"红中社印"的字样并标明出版日期。刊头为美术字，四周时常配上一些简单的花纹装饰，用得最多的是镰刀锤头与五角星的图案。由于是用蜡纸手刻并油印，版面四周一般均有清晰的格线，电讯标题多用格线或曲线框住，甚至每列文字旁的竖线有的也依稀可见。字体大小和清晰程度或因刻写人员的变化而变化，前后有所不同。

《无线电日讯》上所刊消息一般都简明扼要，每条新闻少则三四十字，多则两三百字，稿件按重要程度排列，不分国际国内，也不分栏目，头条有时是国际新闻，有时是国内消息。其来源国内主要有红中社抄收到的北平、上海、广州、天津等地的电讯，其中不少消息标明来自情报司；国外主要有塔斯社、美联社、电通社、哈瓦斯社、外洋社等。国内消息内容主要包括：第一，国民党准备进攻红军。如曾刊蒋介石向美、英

---

① 见陈信凌主编《中国红色新闻事业的理论与实践》，江西高校出版社 2009 年版，第 31 页。

等国借款，购买军火、扩充军队，加紧训练，准备对苏区进行
"围剿"和屠杀。第二，军阀混战，曾刊察哈尔局势紧张、西
南军阀战云等消息。第三，党领导的群众运动，如曾刊上海等
地工人罢工等消息。第四，苏区和红军发展情况，曾刊红四方
面军在四川的发展情况、鄂豫皖红军恢复老根据地、红二方面
军的活动等消息。第五，国民党与日谈判，曾连续刊载国民党
与日进行大连谈判的消息。第六，日军对华北等地寻衅等消
息。国际消息内容主要包括：苏联社会主义发展，日本内阁重
要会议及国内政经动向，美英等西方国家的重要政策及对华、
对苏、对日的态度和反应，世界经济会议、国际反战大会等的
召开，德国退出国际联盟及军缩会议，日本掠夺中东路及各国
反应，苏美复交及各国评论等。

　　因接收条件所限，有些电文抄收不是很清楚，《无线电日
讯》刊登时一般予以注明，如有的地方在括号内写着"下面电
文断缺"。在《无线电日讯》上还曾刊登过更正，如 1933 年 7
月 5 日指出："第一七一号中，美联与小协约国订互不侵犯约，
该小协约国系指捷克、罗马尼亚等国，并非波斯、阿根廷等。"
7 月 19 日在刊末附记中写着："昨日电讯中'拉狄克论世界经
济会议'，抄写时遗漏字句甚多，以至发生极大谬误，现'红
口'九十六期所登载的是更正后的该文，希注意！"

　　《无线电日讯》所刊载的这些电讯的内容、风格、特点及
这份刊物的性质，与后来的《参考消息》都十分相似。可以
说从最初的《无线电材料》、《无线电日讯》，到后来的《每日
电讯》、《今日新闻》和《参考消息》，这些共同构成了新华社
《参考消息》及其系列刊物的发展历史。它们之间的传承关
系，无论从当事人的回忆、留存的史料记载还是实物材料中都
可以得到印证。

第三节 红色中华新闻台

一 积累建立电台的条件

红色中华新闻台的诞生是与红军在战场上的战斗密切相关的。红军部队一直表现出对于电台的强烈渴望，这当然不是为了建立新闻传播的平台，而是基于战斗本身的需要。因为有了电台不仅可以使红军作战部队之间进行便捷的联络，而且还可以侦察敌情，了解敌军的动向。1930年8月18日，毛泽东和朱德率领一军团总部直属队到达万载县黄茅。此时，追击三军团的湖南国民党军何健部15个团正进入湘赣交界的文家市、孙家段一带，孤军突进。于是，毛泽东和朱德当即决定对来犯的敌人实施突袭与围攻。在下达作战命令时，特别注明：要注意缴获无线电台。结果战斗大获全胜，也在战利品中发现了一部电台，但是战士们不知其为何物，已经把它损坏了。8月23日，红一军团与红三军团在永和市会师，并组建成立中国工农红军第一方面军。朱德任总司令，毛泽东任总政治委员。次日，他们郑重向全体指战员提出：不得擅自破坏无线电，违者严究。

此后，随着国民党军队对苏区的连续"围剿"，红军在战场上缴获无线电台的机会就更多了。1930年10下旬，蒋介石征集10万人马，分8路进入江西境内，对中央苏区展开第一次"围剿"。红军方面巧与周旋，严阵以待。在12月29日发出的作战命令中又一次强调：各部队注意搜索西药，无线电亦不准破坏。次日，红军就在龙冈全歼国民党第十八师直属队和两个旅，活捉其师长张辉瓒，还缴获了一部电台，解放了一批机报人员，其中就有王铮和刘寅，他们后来成为红军无线电通信与电台传播工作的重要力量。但是美中不足的是，这一次缴获的是"半部电台",只余下了收报机,而发报机和电池都不见了。"为此毛泽东、朱德在1931年1月1日晚十时发布的进攻谭道源部的作战命令中,再一次指出:胜利后须注意收缴敌之军旗及无线电。并严令:无线电不许破坏,并须收集整部机器及无线电机务人员、报务员。失败是成功之母,战士在实践中聪明起来了。结果,红一方面军在东韶再捷,不仅歼灭了谭道源一个旅,而且缴获了一部完整的十五瓦既能收报、又能发报的无线电台。"①自此之后,红军就拥有"一部半"无线电台了。

在接踵而至的第二次反"围剿"战斗中,红军共缴获电台3部,内含一部国民党第二十八师公秉藩的指挥电台,其功率100瓦,在红军所拥有的电台中功率最大。第三次反"围剿"又缴获6部新的电台。有了这些电台以后,给中央苏区带来了两个重大的变化。第一个变化是不同组织与机构的联系畅通了,不仅红军总部与各军之间沟通更加便捷,而且中央苏区与上海党中央,以及湘鄂西、鄂豫皖、湘赣苏区都建立了无线电的联络。在当时被层层封锁的环境下,建立这种联系的意义是不言自明的。

带来的第二个变化是,在中央苏区出现了红色中华新闻台。无线电台具备接受信息和发出信息的功能,也就是说,无线电台在数量上的不断累积,为异地之间的信息传输与信息接收提供了技术与物质的保障。有了这个保障,新闻电台的出现就指日可待了。

二　新闻台成立时间考订

前文引述了杨瑞广《毛泽东、朱德与红色中华新闻社的

---

①　杨瑞广:《毛泽东、朱德与红色中华新闻社的创建》,《文献与研究》1986年第6期。

创建》一文，作者在其中以 1931 年 11 月，苏区无线电台在第一次全国苏维埃代表大会期间对外播出新闻，作为红色中华社诞生的标志。现在关于红色中华台的有限的研究成果中，都把这个时间和事件作为红色中华新闻台成立的证据。

严帆对红色中华新闻台关注颇多，他在《新中国广播通讯事业的前身》一文中写道："1931 年底，为了更好地对国民党统治区开展政治宣传攻势，并同其他根据地的党组织交流新闻材料，繁荣苏区新闻事业，拓宽宣传渠道，充分发挥广播电台特有的宣传作用，临时中央政府指示成立了红色中华新闻台。据刘寅回忆：'一苏大会期间，红色中华新闻社（台）成立了，我们党第一次越出了敌人的铜墙铁壁，向全中国的人民传播了胜利的佳音。苏区首次播发新闻的广播电台，仍然是公秉藩送来的那部机器。'"①

刘卫国、刘照龙沿袭了严帆的看法，他们在文章中说："1931 年底，中央苏区先后创办了中央政府机关报《红色中华》报、红军机关报《红星》、全国总工会机关报《苏区工人》等。同时，为了更好地对国民党统治区展开政治宣传攻势，并同其他根据地的党组织交流材料，拓宽新闻报道面，充分发挥广播电台特有的宣传作用，中华苏维埃共和国临时中央政府指示成立红色中华新闻台。"② 而且，该文还介绍说：2002 年 8 月下旬，由国家广电总局、中央人民广播电台等方面的有关专家组成专家组，在瑞金召开了红色中华史料论证座谈会，初步认定红色中华新闻台于 1931 年在瑞金创办，瑞金

---

① 严帆：《新中国广播通讯事业的前身》，《红土魂》2002 年第 1 期。
② 刘卫国、刘照龙：《苏区时期的人民广播事业》，《中国广播》2005 年第 12 期。

是人民广播事业的发源地。

上面的材料认为红色中华新闻台成立于 1931 年底，都提到了成立新闻台是由于临时中央政府的指示，但都只是直接的陈述，没有提供临时中央政府这一指示的出处。严帆引用了红色新闻台的旧人刘寅的回忆，其中有"一苏大会期间，红色中华新闻社（台）成立了"，这可以说明刘寅认为：在一苏大会期间，红色中华新闻社也即红色中华新闻台成立了，或者红色中华新闻社和红色中华新闻台一同成立了。但是，我们在另一处看到这条材料与此有明显出入。下面转引的是刘寅关于一苏大会的记述：

> （中华苏维埃第一次代表大会）会场设在叶坪一个祠堂内，我们的电台就设在离会场仅有几十米的老乡家里。会议前，我们为大会抄收国内外新闻，向大会代表提供"参考消息"（当时国民党也在南京召开第四次代表大会）；同时在紧张地筹备苏区新闻的首次广播，作为向大会的献礼。
>
> 会议期间，红色中华新闻社成立了。我们党第一次越出了敌人"铜墙铁壁"向全中国的人民传播了胜利的佳音。苏区首次播发新闻的广播电台，仍然是公秉藩送来的那部机器。①

可以看出，两处相关的文字基本一样。不同之处在于这里只说"会议期间，红色中华新闻社成立了"，没有在"红色中华新闻社"后面加上"（台）"，只表示成立的是红色中华通讯

---

① 转引自蒋齐生、于继华《新华社的由来及诞生年月》，《新闻与传播研究》1980 年第 2 期。

社，而没有红色中华新闻台。也许"（台）"是严帆加上去的，他是想解释一下这个红色中华新闻社就是指红色中华新闻台。

关于红色中华新闻台的成立时间，岳夏的一篇文章透露出了比较清晰的信息。岳夏的原名是罗若遐，1933 年 3 月初，他从上海到达中央苏区，开始分配在军委无线电第六分队当报务员。两个月以后，"因工作需要，又派我负责搞'新闻电台'的工作。以前，这里还没有建立专门抄收国内外通讯社新闻电讯的电台。只是有时候，由负责军事和秘密联络的机要电台，挤出时间，抄收一些电讯稿供红色中华社和《红色中华报》使用。间或也由无线电第六分队发些苏区情况的报道，呼号 CSR。现在看来，我们搞的这部'新闻电台'可称是我党我军的第一部'新闻电台'"。"处在国民党反动派的重重围困下，我们当时的条件是非常艰苦的。一切都靠白手起家。我们的第一部'新闻电台'，只有收报机。它是哪里来的呢？我记得是用缴获敌人电台的旧零件，自己动手装配起来的。蓄电池和干电池也是从敌人那里缴来的。"[1]

在上面的文字中，作者很明确地提到了"新闻电台"，而且清晰叙述 1933 年 5 月，他从军委无线电第六分队调出，负责创办新闻电台的工作，该电台"是我党我军的第一部'新闻电台'"。特别珍贵的是，这段文字还能帮助我们理清可能出现的一些疑问，比如，既然红色中华新闻台成立于 1933 年 5 月，那么，怎么解释 1931 年底一苏大会期间对外的广播新闻发布工作？这是因为不承认 1931 年底存在红色中华新闻台，并不意味着否定当时有对外广播的现象发生。在新闻台出现之前，苏区

---

① 岳夏：《我党我军的第一部"新闻电台"——长征回忆片断》，《新闻与传播研究》1979 年第 1 期。

会挤占军事电台的渠道，以 CSR 为呼号对外发布信息。

而且，这段文字与另外的一些材料形成了呼应。前文曾引述任质斌的《红中社的三大任务》，其中说到他是"1933 年夏调到红色中华社的"，当时"社里的工作人员很少，编辑部只有三两个人，另有一个新闻台"。1933 年夏，红色中华台正好成立不久。该文还说："对外播发的新闻消息不是由新闻台发，因为新闻台没有发报机，而是送到军委三局用军用电台更换波长呼号后播发。"这完全契合岳夏文中的叙述："我们的第一部'新闻电台'，只有收报机。"

王净的《第一方面军无线电通信的建立》一文也可以为比提供佐证。其中写道："第五次反'围剿'时，我们又增加了党中央一部电台，抽调那部 100 瓦电台与上海党组织联络。另外，还配给中央政府和江西军区各一部电台，前者用'CSR'呼号发送新闻。"[①] 调配一部电台给中央政府专用作发送新闻的平台，时间是第五次反"围剿"期间。很显然，这部电台就是红色中华新闻台开播时所使用的。在时间上它与 1933 年 5 月不相乖背，条件方面诸如在中央政府的管理之下，专门用以播发新闻等，也完全符合新闻台的特征。

总而言之，在岳夏提供的能够证明红色中华新闻台成立于 1933 年 5 月的材料中，强调的是这个时候才有了新闻台专用的无线电台，而且它还只能收，不能发。王净的辅佐材料大致也是如此。也就是说，作为实体性的红色中华新闻台成立于 1933 年 5 月。不过，岳夏还说到苏区此前有时也利用军用电台，以 CSR 呼号对外发布新闻的事实。CSR 既可以理解为

---

① 王净：《第一方面军无线电通信的建立》，见新华社新闻研究所、社史编写组《土地革命时期的新华社》，2004 年 5 月，第 29 页。

Chinese Soviet Radio（红色苏维埃无线电广播），也可以解释为 Chinese Soviet Republic（中华苏维埃共和国）。那么，作为概念上或者实际传播中的红色中华新闻台，则在 1933 年 5 月之前就已经出现了。

三　新闻台的工作内容

根据岳夏《我党我军的第一部"新闻电台"——长征回忆片断》一文提供的材料，红色中华台当时设在瑞金县下肖区大树下的一座破庙里，距离红色中华社很近。在行政上，该台在中央军委的领导之下，但是在业务上归属于红色中华社。在创建的时期，新闻台的专业人员只有两个人。他们轮流值班，每人一天要工作 12 个小时，工作紧张而劳累。由于精神高度集中，大脑过度疲劳，再加上营养不良，个人又是病体初愈，岳夏常常出现睡觉时发生晕厥的现象。

实际上，这种工作任务是红军部队中延续下来的。在新闻台没有成立之前，红军中的无线电技术人员已经开始执行了。据刘寅回忆："1931 年 1 月 6 日在总部驻地江西兴国的小布，按照参谋处的指示，在参谋处的院子里架起天线工作。主要任务是抄收国民党中央社发的新闻，翻译出来供领导参阅。因为在苏区看报纸很困难，消息很闭塞，有了电台以后，一下子把闭塞的局面打开了，因此每天抄收新闻成了一个制度。"[①]

岳夏在新闻台工作了半年，此后就调回军事通讯台，新闻台的工作由黄乐天负责。在红军长征中，新闻台一度停办。后来又恢复工作，只是没有发报，仍然抄收新闻，除了国民党中

---

① 刘寅：《回顾我军无线电通信工作的初创情况》，见新华社新闻研究所、社史编写组《土地革命时期的新华社》，2004 年 5 月，第 35—36 页。

央社的以外，还包括莫斯科塔斯英语新闻，西贡的法语新闻和德语新闻等。

根据岳夏的意见，新闻台的具体任务是抄收国民党中央通讯社每天播发的电讯。当时收的是明码，抄录下来后，直接送红色中华社，由那里外号为活电码本的译电员李柱南译成文字，然后油印出来，送给党中央、中央军委负责同志参阅。前面所引的任质斌的文章记述，新闻台共有两个报务员，主要任务是抄收国民党中央社的新闻，有时也收一点外国通讯社的英文电讯。岳夏1933年5月创办新闻台，任质斌于1933年夏天进入红中社，也就是说二人是在差不多的时间介入红色中华系列媒体的，他们的意见毋庸置疑。那么，应该如何解释当时苏区每天用无线电明码对外广播，报道苏区建设消息、红军捷报或苏维埃中央政府的声明、宣言等，并且还被鄂豫皖、湘鄂西、湘鄂赣等苏区抄收呢？根据上面所征引的材料不难知道答案。这些对外播发的新闻的编制，是由《红色中华》报或者说红中社（因为报、社合一）承担的，并且由他们直接送往军委三局用军用电台对外播发。由此可见，这一部分的工作与红色中华新闻台无关。

最后，还不能回避一场与红色中华新闻台的工作内容相关的学术争议。《苏区时期的人民广播事业》一文转述相关研究者的意见指出，红色中华新闻台是中央人民广播电台的前身，它开播于1931年11月7日，而江西瑞金是中国人民广播的发源地。该文作者进而推断，这一认定，把中国人民广播事业的历史推前了9年。[①] 对于该文的意见，《关于人民广播事业发

----

① 参见刘卫国、刘照龙《苏区时期的人民广播事业》，《中国广播》2005年第12期。

源于江西苏区说之商榷》提出了不同的看法。它认为，判断红色中华新闻台是否为中央人民广播电台的前身，关键看它是不是媒介意义上的广播电台。"作为红中社一部分的红色中华新闻台，其传播工具是收报机，抄收的是国民党中央社等播出的电讯，从信息传播的对象、方式、途径、范围和效果等各个层面看显然都算不上是媒介意义上的广播电台，称其为中央人民广播电台的前身实在过于勉强。"① 所以，该文作者认为只有延安新华广播电台是中央人民广播电台的前身，延安是中国人民广播事业的起源地。

江西苏区新闻事业的研究一直是比较冷清和寂寞的领域，对这场关于红色中华新闻台的切磋与争议，无论从哪个角度出发，都应该给予正面的评价。对于讨论的问题，我们认为：说红色中华新闻台是中央人民广播电台的前身，是个可以接受的意见。简单地说，红色中华新闻台之于红色中华通讯社，就像是延安新华广播电台之于新华社。而新华社与红色中华通讯社一脉相承，那么，延安新华广播电台与红色中华新闻台也有割舍不断的关联。既然可以说延安新华广播电台是中央人民广播电台的前身，那么，就可以说红色中华新闻台也是中央人民广播电台的前身。习惯上的说法，前身其实不止一个，就像我们可以说抗战时期延安的八路军是现在中国人民解放军的前身，也不妨说中央苏区瑞金的红军也是人民解放军的前身。另外，人民广播事业至少应该指的是面向较多人群展开的一种口语广播电台，那么，要论证红色新闻台的工作是人民广播事业的源头，则尚需提供更坚实的证据。

---

① 庞亮：《关于人民广播事业发源于江西苏区说之商榷》，《中国广播》2008 年第 5 期。

第六章

江西苏区报刊的历史贡献

可以肯定地说,江西苏区新闻传播是一项一空依傍、前所未有的全新的事业。它是红色政权在四周的白色势力包围之中创办起来的,和国民党经营的媒体根本对立,与国民党统治区中的其他新闻媒介也明显不同,甚至和中国共产党在白区创办的报刊比较起来,也是有区别的。简而言之,江西苏区的报刊事业是国内第一次在人民政权下创办的崭新事业,是苏区人民用以巩固与扩大工农民主政权和发展革命战争的锐利武器。在凝聚人心、调动力量、提振斗志等方面发挥了不可替代的作用。

江西苏区报刊在整体上表现得非常主动与活跃,是苏区无限张力与活力的发源地。它对苏区的生存与发展所作出的贡献,表现在不同的方向与层次,本章从以下几个方面展开论述。

第一节 提高了群众的政治意识与文化水准

一 主动引导群众读报活动

苏区的报刊有一种非常明朗的受众意识,希望自己的传播尽可能地被接受。这一点对于做好新闻宣传工作而言，至关重要。根据当时苏区广大工农群众与红军战士文化水平偏低，基本上没有能力独立阅读报纸的特点，报刊都有直接组织或者引导组织读报活动的计划。《红色中华》报在第 49 期上的一个《特别通知》中，给该报的通讯员规定了五项主要任务。其中第五项任务是"建立读报小组，争取广大的读者"。《红色中华》报办报 100 期的时候，李富春撰写《"红中"百期的战斗纪念》一文，对百期后的报纸提出了自己的希望，其中有一点就是"每乡每村的识字班和夜校及俱乐部，应有读报组的组织，团聚群众向他们讲解每一期《红中》的主要内容"①。

除《红色中华》报外，其他的报刊大多也有类似的计划。《青年实话》在第 2 卷第 4 号刊登的《〈青年实话〉的革新计划》在"读报运动与发行工作"部分中，提出要"发展读报运动，特别是在少队童团的大队中，要指定同志宣读，各学校可以采取作课本用。各级团部及其他青年团体，组织读报组。"这里提到的是读报运动以及把报刊作课本使用，显然可以扩大报纸的传播与影响范围。张爱萍的文章《纪念马克恩，拥护〈青年实话〉》对读报运动尤其是列宁室的读报活动，发表了自己的看法："由于苏区工农青年的文化水平，一般的还很低，必须发展读报运功。在俱乐部中，列宁室普遍组织读报组，特别是在团内，少先队内，儿童团内……及其它青年群众团体内，必须指定几个文化水平较高的同志负责读报工作。只要《青年实话》一到，立即召集读报组会议，宣读、解释与

---

① 李富春：《"红中"百期的战斗纪念》，《红色中华》第 100 期，1933 年 8 月 10 日。

讨论《青年实话》中的一些重要文章。"①

　　值得特别强调的是,《青年实话》还在第 3 卷第 8 期开辟
'文盲的学校"栏目,专门刊登一些扫盲的读物,以发挥报纸
在知识与文化传授方面的"教师"功能。编辑在该栏目所加
的按语中说:"在消灭文盲运动中,往往感觉到没有适当的课
本,本报以后将逐期在这文盲的学校中,供给各地一些教材写
在下面,将给我们看见,有许多字虽然字形差不多,字音和字
义就完全不同的,不留心学习的话,你往往在写书信或文件
中,做出许多错误来。"

　　根据《红星》报的记载,带有读报内容的列宁室在红军
中也较普及。该报还开办了"列宁室工作"专栏。该栏目刊
登的《列宁室的工作怎样做?》一文,提到列宁室里专门设有
读报班。作者提出办好列宁室的第六个办法是:"墙报要经常
出版,墙报的内容和技术要经常有计划的改善,墙报内容最好
能够适合于下层士兵群众的需要,读报班、识字班、讲演会,
要经常的进行。"②《红星》报还从 1933 年第 7 期开始连续刊
载《读报工作》系列文章,阐述了读报的重要性以及读报的
方式。

　　当时的读报活动留下的信息,大多与扫盲班、夜校、识字
班联系在一起。组织这些活动的目标是双重的,既着眼于提高
群众的文化水平,也意在培养群众正确的思想意识。《红色中
华》报第 220 期第 4 版刊登过一封寄给前方战士的信,内
容如下:

---

　　① 张爱萍:《纪念马克思,拥护〈青年实话〉》,《青年实话》第 2 卷第 6
号,1933 年 3 月 5 日。
　　② 《列宁室的工作怎样做?》,《红星》第 3 期,1931 年 12 月 25 日。

第一补充师全体战士们：

　　这是我们写给红色战士的第一封信，写这封信的意思是祝贺红军成立的八一纪念节和慰劳你们上前线去消灭万恶的日本帝国主义和卖国贼的国民党！我们听《红色中华》上说（我们现在只能听报，不能看报呢）国民党已经把中国的一半的地方卖给帝国主义了，国民党把北部几省的地方送给日本，再把军队调到南边来进攻我们，想把我们已经驱逐了帝国主义以及豪绅地主资本家的苏区也卖给帝国主义。……我们妇女在后方也加入了赤少队，准备在军委一声号召下，就和你们一样地去和敌人作战。我们正在忙着秋收，想早些送新谷子给你们吃，我们也一天不停地在识字班上课，想在最近能和你们时常通信，你们的家属都优待得很好，没有一点困难，希望你们不要挂念家庭，勇敢的到前线去，以消灭国民党军阀，把帝国主义赶出中国去！祝你们健康与胜利！

瑞京市城中周屋识字班全体学生启
七月二十四日

　　此信写于 1934 年 7 月 24 日，公开发表的时间是 1934 年 8 月 1 日，这正是苏区第五次反"围剿"非常胶着的时刻。写信的用意说是"祝贺红军成立的八一纪念节和慰劳你们上前线去消灭万恶的日本帝国主义和卖国贼的国民党"，从后面的内容看，其实意在鼓劲与激励。他们都是前线红军的亲属，署名用的是意味深长的"瑞京市城中周屋识字班全体学生"，可见识字班在当时是群体的一种常见与稳定的存在形态。在这里，识字班以《红色中华》为教学材料，而语言文字学习一般都要经由听说读写的过程，因为尚处于初级阶段，所以只能

'听《红色中华》报"。这样的听的过程一举两得，既可以感受语言文字使用和表达的技巧，又可以获得大量的时局信息。

下面的这篇短文，描述的是另一种读报形式。

瑞金下肖区官山乡的讲报工作

瑞金下肖区官山乡本月十三号上午召集列小学校的教员讨论讲报工作进行的办法。决定依照全部的三只①列校，划分为三个单位举行，由教员负责讲，每一只屋子都产出三人至五人的听报员，两天每屋子轮流一人前去学校里听讲，回来后再传达给这一屋子的群众。

十四日下午，老茶亭学校开讲了，在未讲之前先派人各屋子里找听报员前来听讲。他们到下肖屋去找听报员时，有两个无论如何不去，并且非常暴躁的样子，总不听解释。去喊的同志让他发过躁后再向他详细的解释，说出了听报的理由和作用。这两个同志便突然之间转变了，非常高兴的欢天喜地的前去听讲了，其余屋子里的群众也很快的来了。

好！进行讲报拉。用什么办法呢？废除了死板的读念，抓住了中心紧要的题目，讲完后再行问答，结果听的人非常高兴，大家都说："回去定要传达，后日不要喊，吃了午饭一定要来。"

讲报是一个很好的宣传方法，每个乡都应该建立这一工作。②

---

① 在江西的一些地方方言中，很多的场合都习惯于用"只"做量词。

② 刘伟文：《瑞金下肖区官山乡的讲报工作》，《红色中华》第216期，1934年7月19日。

此处记述的讲报活动，尽管显得不甚通畅，但所传达出的信息还是有迹可循的。其中至少有两点值得琢磨与关注。第一，这种讲报形式颇为考究，体现了二级传播的特征。一级传播的信息发出者是列小的教员，信息的接受者是各个屋子推选出来的听报员；二级传播指的是这些听报员在列宁小学听了讲报课以后，回去再向屋子里的其他人传达。这种形态显然可以加快报纸信息的传播速度，扩大传播的范围。并且，由普通群众直接参与报纸的传播，可以使群众对读报活动增强亲近度，降低陌生感。第二，有一些群众对读报开始是有抵触心理的，但经过耐心细致的解释与开导，并且所采用的讲报方法灵活生动，他们是很容易接受的。另外，这里所说的讲报与前面的识字班都是以报纸为读物，但两者还是有明显区别的。讲报的目的是传达报纸上的内容，而不必顾及语言文字的环节，所以要"废除了死板的读念"，抓住大意就行。可见，讲报重在观念与思想的宣传，意在动员群众，凝聚力量。

二 群众读报活动的实际功效

对于苏区群众阅读报纸以后所获得的收益，因为世易时移，我们现在无法直接从当事者那里获得答案，而只能从当时的资料中寻找线索。

《介绍中央劳动部的红属夜校》是发表在《红色中华》报上的一篇文章，专门描写了夜校读报课的情形。

> 中央劳动部建立了一只红军家属夜校。校里有三个教员，一个担任识字课，一个担任唱歌，一个担任读报，每天晚上规定上课一点钟，谈话半点钟。红属需要的书纸笔墨等都由夜校供给。

　　读报课，差不多隔二天就轮流一次，题目最喜欢听到前方的胜利消息，和各地的动员情形，每当读到红军在前方不断的击溃白匪，获缴大批自动步枪、机关枪和各地妇女节省粮食，参加生产等消息，他们总要兴奋得跳起来。

　　下完课，大家围在空场上，一面乘凉，一面谈谈他们家里和地方上的情形，有时也讲些有趣味的故事，引得全场的人都要笑痛肚皮。

　　下面便是该校教员陈治勋同志，在十六日晚上和钟春发同志的一段对话，他是夜校里最努力学习的一个红军家属。"你的衍茂在前方时常有信回来吗？"

　　"有，经常都有，昨天还来了一封信。他说在前方比在家里有趣得多呢！欧！提起信来，我还要谢谢你们！"

　　"为什么？"

　　"因为我现在能认识信上一半的字了，一个月前，我还是个睁眼瞎子呢！"①

　　红军夜校有多种类型的课程，但是这里专门介绍读报课的基本状况。内容积极，很受学生欢迎。特别是通过读报课的教员与一位学员的对话，显示了读报课对提高学员的读写能力的实际效果：一个目不识丁的"睁眼瞎"，经过一个月夜校读报课的学习，已经能够认识信件中一半的字。

　　下面的这篇《一个读报的成绩》，反映的是《红星》报上的两篇文章直接对红军战士的思想和行动产生了影响。

---

　　① 《介绍中央劳动部的红属夜校》，《红色中华》第 217 期，1934 年 7 月 21 日。

　　国家政治保卫队训练班、读报班长读了红星五十七期
"抗日先遣队进福州"和"瑞金红属代表大会给红军电"
以后，更加兴奋了大家的热情，当有同志提出"我们拿
什么来拥护抗日先遣队？我们拿什么来回答红属代表大会
的电报？"经过热烈讨论，一致决定：

　　一、写信回家里学习瑞金红属的模范，做到苏维埃模
范公民的七个条件。

　　二、六十万担的秋收借谷运动，要家里打先锋，起
领导。

　　三、要家里今年缴纳土地税。

　　四、要老婆或母亲做两双草鞋来慰劳红军，响应二十
万双草鞋的号召。

　　这一读报的成绩，值得大家学习。①

　　大致来说，信息传播对人的影响有两种方式：一种是整体
性的"培养"、"教化"，看不出直接的对应关系，是潜移默
化、无迹可寻的；另一种是劝服、诱导，能够产生直接的影
响，能够确定一种态度的产生、行为的实施就是缘于某种特定
的信源。文中的红军战士读了《红星》报以后集体作出决定，
就属于第二种类型。

　　从上面的两个具体个案中，我们完全可以推断，报纸的传
播对于苏区群众文化素养与思想水平的提升具有直接的推动作
用。对于苏区群众文化和思想状况整体上的改善，中共赣西南
特委书记刘士奇在写给中央的报告中有所涉及，他说："苏府
范围内的农民，无论男女老幼，都能明白国际歌、少先歌、十

---

① 　方强：《一个读报的成绩》，《红星》第 62 期，1934 年 8 月 30 日。

骂反革命、十骂国民党、十骂蒋介石、红军歌及各种革命的歌曲。尤其是阶级意识的强，无论三岁小孩，八十老人，都痛恨地主阶级，打倒帝国主义，拥护苏维埃及拥护共产党的主张，几乎成了每个群众的口头禅。最显著的是许多不识字的工农分子，都能很长的演说。"他结合例子说："到了斗争局面一稳定，许多地方先后开办列宁学校，训练班，以及特委苏区办红军学校，看护学校，干部学校，各种适宜于斗争需要的教育机关。很多不识字的女孩子参加了革命工作以后，能写得很短的信及标语之类的东西。""今年三月是大会的代表胡品等同志被捕到吉安，狗法官审了很久，四个工农同志言词流利，讲得亘民党的官吏无言可答。后来民国日报论文谓共产党可恶，其教育群众的方法可学，不识字的农民，他们都能使之讲得很多道理。鲁胖子电蒋谓赣西南，三岁小孩，八十老人都是'共匪'，即此时期，较之白色区域资产阶级的学校和一般所谓提倡义务教育平民教育的先生们喊了十几年没有半点影响，真是相差十万八千里，这证明一切到了革命成功就有办法了。"[①]

这里典型地反映了苏区干部群众文化水平与思想觉悟得到明显提高的状况。参加革命以后，通过各类形式的学习，不识字的女孩子很快就能粗通文墨，工农同志可以在法庭上辩得法官哑口无言。尤其是其中还引用了国民党江西省政府主席兼第九路军总指挥鲁涤平的一番话，以及《民国日报》的评论，更加反衬出苏维埃区域文化知识与革命理论传播深入人心，成效显著。应该说，这种成效是通过多种途径取得的。可以肯定的是，读报讲报是其中较为重要的一种。

---

① 《赣西南（特委）刘士奇（给中央的综合）报告》，见《中央革命根据地史料选编》上册，江西人民出版社1982年版，第355—356页。

必须指出，把整体上的苏区群众的文化水准与当时报刊的传播联系在一起，并非我们今天才开始的。1934 年 1 月毛泽东在第二次全国苏维埃代表大会上所做的报告中，在说了妇女强烈要求教育、群众识字人数迅速增加等内容之后，就明确说到苏区报刊的发展与苏区教育文化的状况相互影响相互促进的关系。他说："苏区群众文化运动的迅速发展，我们看报纸的发行业可以知道。中央苏区现在已有大小报纸三十四种，其中如《红色中华》，从三千份增至四万份，《青年实话》发行两万八千份，《斗争》二万七千一百份，《红星》一万七千三百份，证明群众文化水平是迅速提高了。"①

第二节 掀起了苏区共克时艰的运动浪潮

由于红色政权的建立，苏区的普通民众获得了苏区以外同一阶层的人们无法拥有的参与政治的机会。但是，红色的苏区一直是在以国民党政府军为代表的各种敌对武装势力的围困下生存的，而且这种围困还时常表现为大兵压境、步步相逼的"围剿"。在这种严酷的情势下，苏区的报刊以自身特有的方式，作出了无可替代的贡献。其中特别引人注目并且也是富有成效的宣传工作，表现在以下几个方面。

一 投入扩大红军队伍运动

在中央苏区，由于当时特殊的形势，在人员上扩大红军应

---

① 毛泽东：《中华苏维埃共和国中央执行委员会与人民委员会对第二次全国苏维埃代表大会的报告》，见《中央革命根据地史料选编》上册，江西人民出版社 1982 年版，第 330 页。

该说是一个经常性的任务。大致而言，大规模的扩大红军运动，共有三次。

　　第一次扩红运动从 1932 年春开始至 1933 年 2 月结束，全中央苏区共扩大红军 8.76 万人。1932 年 9 月 20 日发布的《中央执行委员会关于扩大红军问题训令》（第十五号）强调指出："现在是革命战争的时期，我们一切工作，应服从于战争，一切力量都集中于发展和加强革命战争，一切牺牲去为争取革命胜利，因此扩大红军，是苏维埃政府实际领导和发展革命战争，完成当前任务的最基本一个工作，这一工作应该列为日程第一位，成为经常工作之一。"① 从这段话可以看出扩红运动在当时的必要性和紧迫性。

　　第二次扩红运动在 1933 年夏秋之间。1933 年 2 月 8 日，苏区中央局提出"在全中国各苏区创造一百万铁的红军"的口号。随后，在苏区掀起了一轮又一轮的扩红热潮。尤其在 1933 年 5 月"扩大红军冲锋月"期间，兴国模范师、胜利模范师等先后整师整团加入红军，使江西苏区全省仅 5 月一个月，就扩大红军约 2.5 万人。

　　第三次扩红运动在第五次反"围剿"期间。从 1933 年 9 月至 1934 年 9 月，中央苏区先后五次发动扩红突击运动。其中，1934 年 5 月至 7 月 3 个月的扩红突击，要求完成扩红 5 万名，实际上到 1934 年 6 月 30 日就已扩大红军 62269 名，仅 60 天就完成了 3 个月的计划。特别是瑞金县，仅用 1 个月的时间就扩红 5000 余名，名列全苏区第一。

　　在当时条件下，苏区扩红运动所取得的实际成效，应该说

---

　　①　《中央执行委员会关于扩大红军问题训令》（第十五号），见《中央革命根据地史料选编》中册，江西人民出版社 1982 年版，第 638 页。

是非常理想的。在这期间,苏区报刊卓有成效的宣传工作功不可没。在扩红运动的宣传上,苏区报刊给人的整体印象是,形式多样,声势宏大。其中除了一般的新闻报道外,还有社论、文件、漫画、工作总结、公开信函等,而且往往是以整版的形式出现,还要加上醒目的通栏标题。这类标题具有标语口号的特点,可以带来较大的声势。像出现在《红色中华》上的"欢送兴国模范师全体加入红军开赴前线消灭敌人!"、"以布尔什维克的速度创造一百万铁的红军回答帝国主义国民党的新的进攻"、"迅速完成创造百万铁的红军的战斗任务准备与帝国主义直接作战!"等,莫不如是。此外,一些版面在编排上的罕见处理方式,也营造出了浓烈的声势。《红色中华》报第185 期第 1 版只刊登了综述性报道,它除了稿件的标题《"五一"大检阅中各地扩大红军的热潮》外,还配置了一个口号性质的通栏标题《动员整营整连的模范赤少队加入红军去!》。该文对苏区各地在动员赤少队加入红军方面的情况进行整体性的展示,共分有八个小节,分别是:"兴国全县模范营加入红军"、"长汀又动员六百多加入红军"、"胜利全县模范赤少队加入红军"、"西江八个区模范赤少队加入红军"、"长胜全县模范赤少队加入红军"、"宁化有把握动员四区模范赤少队"、"瑞金也在积极布置动员中"、"博生赣县太雷杨殷动员的情况"。从这些章节的题目中,基本上就可以判断其大致内容。在文章的最后,作者还向相关方面的人士进行了直接的喊话:

　　比较落后的县份的领导同志们!看呀,这是如何值得学习的例子,要抓住这许多光荣的例子到群众中去作厂泛的宣传呀!推动各个组织一致动员起来进行猛烈地扩大红军的突击呀,争取红五月扩红计划的提前完成和超过!

　　同时，长汀的领导同志们，你们在四月份已经完成了
四五两月扩大红军的数目，曾提出为超过一倍而斗争，如
今又光荣地达到了，现在你们还应提出新的任务为超过两
千而斗争！兴国、胜利、西岗、长胜的同志们，你们也应
迅速提出为超过一倍而斗争的任务！并且你们应该继续过
去光荣的经验，乘此扩红的热潮正在高涨的时候，抓紧积
极的干部，予于短期的训练，派往其他区域的赤少队中进
行猛烈地突击，丝毫不可骄傲，更不可疲倦，而要用布尔
什维克坚毅顽强的突击精神，来争取成为红五月扩大红军
的模范县！

　　这篇大稿是军委总动员部提供的，最后的呼告与交流部
分，使用了许多惊叹号，既布置了工作，又增强了文章的
气势。

　　在对扩红的具体报道中，苏区的报刊采取的方式主要有两
种。第一种表现为以肯定性的报道从正面对此项工作进行激
励。这类作品往往是综述一县一乡在一段时期内扩红的进展，
而且注重营造一种相互竞赛的气氛。在 1933 年 6 月，中华全
国总工会苏区中央执行局的机关刊物《战斗》设立了"看赛
跑"专栏，刊登扩红运动的进度表，定期公布各地工人志愿
加入工人师的统计数字，还专版报道永丰、胜利等县扩大
"工人师"的先进事迹。《红星》报在 1934 年 1 月 21 日的
"扩大红军"专栏，刊登了一篇统计材料。首先反映瑞金、兴
国、西岗三地继续突击扩红的情况；接着以《又有四县完成
了》为标题，公布杨殷、博生、长胜、乐安四县的统计数字；
最后以《最落后的县份》为标题，指出："汀东仅达百分之十
四，上杭仅达百分之五，新泉仅达百分之十四。落后的赶上前

去呵！"在这里，有表扬，有激励，也有提醒。

当然，在正面的报道中，除了整体性的概括以外，也不乏典型性的报道，虽然数量不多，但它们一般更容易给读者留下深刻的印象。江西省委的机关刊物《省委通讯》曾刊发文章《六十岁的老人是扩大红军的模范》，表扬兴国县一位六十岁老人许有远除了鼓励自己三个儿子参加红军以外，还在两天内动员了十多个人去当红军。下面的这篇《红色中华》上的稿件则更加具有新闻价值，一个六十岁的老人自己就直接上了前线。

在阶级决战面前

六十老翁自愿当红军

在中央局扩大一百万的红军的号召之下，不但得到了各地的青年成年的热烈拥护与响应，而且有赖屋乡南日村的张延万同志，年已六十都打到乡苏要求到前方去。经乡苏的人向他解释说："你太老了，不能到前方。"他还说："你们未免太藐视了我，我虽然年已六十，但却仍然为保障自己的利益而斗争，我愿为革命流最后一滴血，我坚决要求前往。"因此乡苏介绍他到十二军去了，最近接得他连同事的人的来讯说他在该连工作一切都很积极呢。①

在扩红运动的宣传过程中，以直接在报纸上发布号召的形式进行鼓动，显然是一种更为特别的宣传方式。1933 年 8 月19 日出版的《红星》报，刊登了《本报号召：红军在白区每

①　《在阶级决战面前：六十老翁自愿当红军》，《红色中华》第 122 期，1933 年 10 月 27 日。

月扩大一千个红军》一文，强调当时苏区提出的口号"为实现猛烈扩大红军一百万"，不仅是地方上的责任，同样也是每个红军战士的任务。而且，不仅在苏区，在白区也要积极地开展扩红运动。文章认为在白区也有非常有利于扩红的因素，即白区的群众在豪绅地主、国民党军阀压迫之下，从他们自己的教训中已经认识苏维埃和红军，只要充分而积极地做好动员，他们就一定会潮水般加入到红军中来。最后，该文以直接的呼喊的形式结束："同志们！战斗的动员起来，响应本报的号召：在白区每月扩大新战士一千个！看！谁是这一战线的胜利者！"号召发出以后，引起了广泛而积极的呼应。其中，东方军不仅快速响应，而且很快就取得令人鼓舞的扩红成效。他们给报社发来了一则报喜的函电，内容为："红星社：最近二十天内，我们在新苏区扩大红军一千一百名，突破红星对全方面军一个月扩大一千新战士的号召。我们现在要继续为夺取将乐、顺昌、延平扩大红军一师而斗争，作为东方军献给二次全苏大会的赠品！东方军全体指战员。"①

对苏区扩红运动的另一种推动形式是采写和编发批评性的报道。也就是说对扩红运动中出现的错误言行，展开不留情面的揭露与抨击。

一个月扩大三个红军

杨村区前个月下半月就有口头通知我们新剧团，往该区演新剧欢送模范师的一连上前方去，到本月6号，又邀我们，新剧团真前往欢送，但他的模范连只有三个人上前方，已早已走了。模范连原来是三个人吗？恐怕扩大红军

---

① 《东方军是"拿么温"》，《红星》第7期，1933年9月17日。

的工作你们松懈了吧？请试一试无产阶级的铁锤。①

扩红工作是一项时间要求很强的任务，一般都会要求在特定的时间区段中富有成效地完成工作。但是这里一个月只送出三个人上前线，成效甚微。其原因就是工作松懈，缺乏足够的力度。

此外，还有少量的作品不仅能展现扩红运动的消极现象，而且还进一步剖析导致这样的结果的原因。

万太动员计划的流产

万太县委在江西党代表大会后，组织了十一个突击队，出发一个礼拜之后，得各区来的报告，全县就有1300多人报名当红军的。但是现在一直到十一月十号去前方的才只有291名。内工人七十四，雇农三十个，党一百三十四，团五十个，地方武装的只有三十三个。

万太未有达到预定计划，这原因是：（一）未有很好把报名当红军的干部抓紧训练，而沙村区的主席，文圹、塘上区的书记，自己报了名，批准了，不但不愿领导群众当红军，而且他自己就动摇，其他小部分也是这个样子。（二）个别的区在动员中有着浓厚的官僚主义的倾向，如寺下区在大会上不报名当红军的都拿来处罚，突击队亦只坐在乡区，要负责人去召集会，结果召会不到，他们亦不会去接近群众，或去帮助群众摘木梓等方式。（三）对于检举工作不注意的，古坪送来几十个新战士，有二个以前就是前方开小差回来的份子。有了上述的缺点，当然不能

---

① 《一个月扩大三个红军》，《红色中华》第128期，1933年11月23日。

保障动员工作的完成，所以只有开展一切反倾向斗争，方能达到原定的计划。①

该文从四个方面分析了万太县扩红计划落空的原因，针对性很强，也很富说服力，而且所分析的几个原因具有普遍性，对其他地区做好该项工作很有借鉴意义。显然，这些批评性的文稿与正面的报道一样，对于苏区扩红运动的深入与持续都起了积极的推动作用。

二　推动节省经济、退还公债运动

经年不绝的战争，不仅需要源源不断的人力的加入，而且还必须注入大量的相关物资。这就需要使用一些特殊的方式对苏区的财物进行充分的调动。从现有的材料看，当时苏区选择的应对方案主要有两项，即开展节省经济和发行公债运动，而且这两个运动一直持续地展开，没有停歇。据第 9 期的《红色中华》报道，1932 年 2 月 6 日，临时中央政府人民委员会召开会议，讨论并决定六个重要事项，其中的第五项就是"议决通令各级政府发起节俭运动"。《红色中华》报在第 10 期就全文刊登了人民委员会的这份通令，其中特别强调："本政府特此通令各级政府，务须立即实行节俭运动，所有各地方政府的预算、杂费、特费等，必须尽量减少，不必要的工作人员，须立即裁减，甚至一张纸一支笔都不要乱费，以免多耗费经费。要记着节俭一文钱即是对革命工作有一分帮助的观念来实行广大的节俭运动，来积储金钱或积储粮食以作供给红军发展革命战争之用，同时要将这一节俭运动在群众中作广大的宣

---

① 《万太动员计划的流产》，《红色中华》第 131 期，1933 年 12 月 2 日。

传，使他们了解节俭运动的意义，都积极的实行节俭，储蓄粮食，热烈的自动的来帮助红军和革命战争的发展。"① 在这期报纸的头版还刊登了项英撰写的社论《发展生产，节俭经济来帮助红军发展革命》，要求各级政府坚决执行这个通令，领导广大群众去积极发展这一运动。强调谁要怠工和敷衍，谁就是苏维埃的罪人。

1932 年 7 月 7 日，中华苏维埃共和国中央执行委员会发布了第十四号训令《关于战争动员与后方工作》，强调了节约的重要性，要求各级苏维埃政府要领导群众团体节省一切开支，以充裕战争经费。政府中一切可以节省的开支，如客饭、办公费、灯油杂费，都须尽量减少，尤其纸张信套，更可以节省使用。强调对苏维埃中的贪污腐化分子，各级政府一经查处，必须给以严厉的纪律上的制裁。谁要隐瞒、庇护贪污腐化分子，谁就同样受到革命的斥责。此外，该训令还提出在全苏区募集"革命战争"短期公债 60 万，使广大工农群众在经济上来帮助红军，保障战争经费不受任何困难的阻碍。

同年 10 月 21 日，中央执行委员会又颁布了第十七号训令《发行第二期革命战争公债》。训令指出：为了充分保证战争的完全胜利，中央政府特发行第二期革命战争短期公债 120 万元。本次公债的发行，工作做得很细致，在训令中就制定了公债发行的具体办法。其中包括债款的具体分配、发行和收款的日期、集中款项的地点，以及动员群众的办法。在训令之后还附上了一个《发行第二期公债的条例》。《红色中华》以"特载"的形式，将这份训令与条例刊发在第 38 期的头版和第 2

---

① 《帮助红军发展革命战争实行节俭经济运动》，《红色中华》第 10 期，1932 年 2 月 17 日。

版，并且在第 3 版专门配发了社论《以宣传鼓动、革命竞赛来推销公债》。

随后，《红色中华》对苏区购买公债与实施节约的活动进行了持续的报道。第 42 期的《革命竞赛，推销公债》一文，报道列宁师范与红军学校在购买公债时签订合同，展开竞赛。结果两所学校购买公债的数量都大大超过原定的指标。第 47 期的《节省运动的中央无线电队》则介绍了中央无线电队举行"每人节省一个铜片的运动，参加人数过半，十二月份共得铜元五千六百二十文"，而且其中的报务机务工作人员还按月节省津贴 5% 到 10%。

不过，值得特别提及的是，1933 年 3 月 6 日出版的第 58 期《红色中华》报，在"努力节省经济！一切帮助给予战争！"通栏标题下，直接向全苏区的人民发出号召。

本报号召立刻开始

节省一个铜板，退回公债，减少伙食费的运动！

长期艰苦的战争已经开始了！在这一残酷的决死战斗中，苏维埃与红军将获得更伟大的胜利，完全粉碎敌人大举进攻。全苏区的工农劳动群众为着充实红军战费，保障革命战线能够顺利进行到底，取得必然的属于我们的胜利，都已自动起来，踊跃的进行节省经济运动了。根据我们最近接得的通讯，现在已有几个团体开始节省一个铜板运动（如红梭等），自动要求减少伙食（如后方总医院等），并且踊跃的把二期公债退回，不要政府还本（如苦力运输工会，中国店员手艺工会等）。至于借谷子的运动也在有些地方开始了（如瑞金少先队）。但这些运动还是做得十分不够，没有引起全苏区工农劳动群众的普遍响应。现在本报特向全体同志们作一最热诚的号召：以革命竞赛的方法立刻开始节省一个铜板，退回公债，减少伙食费的运动！希望同志们迅速地热烈地响应我们的这一号召。于最短期内给予我们一个回答。我们不仅要登载你们光荣的革命竞赛优胜的成绩，同时还准备一些奖品，鼓励我们的优胜者！好！我们等待着好消息，看哪一个最先来回答这一号召吧！

　　节省铜板与减少伙食都属于节约的范围，那么，这份号召向全苏区民众强调的核心内容就是厉行节约，退回公债。到了第 63 期，《红色中华》报再次提出号召："退还 80 万元公债，节省 30 万元，帮助战费！同志们，为红五月底以前达到并且超过这个数目而斗争！"直接向读者发出号召，把新闻报刊对现实的干预发挥到了最大的限度，同时也实践了列宁关于党报"不仅是集体的宣传员和集体的鼓动员，而且是集体的组织者"的理论。

　　号召在报纸上公开提出之后，很快就得到了各地群众风起云涌般的响应。兴国农业工会、中革军委被服厂、会昌县工会、胜利县工会等，加紧从各方面节省，拿出一切来帮助战费，配合红军取得伟大胜利。随后，响应号召的声势越来越大，人数越来越多，有限的报纸版面已不足刊登各地所有响应号召的消息报道。因此，《红色中华》特别开设"红匾"专栏，只刊登还公债者的姓名与数额。纵是这样，"红匾"占据的篇幅也还是很大，少则 1 版，多则 3 个整版。而对于运动中所发生的特殊行为，如模范团体或个人，以及一些典型事迹，如儿童鼓励父母退还公债，《红色中华》则采取通讯的形式进行选择性的报道。

　　号召之所以能够得到广泛而热烈的响应，这与《红色中华》报倡导的革命竞赛密切相关。竞赛不仅是各县、各乡、各单位、各人之间的横向较量，还包括每个月的纵向对比。如在第91期第3版刊出的《六月份退还公债总结》报告中指出：在各县各区中，上杭的才溪区（退还5310元）和万泰的古坪区（退还5610元）是光荣的模范；每个乡比较起来，赣县的横龙乡（退还500元）也创造了优胜的纪录，特别是新泉县南阳区和仟畲区，更是值得肯定。在纵向比较上，6月的总成绩与5月相比，总体上差得比较远，因而报社编辑部号召7月应猛烈突击，争取比红五月取到更加惊人的成绩。

　　对于与号召相关数字的处理，显示了《红色中华》报对本议程的重视程度。编辑部根据收到的各地报告，对数字进行细致的梳理和统计，得出的总结性数据在报纸的"经济动员的统计数字"专栏上公开。这种做法首先出现在《红色中华》第63期上。统计数字起初是以三天为一周期，内容包括退还公债、节省经济两项，每次同时刊出两周期的情况。

·　　实际上，《红色中华》不仅大张旗鼓地利用报道性的文章展示节省运动的发展进程，而且还注重刊发分析性的文章，对运动的进程和走向进行总结与引导。比如编者会把响应号召的群众进行分类，确定哪类人比较积极，而又存在哪些人群空缺。对于前者给予热情肯定，对于后者则要用心引导。在运动开展的早期，他们发现只有红军和工人在响应，而农民却几乎没有。所以他们便在第64期的报纸上提出针对性的口号：把退还公债节省经济的运动深入发展到农村中去。要求无产阶级的领导深入到农村中去，领导"农人同志踊跃的参加经济动员"工作。这一新领域的开辟，加快了运动的步伐。但是仅凭群众退还公债、节省经济，如果红色战士不懂得节约，那么再多的战费也无法满足现实需求。面对这样的一种情况,《红色中华》又特别强调战士也应该有"同作战一样的冲锋精神,来取得经济动员战线的光荣伟大胜利"。

《红色中华》对运动的总结与引导是全神贯注的,所以往往能发现运动中的一些关键性事件与细节。中央政府已经发下向富农捐募30万元的训令,但是各地政府及群众团体,对于富农的现实处境表现出同情与怜悯,因而这一工作开展得比较犹豫与迟缓,甚至有些同志表现出消极与动摇。《红色中华》及时刊登《向富农捐募30万　发动群众来停止挤兑》一文,强调对这种现象"必须予以最厉害的打击,我们要反对阶级妥协,发动广大群众向富农募捐,迅速达到并且超过30万的规定数字。同时,我们要准备以群众的力量来对付富农的反抗,强制他们拿出钱来"①。此外,当时各地银行发生挤兑现象。其原因有两个,一方面是由于储户落后的农民意识,喜欢保藏现金,另一方面则有奸商及一切反革命分子,企图配合敌人的大举进攻,阴谋破坏苏维埃经济。针对这种状况,该文又指出:"对于前者,我们要发动广大群众解释现金是国库的基金,应该让它在市场上流通,不应该藏在家里,为着巩固苏维埃的金融基础。充裕国家银行的金库,我们要发动群众停止挤兑。对于奸商及反革命分子的破坏国家经济,那我们只有以最厉害的方法对付他们,同时必须发动广大群众监视并侦察他们的破坏国家金融的反革命活动。"

《要求迟点归还》也是一篇对于正在开展中的节省经济与退还公债运动进行总结的文章,但其立足点更高,视野更宏

---

① 《向富农捐募30万　发动群众来停止挤兑》,《红色中华》第64期,1933年3月27日。

大，充分体现了报社在这场遍及全苏区运动的主导地位。文章首先肯定运动已经取得的成绩弥足珍贵："自从《红色中华》提出退还80万节省30万的号召后，巨浪般的节省退还的热潮，在农村、城市和红军中，起了巨雷的冲击，再接再厉的响应声，简直冲破了'红中'的篇幅。这是表现着：全苏区的劳苦工农，在经济动员中的战线上，开展了猛烈冲锋，获得了空前伟大成绩。"[1] 同时，又清醒地意识到现有的成绩与现实的需求之间的距离，分析运动中存在的问题。文章指出："虽然，在我们目前战争紧急动员的环境中，这点成绩还是没有达到应有的程度。直到如今，节省和退还的总数，至多尚未超过十万，那和'红中'的号召，当真差得远哩！而且在这一节省退还的运动中，我们还没有把'红中'号召普遍的深入农村中去，没有坚决的向富农募捐，没有在'红中'三天的经济动员统计数字上，突破二万元，也不是积极不断地经常增长，却像寒热病一般的不时低落和高涨着。这都是严重的现象！而尤其严重的是下级政府个别的还有强迫命令群众退还公债的现象。"

必须予以说明，《红色中华》在火热的运动中所表现出的清醒态度，是非常让人钦佩的。一方面，现实的情势对于群众退还公债的要求是如此的强烈与迫切；另一方面，《红色中华》却不能容忍哪怕是强迫命令群众退还公债的个别现象存在。针对现实的状况，该文最后向苏区群众提出了要求："为了加倍充实红军战费，更有利的帮助革命战争，我们一方面要继续自愿的热烈退还公债，节省经济，迅速达到'红中'退还80万省30万的号召，另一方面应该学着瑞金云集区与马

---

① 《要求迟点归还》，《红色中华》第76期，1933年5月5日。

克思共产主义学校的光荣例子，一致起来要求中央政府延期归还二期公债。党团工会应该领导群众，把这一延期要求成为万众一心，和众口同声的从广大群众的嘴上喊出来的呼声，像一个人的要求一样！"通过报刊的特殊功能，由报刊动员群众，让群众以"要求"的形式说出政府意愿，使运动在一种自然的状态下继续向纵深发展。在一个特殊的时期，《红色中华》采用了一种特殊的形式为政府的中心工作服务。

还应提及的是，《红色中华》组织运动的过程中，注意以报纸版面为交流平台，让读者采用书信的形式进行信息沟通，以利于传播推进节省经济和退还公债运动的思想与情感。其中有红色中华社给外界的信，也有外界给红中社的信，还有读者的家信。第80期第3版刊出红中社给工农红军一三五军团全体红色战斗员指挥员的信，庆祝他们在经济动员战线上处于前列，同时又提醒他们继续为达到80万的战斗任务而努力。在第93期第3版上，刊出一封红色战士的家信，在信中战士要求家里配合前方红军的胜利，退还二期公债，充足红军给养。

从整体上来说，《红色中华》发出号召以后，通过多种手段和形式的激励与推动，成效是非常明显的。《红色中华》第114期第1版刊载的《最后的努力！最后的胜利！》一文报道，根据中央财政部对"《红色中华》号召的退还二期公债八十万、节省与捐助三十万这一运动的总结"，从1933年4月1日至9月30日，退还公债、节省与捐助的总数超过了85万。

显而易见，与节省经济和退还公债相关的运动，实际上是当时苏区的关键性事件，因此，除了《红色中华》报以外，其他的报刊也积极地投入到运动的热潮中，并且都作出了富有特色的贡献。1933年8月13日，《红星》报编发了《热烈购买经济建设公债！》一文，对发行公债的重要性有非常充分的认识，指出：在敌人疯狂般准备新的五次"围剿"面前，苏维埃政府在工农群众与红军战士的热烈要求和拥护之下，决定发行 300 万元经济建设公债，来充实战争经费，改善工农群众生活，这是在经济动员上的新动员。在这基础上，该报向红军战士们发出了号召："《红星》报号召英勇的红色战士们，一致动员起来：（一）节省用费或伙食尾子，以连为单位，购买经济建设公债！（二）有钱的个人尽量购买，钱少的几个人合股购买一张经济建设公债！（三）向苏区群众宣传，多写信回家，鼓动亲戚朋友热烈购买经济建设公债！快速响应红星的号召吧！"①

在 1934 年 3 月 25 日，《红星》报又专门就红军中开展节省运动发出号召。这份号召的内容为：

后方机关和群众正努力为了四个月节省八十万元以充实战争经费。本报号召前后方各红军部队实现下列节省经济的办法。

前方部队：

一、在白区没收豪绅地主谷子，各部队领取时，要按照中央财政部标准价格作价；

二、在白区没收谷子时，不发马干费；

三、出差带伙食，减少客饭的开支；

四、努力筹款，搜集资财；

五、不要失掉和扯坏一件棉衣；

六、尽量节省办公费和杂支费。

后方机关：

① 《热烈购买经济建设公债！》，《红星》第 2 期，1933 年 8 月 13 日。

一、每天每人节省二两米；

二、取消洗衣员；

三、尽量减少人员，增加工作速度和尽量充实前方部队；

四、有少衣不领单衣，保存棉衣；

五、减油单灯，节省办公费；

六、各伙食单位自己开荒种菜；

七、多割草喂马，减少马干。

战斗的要求，需要战斗的回答！

光荣的红版，正等着节省战线上的模范者！

红星编委①

可以看出，这份号召的指向性很强，它是向红军指战员发出的，并且还对红军的前方与后方作出了不同的处理，可操作性很强。在第38期第6版上，《红星》发表了《本报继续号召红军后方机关每月再节省六万元》一文，其中提到该报关于节省运动的号召发出以后，在各部门中已经得到了"响亮的回答"。不过，由于前线的迫切需要，"本报特再向后方各红军机关号召，每月节省六万元"。这一次号召又得到了广泛的响应，第39期第4版的《红星》报在《响应本报每月再节省六万元的号召》的总标题下，发表了一组消息。其中有《总政治部的响应》、《总司令部的节省办法》、《红大教职员自动请减津贴》、《在卫生学校的医务人员中》等，它们都是关于红军后方机构节省经济相关的报道，其中连总司令部、总政治部都置身节省的队伍之中。

---

① 《本报号召节省经济充裕战费》，《红星》第34期，1934年3月25日。

在各类报刊的组织与推动下，苏区当时的节省运动影响力是很大的，有许多典型的材料可以证明这一点。这里选择一条刊发在《红色中华》上的消息，以期管中窥豹。

白区群众购买苏区公债

赣州通讯：赣州城附近白区的群众痛恨国民党军阀进攻革命，于是便经常把自己节省下的钱捐助红军战费。过去的一二期公债都推销了很多，现在他们对经济建设公债，也充分的了解了发展苏区经济，改善群众生活的重大意义，所以更加踊跃的推销云。①

连白区的群众都把自己节省下的钱用来捐助红军用作战费，当时苏区新闻宣传的声势由此可见一斑。

三 倡导募集前线所需粮食与物资

连绵不断的战火，需要源源不绝的物资的供应，这对于刚刚诞生的红色政权来说，是始终面临着的大问题。苏区开展的节省经济、退还公债运动，就是应对这个难题的一种选择。除此之外，为了对苏区的既有条件进行最大限度的调动，苏区的广大群众还以直接向前线红军提供各类所需物品的形式，支援前线。在这个过程中，苏区报刊的贡献也是必不可少的。围绕着募集征收前线需要的粮食等各类前线急需的物资，苏区的报刊开始了密集而持久的报道与宣传。

（一）关于借谷给红军的宣传

《红色中华》多次就此直接向读者发出号召，提出的意见

---

① 《白区群众购买苏区公债》，《红色中华》第123期，1933年11月2日。

是每人借三升谷给红军，也很快就得到了积极的响应。第69
期第2版《借谷的响应》一文报道：上杭县才溪、官庄、旧
苏三区劳苦群众，在《红色中华》号召每人借三升谷给红军
的运动后，纷纷踊跃地借谷给红军，并且很快就收集了100多
石谷子。其中还特别提到才溪区的劳动妇女，要求不收票据便
将谷子借给红军，以这种方式借出的谷子共有40余石。在第
71期第3版，《红色中华》报就借谷子给红军又进一步提出新
的口号：

又是一个号召

　　为着加紧经济动员，充实革命战争的经费，以迅速的
取得粉碎敌人大军进攻的全部胜利，本报又来了一个
号召：
　　立刻完成借20万担谷子给红军！
　　要和退还公债不要政府还本一样，借谷不要收据！
　　全苏区的工农劳苦群众，赶快来热烈响应！

红中编委4月19日

　　这一个关于粮食的新的号召，也得到了各个方面的积极呼
应，仅在《红色中华》第82期第3版上就刊登了多篇与此相
关的报道文章。据《为解决粮食而斗争　妇女节省谷子供给
红军》一文报道，兴国永丰区三坑乡召集妇女全体会议，在
会议中各妇女同志都认为充裕前方红军粮食，是苏区劳动妇女
目前的紧急任务。会后，便由主席团和妇女宣传队到各地宣
传，使全乡大部分的妇女同志了解了借谷给红军的必要性，而
且不但把谷子借给红军，还把借谷票纷纷交到乡苏。在三天

内，就把全乡借给红军的6180斤谷子的借谷票收回了。《一片的退谷票的响应声》报道的是瑞金武阳区石水乡、新丰乡和桃黄区杨四乡的群众，都在短时间内把借谷子给红军的谷票退还乡苏，不要政府还谷，其中石水乡还超额完成了借出谷子的任务。《在会议上退回谷票》则介绍瑞金壬田区湾钱乡的劳苦群众，为响应《红色中华》退回谷票的号召，在宣传动员的会议上就自动退回40担借谷票。

《红色中华》发出借谷子给红军并且退回借谷票的号召以后，很快就感受到了群众的参与热情。与此同时，该报的工作人员也做出了让人感佩的举动。他们没有谷子可借，就在机关工作人员中倡导每天只吃两餐杂粮。他们还先行一步，率先示范。

每天吃两餐杂粮

本报工作人员首先提倡

本报编辑部及新闻台工作同志，自从单独成立伙食单位以来，对于节省伙食，积极进行，不遗余力，并且组织了伙食委员会专门管理粮食的节省与调剂。最近大家决定每日只吃两餐杂粮，早餐与晚餐，都不吃米，以其他的食料来代替。我们这样的已经吃了四天了，觉得营养和平日一样。而且一点儿不觉得容易饥饿。我们现在首先来提倡，希望其他机关的工作同志，在可能范围之内，尽量的来效仿我们。[①]

每天吃两餐没有大米的杂粮，还不觉得饥饿。这当然是强

---

① 《每天吃两餐杂粮　本报工作人员首先提倡》，《红色中华》第82期，1933年5月30日。

打精神说出来的话，或者更准确地说，这是在支援前线的革命豪情的支撑下，产生的一种超乎寻常的精神状态。

（二）关于向红军捐送草鞋的宣传

在召开第二次苏维埃代表大会之前，《青年实话》就号召苏区的群众赶制 30 万双草鞋慰劳红军。特别值得注意的是，《红星》报很快就做出了反应。其响应文章的标题即为："本报响应《青年实话》的号召　以战争的胜利来回答群众慰劳我们的热忱"，内容如下：

> 在红军伟大胜利之前，《青年实话》报号召全苏区劳苦工农群众在二次全苏大会前，做三十万双布草鞋犒劳红军；同时举行大规模的慰劳伤兵战士运动。在大规模的慰劳红军运动中，《青年实话》更号召后方工农劳苦青年，踊跃的加入红军，号召红军中的青年以最高度的战斗热情提高和巩固红军的战斗力，缴大批的枪炮来武装我们的新战士。
>
> 本报响应《青年实话》的号召，以粉碎敌人五次"围剿"的胜利来回答千百万群众慰劳我们的一片热忱！
>
> 红星编委会①

不仅如此，作为一张红军报，《红星》在苏区群众捐送草鞋赠送前线红军的热潮中，径直站在红军的立场上表示感激和称赞，并且还表示要以实际行动来报答群众的热情。这一份浓

---

① 《本报响应〈青年实话〉的号召　以战争的胜利来回答群众慰劳我们的热忱》，《红星》第 17 期，1933 年 11 月 26 日。

厚的情感在文章的标题中就显露无遗了:"多谢姐妹一片心
十万双草鞋送红军"。其内容为:

> 在三八妇女节中,后方的妇女同志热烈的做草鞋慰劳
> 前线的红军战士,计:
>
> 粤赣全省有一万五千三百四十九双,最多的是:西江
> 会昌各三千双。
>
> 福建全省有二万九千六百双,最多的是:上杭三千二
> 百八十双。
>
> 江西全省有六万一千八百四十九双,最多的是:公略
> 二万二千六百余双,杨殷一万七千六百余双,万泰七千七
> 百余双,兴国瑞金各五千余双。
>
> 这一大批草鞋,现已集中,不日即将送往前方。
>
> 前方的同志们!我们要以战争的胜利来回答后方姐妹
> 们的热意呵!①

因为红军对于草鞋不仅需求量大,而且还要得非常急,所
以导致出现了大量的问题草鞋。对此《红星》报并不回避,
而是及时地给予提醒与劝导。根据党中央与中革军委会的号
召,1934年9月要扩大红军3万人,中央互济总会、反帝拥
苏总同盟、总动员武装部、少队总队、儿童团、内务部、妇女
部等中央机关,动员在苏区赶制20万双草鞋以赠送红军。据
《红星》报第61期第4版《迅速完成廿万双草鞋送前方》一
文报道,群众拥护红军热情持续不减,5月下旬起到8月上旬
止,除各地自己直接送去慰劳之草鞋未算外(如兴国慰劳兴

---

① 《多谢姐妹一片心 十万双草鞋送红军》,《红星》第35期,1934年4月1日。

国师，全总执行局去慰劳工人师及各地慰劳补充师新战士等），计送到各地接受保管慰劳品委员会的，共有草鞋12.3万多双，尤以兴国、胜利、瑞金为最多。不过存在的问题是，草鞋的总量只达到目标数的60%，而且其中有10%的草鞋不合格。具体说就是太短小，不合穿，并有部分打得不结实不经穿。这些短小的草鞋，"送到前方不合用，又耗费了人力。所以我们除要求迅速完成和争取大大的超过廿万双草鞋外，同时要求改良草鞋的质量"。在这条消息之前，还配置了一幅漫画。画的是两只穿了草鞋的脚，一只鞋合脚，另一只鞋太短小，脚尖都全露在外面。其标题为：《后方的姐妹们，不要把这样的草鞋送给前方的红军哥哥罢！》

关于这种问题草鞋，《红色中华》报也有触及。该报在第225期刊登了红军第二师政治部黄美的来信，题目就是《草鞋要做得结实一点》。该信首先对后方的同志为了红军不打赤脚，更便于消灭敌人，募集了大批的草鞋慰劳前线红军的举动，表示赞赏。然后介绍最近他们收到很多草鞋，穿的时候走不到一天的路（三十里）就烂了，不能再穿了。最后要求后方的同志，特别是妇女同志，做给红军的草鞋务必打得结实一点。

苏区报刊关于问题草鞋的披露，是值得充分肯定与借鉴的。这说明了它们对一件轰轰烈烈的事件的关注，并不是只报喜不报忧。它们追求的不是表面上的热闹，而始终是尽可能有利于前线的战争。并且，它们在披露草鞋的问题时，分寸感掌握得较好，没有严词苛责，都是善意的提醒与劝告。

（三）关于制作干菜给红军的报道

为红军赶制干菜，这是《红色中华》报根据红军战士的意愿，向苏区群众提出的一个倡议。该报第175期第2版刊发了这样的一篇文稿。

前方红军要干菜吃

本报提议

广大的开辟苏维埃菜园

做成干菜送到前方去

　　本报最近收到前方红色战士来信，他们告诉我们：前方红色战士在艰苦的环境中与敌人作残酷血战，得到后方工农弟兄热烈的慰劳与物质的供给，十分快活，极大地兴奋了他们杀敌的勇气，所以现在他们什么都好，只是他们在行军中感觉的一种困难，就是常常买不到菜吃，而且生菜不容易携带，煮起来又不方便。

　　同志们，前方红军要干菜吃，因之本报提议，在广大群众中里立即进行广泛的动员，多多开辟苏维埃菜园，把菜割起来，放些盐，晒干，大批的送到前方去。红军战士带了又方便，不会腐，不要煮，到处可以拿来下饭吃，对于他们作战是多么有帮助呵！

　　为了推动这项提议，《红色中华》及时地报道了各界积极响应的行动。据登载于第 179 期的《新辟三块菜园多做干菜送红军》一文介绍，中共中央机关工作人员读到《红色中华》报上的文章以后，一致响应要多种菜蔬做干菜送给红军，当即提到列宁室会议上讨论。于是各个种菜小组的同志一致决定，各小组多开一块菜园，选取便于做菜干又生长得快的菜秧来栽种，日后长成了全部做成干菜，送给前方的红军战士。

　　做干菜看似简易，其实也是需要技术与窍门的。基于此，《红色中华》发表了《大家做干菜送给前线的红军去》一文，比较细致地介绍了制作干菜的原料与方法，这是该文的重点部分。

在结尾处，作者对该项工作提出了自己的意见："在提高广大群众拥护红军热忱下，我们应做到每个群众都晒一斤菜干优待红军。不过，这一工作的进行，必须反对强迫命令的方法。"①

不仅如此，《红色中华》报还直接督促各地制作干菜的进展过程。中央土地部在 1934 年 4 月 26 日召开了一次讨论节省三升米的运动会议。会议除了议定其他的事项之外，还强调要发动各机关团体专门开辟荒田一块，种菜制菜干送到前线去。半个月以后，《红色中华》报就在第 190 期第 3 版上以非常醒目的方式提出追问："各级土地部，你们领导了群众的节省运动没有？你们为了制菜干开了荒田没有？"

应该是基于与运送到前线的问题草鞋一样的原因，这些转运给红军的干菜也出现了问题。《红色中华》报在第 225 期上登载的一封前方来信《前方红色战士向后方同志们的要求：坏的菜干不要送给前方》，即反映了这个问题。这封信是一军团写给"红中社"的。其中提到：近日由瑞金总兵站送来数十担干菜，慰劳一军团，里面菜的种类很多，如豆角藤叶子、黄麻叶子、红芋叶子、芋头叶子、蕃芋皮、青菜叶子等都有。但是，口味苦又嚼不断筋，枉费了许多人力。当各部队烧着吃时，红色战士都吃不下去，反糟蹋了油盐。由这封信的内容就可以看出，苏区群众实在是很难找到足够的蔬菜来制作干菜，只好用豆角藤叶子、黄麻叶子等来凑数。

（四）关于做竹口杯和收集子弹壳的宣传

把这两项活动放在一起讨论，是因为两者有共同之处。两个号召开始都是面向前线战士提出的，后来得到了苏区群众的响应。1934 年 4 月底，《红色中华》报向每个红军新战士和赤

---

① 《大家做干菜送给前线的红军去》，《红色中华》第 184 期，1934 年 5 月 4 日。

卫队员发出号召，每人自备一个竹口杯。该文刊登在《红色中华》第 182 期（1934 年 4 月 30 日）上：

本报号召

每个新战士每个赤少队员自备一个竹口杯

据军委总动员部消息，现在采办洋铁非常困难，对于新战士的口杯不能充分供给，而且这种洋杯不好使用，装了烧的东西手便拿不得，嘴唇也不敢近它，同时又不卫生，容易生锈，远不如竹口杯子好。

竹口杯无论在使用上，卫生上，都比洋铁的好得多。在原料方面更不消说，是苏区出产品，随处都有。如果每个新战士都自己带一只竹口杯，那公家就已节省经费，来更胜利的粉碎敌人五次"围剿"。

每个赤少队员，每个新战士们，大家都要自备一个竹口筒来准备上前线去。

长汀赤田区的儿童团看到关于每个新战士带一个竹口杯的号召后，就在列宁学校里利用上手工课的机会，预先砍好了竹子，每个儿童都在学校里做竹口杯，准备送给红军战士，并且已经做好了 156 个交到长汀县教育部与儿童局代转前线。由此，《红色中华》向少年先锋队组织发出倡议："各地的皮安尼儿们！你们也立即起来响应呵！"①

为了能够保证前线红军的弹药需求，中革军委总供给部决定收集子弹壳制造子弹。在这个背景下，《红星》报向红军战

---

① 《长汀赤田区的儿童做竹口杯送红军》，《红色中华》第 225 期，1934 年 8 月 13 日。

士提出了收集子弹壳的倡议：该文刊登在《红星》第 40 期
（1934 年 5 月 5 日）上：。

把子弹壳收集起来

多一颗子弹壳就多一颗子弹

我们红军的子弹，一方面是从敌人手里缴来的，一方面也要靠我们自己制造供给。造子弹要弹壳，多一颗弹壳，就多一颗子弹去消灭敌人。每个红军战士都负有收集子弹壳，缴到后方制造子弹的责任。不但要把自己打了的子弹捡起来，而且要随时注意敌人的子弹壳，愈多愈好。各级政治工作人员应负责督促和检查这一工作的进行。

因此，本报提议：把这个问题专门提到列宁室讨论一次，决定具体办法来进行，并将执行情形向本报作通信。

《红星》报收集子弹的倡议，得到了红军的热烈拥护和积极响应。该报第 45 期刊登了王宗槐的《我们检弹壳的成绩》，比较清晰地介绍了第二师的落实情况。对本项活动的意义，第二师曾在党团小组中讨论了，并且立即作出决定，以每个党团小组为单位去收集。另外，检阅党团员对这一工作的投入状态，成为他们的一个经常性的工作。特别是鼓励青年同志，更积极去收集。每次战争后检阅一次；就是负伤的同志都能很积极地搜检。最近两月中仅仅是青年战士，就"检到了子弹壳一万一千六百八十发，子弹八千三百九十发"。他们还表示："现我们还在继续努力进行着，希望其他各部队的同志，也要注意这件事呵！"

不久，收集子弹壳的活动，就在苏区的群众中弥漫开了。1934 年 7 月 15 日第 99 期的《青年实话》上就登载了《收集子弹壳的模范》，8 月 25 日出版的报纸又发表了《儿童到火线上进行收检子弹壳》，这些报道对于该项活动的深入与持续，起到了积极的推动作用。

总而言之，上述四个方面的集中宣传与报道，是直接为前线的战争服务的。在那样的一种特殊的形势下，苏区报刊的工作人员以自己的方式投入战斗中去，最大限度发挥了报刊的现实功能。

第三节　积累了系统管理传媒的经验

一　媒体的布局与配置

同样是共产党人创办新闻报刊，在红色苏区与国民党统治区是非常不同的。在国民党统治区会受到外界环境的很大的限制，而在苏区只要是工作需要，就可以立即筹划与运作。创办媒体有充分的自主权，因而媒体可以如雨后春笋般成批成群涌现。事实也正是这样，因为工作的需要和读者欢迎，江西苏区报刊只经过五六年时间，便从 20 种猛增到 200 余种。在面积不广、人口不多的农村地区出版了如此众多的报刊，在中国新闻事业史上是没有先例的。

很显然，媒介的生机与繁荣不能简单的由数量来彰显；相反，如果传播媒介的布局只是表现在数量上的简单叠加，而缺乏应有的秩序和逻辑，则不仅无法证明传媒界的生机与繁荣，而且还显露出其混乱与盲目的一面。江西苏区的传媒设置是有其内在的秩序与逻辑的，其总体特征可以概括为：纵横布局，错落配置。

从纵向方面来看，当时的苏区根据行政的层级进行报刊的系统布局，呈纵向贯通与延伸。层次分明，结构清晰。其中，中央一级的报刊有《斗争》、《布尔塞维克》、《红色中华》、《苏维埃文化》等，省级报刊有《省委通讯》、《红色湘赣》、《战斗报》、《工农报》等，特委一级报刊有《红旗》、《赤报》、《团的生活》等，中心县委一级有《赣东战线》、《创立少共国际师通讯》、《北路青年》等，县级有《党报》、《艰苦斗争》、《红潮》等。这些归属于不同层级机构的报刊呈梯级布局，形成了苏区报刊的纵向结构。

从另一方面来看，就特定的层级而言，每个具体的媒体各具面目，各有特色。拥有各自的办刊办报的目标、定位与受众，相互之间的区隔很清晰。以中央一级为例，《青年实话》于1931年创刊于江西永丰县龙冈，开始是少共苏区中央局机关报，后来随着团中央从上海迁入瑞金，又改为少共中央机关报。它是主要针对共青团组织以及广大青年的刊物，富有青年的特点，并且保持"文字作风的青年大众化"①。刊物往往结合苏区革命与建设的实际情形和青年的学习需求，选择刊登马、恩、列、斯的著作与这些革命领袖的事迹。还设立了"团的建设"、"赤色体育"、"问题解答"、"读者意见"和"故事讲座"等符合青年特点和要求的栏目。《红星》报是中国工农红军总政治部机关报，其主要受众是红军的指战员。因而，该报努力充当反映红军的生存与发展的"一面大镜子"，并且力争成为"红军党的工作委员会"、"政治工作的讨论会"②。《苏区工人》为中华全国总工会苏区执行局机关报，每期出4版，共发41期。主要针对的读者是苏区的工人阶层，开设了"职工运动指导"、"广播台"与"经验交流"等栏

---

① 《发刊词》，《青年实话》创刊号，1931年7月1日。
② 《见面话》，《红星》创刊号，1931年12月11日。

目。《教育通讯》于 1934 年创刊于瑞金沙洲坝，是中央教育部的内部通讯，刊登的大多是中央苏区教育战线的消息动态、方针政策，总结交流苏区教育战线的经验，并研究解决实际的教育工作中出现的问题，主要的读者是教育领域的相关工作人员。以上这些中央级的报刊连缀在一起，在横向呈扇面打开，以整体的吸引力与影响力向社会的各个侧面、各个领域辐射。

显而易见，新中国成立后传播媒介的整体布局与江西苏区报刊设置的特点是一脉相承的。完全可以这样说，江西苏区的新闻媒体建设的实践是新中国媒体建设的预演，其贡献出的媒体版图与结构，是新中国传媒布局的雏形。

二　媒体的引导与管理

（一）对于媒介的引导

可以简单地把苏区对媒体引导的形式分为两种，一种是发表宏观性质的文稿，另一种是直接对新闻业务工作提出指导性意见，或者针对报刊出现的一些现象，提出自己的引导性的评析与推断。

第一种宏观性质的文稿，往往表现为言论与理论文章。当时许多的领导人都直接参与了这项工作，其中有：毛泽东、周恩来、朱德、邓小平、张闻天、项英、瞿秋白、刘少奇、陈云、彭德怀、聂荣臻、罗迈、李富春、罗荣桓等，他们撰写的这类文章比较多，其中：毛泽东的《兴国长岗乡的苏维埃工作——长岗乡的调查》、《新的形势与新的任务》，张闻天的《为苏维埃的中国而斗争》、《论苏维埃政权的文化教育政策》，周恩来的《一切政治工作为着前线的胜利》、《为土地为自由为苏维埃的政权战斗到底》，朱德的《武装起来，到红军中去》、《拥护紧急动员令》，项英的《实行工作的检查》、《反对浪费严惩贪污》，刘少奇的《反对扩大红军突击运动》、《停止"强迫介绍"与救济失业工人》，等等，在当时都具有较大的影响。在报刊上发表他们的这类文章，可以直接发挥出设置议题、引导舆论和辨明是非的现实功能。

　　另一类的文章具有新闻业务与理论的研究性质，意在对媒体的采编与运作产生直接的指导作用。这其中比较著名的有：毛泽东的《怎样办〈时事简报〉》，张闻天的《关于我们的报纸》、《使"红中"更变为群众的报纸》，杨尚昆的《转变我们的宣传工作》，瞿秋白的《关于〈红色中华〉报的意见》，邓颖超的《把"红中"活跃飞舞到全中国》，李富春的《"红中"的百期的战斗纪念》，凯丰的《〈青年实话〉两周年》等。从题目上就可以看出来，这些文章针对性很强，其中有一些意见在今天看来，仍旧具有现实的意义。下面是张闻天的一段关于新闻报道的意见：

　　　　在十月七日《红色中华》一一六期上，我们看到关于博生县九月底十天内扩大红军一千八百名的记载。在《红色中华》一二四期上又说到"博生县的广泛动员"，从十月十一号起至十月十七日止，在梅江、流南等等五区"七天动员了一千五百八十三人"。只依照《红色中华》这两次关于博生的记载，那它单在十七天内就扩大了红军三千三百八十三人。这不但在十七天内完成了博生县原定计划，而且超过了计划。关于江西其它各县，也是如此，所以依照《红色中华》的记载，我们可以得出非常乐观的结论，就是我们不但完成了我们的计划，而且可以超过我们的计划。然而实际上却完全不是这么回事。实际同《红色中华》所描写的动人的图画，是不相符合的。实际给了《红色中华》的乐观的记者以冷酷的嘲弄。①

为了激励与推动扩红运动，记者往往就进行比较乐观的报道。或者可以这样说，正是报道目的的正确而且重要，导致报道者主观上更倾向于相信任何能够体现辉煌成绩的消息，因而导致新闻报道的失实。这样的事例其实在今天仍旧难以根绝，而在当时那样特殊的情况下，张闻天还是予以了高度的重视，并提出严厉的批评，这非常难得。

（二）关于媒体的管理

这里结合一个具体的管理案例展开分析。《红色中华》报第 134 期刊登了一篇批评文章：

郑茂德偷骡子吃馆子

把这个可耻的家伙赶出团去

郑茂德，这个无耻的小偷，他混入团内，在少共中央局当巡视员，屡次干偷窃的勾当。前两月于都巡视工作，偷了县保卫局的骡子，把自己骑去的马卖了，赚了八块钱。回来就与少共中央局的某些同志大吃馆子，但是终于被发觉了。在严重警告之后，他不但没有纠正错误，而且在工作上表现极端怠工。现在少共中央局已经把他开除了。

郑茂德是少共中央局的巡视员，从"现在少共中央局已经把他开除了"一句可以推断，这篇文章发表的时间是在少共中央局已经决定开除郑茂德之后，后来《青年实话》还把这份开除决定刊登在了第 3 卷第 4 期上。

---

① 张闻天：《关于我们的报纸》，《斗争》第 38 期，1933 年 12 月 20 日。

开除郑茂德团籍决定

　　郑茂德是团员兼党员，在他的生活中一贯的表现着偷窃行为，在福建工作时窃取衣服钢笔，□巡视于都工作时，将中央局的骡子卖了八元，他得五元，李宗伯得三元，私自用了。□□窃取于都保卫分局的骡子回去，□偷窃八家的毯子。中央局在知道这一事件后，曾经严厉的与他作斗争，并给他最后严重警告，要他在工作中改正，□后他在巡视公略的工作中□回来中央局后，在工作上都表现消极，像这样偷窃的分子，是没有一点共产青年团的气味，偷窃分子在共产青年团中没有地位。

　　中央局决定开除他的团籍，公布这一决定。

少共中央局　十二，一

　　很显然，《红色中华》报对郑茂德展开批评是非常有信心的。因为其中所涉及的核心事实，即郑茂德用偷骡子卖马换来的钱吃馆子，完全属实；特别少共中央局已经作出了开除郑茂德的决定。一般情况下，应该是万无一失了。也正是因为有这些因素，编辑部似乎有高调推出这篇批评稿件的意思。其主要的证据是，在该文的旁边，竟罕见的配有一幅喻示郑茂德卖马大吃大喝的漫画。殊不料，批评文章中有一句"回来就与少共中央局的某些同志大吃馆子"，让这件不光彩的事情牵扯上了"少共中央局的某些同志"，而且这点正好与事实不符。发觉以后，《红色中华》报立即在第135期的中缝以"重要更正"的形式，作出了明确的更正说明，这期报纸的出版时间是1933年12月17日。纵然如此，作为少共中央局机关报的《青年实话》并不认为此事就可以这样落幕。该报在刊登了

《开除郑茂德团籍决定》的同一期的报纸上，同时发表了火药味甚浓的声明性文字《红色中华的造谣》，全文如下：

> 在红色中华第一三四期上编者登载关于郑茂德偷卖骡子的问题。
>
> 内说："回来后，与那些少共中央局的某些同志大吃馆子。"这完全不合事实，是对于少共中央局的污蔑与造谣。相反的，反对浪费贪污与郑茂德的这种行为，却是少共中央局所领导的。如最近对于红色中华社所印发的革命画集与革命诗集的浪费纸头的批评等，在红色中华社的反对浪费与节省的空洞号召中，完全没有自我批评。我们认为这种造谣与污蔑，完全没有事实的根据，我们坚决的拒绝这种言论。
>
> 十二月十八日

可以看出来，这份声明完成于《红色中华》报已经公开更正之后。它不仅指出了"与那些少共中央局的某些同志大吃馆子"一事失实，还连带提及了两个问题：一是指出"反对浪费贪污与郑茂德的这种行为"，是由少共中央局领导的；二是《红色中华》报自身有浪费行为，其反对浪费倡导节约是空洞的号召。很显然，这份声明不仅有些意气用事，甚至还有挑衅的意味。它认为《红色中华》报不符合实际的批评，是一种"污蔑与造谣"，这样的措辞非常不恰当。"污蔑与造谣"是一种有意识的行为，这与事实不符，《红色中华》报出现的只是技术上的过失，并非主观故意。否则的话，就不能解释该报主动作了公开更正的举动。至于连带提及的两个问题，则更不妥当。提出反对"郑茂德的这种行为"，是由少共中央局领导的，言外之意是《红色中华》报不该越俎代庖，多管闲事。我们无须过多阐释，完全可以简单地推断：这是一个非常荒唐与糊涂的观念。之所以会有这样的观念，可能是认为郑茂德是少共中央局的巡视员，他犯了错误，就应该由少共中央局处理。如果要开展公开的批评，也应该在《青年实话》上进行。所以，在发表这份《红色中华的造谣》的同时，《青年实话》也把《开除郑茂德团籍决定》同期刊出，以表明自己的态度。这种逻辑当然是无法成立的。强调"反对浪费贪污"，"是少共中央局所领导的"，则完全是意气左右下的情绪之言了。即使是我们把这里的"领导"理解成倡导、领先，也还是不符合实际的。《红色中华》报第10期就刊登了项英撰写的社论《发展生产，节俭经济来帮助红军发展革命》，其中特别强调"节约一文钱即是对革命有一分的帮助，谁要'浪费一文钱实等于革命的罪人'"，而这期报纸的出版时间是1932年2月17日。

这份声明连带提及的第二个问题是，《红色中华》报反对浪费倡导节约是空洞的号召，并且其自身有浪费行为。实际的情形为，《红色中华》报多次直接向读者发出开展节省运动的号召，在苏区的广大农民、工人、红军以及政府机关公职人员中引起了热烈的响应，并且取得了巨大的成效，节省的成果在《红色中华》上有连续的统计与报道。这类内容已经在上文有所涉及，此处再举两个具体例证，以说明《红色中华》的号召并非空洞。

第一，一批来自白区的中共中央领导与工作人员为响应《红色中华》报关于节省的号召，集体给该报写了一封公开信，内容如下：

　　我们是从白区来的，我们在苏区没有分田，但是我们为着革命战争，使我们能在持久战中取得彻底胜利，愿意：

　　一、每天节省二两米，使前方红军，吃饱，好打胜仗。

　　二、今年公家，不发我们热天衣服，把这些衣服给新战士穿。

　　我们要求其他白区来的同志，和在苏区分了田的同志，都同我们一起，来响应红色中华的节省号召。

　　签名人：左觉农，陆定一，余长生，邓颖超，博古，刘群先，陈云，毛泽覃，朱琪，覃伯益，林恺，郭香玉，刘自升，彭儒，廖昔琨，成仿吾，刘素珠，罗万，阿金，潘汉年，赵婉嫒，陈一新，贾拓夫。①

　　第二，苏区政府人民委员会在其颁布的第十四号命令《为批准各级政府红军后方机关国家企业学校等工作人员请求减少伙食谷子事》中，特别提到了《红色中华》该项号召所引发的积极效应。

　　红色中华"为四个月节省八十万元而斗争"的号召，得到了各级政府，红军后方机关，国家企业，学校等工作人员的热烈的响应。特别为了节省粮食，保证红军给养，都自愿每人每天减少食米二两。并一致要求本会命令公布这一决定。甚至还有许多政府工作同志，愿意自带伙食为政府工作，国家企业与国家工厂工人，公开提出免发或少

---

① 《中共中央机关外籍工作同志给本报节省运动号召的回答》，《红色中华》第164期，1934年3月20日。

发工资问题。本会认为这种一切服从革命战争的牺牲精
神，是值得极大赞扬的。①

上面的两个例证完全可以说明，《红色中华》报关于节省运
动的号召是具有显著的现实功效的。如果真的要评判一个活动
的空洞与否，《青年实话》所在的少共中央局联合少先总队与反
帝青年部发起的购买"少共国际号"飞机送红军的募捐活动，
倒真有些"空洞"之嫌。当时活动的组织者深信，经过广泛而
深入的发动，"红色的少共国际号飞机，料想不久就要翱翔空
中，去消灭白色飞机"②，在当时的苏区，这显然是一项不可能
完成的任务。事实上该活动后来也正是无疾而终，不了了之。

至于《红色中华》报自身有浪费行为，《青年实话》举的
例子是"最近对于红色中华社所印发的革命画集与革命诗集
的浪费纸头的批评"，通过凯丰的一篇文章可以获知批评红色
中华社印发《革命诗集》一事的原委。凯丰在《我们的奢侈
与我们吝啬》中写道："有许多东西在今天我们的物质水平线
的条件下可以缓一点出版，可是我们先印刷了。有些东西有广
泛的群众在那里等待着的我们却没有出版。譬如最近红色中华
社出版的《革命诗集》可以迟缓一点印，却先印了。有千百
万的成年青年儿童在那里等待着他们的课本，却被拒绝印
刷。"③ 凯丰是苏区少共中央局书记，《红色中华的造谣》一文
说的最近对红色中华社"浪费纸头的批评"，就应该包括他的

---

① 《在广大群众响应本报号召的热忱下人民委员会批准减少食米的请求》，
《红色中华》第 168 期，1934 年 3 月 29 日。
② 《少共中央局、少先总队、反帝青年部发起募捐》，《红色中华》第 31 期，
1932 年 8 月 30 日。
③ 凯丰：《我们的奢侈与我们吝啬》，《斗争》第 36 期，1933 年 11 月 26 日。

这篇文章了。但是，在这里凯丰并没有说印刷《革命诗集》就是浪费，只是强调应该先印刷课本。可见，《青年实话》的话有点难以落到实处。

而且，进一步说，即使红色中华社果真存在浪费的行为，《青年实话》如果能够以常规的方式和严谨的态度，特别是拿出具体证据、摆出详尽事实进行专门的报道与批评，那便是正确的选择。像这样在这个情绪化比较浓重的关口信笔疾书，率意而为，反而会降低批评的诚意与说服力。

对于中央苏区的两大主要媒体发生的这场争议与纠纷，当时的中共中央宣传部及时进行了处置。具体说就是议定了一个对此事的处理意见，并要求公开刊登在《红色中华》报与《青年实话》上。

中共中央宣传部关于《青年实话》的决定

《红色中华》于一三四期上登载了关于郑茂德偷骡子的问题，内有"回来就与少共中央局的某些同志大吃馆子"完全不是事实，这是"红中"编辑部应该负责的。但"红中"于一三五期已有"重要更正"。现在《青年实话》编辑部竟于"青话"第三卷第四号以四号大字，用《红色中华的造谣》的标题，污蔑中央政府的机关报，企图将少共中央局的《青年实话》与中央政府的《红色中华》对立起来。中央宣传部认为这是绝不容许的现象，特给《青年实话》编辑部以严重警告。并于《红色中华》与《青年实话》上公布这一决定。（十二月廿九日）①

---

① 《中共中央宣传部关于〈青年实话〉的决定》，《红色中华》第139期，1934年1月1日。

今天来看，《红色中华》与《青年实话》之间发生的这场争议有其深层原因。在江西省偏远的边陲地区赣南诞生出中华苏维埃共和国，这是我国历史上开天辟地的事件。随之而来的一些观念或者举措，基本上都无前例可援。我们的一些机构或者部门，都是刚刚开始在人民政权的背景下尝试管理媒体，毫无经验可言。一些管理新闻媒体的机构与个人，还无法意识到个人情感、部门意志与媒体立场的区隔，所以就容易出现话语权使用过度与过限的情形。《红色中华》与《青年实话》之间所发生的这场纠葛，实际上就是没有处理好个人情感、部门意志与媒体立场的关系。

就整体而言，中宣部对这场争议的处理是妥当的。首先，它感觉非常敏锐，显然意识到此事非同小可，很快就做出了颇有力度的反应。其次，对此事的危害性有深刻的认识。明确点明《青年实话》与《红色中华》分别与少共中央局与中央政府有连带关系，隐约判断如果任由此事蔓延开来，不仅会造成《红色中华》与《青年实话》的对立，也有可能导致少共中央局与中央政府之间的矛盾。再次，对当事双方的处置也比较恰当。其基本态度非常明确，高调表明《青年实话》的错误是绝对不可以容忍的，并给予严重警告的处分。同时也指出《红色中华》的过失，并责令其承担相关责任。

这种处置的方式是有成效的。《红色中华》报在刊登中央宣传部的处理决定的后面，附上了一小段表态性文字："红中编委附志：我们坚决拥护党中央宣传部关于《青年实话》的决定。对我们印发革命诗画集，我们自己已经而且继续在实际工作中开展自我批评，至于'青实'编者说'红中'节省号召是'空洞号召'，我们不用申明，已经有各地热烈响应的铁的事实，证明了'青实'编者观点的错误。"

《红色中华》被批评以后，能够抱持这个态度是值得肯定的。另外，少共中央局后来也表示积极响应《红色中华》报节省运动的号召。

少共中央局热烈响应本报号召

少共中央局全体工作人员响应本报节省八十万的号召，特于昨天晚上决定：

一、全体工作人员每人每天减二两米，从廿三号起实行，自己种菜，并开辟一个棉田，每人种十头棉。

二、下面的外籍同志要求今年不发热天衣服：阿伪、胡耀邦、陈雪英、谢仰山、凯丰、张爱萍、廖儒、王龙光、刘英、苏金大、林飘萍、曾光、施碧晨、陈良佑、徐素容、肖月华、陈荣、赖大超、邓德昌、二姑、三姑、振彪。

三、下面苏区的同志自动从家里带伙食来：李才连带一个月，陈互显、钟昌材、俞维新带二十天，刘春山带半个月，余莺飞、杨衫振、张均如、杨衫振、李中、肖义奇带十天，俞大云、李宗庚带五天，蓝生、金秀带菜钱一个月。①

在上面的这些名单中，既有少共中央局的领导，也有《青年实话》的主编、编委与主要作者，这表明至少在刊登这篇稿件时，两个媒体甚至是两个机构就展开了良好的互动，相互之间的芥蒂已经不复存在。苏区时期管理媒体以及解决媒体之间矛盾的这种经验，是苏区文化遗留下来的重要精神遗产，弥足珍贵，在今天仍旧具有参考与借鉴价值。

---

① 《少共中央局热烈响应本报号召》，《红色中华》第167期，1934年3月27日。

第四节　形成了延续至今的新闻理念

现在支撑与引导我国新闻实践的中国共产党的新闻理论，其出现与形成经历了一个不断累积的过程。可以说，苏区时期早期共产党人在新闻实践与新闻理论方面的探索，对这套理论的定型具有奠基性的意义。下面从几个主要方面进行分析。

一　新闻应该为中心工作服务

当时苏区的一些主要报刊，都有为党和苏维埃政府中心工作服务的自觉性。《红色中华》在《发刊词》中就明确声言："《红色中华》是中华苏维埃共和国临时中央政府的机关报。它的任务是要发挥中央政府对于中国苏维埃运动的积极领导作用，达到建立巩固而广大的苏维埃根据地，创造大规模的红军，组织大规模的革命战争，以推翻帝国主义国民党的统治，使革命在一省或几省首先胜利，以达到全国的胜利。"李富春在《红色中华》报办报百期纪念的时候，特别从这个角度对该报的成绩进行了充分的肯定："它根据党和苏维埃所提出的中心任务和口号更具体的宣传和号召广大群众为实现这些任务而斗争，得到了千千万万群众的有力回答，退还公债，节省经济，扩大红军等等战斗任务的具体号召，已收获了伟大的果实，它成为党和苏维埃的政策口号的宣传者和组织者！成为党和苏维埃动员群众、组织群众、领导革命战争的有力助手！"①

《青年实话》作为共青团组织的机关报，也有为中心工作

---

① 李富春：《"红中"百期的战斗纪念》，《红色中华》第100期，1933年8月10日。

服务的清醒认识。在它一份改版方案的编辑方法部分还特别提到"一切题材，应围绕着当时党与团的政治任务做中心，不要机械的分栏"①。

为中心工作服务的新闻观念在张闻天的文章里体现得最为集中、突出。他不仅有这个新闻观念，而且还联系当时的新闻实践对与此相关的问题进行了深度的思考。他在长篇论文《关于我们的报纸》中，非常清晰地提出："把党与苏维埃政府的任务，最清楚的放在我们报纸的前面，继续不断的为这些任务的实现而斗争，应该是我们报纸的基本工作。"②

联系苏区当时新闻界的状况，他认为："一般的来说，我们的报纸在为了党的与苏维埃政府的中心任务而坚决斗争方面，还是非常薄弱的，我们所登载的新闻，常常是一些当地组织所要完成的赤裸裸的数目字，或者是它们的计划与工作布置。比如关于扩大红军的工作，我们的报纸，照例是某某地方的'光荣的动员'，某某地方正在积极动员中，以及某某地方'扩大红军的热潮'等好听的标题，然而关于这些动员的下文，关于这些工作计划执行的程度与在这一动员中所发生的许多问题，我们的报纸是没有记载的。我们常常满足于一些赤裸裸的动人的数目字，一些一般工作计划与工作布置。但是对于这些记载进一步的考虑与检查，关系工作的布尔什维克的自我批评，因工作计划的流产或工作中发生严重现象而敲起警钟来引起全党与整个苏维埃政府的注意，来采取紧急的办法，在我们的报纸上还是没有。"

在这里，张闻天对"我们的报纸在为了党的与苏维埃政

---

① 《〈青年实话〉的革新计划》，《青年实话》第2卷第4号，1933年2月19日。
② 张闻天：《关于我们的报纸》，《斗争》第38期，1933年12月20日。

府的中心任务而坚决斗争"的现状表现了明显的不满，这显示了在他的心目中，报纸为党和苏维埃政府的中心任务服务并不是表面的配合与宣传，而是要真正地研究问题，发现问题，并且提出解决问题的思路。当时的报纸虽然具有服务中心工作的观念，但是实际的成效不理想，许多的工作都流于空洞与表面。

对于导致这种局面的原因，张闻天分析说："我们报纸没有真正的去了解下面实际情形，检查我们的实际工作，揭发在我们实际工作中发生的一切严重问题所必然产生的结果。这种报纸当然不能起为了党与苏维埃所提出的中心任务的实现而坚决斗争的作用。"

更重要的是，张闻天还特别结合具体实例，探讨了应如何避免流于空洞与表皮的问题。他指出："比如在目前我们进行到明年一月一日止扩大二万五千的红军的突击运动中，我们的报纸不但要记载各机关突击队的下乡，而且要记载这些突击队怎样工作，这些突击队工作的成功与失败，以及成功与失败等原因；不但要记载某区某乡有了多少人报名当红军，而且要记载这些报了名的是否真正集中，与不能集中的具体原因，以及集中时动员情形。真正赞扬能够完成计划的某一突击队，把一定数量真正送到了补充师的突击队。在毫无成绩的突击队前面提出警告，以引起党与军事机关对于这一突击队的注意与及时的补救办法等。只有这样做去，报纸真正尽了为党与政府的任务的实现而斗争的作用。"

显而易见，张闻天不仅对于新闻工作应该为中心工作服务的理念有深刻的认识，而且对于报刊如何为党和政府的中心工作服务，也有自己的独到的看法。

二　全党办报与群众办报

（一）关于全党办报

"全党办报"的明确表述，在中国共产党的新闻思想发展史上，最早是出现在延安时期的《解放日报》上。在该报1942年2月16日刊发的《本报创刊一千期》的社论中指出："我们的重要经验，一言以蔽之，就是全党办报四个字。"不过，全党办报的观念在苏区时期大致成型，并且已经有了比较接近的表达了。

1930年5月，李立三在《党报》一文中对办好党报提出了自己的意见。他说："党报是要党的整个组织来办的，单只靠分配党报的少数同志来做，不只是做不好，而且就失掉了党报的意义！所以每个党的组织以及每个党员都有他对于党报的严重的任务：第一读党报，第二发行党报，第三替党报做文章，特别是供给党报以群众斗争的实际情形和教训。"[①]

张闻天也认为党内的同志，应该经常阅读党报，经常为党报供给文章。他是从有效地做好工作的角度提出这一问题的。他指出："假使我要做好我的工作，我必须把在实际工作中所遇到的困难与问题和我实际工作中所得到的经验告诉人家。如若我用口头上的传达，那我一天至多只能把我所要说的话传达给几个人。我花的时间非常多，然而我得到的效果却是非常之少。假使我把这一点同人家说话的时间花在写文章中，那我的文章发表后，立刻可以传达到全党，给全党的同志看到，使我的经验能够为全党的同志所采纳与应用，使我在实际工作中所

---

① 李立三：《党报》，见《中国共产党新闻工作文件汇编》下册，新华出版社1980年版版，第127页。

得到的困难与问题引起全党的注意与讨论，使这些困难与问题很快得到全党同志集体的解决。这样我方才能够顺利的执行我的领导责任。"① 因此，他反复强调："每一个同志，尤其是党的干部与党的指导者，阅读党报，给党报做文章是他们的实际工作与领导工作的有机组成部分。谁如若不这样做，谁就是忽视了他的任务，谁就是口头上说要党的工作转变，而实际上是对于这种工作的转变表示消极的！"

1933 年 2 月，作为中国共产党苏区中央局机关报的《斗争》，刊登了党报委员会的一份《党报启事》，全文为：

要使我们的党报变为真正党的领导的机关报，那不但需要党的领导经常的写些指示文章，而且需要真实的反映党的下属的实际情形，也只有各级党部经常把实际的材料，和我们工作的缺点和经验告诉党报，党报才能更具体的起它的作用。因此，党报希望省委、县委、区委、支部以及全党同志能够经常写些文章做通讯，按集材料，来供给党报，同党报建立经常的关系。如若在工作中有什么困难时，也可写信给党报，党报一定负责答复。

党报委员会②

很清楚，这份启事要求党的各级组织以及全体党员都要结合自身的工作，与党报保持密切的沟通。

李卓然在《怎样建立健全的党报》一文中，也对做好党

---

① 张闻天：《怎样完成党报的领导作用?》，见《红色号角——中央苏区新闻出版印刷发行工作》，福建人民出版社 1993 年版，第 148 页。
② 《党报启事》，《斗争》第 2 期，1933 年 2 月 4 日。文中"按集材料"中的"按集"一词，系原件照录。

报的工作，提出了自己的看法。他认为："读党报，替党报做文章，帮助党报的发行，是每个党员实际工作中有机的组成部分，而且是最重要的政治任务之一。不要说，我不会做文章，没有空做文章，更不要推诿，说让会做文章的同志去做文章，因为这些只是你不积极参加党报工作的借口，使你消极地反对了党报集体的领导作用。"① 正是在这个认识的基础上，他把让每个党员特别是做实际领导工作的同志确立读党报替党报做文章和帮助党报发行的意识，视为"苏区党报——《战斗》——的实际工作之一"。

可以说，要求全党同志都参与党报的工作，在中央苏区，远不止是张闻天和李卓然两个人的看法，这是当时苏区的一个比较通行的意见。他们虽然没有直接说出"全党办报"的字眼，但是都强调全党要阅读党报，要为党报写文章，并且为党报的发行提供帮助，实际上这些就是"全党办报"的核心内涵。

（二）关于群众办报

作为中国共产党的一个重要的办报思想，群众办报是与全党办报紧密联系的。它强调的是报纸编辑部内的专业办报人员应该充分利用编辑部外的广大人民群众的智慧与力量，以保证办报的方向与质量。这个新闻理念在当时的苏区表现得非常清晰。李一氓认为："办报纸不一定是知识分子包办的事，因此从工农出身的新闻干部的培养，是《红色中华》'天然'的责任。现在经过党和政府去指派来的通讯员是不会有好大作用的，'红中'应建立自己能够指挥和训练的通讯员，及自己整个的通讯网。从农村中，从工厂中和作坊中，从街道上，再可

① 李卓然：《怎样建立健全的党报》，《战斗》第 1 期，1931 年 7 月 1 日。

从各种机关中，渐次的寻觅着自己的通讯员，要他们经常有稿子寄来，同时做发行工作。另外我们用函授的方法，来教他们的新闻学，如何做社论，如何写消息，如何当外勤记者，如何当内勤记者，如何发稿，如何校对，如何做发行工作……要这样来创造苏维埃的新闻干部。《红色中华》不仅是报纸，而且是学校，从事这一部门工作的干部的需要，已经放在我们新闻政策的议事日程之上。"①

在同一时间，即在1933年8月，瞿秋白表达了与此相近的意见，他在《关于〈红色中华报〉的意见》一文中说："要组织每个地方、每个战线的工农兵通讯协会，帮助能够开始写些通讯（关于当地的事实和批评的通讯）的兵士、贫农、工人组织起来，有系统的'发稿'给各种小报、壁报，而《红色中华》报可以利用这些稿子，加以编纂而使得自己的新闻栏更加丰富起来。"②

李一氓与瞿秋白在中央苏区先后主持过《红色中华》的编务工作，此处他们都主张发挥群众的力量以办好报纸。在具体途径方面，李一氓强调建立自己的通讯员系统，对他们进行比较全面的新闻采编业务与发行工作技能的培训。瞿秋白则主张与群众性的基层新闻平台加强联系与互动，利用他们的资源办好自己的报纸。

苏区时期群众办报集中体现在通讯员队伍的建立与使用上。《红色中华》报从创刊伊始，就热忱希望群众踊跃投稿。其刊登的欢迎投稿的启事中写道："凡在苏维埃旗帜下工作的

---

① 李一氓：《论目前"红中"的任务》，《红色中华》第100期，1933年8月10日。

② 瞿秋白：《关于〈红色中华报〉的意见》，《斗争》第50期，1934年3月11日。

同志，最好而且应该将对苏维埃运动一切有关系的文字，在本刊贡献出来。"《红色中华》报在第 49 期第 4 版发布了一份旨在对报纸进行改版的《特别通知》，提出"必须建立良好的通讯网"，并"责成省与县一级的党团政府与工会及红军总政治部与各军区政治部，各选定一个同志为《红色中华》的通讯员"。它还规定了通讯员的五点任务，其中的第三点是"组织与教育在他们领导下的工农通讯员，发展通讯员到下层群众中去"。在第 112 期报纸的中缝，编委会又提出每一个区乡建立一个通讯员的目标，要求《红色中华》全体通讯员同志立刻"战斗的"行动起来，县与县、区与区开展革命竞赛，不要让哪一个区乡没有《红色中华》的通讯员。通过不断努力，《红色中华》报很快就拥有一支 400 多人的通讯员队伍，建立了遍及各地的通讯网络。

《红星》报对通讯员在办报中的特殊作用，有着全面而深入的认识。"《红星》报所以要建立通讯员，就是想使《红星》报和各级指挥员战斗员发生密切关系，使《红星》报能够成为真正红军自己的报纸，纠正过去《红军》报的缺点。这样说来《红星》报的通讯员是负担很重要的工作，他可以说是《红星》报与红军指挥员战斗员中间的连环，经过这连环《红星》报便可以深入群众。"[①] 该报的通讯网遍布在江西苏区的党政机关和红军部队的最基层单位。据 1934 年 8 月 1 日，《红星》编委《致通讯员》一文中透露出的信息，《红星》共有通讯员 500 名，其中经常给报纸写稿的有 100 余人。在这些通讯员中，既有党政机关和红军部队中的领导干部，也有在连队工

---

　　① 《通讯员要做些什么？——关于通讯员工作的一个指示》，《红星》第 3 期，1931 年 12 月 25 日。

作的干部战士。

《青年实话》也很注意"吸引工农劳苦青年的广大阶层来参加报纸工作，建立了下层的积极的青年工农通讯员制度"①。《青年实话》编委会一方面要求共青团内主要负责干部经常为它撰稿，另一方面努力发动工农劳苦青年参加到报纸工作中来，注意从团的基层组织中发展通讯员。

苏区的报刊常把"群众的报纸"作为办刊的目标，这实际上是群众办报思想的另一种体现方式。张闻天在《使"红中"更变为群众的报纸》一文中说："《红色中华》的诞生是在第一次全国苏维埃代表（大会）之后，它是苏维埃政府政权下千百万工农劳苦大众的喉舌，它是同群众的生活不能片刻分离的。"因而，他呼吁："让《红色中华》报更变为群众的报纸，更变为群众斗争的领导者与组织者，在党的总路线之下为苏维埃政权的发展和巩固而斗争罢！"②

在总结《青年实话的》办报实践时，阿伪也把"群众化报纸"作为其发展的方向。他说："本报是工农劳苦青年大众的，我们相信依于爱读本报的读者与爱护本报的投稿诸同志的共同努力，我们是有足够的力量，来克服我们的缺点，我们要根据少共国际的根本指示，以及接纳同志们的许多意见，改善本报的内容，使它真正成为群众化的报纸。"③

在这里，观念上强调要办"群众化的报纸"，很大程度上是

---

① 阿伪：《本报发刊两年来的回顾》，《青年实话》第 2 卷第 21 号，1933 年 7 月 2 日。

② 张闻天：《使"红中"更变为群众的报纸》，《红色中华》第 100 期，1933 年 8 月 10 日。

③ 阿伪：《本报发刊两年来的回顾》，《青年实话》第 2 卷第 21 号，1933 年 7 月 2 日。

指报纸应该符合工农群众的文化层次和接受习惯，涉及的是办报的品位与格调。而在办报实践中，则注意建构属于报社自己的通讯员队伍，意在让更多的人参与到报纸的采编业务之中。这些内容显然不能完全等同于我们现在所说的群众办报，理论上的群众办报与此相比，含义更加丰厚、深刻。但是不可否定，苏区中一些办报思路与实践，已经具有群众办报的基本性质。

三　新闻批评的观念

新闻批评的观念，也是党的新闻理论的一个重要组成部分。毛泽东后来曾对此有过比较简明而清晰的论述："报纸上的批评，要实行'开、好、管'三字方针。开，就是要开展批评。不开展批评，害怕批评、压制批评，是不对的。好，就是开展得好。批评要正确，要对人民有利，不能乱批一阵。什么事应指明批评，什么事不应指明批评，要经过研究。管，就是要把这件事管起来。这是根本的关键。党委不管，批评就开展不起来，开也开不好。"[1]

苏区时期的共产党人已经认识到在报纸上开展新闻批评，对于推动实际工作与实现既定目标的重要意义。针对有人把党报看作只是提高党内同志理论上的认识，宣传党外群众接受本党的理论与策略的作用，李卓然撰文指出，这是"忽略了党报有系统地整理各种斗争经验，正确地发展自我批评，健全党的组织的责任。这点在目前尤其重要，因为我们一直到现在，还没有正确地利用'自我批评'这个武器，来揭发并纠正党内组织或群众组织的一切错误和缺点"[2]。

---

[1]　《毛泽东新闻工作文选》，新华出版社1983年版，第177页。

[2]　李卓然：《怎样建立健全的党报》，《战斗》第1期，1937年7月1日。

在当时的苏区，在对报刊批评功能的重视与强调方面，张闻天是首屈一指的。他在《关于我们的报纸》中指出："我们的报纸是革命的报纸，是工农民主专政的报纸，是阶级斗争的有力的武器，我们对于一切损害革命利益，损害苏维埃政权的官僚主义者，贪污腐化分子，浪费者，反革命异己分子，破坏国家生产的怠工工人等，必须给以最无情的揭发与打击，使他们在苏区工农劳苦群众的面前受到唾骂、讥笑与污辱，使他们不能在苏维埃政权下继续生存下去，这样来改善我们各方面的工作，来教育广大群众。"他还依据自己对新闻批评功能的认识，对一些报刊进行了评价："奇怪的现象！到处都在喊要打倒官僚主义，但是官僚主义的具体事实在我们的报纸上却很难找到。在反对浪费、反对贪污腐化，反对开小差，反对反革命活动以及反对机会主义的斗争中，我们常常看到空喊多于具体事实的揭发。这种空喊不但不能打击罪恶的负责者，不但不能改善实际工作，而且也不能教育群众。"在他看来："反对官僚主义必须把那些官僚主义者从他们的安乐窝里拖到苏维埃的舆论的前面，在全苏区的群众前面，具体的指出他们的一切罪恶，号召群众起来同这些官僚主义者做斗争。只有这样，才能打击与消灭官僚主义，才能在活的具体的事实上来教育广大的工农群众。"①

正是基于同样的认识，一些报刊都自觉地把新闻批评列为自身应尽的职责。《红色中华》在《发刊词》中就谈及："要指导各级苏维埃的实际工作，纠正各级苏维埃在工作中的缺点与错误。目前改造苏维埃，特别是建立乡苏维埃，以及纠正过去土地革命及现时肃反工作的非阶级路线，对于经济政策的忽

① 张闻天：《关于我们的报纸》，《斗争》第38期，1933年12月20日。

视与错误等都成为目前建设苏维埃的急要工作，需要以自我批评的精神，检阅工作的成功与缺点，找出正确的方法。"《红星》报在创刊号《见面的话》中则表示："他（指《红星》报）要是一个裁判员，红军里消极怠工，官僚腐化，和一切反革命的份子都会受到他的处罚，并且使能明白他们罪恶。"

是否具有批评性，成了评价报刊的一个重要视角。瞿秋白在《关于〈红色中华〉报的意见》中说："自我批评的发展在这张报纸上也已经有相当的发展，但是，还不够。"① 盛荣在评价《青年实话》时认为："在她每期的斗争中，起了她组织者的作用，团结无数的积极分子，在她自己的周刊，每期关于这类稿子特别多，开始的发动反脱离群众、贪污、腐化的官僚主义的斗争，在几次斗争中，打击了官僚主义领导，获得党团内外群众的拥护，得到光荣伟大的成绩，开辟了苏区轻骑队的建立。"②

不仅在观念上把开展新闻批评视为报刊的生存状态之一，乃至不可须臾或缺的责任，而且还充分地将此种观念贯穿在采编的业务中。具体来说，在苏区的主要报刊上，基本上都会设置专门的栏目刊发批评性的文章。以中央苏区四大报刊为例，《红色中华》报的"突击队"、"铁棍"、"铁锤"、"轻骑队通讯"、"生活批判"等栏目，都是专门发表批评性文稿的园地。此外，"党的生活"与"苏维埃建设"两个栏目以发表研究性的文章为主，其中也包括批评意味非常浓重的稿件。《青年实话》虽然专门发表批评性文章的栏目不太多，主要是"轻骑

① 瞿秋白：《关于〈红色中华〉报的意见》，《斗争》第 50 期，1934 年 3 月 11 日。
② 盛荣：《〈青年实话〉出现的历史》，《青年实话》第 2 卷第 21 号，1933 年 7 月 2 日。

队"和"自我批评"，单篇文章的篇幅也不长，大多在 200 字
以内，但是，这类文章出现得比较密集。1932 年 4 月 25 日出
版的第 16 期上，就刊登了 11 篇。其中"轻骑队"栏目有：
《哭脸的组织科长》、《家庭观念与怠工》、《我们总政治部的青
年并没有吃纸烟油巴巴》、《十五军中的墙报》，"自我批评"
有：《少年先锋队的少年》、《少先队中的替工制度》、《工会工
作是工会的》、《党团关系》、《呵！原来是买手表去了!》。
《红星》报的批评性文章主要发表在"铁锤"和"自我批评"
两个栏目中，但是以表达批评性意见为主的文章也会出现在其
他的场合。《反对医院政治工作的平均主义》一文，对医院中
平均主义的领导方式展开了严肃的批评，它刊登在 1933 年 9
月 24 日出版的《红星》报的社论栏目里。《斗争》主要刊登
的是理论介绍与理论研究一类文章，但是它也开设了批评性栏
目"自我批评"，尽管这个栏目其实与该刊的整体风格不是非
常协调。

　　江西苏区报刊虽然形式各异，种类繁多，但是有一点是相
同的，它们都具有机关报的性质。或者是苏区各级党组织、苏
维埃政府的机关报，或者是各类群众团体的机关报。机关报是
要代其背后的机关立言的，它们必然要受到当时在党内一度占
据主导地位的"左"倾错误思想的影响。所以，这些报刊都
或多或少地传播了一些错误的观点。而且，在新闻的采编业务
上也存在着明显不尊重新闻规律的地方，以主观的思想和情绪
代替客观事实就是不尊重新闻规律的一种突出表现。但是，总
体而言，江西苏区新闻事业的贡献是历史性的，值得充分肯
定。它们第一次让报刊如此深入地走向底层百姓，为了一个新
生的工农政权的生存竭情呼号，其历史贡献无论如何都不容低
估。而且，它作为人民政权下的新闻事业所展开的全部探索，

已经成为中国共产党的一笔精神遗产，为延安时期的新闻工作，乃至新中国成立后的人民新闻事业的发展与繁荣，提供了珍贵的思想源泉与历史经验。

主要参考文献

1. 李云等主编：《中央苏区人物志》，中央党史出版社2004年版。

2. 刘云主编：《中央苏区革命文化史料汇编》，江西人民出版社1994年版。

3. 《中国共产党江西出版史料》，未公开出版。

4. 黄河、张之华编著：《中国人民军队报刊史》，解放军出版社1986年版。

5. 余伯流、凌步机：《中央苏区史》，江西人民出版社2001年版。

6. 李国强编著：《中央苏区教育史》，江西教育出版社1986年版。

7. 《闽浙赣革命史料选编》，江西人民出版社1989年版。

8. 《湘赣革命根据地》，中共党史资料出版社1990年版。

9. 《湘鄂赣革命根据地文献资料》，人民出版社1986年版。

10. 方强等：《我当红军连队政治委员》，解放军出版社2009年版。

11. 《回忆闽浙皖赣苏区》，江西人民出版社1983年版。

12. 《中国共产党宣传工作文献选编》（1915—1937），学习出版社1996年版。

13. 严帆：《中央苏区新闻出版印刷发行史》，中国社会科学出版社 2009 年版。

14. 新华社新闻研究所、社史编写组：《土地革命时期的新华社》，2004 年 5 月。

15.《中国共产党新闻工作文件汇编》下，新华出版社 1980 年版。

16.《六大以来》下，人民出版社 1981 年版。

17.《毛泽东新闻工作文选》，新华出版社 1983 年版。

18.《红色号角——中央苏区新闻出版印刷发行工作》，福建人民出版社 1993 年版。

19. 程沄主编：《江西苏区新闻史》，江西人民出版社 1994 年版。

20. 汪木兰、邓家琪主编：《苏区文艺运动资料》，上海文艺出版社 1985 年版。

21. 李敏等主编：《中央革命根据地词典》，档案出版社 1993 年版。

22.《红色歌谣》，江西人民出版社 2007 年版。

23. 傅柒生等编著：《红色记忆——中央苏区报刊图史》，解放军出版社 2011 年版。

后　记

　　这是我承担的国家社科基金项目"江西苏区新闻事业研究"和江西省社科规划项目"中央苏区革命文化传播研究"的成果。国家社科基金项目完成以后，照例都需经由一个费时不短的鉴定程序。鉴定甫毕，又开始选择与联络合意的出版机构。现在出版审校已经大致告罄。我急迫地想表述的意思是，从最初书稿的完成到今日揣摩后记的撰写，这中间已经隔了不少时日。纵是如此，先前敲完书稿最后一个字时如释重负的印象，并没有因为时间的汰洗而有太多的消褪。

　　本书研究江西苏区报刊，其实很大程度上就是研究中国共产党在中央苏区的新闻实践。要论证这一点，便需先厘清此处"江西苏区"的含义。与它相关的概念有江西省苏维埃政府辖区和中央苏区。江西省苏维埃政权成立于 1930 年 10 月 7 日，统辖的范围包括当时江西省特定的 19 个红军"全占县"和 6 个"曾占县"。中华苏维埃第一次代表大会于 1931 年 11 月 7 日开幕，标志着中央苏区的正式建立。中央苏区以江西瑞金为中心，其具体范围时缩时伸。本书中的"江西苏区"，则是泛指第二次国内战争时期在中国共产党领导下的江西省境内的红色区域。概而言之，前二者是历史名词，有特定的历史指向，而江西苏区是个现代概念，是今人的一个约定俗成的用语。从江西省苏维埃政府辖区、中央苏区和江西苏区所指称的区域上看，三者有较大的交叉与重叠之处，中央苏区与江西苏区更是如此，中央苏区的大部分区域都在今天的江西省境内。尤其是江西瑞金是中华苏维埃共和国的红色首都，当时中央苏区具有影响的报刊都在瑞金。

现在可以说，本书研究的对象实际上就是中国共产党领导下最早的有组织有规模的新闻宣传工作。在此之前，中国共产党虽然已经开始报刊活动，但基本上是零星的、局部的，乃至隐秘的。而本书重点讨论的这些报刊，是在拥有了苏维埃政权以后开办的，其办报的格局、理念、路径、目标自然与它们迥异其趣。需要特别提及的是，此种格局、理念、路径、目标随后在延安得到了较大程度的赓续与倡扬，其核心部分在1949年新中国成立以后更是被广泛而深入地加以贯彻与实施。

一个事实是，苏区共产党人新闻传播探索的具体情状在现有的研究中虽然时或有所触及，但大多是常识性的介绍，概括性的描述，经由贴近摩挲与从容体味后研精覃思的著述，则极为少见。这与该时期新闻传播事业的实际影响与应有地位，是极不相称的。可能正是由于这个原因，本项研究得到了本学科的多位硕师大儒的热心关注和支持。中国社科院中国特色社会主义理论体系研究中心主任尹韵公教授对本研究的价值极为推重，在相关课题立项后，便特别就研究视野和路径对我进行了点拨和开导，而且还在此前由他主持的《新闻与传播研究》上屡次刊发阶段性研究成果。中国新闻史学会名誉会长赵玉明教授一直关注着本项研究的进展，还倡议并促成了全国性的专题研究会在南昌大学召开。更让我感动的是，他还不辞辛劳，审读了本书的部分章节，订正了其中的文字错讹。中国新闻史学会前副会长丁淦林教授生前曾数次亲临指导，由于是江西南昌人，他对我们的关心与帮助多了一份支持故里、奖掖后进的情怀。方汉奇先生是中国新闻史学界的泰斗，一直是我心仪与私淑的前辈学人。此前虽互通过贺年片，但始终缘铿一面。不久前，缘于绍根博士的介绍，我得以登堂入室，亲承謦欬。席谈间，我报告了自己在苏区新闻传播方面的研习体会，并呈上了书稿，方先生对我在研究方向上的选择也多所肯定与赞许。

本书稿的撰写，可称是一项旷日持久、备尝酸辛的劳作。绵延数年，虽不能说这期间全部的时间、精力都耗费在这上面，但毕竟这是一件横亘在心底的刚性任务，许多的心力都要牵系于此，许多的事情都要以此为转移。现在书稿虽然完成了，但自己很清楚，其中尚存在着不少疏漏和不足，离各位大师的期待还有距离。以后当问学不舍，以求有更完美的学术奉献。

除了要特别感谢上面提及的诸位可亲可敬的先生外，还需做个说明，王卫明和金妍为本书的写作提供了不同程度的帮助。最后，我要向本书的责任编辑刘志兵先生以及中国社会科学出版社的相关人士表达敬意，他们的职业精神和专业素养很让我钦佩。

陈信凌
2012 年 12 月